THE POWER OF MARKETING

マーケティングの力

最重要概念・理論枠組み集

恩藏直人・坂下玄哲 編

Onzo Naoto+Sakashita Mototaka

有斐閣

　マーケティングの進化について語るとき，私はしばしばプロペラ機とジェット機の比較を取り上げる。同じ飛行機でありながら，両者の違いは歴然としており，飛行速度はもちろん，安全性や操作性において大きな違いがある。これと同様に，同じマーケティングという学問でありながら，その進化は著しい。私が学部や大学院で学んだマーケティングがプロペラ機レベルだとすれば，今日のマーケティングはジェット機，もしくはそれ以上のレベルになっている。研究基盤，研究手法，さらには研究対象など，以前と比べると著しく進化しているからだ。

　こうしたマーケティングの進化に応じて，私自身の研究内容はもちろん変化してきているが，大学院生の指導方法についても変化を余儀なくされてきた。とりわけ，大学院生たちによる研究成果を発表してもらう上で，グローバルな土俵を強く意識するようになっている。海外のマーケティング研究の水準に引き上げるには，どのような文献を読み，どのような取り組みをすればよいのか。テキストについてはすでに良書が存在しており，学生たちは多くの選択肢のなかから選べばよい。論文についても現在では検索機能が発達しており，キーワードで国内外の優れた論文を容易に見つけ出すことができる。しかし，高学年の学部生や大学院生の指導で課題となっていたのが，テキストと論文を橋渡しするような書籍の欠落である。

　そうした折，有斐閣の柴田守氏から『社会学の力』（有斐閣，2017 年〔改訂版，2023 年〕）という書籍についての話を伺った。ゼミなどで専門性をもって学ぼうとしている学部生，大学院の受験をめざしている人々，論文執筆のヒントを求めている大学院生などに強い支持を得ているという。そこで，マーケティングにおいても，類似したコンセプトの書籍をまとめられないかと考えた。大学院を修了しているような研究者であれば，海外の論文を読みこなし，先端的な研究成果を吸収できる。ところが，これから本格的にマーケティング研究に取り組みたいと考える学部生や，アカデミックな視点からマーケティングを学びたいと考える社会人は，まず新しいコンセプトを理解して，それに関連する研

究論文を探さなければならない。もちろん，論文を探して読むにも，アカデミック・ワードに関する基本知識を有していなければならず，すぐに深い理解を得ることは難しい。本書『マーケティングの力』は，そうした読者のニーズを捉え，重要なアカデミック・ワードを的確に解説するとともに，当該ワードを巡って，どのような研究が実施されているかについて，効果的に理解を促す構成になっている。

＊　＊　＊

　ある程度マーケティングを学んできており，本書を手にするような人の多くは，フィリップ・コトラー教授の『マーケティング・マネジメント』をご存知だろう。1967 年に初版が出て以来，数年ごとに版を重ね，2022 年には第 16 版が出版されている。冒頭で，マーケティングの進化について述べたが，およそ半世紀の間に，近代マーケティングには何が起きてきたのだろうか。コトラー教授は近代マーケティングの父とも称されるが，『マーケティング・マネジメント』の変化をみることで，マーケティングの進化の全体像が浮かび上がってくる。

　1980 年の第 4 版では，戦略的マーケティングが打ち出された。1970 年代の 2 度にわたるオイル・ショックを経て，市場におけるゲームの本質が一変し，ウィン－ウィンからウィン－ロスへと変化した。マーケティングを遂行する上で，競争優位の重要性が盛り込まれたのである。そして，第 5 版以降，マーケティングの出発点が顧客であり，顧客ニーズの把握が大切であることを確認するように，版を重ねるごとに顧客中心のマーケティングが強化されていった。

　2006 年の第 12 版では，共著者にダートマス大学のケビン・ケラー教授を迎えている。従来からのマーケティングに，1990 年代に花開いたブランド論を導入しなければならなかったからだと思われる。顧客ベースのブランド・エクイティ論は，ケラー教授によって構築されたといっても過言ではない。新しい版では，それまで製品戦略のサブ項目でしかなかったブランド課題が，1 つの章として取り上げられることとなった。

　そして最新の第 16 版は，ノースウェスタン大学のアレクサンダー・チェルネフ教授を迎え，3 名による共著となっている。チェルネフ教授は，行動経済学や消費者行動を専門とする研究者であり，デジタル化に伴って生じている消

費者行動の変化をはじめ，コミュニケーションやチャネルなどにおける今日的な記述の強化に貢献している。e コマース，オムニチャネル，トリプル・メディア，人工知能（AI）などに関する理解がなければ，今日のマーケティングを深く語ったり，適切に遂行したりすることはできない。本書を編集するにあたっては，こうしたマーケティングの進化を念頭に置いて進めた。

＊　＊　＊

　本書は，6 つの章で構成されている。共同編者である慶應義塾大学の坂下玄哲先生とアカデミック・ワードをピックアップしていると，いくつかのカテゴリーがみえてきた。マーケティング戦略に関するワードであったり，ブランド・マネジメントに関するワードであったり，あるいは統計データの分析手法に関するワードであったり，だ。同じマーケティングのワードであっても，異なるカテゴリーに集約できるということから，書籍タイトルとの間に関連性をもたせ，「戦略枠組みの力」「顧客理解の力」「ブランドの力」「コミュニケーションの力」「マーケティング・チャネルの力」，そして「データ分析の力」という 6 章構成とした。

　第 1 章は「戦略枠組みの力」である。「市場志向」「競争と戦略」「ポジショニング」「デザイン」「クラウド・ソーシング」など，23 のワードが含まれている。マーケティング研究に取り組もうとする学生であっても，また実務的にマーケティングを深く学ぼうとするビジネス・パーソンであっても，まずマーケティングを戦略視点でしっかりと理解してほしいという思いを込めた。また，マーケティング全体としての進化の足跡ともいえる「ソーシャル・マーケティング」や「エコロジカル・マーケティング」などについても，ここで扱った。本書では有形財と無形財の視点を盛り込んでいるので，「サービス・ドミナント・ロジック」や「サービス品質」など，サービス関連のワードも第 1 章に含めている。

　第 2 章「顧客理解の力」では，マーケティングの出発点ともいえる顧客理解に関する 23 のワードを取り上げた。「購買意思決定モデル」「関与」「顧客満足」などである。この章では，マーケティング研究における大きな柱となっている消費者行動研究の動きを意識して，「プロスペクト理論」「制御焦点理論」「解釈レベル理論」「センサリー・マーケティング」といった理論や枠組みに関する

ワードを多く取り入れた。また、「エシカル消費（倫理的消費）」「リキッド消費」といったワードを含めているので、消費基盤がどのように変化しているかについても理解していただけるはずである。

　第3章は「ブランドの力」である。1990年代、ブランド・エクイティという概念とともに一気に注目を集めたブランド論は、今日に至るまでマーケティング研究における中心的なトピックの1つとなっている。この章では、「ブランド・エクイティ」をはじめ、「ブランド・パーソナリティ」「ブランド・オーセンティシティ」「地域ブランディング」など、ブランドに関心を有する人々が押さえておくべき11のワードを取り上げた。

　第4章は「コミュニケーションの力」である。「統合型マーケティング・コミュニケーション（IMC）」「精緻化見込みモデル」「単純接触効果」といった以前から重視されてきたワードを押さえた上で、「ユーザー生成コンテンツ（UGC）」や「ゲーミフィケーション」などの近年注目されているワードを盛り込んだ。この章については、メディアにおけるデジタル化の動きもあって、もっと多くのワードを取り上げることも可能であった。しかし、ワードが多くなりすぎてしまうという理由で、あえて12のワードにとどめている。また、「ダイナミック・プライシング」は価格関連ワードであるが、価格についても情報伝達の1つであるという視点から本章に組み入れた。

　第5章「マーケティング・チャネルの力」では、流通チャネルに関する11のワードを取り上げた。「マーケティング・チャネル・マネジメント」や「小売業態」で全体像を把握してもらい、「延期−投機モデル」「パワー・コンフリクト論」「eコマース（EC）」「オムニチャネル」などのワードで、個別の枠組みや新しい動きについて理解していただけるよう配慮した。グローバル化やデジタル化によって、新しいチャネル関連のワードを多く見聞きするが、第4章と同様に、この章でもワードが多くなりすぎないよう心がけた。

　第6章「データ分析の力」では、自らマーケティング研究に取り組もうとする人々にとって欠くことのできない9つのワードを取り上げた。基本的な分析手法や分析結果の読み方については、統計のテキストでひと通り学ぶことができるだろう。しかし、最近のマーケティング研究で用いられている手法については、その使い方までを含めると、十分に理解している人は少ないようである。本章では、「媒介分析」「階層線形モデリング」「テキスト・マイニング」「メタ分

析」など，マーケティング分野における多くの論文で採用されている手法を中心に取り上げた。

＊　＊　＊

　本書では，計89のワードが取り上げられている。これらのワードの選択にあたっては，これまでに出版されている辞書や事典のような網羅性という視点よりも，今日のマーケティング研究を考える上で外せないワードという視点を重視した。メディアで注目されているワードであっても，アカデミックなワードとは距離があると思われるワードについては意図的に外した。執筆してくださった先生方や読者の皆様からは，不十分な点をご指摘いただくことになると思うが，紙幅の関係ということと，編者の力不足ということでお許しいただきたい。

　マーケティング研究に関する重要なワードについて的確に解説してまとめようとすると，膨大な労力になってしまう。本書の企画のスタート段階で，単著はもちろん，数名による執筆というのは，すぐに選択肢から外して考えた。とすると，必然的に多くの執筆者にお願いすることになる。坂下先生とともに，執筆してくださる先生方のご経験や持ち味をできる限り活かしていただけるよう配慮したつもりであるが，担当していただくワードの相談，執筆にあたっての細かいリクエスト，原稿段階での加筆修正など，振り返ってみると，お忙しい先生方には本当に丁寧にご対応いただいた。先生方のご理解とご協力がなければ，もちろん本書の出版はありえなかったし，完成度の高い仕上がりにはならなかったと思っている。本書は60名を超える執筆者による共同作品であるが，企画から1年半強という短期間で上梓できたのも，執筆者の先生方のご理解の賜物だといえる。編者として最大限の感謝の気持ちを述べさせていただきたい。

　最後となったが，本書の出版の機会をつくってくださり，地道な編集作業を進めてくれた有斐閣書籍編集第2部の柴田守氏，得地道代氏にもお礼を述べなければならない。編者側の都合もあって，早朝や夕方遅く，あるいは休日であってもオンラインでの会議に参加し，温かく作業を支援してくれた。もちろん，執筆者の先生方の一人ひとりと，大変なやりとりも行ってくれた。

　また，私の人的ネットワークを補ってほしいという思いで共同編者としてお

はじめに

声がけし，快く引き受けてくださった坂下玄哲先生にも，お礼を述べておかなければならない。坂下先生には，多くの先生方へのご執筆依頼のお声がけをはじめ，すばらしい工程管理をしていただいた。編集作業がきわめて効率よく進んだのは，坂下先生のご尽力があったからこそと思っている。

　本書により，わが国のマーケティング研究が前進し，引いては産業界が「マーケティングの力」を強く信じてくれるようになることを期待している。

　　　2023 年 3 月

　　　　　　　　　　　　　　　　　　　　　　　　恩 藏　直 人

恩藏 直人（おんぞう なおと）

1982 年，早稲田大学商学部卒業
1989 年，早稲田大学大学院商学研究科博士課程修了
現在，早稲田大学商学学術院教授
主要著作■『コモディティ化市場のマーケティング論理』有斐閣，2007 年；『マーケティングに強くなる』筑摩書房（ちくま新書），2017 年；"New Product Creativity Antecedents and Consequences: Evidence from South Korea, Japan, and China," *Journal of Product Innovation Management*, 35(6), 2017, 共著；『マーケティング（第 2 版）』日本経済新聞出版社（日経文庫），2019 年；"Effects of Consumers' Construal Levels on Post-Impulse Purchase Emotions," *Marketing Intelligence and Planning*, 38(3), 2020, 共著；"Robots in Retail: Rolling out the Whiz," *AMS Review*, 12(4), 2022, 共著

坂下 玄哲（さかした もとたか）

1999 年，神戸大学経営学部卒業
2004 年，神戸大学大学院経営学研究科後期課程修了
現在，慶應義塾大学大学院経営管理研究科教授
主要著作■"A Social Comparison Theory Approach to Mothers' and Daughters' Clothing Co-Consumption Behaviors: A Cross-Cultural Study in France and Japan," *Journal of Business Research*, 89, 2018, 共著；*The New Generation Z in Asia: Dynamics, Differences, Digitalisation*, Emerald, 2020, 共著；"The Effect of Regulatory Focus on Customer Citizenship Behavior in a Virtual Brand Community: The Role of Online Self-Presentation and Community Identification," *Journal of Consumer Behavior*, 20(3), 2020, 共著；"Green Apparel Buying Behaviour: A Stimulus–Organism–Behaviour–Consequence (SOBC) Perspective on Sustainability-Oriented Consumption in Japan," *Business Strategy and the Environment*, 30(8), 2021, 共著；"Why Do People Avoid and Postpone the Use of Voice Assistants for Transactional Purposes? A Perspective from Decision Avoidance Theory," *Journal of Business Research*, 146(3), 2022, 共著；"Sustaining Shopping Momentum in Retail Malls Using Real-Time Messaging," *Journal of Retailing*, 99(1), 2023, 共著

執筆者紹介 (執筆順)

猪口　純路（いのぐちじゅんじ）小樽商科大学大学院商学研究科教授 ◈ **1-1**

吉田　満梨（よしだまり）神戸大学大学院経営学研究科准教授 ◈ **1-2**, **1-23**

結城　祥（ゆうきしょう）神戸大学大学院経営学研究科准教授 ◈ **1-3**

日高優一郎（ひだかゆういちろう）岡山大学学術研究院社会文化科学学域教授 ◈ **1-4**, **1-12**

韓　文熙（はんむんひ）北星学園大学経済学部教授 ◈ **1-5**

北村　真琴（きたむらまこと）東京経済大学経営学部准教授 ◈ **1-6**

鈴木　和宏（すずきかずひろ）小樽商科大学商学部教授 ◈ **1-7**

森岡　耕作（もりおかこうさく）東京経済大学経営学部准教授 ◈ **1-8**

浦野　寛子（うらのひろこ）立正大学経営学部教授 ◈ **1-9**

上元　亘（うえもとわたる）京都産業大学経営学部准教授 ◈ **1-10**

金　雲鎬（きむうんほ）日本大学商学部教授 ◈ **1-11**, **5-2**

水野　学（みずのまなぶ）日本大学商学部教授 ◈ **1-13**, **4-11**

鈴木　智子（すずきさとこ）一橋大学大学院経営管理研究科准教授 ◈ **1-14**, **3-1**

鷲田　祐一（わしだゆういち）一橋大学大学院経営管理研究科教授, 同データ・デザイン研究センター長 ◈ **1-15**

明神　実枝（みょうじんみえ）福岡大学商学部教授 ◈ **1-16**, **1-17**, **1-19**

長尾　雅信（ながおまさのぶ）新潟大学人文社会科学系准教授 ◈ **1-18**

山岡　隆志（やまおかたかし）名城大学経営学部教授 ◈ **1-20**

山本　晶（やまもとひかる）慶應義塾大学商学部教授 ◈ **1-21**

大平　進（おおひらすすむ）日本大学商学部准教授 ◈ **1-22**

朴　宰佑（ぱくぜう）中央大学商学部教授 ◈ **2-1**, **2-17**

松下　光司（まつしたこうじ）中央大学ビジネススクール（大学院戦略経営研究科）教授 ◈ **2-2**, **3-4**

石淵　順也（いしぶちじゅんや）関西学院大学商学部教授 ◈ **2-3**, **5-3**

多田　伶（ただれい）横浜国立大学大学院国際社会科学研究院准教授 ◈ **2-4**, **6-5**

小野　譲司（おのじょうじ）青山学院大学経営学部教授 ◈ **2-5**

土橋　治子（つちはしはるこ）青山学院大学経営学部教授 ◈ **2-6**

石井　裕明（いしいひろあき）青山学院大学経営学部准教授 ◈ **2-7**, **2-13**

圓丸　哲麻（えんまるてつま）大阪公立大学大学院経営学研究科准教授 ◈ **2-8**

西本　章宏（にしもとあきひろ）関西学院大学商学部教授 ◈ **2-9**

西原　彰宏（にしはらあきひろ）亜細亜大学経営学部准教授 ◈ **2-10**, **2-15**

森藤ちひろ（もりとうちひろ）関西学院大学人間福祉学部教授 ◈ **2-11**

外川　拓（とがわたく）上智大学経済学部准教授 ◈ **2-12**, **2-14**, **4-4**

平木いくみ （ひらき いくみ）東京国際大学商学部教授 ◈ 2-16

須永　　努 （すなが つとむ）早稲田大学商学学術院教授 ◈ 2-18

大竹　光寿 （おおたけ みつとし）明治学院大学経済学部准教授 ◈ 2-19, 6-7

松井　　剛 （まつい たけし）一橋大学大学院経営管理研究科教授 ◈ 2-20

牧野　圭子 （まきの けいこ）成城大学文芸学部教授 ◈ 2-21

増田　明子 （ますだ あきこ）専修大学商学部教授 ◈ 2-22

久保田進彦 （くぼた ゆきひこ）青山学院大学経営学部教授 ◈ 2-23, 3-7

井上　淳子 （いのうえ あつこ）成蹊大学経営学部教授 ◈ 3-2

杉谷　陽子 （すぎたに ようこ）上智大学経済学部教授 ◈ 3-3, 4-7

菅野　佐織 （かんの さおり）駒澤大学経営学部教授 ◈ 3-5

橋田洋一郎 （はしだ よういちろう）専修大学経営学部教授 ◈ 3-6

山本　奈央 （やまもと なお）名古屋市立大学大学院経済学研究科准教授 ◈ 3-8

田中　祥司 （たなか しょうじ）摂南大学経営学部准教授 ◈ 3-9

徳山美津恵 （とくやま みつえ）関西大学総合情報学部教授 ◈ 3-10

寺﨑新一郎 （てらさき しんいちろう）立命館大学経営学部准教授 ◈ 3-11

松本　大吾 （まつもと だいご）千葉商科大学サービス創造学部教授 ◈ 4-1

石崎　　徹 （いしざき とおる）専修大学経営学部教授 ◈ 4-2

中野　香織 （なかの かおり）駒澤大学経営学部教授 ◈ 4-3

田嶋　規雄 （たじま のりお）拓殖大学商学部教授 ◈ 4-5

安藤　和代 （あんどう かずよ）千葉商科大学サービス創造学部教授 ◈ 4-6

水越　康介 （みずこし こうすけ）東京都立大学経済経営学部教授 ◈ 4-8

菊盛　真衣 （きくもり まい）立命館大学経営学部准教授 ◈ 4-9

鈴木　拓也 （すずき たくや）創価大学経営学部教授 ◈ 4-10

永井竜之介 （ながい りゅうのすけ）高千穂大学商学部准教授 ◈ 4-12

横山　斉理 （よこやま なりまさ）法政大学経営学部教授 ◈ 5-1, 5-4, 5-6

久保　知一 （くぼ ともかず）中央大学商学部教授 ◈ 5-5, 5-7, 5-8

八ッ橋治郎 （やつはし じろう）神奈川大学経済学部准教授 ◈ 5-9, 5-10

髙橋　広行 （たかはし ひろゆき）同志社大学商学部教授 ◈ 5-11

田頭　拓己 （たがしら たくみ）一橋大学大学院経営管理研究科准教授 ◈ 6-1

冨田　健司 （とみた けんじ）同志社大学商学部教授 ◈ 6-2, 6-3

石田　大典 （いしだ だいすけ）同志社大学商学部准教授 ◈ 6-4, 6-6

上田　雅夫 （うえだ まさお）横浜市立大学データサイエンス学部教授 ◈ 6-8

依田　祐一 （よだ ゆういち）立命館大学経営学部教授 ◈ 6-9

執筆者紹介

目　次

目
次

第1章

戦略枠組みの力

1｜1 市場志向

◆市場志向とは

　市場志向とは，「顧客と競合，またそれらに影響しそうな要因について，情報収集と分析を行い，その結果を組織の部門や階層を越えて共有・利用すること」と捉えれば，実務的にはおおむね問題ないだろう。マーケティング部門が必要とするリサーチを行い，その解釈を開発や生産部門とも共有し，顧客に喜ばれる新製品の開発，適切な生産量の意思決定に利用するようなイメージである。

　市場志向は，先行要因や影響が企業経営の多方面に及ぶ点で，マーケティングのみならず組織経営全般にとって，重要かつ有用な概念といえる。それを端的に示すのが，Kirca et al.（2005）による，市場志向研究のメタ分析（➡ 6-6）である。彼らは，部門間連携，組織トップによる強調，市場ベースの報酬体系が市場志向の先行要因であること，さらには市場志向が，組織の収益性や市場シェア，革新性，従業員満足などの成果を高めることを明らかにした。それらの傾向は，国，地域，産業を越えて確認されている。

　加えて，市場志向の高い組織への変革プロセスも研究されている。たとえばGebhardt et al.（2006）は，イニシエーション，再構築，制度化，維持といった段階的プロセスの存在を，事例研究から示した。あるいは Lam et al.（2010）は，経営陣の市場志向的な行動が従業員に普及するプロセスとして，組織の公式的ルート以外に，高い専門性をもつ同僚を通じた非公式的ルートも存在することを明らかにした。

　なお，マーケティング戦略の文脈では，Morgan et al.（2009）など，市場志向は組織の資源であり，マーケティング・ケイパビリティと補完されることで，競争優位と優れた組織成果をもたらすと考えられることが多い。

◆主要な学術的定義

　市場志向研究における嚆矢は，Kohil and Jaworski（1990）と Narver and Slater（1990）である。市場志向研究の大半は，上記のどちらかの定義に依拠しており，最も主要な2つの学術的定義となっている。どちらに依拠するかは，目的に即した先行研究に応じて，利用者が選択することになるだろう。

　Kohli and Jaworski（1990）の定義は，「既存もしくは将来の顧客のニーズに

1

戦略枠組みの力

関するマーケット・インテリジェンスの組織全体での生成，その部門を越えた普及，組織全体での反応である」(p. 6) とされる。ここで，マーケット・インテリジェンスとは，顧客が言語化できない将来的なニーズ，顧客ニーズや選好に影響を与える規制や競争などの要因も考慮して生成される知識を意味している。この定義は，行動的視点によるものとされ，実証研究では Kohli et al.（1993）によって開発された測定尺度を利用することが多い。

他方で，Narver and Slater（1990）による定義は，「買い手にとって卓越した価値を創造するために必要な行動を，最も効果的かつ効率的に生み出し，その結果として，継続的に優れた事業成果を上げる組織文化である」(p. 21) とされる。これは組織文化に焦点が当たっているため，文化的視点の定義とされる。

◆ 顧客志向を包含する市場志向

Narver and Slater（1990）は，顧客志向と市場志向の関係について，精緻化を進めた研究ともいえる。なぜなら，顧客志向，競合志向，部門間調整の3つが，市場志向の下位概念として明確に示され，その尺度の妥当性も確認されているからである。なお，各下位概念は，以下を意味する。顧客志向は，ターゲット顧客に対する卓越した価値を継続的に創造するために，顧客を十分に理解することである。競合志向は，現在と潜在の両方の主要な競合について，短期的な強み弱み，長期的な能力と戦略を理解することを指す。部門間調整は，ターゲット顧客に対する卓越した価値を創造するために，企業の資源を調和的に活用することである。

これに対し Deshpandé et al.（1993）は，競合対応を極端に重視しない限り，顧客志向と市場志向は同義だとしている。しかし，彼ら自身も顧客，競合，組織を構成要素とし，それらのバランスの必要性を唱えるなど，極端な場合以外は Narver and Slater（1990）とほぼ同様の主張となっている。

◆ 反応型と先行型の市場志向

市場志向研究が蓄積されるなか，革新性の阻害が大きな論点の1つとなった。なぜなら，市場志向の組織は，既存顧客のニーズを偏重して革新性を失い，研究や製品開発が近視眼的になる可能性が指摘されたからである（Christensen and Bower, 1996; Frosch, 1996; Berthon et al., 1999）。

また Slater and Narver（1998）は，顧客の顕在的ニーズに短期的に反応するよりも，潜在的ニーズの理解と充足が組織成果には長期的に重要であること，

Connor（1999; 2007）は，短期的ニーズを無視して潜在的ニーズだけを長期的に満たすことは考えにくく，双方のバランスが重要であると主張した。

これらについて，Narver et al.（2004）は，市場志向には反応型と先行型があり，先行型が新製品開発の成果を高めることを明らかにした。ここで反応型市場志向とは，顧客によって表出されたニーズを取り扱い，先行型市場志向とは，顧客自身も気がついていない潜在的ニーズを取り扱う市場志向とされる。加えて，石田（2015）によるメタ分析では，反応型と先行型の両タイプとも組織成果に影響を及ぼすものの，先行型については媒介要因として組織の革新性が必要であることが示された。

◆より複雑な分析モデルへ──分析水準の拡張と媒介関係

近年では，単独企業の一事業における市場志向だけでなく，分析水準を複数企業に拡張したり，市場志向を媒介要因や被媒介要因としてモデルの一部に含めるなど，より複雑な分析モデルの構築と検証が進められている。

たとえば，Lai et al.（2009）は，サプライヤー企業と顧客企業の双方における市場志向の交互作用が，その企業間における関係性に基づく情報共有に正，共同での問題解決には負の影響をもつことを明らかにした。また，Gligor et al.（2021）は，サプライヤー企業と顧客企業の適合度に着目し，市場志向が双方に高いまたは低い場合は，どちらかだけ市場志向が高い場合よりも，ROAに強い影響を及ぼすことを明らかにした。なお，猪口（2011）も，単独事業ではなく，先行型と反応型の異なる市場志向をもつ各事業を組み合わせた，ビジネス・システムの視点から市場志向を分析する有用性を示した試みである。

市場志向を媒介要因とする研究としては，Wang et al.（2019）がトップ・マネジメント・チーム内のコンフリクトと探索的イノベーションの関係，Genc et al.（2019）が中小企業の国際化とイノベーションの関係について，それぞれ市場志向が媒介変数となっていることを明らかにしている。

加えて，市場志向の媒介要因に関する研究の例としては，Iyer et al.（2019）が，B to B 企業の市場志向とブランド成果の関係において，差別化戦略のタイプが媒介要因となっていること，またそれらは反応型と先行型の市場志向で異なることを明らかにしている。以上のような，分析水準の拡張，媒介要因の検討など，市場志向がさまざまな経営成果に影響を及ぼすプロセスを解明する試みは，今後も継続されるだろう。

● 猪口純路

1|2 競争と戦略

◆マーケティング戦略とは何か

　マーケティング戦略とは，顧客価値の提供によって，組織が特定の目的を達成することを可能にするようなマーケティング活動，ならびにマーケティング資源の配分に関して，重要な選択を特定する意思決定の統合的なパターンである（Varadarajan, 2010）。その焦点は，持続的な競争優位性の構築と維持に当てられている（Day et al. eds., 1990）。

　経営戦略では一般に，企業レベルでの事業分野の決定ならびに分野間の経営資源の配分に関する「全社戦略」と，各事業分野のレベルで環境変化に対処して競争優位性を実現するための「競争戦略」（あるいは「事業戦略」）が区別されるが，マーケティング戦略に関しても，企業全体，戦略的事業単位（strategic business unit: SBU），さらに機能あるいはオペレーションといった異なる組織単位における意思決定が含まれる（Webster, 1992）。

　先行して研究されてきたのは，SBU や機能あるいはオペレーション単位でのマーケティング戦略に関する意思決定であり，競争優位性を実現するための，セグメンテーション，ターゲティング，ポジショニング（STP; ➡ 1-3）や，製品，価格，プロモーション，チャネル（4P）に関する意思決定と実行が議論されてきた。たとえば，広告戦略やブランド戦略のような機能あるいはオペレーション単位の問題であっても，それが「重要な選択」である場合，つまり，組織の長期的な業績に良かれ悪かれ大きな影響を及ぼす意思決定である場合には，マーケティング戦略の一種として理解することが可能である。

　これに対して，企業単位でのマーケティング戦略とは，顧客や競合の理解を通じて，自社の強みや事業の範囲，ポジショニングを定義し，組織的観点から戦略的方針と経営資源配分を計画する活動であり，「戦略的マーケティング」（strategic marketing）とも呼ばれている（嶋口・石井，1995）。こうした企業レベルでマーケティング戦略を捉える視点は，企業の戦略的方向性の策定へのマーケティング担当者のより深い関与の重要性を主張する研究（たとえば，Day, 1984; Wind and Robertson, 1983 など）により，1970 年代後半から 80 年代前半にかけて強調されるようになった。

◆戦略策定のための環境分析

　戦略策定において重視されるのが，企業を取り巻く外部環境と内部環境の分析である（Aaker, 1984）。外部環境分析は，市場環境に影響を及ぼす組織外の諸要素を調べることであり，その大きな目的は，戦略的対応により成果を高められる「機会」（opportunity）と，逆に，適切な対応を欠けば成果を悪化させてしまう「脅威」（threat）の認識にある。内部環境分析には，企業に固有の能力や資源を反映した「強み」（strength）と「弱み」（weakness）の把握が含まれる。そのため，こうした環境の全体的評価は，SWOT分析とも呼ばれる。ただしSWOT以外にも，戦略に影響する恐れのある組織内外の不確実性を浮き彫りにすることも含めて環境分析が行われる。

　一般に外部環境では，市場のミクロ環境要因（顧客，競合，流通業者や供給業者を含む協力者）と，それを取り巻くコンテキストとしてのマクロ環境要因（政治・法律，人口動態・経済，社会・文化，技術）の認識が重要である。ミクロ環境の重要な要素である顧客の分析では，セグメントや，顧客の動機とニーズ，その充足度などの理解がめざされる。競合分析には，競合や戦略グループの識別，競合の行動に影響を与える目的やコスト構造，強み・弱みなどの理解が含まれる。加えて，関連市場の規模，参入障壁やコストの構造，トレンド等を見極めて，成功への鍵となる要因を認識することが重要である。

　内部環境では，業績や戦略の評価，実行する組織（構造，人材，文化，システム等），コスト優位性，SBUのポートフォリオ，固有の能力や資源などを把握する。マーケティング上の強み・弱みには，企業や製品のブランド・イメージやシェア，顧客満足（⇨ 2-5），4Pに対する顧客の評価も反映される。

◆5つの競争要因による業界構造分析

　外部環境分析のなかでも競合分析の枠組みとして広く用いられるのが，Porter（1980）が提示した「5つの競争要因」（five forces）である。ポーターは，特定の業界の長期的収益性は，「業界内の競合企業」「新規参入者」「代替品」「買い手」「供給業者」という5つの競争要因によって説明できるとした。

　まず，「業界内の企業間の競争の度合い」が高ければ，企業の平均的収益は低下する。とくに，多数の企業や同等規模の企業が同一次元での競争に集中する場合には，価格競争が引き起こされやすい。さらに，業界の参入障壁が低く，「将来の新規参入者の脅威」が存在する場合には，迎え撃つ既存企業は値下げ

や投資を増やす必要に迫られ，収益が低下する。加えて「代替品の脅威」が高ければ，代替品が価格の天井を生み出し，需要の伸びを制限するため，収益は低下する。ただし，必ずしも技術的に類似した製品・サービスだけが代替品であるとは限らず，買い手に同じ機能を提供し使用における代替性があれば，代替品の一部とみなされることに注意が必要である（Czepiel and Kerin, 2012）(**1-3** の「マーケティング・マイオピア」の解説も参照)。

　これら3つの要因は，需要を巡る競合関係を示す一方で，利益を巡っては取引相手である供給業者や買い手もまた競争要因になりうる。強い交渉力をもつ「供給業者」が，価格の引上げや供給量・サービス品質の制限などによって利益を獲得しようとする場合，また逆に，有力な「買い手」が価格の引下げや品質・サービスの向上を迫る場合，それによって上昇したコストが企業の収益を低下させる。

◆**マーケティング戦略による持続的な競争優位と市場ベースの資源の確立**

　こうした環境分析が，競合とは異なる自社のポジショニングを明確化し，強みを活かし弱みを緩和するような戦略代案を見出すための助けとなる。持続的優位を実現するためには，どの企業にも理想的なポジションの追求ではなく，あえて「何をしないか」を選択することで，追随しようとする他社にとってはトレードオフが存在するようなポジションを創造することが重要になる（Porter, 2008）。

　このようにマーケティング戦略の意思決定は環境分析に基づいてなされるが，もう一方で重要なのは，マーケティング戦略が作動することで企業を取り巻く環境自体が変化する，という，逆向きの影響関係を理解することである（石井, 2003；Carpenter et al., 1997）。実際に，顧客や消費者の感情，認知（⇨ **2-3**），行動に影響を与えることを意図するマーケティング戦略では，それが成功した結果，消費者の知識や関係性に基づく市場ベースの資源が内部環境の要素として蓄積されるだけでなく，しばしば顧客の選好や競争関係を含む外部環境をも変化させる。このように，消費者の知識や関係性に基づく，市場ベースの資源の形成を通じて競争優位を確立することも，マーケティング戦略の重要な意義である（Srivastava et al., 1998）。

🌐吉田満梨

1 | **3** ポジショニング

◆マーケティング・マネジメントの骨格

　どの顧客（who）に向けて，いかなる価値（what）を，どのように（how）提供するのか。個々の製品・ブランドに関して，これらの問いに対する答えを導く作業体系を，マーケティング・マネジメントという。

　このうち，自社顧客（who）の識別のために行われるのが，セグメンテーション（segmentation）とターゲティング（targeting）である。前者は「多様なニーズをもつ顧客の固まりを，同じニーズをもつ顧客群ごとにグループ化する作業」を，また後者は「グループ化された複数のセグメント（同じニーズをもつ顧客グループ）から，自社が対応すべきセグメントを定めること」を，それぞれ意味する。

　セグメンテーションとターゲティングは，対応すべき顧客・ニーズの明確化と，経営資源の分散投入防止のために不可欠な作業である。しかしライバルとの競争を有利に進めるためには，ターゲット顧客を識別するだけでは不十分であり，その顧客群に「自社製品に代わる製品はほかにない」と認めてもらわなければならない。そこで必要となるのが，顧客に対する提供価値（what）の設計，すなわちポジショニング（positioning）である。ポジショニングは，自社製品の価値やイメージを顧客の頭の中に刷り込むこと（顧客の脳内に自社製品固有の居場所を確保すること）を意味する。セグメンテーション，ターゲティング，ポジショニングの3つは，それぞれの頭文字をとってSTPと呼ばれる。

　さて，ポジショニングは「顧客の脳内」という場を巡って行われるものであり，その成否は顧客自身の認識・評価に依存する。それゆえ企業は，自社製品の提供価値を定めるだけでなく，その価値を，顧客が容易に理解できるような形に落とし込まなければならない。このタスク，つまり自社製品の価値を，具体的にどのような形で（how）提供・伝達すべきかを調整するのが，マーケティング・ミックスである。

　マーケティング・ミックスは，製品（product），価格（price），プロモーション（promotion），チャネル（place）の4要素から構成されており，一般に4Pと呼ばれる。企業は製品仕様と価格の設計によって，自らの提供価値を具現化し，かつチャネルとプロモーションの管理を通じて，製品やその情報を顧客に伝達

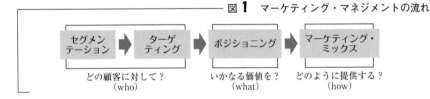

図 1　マーケティング・マネジメントの流れ

セグメン テーション	→	ターゲ ティング	→	ポジショニング	→	マーケティング・ ミックス

どの顧客に対して？　　　　いかなる価値を？　　どのように提供する？
（who）　　　　　　　　　（what）　　　　　　（how）

しなければならない。

◆ ポジショニングの方法

　図 1 をみてもわかるとおり，ポジショニングは who と how を結びつける重要な結節点をなす。単にターゲットを識別してみたところで，ポジションが決まっていなければ，具体的な戦い方（マーケティング・ミックス）を定めることができない。同様に，どれだけ精巧な 4P を設計してみたとしても，それがポジショニング段階で定めた提供価値と乖離したミックスになってしまえば，4P の有効性は著しく低下する。その意味において，ポジショニングはマーケティング・マネジメントの中核的な役割を担っている。

　それでは，企業はどのようにして，ポジショニングを行うべきであろうか。ポジショニングという概念を普及させたライズとトラウト（Ries and Trout, 1981; 1993）に基づき，具体的な方法を整理すれば，次の 4 つに類型化できる（結城，2021a；2021b；2021c）。

(1)　業界のパイオニアかリーダーになる。

　　業界を最初に切り拓いた製品や，業界最大のシェアを誇る製品は，その提供価値，ブランド名，イメージを，顧客の頭の中に容易に刻み込むことができる。「第 1 位」という事実それ自体が，独自のポジションを支える強固な足場となり，製品の差別化を可能にする。

(2)　自社製品をリーダー（上位企業）製品と同格化する。

　　自社製品の独自性をアピールするのではなく，自社製品をリーダー（上位企業）製品に関連づけて理解してもらう（セットで想起してもらう）。リーダーに対抗するのではなく，その威光を借りる方法である。

(3)　トレードオフを利用して，リーダーが模倣できない価値を提供する。

　　ライバル，とくにリーダーが強みとする提供価値を識別し，それとトレードオフ関係にある別の価値を提供する。たとえば，業界リーダーのファストフード・チェーンが標準化に基づく製品提供の迅速さを強みとしている場合

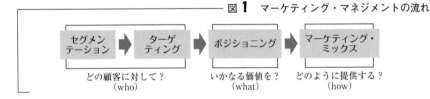
1 ┃ 3
ポジショニング

は，標準化と正反対にあるカスタマイゼーションを導入し，顧客の選好多様性に対応する。

(4) 顧客の脳内に新たなカテゴリーをつくり，そこに一番乗りする。

　既存カテゴリーのリーダー（上位企業）が看過してきたニーズに応えるサブ・カテゴリーを創出し，そのカテゴリーのパイオニアあるいはリーダーになる（たとえば，世界で最も安全な○○，朝専用の○○）。

◆ポジショニングのエッセンス

　上記4方法のうち，(1)はすでにパイオニアと認められた企業か，シェア・ナンバーワンを確立した企業のみしか採用できない。そのため，それら以外の企業は，(2)〜(4)の指針に基づいて実行可能なポジショニング方法を探すことになる。しかし，これら4つの方法はいずれも「ナンバーワンかオンリーワンの地位を確保せよ」という目標を掲げている点で通底している（(2)の方法も，準ナンバーワンの確保をめざすものである）。これがポジショニングのエッセンスである。

　マーケティング論の教科書においては，ポジショニングを知覚マップに基づいて解説しているものが多い。つまり，重要な製品属性（たとえば，掃除機であれば吸引力や静粛性）を識別し，その属性空間（マップ）のなかでの自社製品と競合製品の位置どりを分析せよ，というものである。しかし競合関係にある企業群が，同じような知覚マップに基づいてポジショニングを検討すれば，結果として開発される新製品もおのずと同質化してしまう点に注意しなければならない（Moon, 2010）。加えて，知覚マップ上における競合他社との相対的な位置どりのみに注目するあまり，「自社の提供価値が，顧客の目にどう映っているか」という視点を忘れてしまうと，いわゆる「マーケティング・マイオピア」（自らのビジネスを，売手目線で，狭く，硬直的に捉えてしまう状態）（Levitt, 1960）に陥ってしまう点にも留意が必要である。

　今日では，多くの業界において新製品が絶えず開発され，大量の情報がマスメディア等を通じて顧客に提供されている。このように，製品と情報が溢れ返った環境下で自社製品を輝かせるためには，標的顧客の脳内において「ナンバーワンかオンリーワンの地位」を占有可能な価値や製品仕様を見出し，その実現を支援するマーケティング・ミックスを構築しなければならない（Chernev, 2014; 久保田ほか, 2022）。

🌀 結城祥

1|4 製品ライフサイクル

◆フェーズで変わるマーケティング戦略

われわれ人間に一生があるように，製品・サービスも人間の一生に似たプロセスを辿る。製品・サービスが世の中に登場して世の中で広く受け入れられて出回るようになると，多くの類似製品・サービスが生み出され，競争を通じて淘汰と成長を繰り返し，やがて飽和の度合いを高めて主役を別の製品・サービスに移していく（Dean, 1950）。製品ライフサイクル論によれば，その過程は導入期，成長期，成熟期，衰退期というフェーズで構成され，フェーズが移り変わるごとにマーケティング戦略を適切に切り替えていく必要がある（Day, 1981, p. 60）。

◆導入期──市場の拡張

導入期は，企業が新たな製品・サービスを世の中に送り出すフェーズである。市場としての魅力はまだ小さいために企業の参入も少なく，競争の形態は一部の企業が独占している状態である。このフェーズでは小さな売上しか獲得できず，必ずしも利益が獲得できるわけではない。このフェーズでの最大の目標は，新規需要を創出してこの製品・サービスの市場を拡大していくことである。

このフェーズでは，多くの顧客は新製品・サービスの良さを理解していないだけでなく，その存在自体を知らないことも多い。そのため，プロモーションでは，潜在顧客に対して製品やサービスの認知を図り，販促でトライアルを促し，良さを理解してもらう必要がある（Chandy et al., 2001）。新製品・サービスの良さや存在自体を知らないことが多いのは，流通業者も同様であるため，たとえば，高いマージンで店頭での棚を確保していく必要がある点でも高価格設定になりがちである。ここでは，限られた顧客を対象とすることとなるため売上が小規模なものに留まり，規模の経済や経験効果を発揮することは難しく，このフェーズでの収益は必ずしも見込めない。

このような困難がある一方，製品・サービスの導入が進むと，先発優位性（☞1-5）を確保できる（Carpenter and Nakamoto, 1989）。先発優位性は，競合よりも先に市場に参入することで得られる競争上の優位性であり，規模の経済や経験効果，特許のいち早い確立といった供給面の理由に加えて，顧客の頭の中でその市場の典型ブランドとして想起される（Kardes et al., 1993）といった

消費者の購買意思決定（☞ 2-1）の側面からも得られる。先発優位性は絶対的なものではなく、後発企業が先発企業を凌ぐことも可能だが（Schnaars, 1994; Shanker et al., 1998）、先発企業は、上記のような理由から高い反復購買率を享受でき、マーケティング効率を高められる（Bowman and Gatignon, 1996）。

◆成長期——競合との差別化

　導入期が進むと、新製品・サービスは顧客に広く受け入れられて売上が急拡大していく。収益を上げるチャンスは広がり、市場としての魅力度が上がることで競合他社が次々参入して競争の激しさが増す。そのため、成長期における目標は、生成期とは異なり、自社の製品・サービスの差別化に向けられる。

　このフェーズでは、限られた顧客を対象とするのではなく、多くの顧客を対象とするため、規模の経済や経験効果が見込めることから生産コストは下がる。また、新製品・サービスになじみのない状態だった導入期とは異なり、顧客や流通企業はある程度新製品・サービスをすでに認知しており、競合他社との差別化が競争上の焦点となるため、さらなる市場を見据えたセグメンテーション（☞ 1-3）の重要性が高まる。新製品・サービスそのものの良さではなく他の製品・サービスとの違いをプロモーションで訴求しようとするものや、流通チャネルの新規開拓・強化、低価格で差別化しようとするものなど、各社、競争上の優位性の構築がより強く求められるようになる。

　成長期では、競争を通じて淘汰と成長が繰り返され、市場の形が徐々に固まっていく。企業間でも、顧客のなかでも、製品・サービスの特徴や機能に関する共通認識が生まれ、事実上の標準であるデファクト・スタンダードが形成される。製品・サービスの定型が事実上決まることで、企業にとっては経営資源投入の意思決定は行いやすくなり、顧客にとっても購入のハードルが下がる。このような好循環が生まれると、市場はよりいっそう伸長していくとともに周辺に補完産業が形成されることでさらに活性化していく。

◆成熟期・衰退期——利益回収と事業の再定義

　成長期を通じて製品・サービスの定型が事実上固まると、市場規模は大きくなるが、寡占化が進み、やがて飽和していく。すでに製品・サービスは広く認知されており、これまでに投入した研究開発費用の回収もある程度終わっていることが多く、収益の回収が期待できる。一方、これ以上の市場の成長は期待できなくなることから、マーケティング戦略の目標は、限られた市場のシェア

獲得に重心が移っていく。さらなる市場の拡張は見込めず自社の売上拡大には他社のシェアを奪う必要があるため，撤退企業も現れ始める。

このフェーズでは，新規の購入が見込みにくくなるため，買い替えや買い増しを狙った顧客との関係性の維持（⇨ **1-12**）や流通企業との継続的取引の重要度が高まる。また，市場規模がすでに大きくなっていて，細分化した市場でも一定の規模になっていることから，同質化したなかでも有効なセグメンテーションを行うことで市場内での棲み分けを図ることも，より重要になる。

成長期に形成された製品・サービスの定型は，市場の成長を促す一方で同質化を促す側面もあわせもつ。多くの製品・サービスは飽和化していき，やがて売上や利益を緩やかに減少させていく。成熟期と衰退期はとくに見分けがつきにくいが，これらのフェーズにおいて企業は，撤退して他の市場に資源を再配置するか，市場のなかに留まるか，難しい判断を迫られる（Avlontis, 1985）。

このような状況でも市場の延命を図ることは不可能ではない。使用頻度の増加，用途の多様化，新規用途と新規ユーザーの開発といった手段を講じることで活性化は図れる（Levitt, 1965）。競争は，所与の市場の獲得を巡って繰り広げられるだけでなく，各企業が自社の事業の定義を研ぎ澄ますプロセスでもある（石井ほか，2013）。視点が変わると価値は生まれる。事業の再定義を図りながらリフレーミングを行うことを通じて，既存の製品・サービスでも衰退期の到来を先延ばしし，さらなる市場の足がかりを見出していくことは可能である（栗木ほか編，2012）。

◈ **市場とマーケティング戦略のダイナミズム**

市場は，各企業のマーケティング戦略によって創り出される。創り出された市場が次のフェーズでの企業間競争の前提となってマーケティング戦略が展開され，さらなる市場を創り出していく。どのフェーズでも，このような市場と各企業のマーケティング戦略との間のダイナミズムを念頭に，先を見越した戦略の構築がマーケターには求められる（Levitt, 1965）。　　　　　🌐 日高優一郎

1|5 先発優位性

◆先発優位性とは

先発優位性とは，「企業が競合他社に先駆けて新しい市場空間を創造することにより，先発参入企業としての競争優位性を享受できること」を意味する（Lieberman and Montgomery, 1988, p. 41）。

◆先発優位性の戦略的意味，後発逆転の可能性

先制戦略によってある市場へ先発参入し，早期に市場リーダーの地位を確立することは，最も効果的な競争戦略の１つである。たとえば，コカ・コーラ（飲料），ジレット（剃刀），ゼロックス（複写機），IKEA（DIY家具），3M（ポストイット），ヤマト運輸（宅配サービス），大塚製薬（ポカリスエット，スポーツ飲料）などは，先発優位性を戦略的に活用し，持続的競争優位を構築している典型的な事例として考えられる。1980年代以降の多くの実証研究（計量モデル分析，行動科学的アプローチ，メタ分析〔⇨ **6-6**〕）においても，先発優位性が支持されている（Carpenter and Nakamoto, 1989; Li and Zhao, 2019; 中村・杉田，1994）。先発優位性の要因としては，希少資源・魅力的な市場ポジションの先取り，経験効果，技術的リーダーシップ，ネットワーク外部性，スイッチング・コスト，消費者の心の中に参入障壁を構築できること，流通業者の先発ブランドへの好意的態度などが挙げられている（Lieberman and Montgomery, 1988; Kerin et al., 1992）。

しかし，先発優位性は「先発参入」によって自動的に形成されるものではなく，独自の製品開発能力と市場を読み取る洞察力によって享受できるものとして捉える必要がある，と考えられる。たとえば，PDA（携帯情報端末）市場における先発ブランドである「Newton」（アップル社）は後発ブランドの「Palm」へ，インターネット・ブラウザーの先発ブランドである「Netscape Navigator」は「Microsoft Internet Explore」へ競争優位を奪われてしまった。こういった事例から読み取れることは，後発企業としては，先行企業の戦略，市場・技術の動向などを見極め，より効果的なマーケティング戦略を実行することによって競争優位を構築することが可能である，という事実である。たとえばSchnaars（1994〔邦訳 1996〕）は，現在の市場リーダーとなっている28の製品市場に関する事例研究を行い，後発企業の成功要因として「優れた品質」「適

戦略枠組みの力

1

切な参入タイミングでの低価格製品の導入」「市場パワー」といった3つの要因を挙げている。また新宅（1994）は，成熟産業において技術転換が生じる際，先発（既存）企業が新しい技術への転換を躊躇することによって，後発による競争優位の逆転が生じることを，腕時計やカラーテレビ市場の事例研究を通じて論じている。

◆市場ダイナミクス，参入タイミングとマーケティング戦略

先発優位性の本質は，所与の製品市場における市場参入順位よりも，企業が「新しい市場空間を創造する戦略デザイン，および独自の製品開発・組織能力」にあると思われる。たとえば Narver et al.（2004）は，市場への対応（market driven strategy）だけではなく，「先導的な市場志向」（proactive market orientation），「マーケット・ドライビング」（market driving）戦略が企業の持続的競争優位性の構築において新たな可能性を切り開いてくれる，と主張している。一方 Aaker（2001〔邦訳 2002〕）は，戦略市場経営における市場創造の重要性を指摘し，それを実現するためには「創造的思考の組織文化」が求められる，としている。また企業経営における未知市場開拓の戦略的重要性を強調する概念として，「ブルーオーシャン戦略」（blue ocean strategy）（Kim and Mauborgne, 2005〔邦訳 2015〕）が提唱されている。

市場参入のタイミングは，企業の競争優位性やビジネス成果に大きな影響を及ぼす変数の1つであり，参入タイミングの戦略的本質を活かすためには，市場環境の変化，企業の経営資源・能力，市場戦略など他の変数との相互作用や戦略的フィットに関する理解が重要となる（恩蔵，2007；Suarez and Lanzolla, 2005; Xie et al., 2021）。たとえば伊丹（1984）は，戦略的発想のキーワードとして，差別化，集中，タイミング，波及効果，組織の勢い，組み合わせの妙などを挙げ，とくにタイミングは「出会いがしら」ではなく，「自分でつくりだすもの」であることを強調している。また市場，およびマーケティングのダイナミックなプロセスに注目し，市場を「常に変化し続けるダイナミックな価値創造プロセス」として捉え，企業がより創造的な戦略的デザインに基づいて市場空間を形成，変革させていく「マーケット・シェイピング」（market shaping）戦略が提唱されている。

◆消費者のカテゴリー化と市場における先発優位性

多くのマーケティング研究において，製品市場が分析単位となっており，先

発優位，後発優位に関する既存研究は，所与の製品カテゴリーにおける先発・後発の優位性を中心に行われてきた。Day et al. (1979) は，本来，製品市場の境界を明確に区分することは困難であるが，重要なことは企業側の論理ではなく，消費者の視点から製品市場を定義することであると主張している。また社会的認知アプローチでは，マーケティングにおける伝統的な市場の捉え方が製品の物理的特徴に基づいた「古典的カテゴリー化概念」（類似性ベース・アプローチ）に依拠しすぎてきたことに対する問題点を指摘し，製品市場を「社会的認知システム」として捉える必要性を提唱している（Rosa et al., 1999）。「企業と消費者の相互作用および意味づけによって共有される知識構造」として市場を捉える社会的認知アプローチは，多くの市場が成熟し，クロス・カテゴリー化の傾向が高まっている現代の市場環境において，有意義な示唆を提供してくれると考えられる（Nicolas et al., 2017）。

　一方，社会的認知アプローチに基づき，製品市場を捉える有効な考え方の1つとして，近年注目されている「身体化認知」（embodied cognition）をベースとした消費者のカテゴリー化が挙げられる。身体化認知アプローチでは，認知（⇨ 2-3）活動（意味づけ）の本質を，脳の中の情報処理ではなく「世界内存在として，生態的環境との相互作用のなかで生きていく有機体の身体性」の側面から捉えようと試みている（Achrol and Kotler, 2012; Colombetti, 2010; 韓, 2015；Heras-Escribano, 2021; Krishna and Schwarz, 2014）。

　たとえば，「IKEA」，「ヘルシア緑茶」（花王），「iPhone」（Apple），「ルンバ」（アイロボット社），「dimche」（キムチ冷蔵庫，Winia Mando 社），Amazon などは，伝統的な「類似性（属性）ベース・アプローチ」による分類では後発ブランドとして位置づけられるかもしれない。しかし，身体を媒介とした「消費者とブランドとの構造的カップリング（身体・感覚経験，エナクティブ・センスメイキング〔enactive and embodied sense-making〕）」の視点に着目すると，「新市場創造」の「先発ブランド」として意味づけすることができるだろう。　　🔹韓文熙

1|6 マス・カスタマイゼーション

◆マス・カスタマイゼーションとは

　マス・カスタマイゼーション（以下MC）の端緒は，Davis（1987〔1989〕）の「産業経済時代のマス・マーケットと同じく多数の顧客に到達できるが，同時に顧客は前産業経済時代の個人市場のように個別に取り扱われうる」（p. 20）という概念にある。製品のカスタマイズ化は，Kotler（1989）がMCを顧客1人からなる市場セグメントへの対応とみなしたように，マーケティングからのアプローチである。これを低コストかつ高品質で実現すべく，モジュール化した工程を即時に／コストをかけず／継ぎ目なく／摩擦なく，ダイナミックに統合するのがカギ（Pine et al., 1993）などと，「顧客への個別対応をオペレーショナルな側面から論じるのが，従来のMC研究の立場」（片野，2007, 18頁）である。ゆえにMCは，「量産品と近い価格で個人顧客特有のニーズを満たす幅広い製品・サービスを届けるために，IT，柔軟な工程，組織構造を用いるシステム」（Da Silveira et al., 2001, p. 2）と定義される。

　以下ではファッション産業における流行の創出や商品の調達方法を説明し，これと関連づけてMCについて再び説明する。

◆流行の発生メカニズム

　流行（fashion）とは，特定のスタイルが一定の規模で採用されていると認知されることで，それに従うようわれわれに促す力をもった集合現象である（川本，1981）。この"力"についてジンメルは，われわれには普遍や統一を求める一方で個別や特殊を求めるという傾向があり（両価説），また下位の集団は上位の集団に同質化を図るという階級社会を前提に，流行が上流階級から下流階級に滴り落ちるように伝播するというトリクルダウン理論を主張した（Simmel, 1904）。さらに，下位の集団に模倣された上位の集団は差別化しようと新たな流行を採用するため，流行自体はなくならない（自己永続的になる）とも述べたが，この点はBlumer（1969）が，これでは新たな流行の方向性を示せないと批判した。ブルーマーはパリのファッション産業において，バイヤー同士が情報交換をしないのに，多数のなかから少数の同じデザインを買い付けるのを目撃した。ここから，バイヤーは無意識ながら消費者の代理人となり，デザインに内在するファッショナブルさについて集合的に共通の感性や評価を確

立しているために次の流行の内容が決まるという集合的選択理論を唱えた。

とはいえ実際には，ファッション産業ではトレンド情報の受発信を通じた流行の創出が図られている。まず，実シーズンの約2年前に国際流行色委員会が社会情勢などを踏まえた複数のトレンド・カラーを発表する。次に，その色を付けて原糸・紡績メーカーが新作の糸の展示会を開き，さらに，その糸を用いて生地メーカーが新作の生地の展示会を開く。ここで生地を買い付けたブランドから新作の服が実シーズンの約半年前にパリコレなどで発表される頃には，特定の色や素材や形がブランド横断的に見受けられる。これを参考にした多数の類似商品が店頭に並ぶ実シーズンには，消費者に広く流行が認知されるのである。いわば，足並みを揃えて買い替え需要を生むための，業界主導の仕組みである。

◈SPAとファスト・ファッション

アメリカのGAPは1986年，自社について“specialty store retailer for private label apparel”だと述べた。日本では「SPA」（製造小売業）と呼ばれるが，原文に「製造」の意味はないように，自社生産は必須ではなく，代表的なSPAとされるユニクロも，主に中国にある協力工場に製造を委託している。つまりSPAの要点は，独自商品を直営店で販売し，そこで得た顧客の反応を次の商品企画に活かすために，企画から販売を一気通貫で行うことにある。自社企画のためリスクは増すが，他社にはない商品を販売でき，生産のリードタイムが短く利益率が高い業態といえる。

だがSPA企業には，素材の調達や工場への製造委託，品質や在庫の管理などを主に商社に任せるOEM（original equipment manufacturing）や，商品企画も他社に任せる（サンプルから選んだ品を独自商品として製造委託するだけの）ODM（original design manufacturing）もある。トレンド性の高い商品を短期間で企画・販売する企業は，ファストフードになぞらえてファスト・ファッションと呼ばれるが，そのうちスペインのZARAは自社工場を抱える一方，スウェーデンのH&MはOEM，アメリカのフォーエバー21は2019年の日本撤退前まではODMである。そしてユニクロは，トレンド性の低いベーシック商品を企画・販売するため，SPAではあるが，ファスト・ファッションではない。

◈ファッション・テックとマス・カスタマイゼーション

ファッション商品はトレンドが変わると“賞味期限切れ”となるため売れ残

りが生じやすい。売れ残りの処分法には業者への転売や再資源化などもあるが，2017年にバーバリーが約42億円分の在庫を焼却したり，大量のファスト・ファッション商品が発展途上国で埋め立てられたりと，大量廃棄が問題視されている（国連は2019年に，全世界の温室効果ガス排出量の8％がファッション由来だと発表，ただし廃棄より繊維の生産や生地の加工の排出量のほうが多い）。

　近年，ファッション産業における技術の活用（ファッション・テック）が進んでいる。その対象は，センサーや通信機能のある衣服の開発，AI（☞6-9）によるトレンド分析や需要予測，AIで分析した好みに基づく商品レコメンデーションやVRを用いた販売など幅広く，MCもこれに含まれる。

　ファッション商品のMCとしては，スニーカーの色や素材を顧客が選択した組み合わせとするアメリカのナイキの例などが知られるが，これは組立レベルでのMCである。MCは，設計・製造・組立・配送というバリューチェーンのどの時点でどこまで個別対応するかでレベルが分類される（Da Silveira et al., 2001）。そのうち高レベルのMCには，ナイキのような顧客の選択に基づく組立に加え，設計への顧客参画（コデザイン）が含まれる。だが後者は，顧客にニーズの高度な理解を求めたり，結果として顧客の不満足や企業の採算性の悪化を招いたりする負の側面があるため，前者の組立レベルでのMCのほうが一般的だった（片野，2007）。それでも近年は，スマホや3Dスキャナーなどでのデジタル採寸，個別のサイズや仕様を記録したRFIDタグやCAD・CAMを用いた自動裁断・縫製ないし量産ラインでの縫製，デザイン・見本確認・試着のバーチャル化などにより，上記の負の側面は解消されつつある。

　以上より，最新のトレンドと謳う商品を大量に見込生産し，店頭で接客・試着し，売れ残りは値引きし，さらに廃棄するという従来のファッション・ビジネスは，MCの拡大とともに転換期にあるといえる。今後はオペレーションの観点よりもマーケティングの観点から，たとえばMCがもたらす顧客価値の研究（個別の欲求を満たすという功利的価値や，MCに参画するという快楽的価値に加え，近年は環境負荷を減らすという社会的価値を含む）の進展が待たれる（Fogliatto et al., 2012）。

🌐 北村真琴

1｜7 価値共創

◆**価値共創とは何か**

　価値共創は，複数の主体により価値を創造することを意味する包括的な概念である。これは広義の定義であり，多様な価値共創を包含したものである。また，主体とは価値共創に関わる人や組織を意味しており，ときにステークホルダーやアクターと表現される。ステークホルダーには内部ステークホルダー（たとえば経営者，従業員）と外部ステークホルダー（たとえば顧客，パートナー組織，競合他社，メディアなど）がある（Loureiro et al., 2020）。

　価値共創はさまざまな研究領域において使用されている。いくつか例を挙げると，サービス・ドミナント・ロジック（以下 SDL; ➡ **1-8**），ユーザー・イノベーション（➡ **1-13**），顧客エンゲージメント（➡ **2-15**），リレーションシップ・マーケティング，ブランド研究，サービス・マーケティングなどがある。

◆**価値共創の類型と展開**

　広義の価値共創は「共同生産」と「価値の共創」（狭義の価値共創）に分かれる（たとえば Ranjan and Read, 2016）。共同生産とは，マーケティング活動において企業が外部ステークホルダーと共同作業を行うことである。たとえば，新製品開発における顧客参加が該当する。共同イノベーション，共同デザインも共同生産の範囲に含まれる（たとえば Loureiro et al., 2020）。価値共創研究は一部を除き（たとえば和田，1998），1990 年代までは共同生産に関する研究が多くを占めていた（たとえば Ranjan and Read, 2016）。

　しかし，Prahalad and Ramaswamy（2000）により "co-creation" という言葉が，そして Vargo and Lusch（2004）により SDL が提唱されると，狭義の価値共創への関心が高まった。狭義の価値共創における最大の特徴は，顧客を企業が提供する価値を受動的に受け取る存在ではなく，能動的に価値を創出する存在として捉えた点である。狭義の価値共創では，共創される価値として「使用価値」や「文脈価値」に注目することが多い。どちらの価値も，顧客が企業やその提供物に対し，使用などの相互作用をすることによって創出される価値である。つまり，使用価値や文脈価値は企業と顧客という複数の主体によって創造されることになり，常に共創される価値となる。

　そこで生じる新たな疑問は「どこまでを価値共創とみなすのか」である。こ

1
戦略枠組みの力

れを受け，近年は各研究領域の視点に沿って範囲を明確にした定義が提案されている。たとえば，ブランドにおける価値共創は「すべてのアクターのエコシステムにおけるネットワークの関係性と社会的相互作用を通じて，ブランドの知覚使用価値を創出するプロセス」(Merz et al., 2018, p. 79) と定義されている。ここでは，価値をブランドの知覚使用価値と，そして相互作用を社会的な相互作用と明記している。社会的相互作用を強調している理由は，ブランド研究ではリレーションシップ（☞ 3–5）や顧客エンゲージメントの議論を受けて，企業や消費者という役割を超えた相互作用に注目しているためである。このように，多様な研究領域にて使用される狭義の価値共創は，主体の範囲，相互作用の種類，導出される価値の種類などを特定することで，当該領域の視点を踏まえた定義がなされている。

◆共創される顧客価値

さて，前述のとおり，価値共創において共創される価値は，使用価値（ないし文脈価値）とされることが多い。使用価値（ないし文脈価値）は顧客価値の一側面を捉えた概念である。そこで顧客価値についてもここで触れておこう。

顧客価値も広く扱われている概念であり，さまざまなアプローチが存在する。そこで，Zeithmal et al. (2020) は「実証主義」「解釈主義」「社会構築主義」の3つのアプローチそれぞれにおいて顧客価値を定義している。「実証主義」では顧客価値は経験や相互作用に対する結果の評価として，「解釈主義」では顧客による経験に対する能動的な意味づけとして，「社会構築主義」では相互作用のプロセスとして定義している。なお，いずれのアプローチにおいても顧客価値は多次元からなるものとして捉えられており，合理的・認知的な側面に加え，感情的・社会的な側面も捉えられている。それぞれのアプローチに優劣はなく，あくまで価値の接近法の分類であり，補完的なものである。

また，顧客価値には，使用価値，文脈価値，経験価値，ブランド価値，感性的価値など下位概念が存在する。これらは顧客価値の源泉（たとえば使用価値，文脈価値，経験価値），対象（たとえばブランド価値），内容（たとえば感性的価値）といった各側面を捉えるものである。使用価値や文脈価値だけでなく，これらの価値も共創の対象として研究されている（たとえば西原ほか，2020）。加えて，価値共創においては，主体（受益者）によって知覚する価値が異なることが指摘されている（たとえば Vargo and Lusch, 2008）。

◆◆価値共創の測定尺度・要因・成果

　価値共創は測定尺度の開発もなされている。一例を挙げると，Ranjan and Read（2016）は「共同生産」を「知識の共有」「公平性」「相互作用」の3因子，「使用価値」（狭義の価値共創）を「経験」「関係性」「パーソナライゼーション」の3因子として，計24項目で測定している。なお，ここでの「公平性」とは，企業がその統制を顧客と共有する姿勢を意味している。

　促進要因については，各主体の能力的側面と動機づけ的側面が明らかとなっている。前者の例としては，主体がもつ知識やスキルなどが挙げられる。後者は態度や感情（⇨ 2-3）や志向性などが含まれ，例としてはコミットメントやエンゲージメントなどが挙げられる。また，主体が置かれている状況や，主体間の関係による促進要因も存在する。たとえば，前者は「逆境」や「機会」といった要因が，後者は「信頼関係」や「補完性」といった要因が挙げられる（たとえば Ranjan and Read, 2021）。さらに，阻害要因に関する研究も行われており，価値共創に対する顧客の「無関心」や「ためらい」や「迷惑」などの存在が明らかとなっている（たとえば Malshe and Friend, 2018）。

　価値共創の成果についても，さまざまなものが指摘されている。ポイントとしては，共創の成果もまた主体（受益者）により主観的に捉えられるという点である（たとえば Ramaswamy and Ozcan, 2016）。よって，成果には受益者間で共有されるものとそうでないものが存在する。そこで，価値共創の成果を企業と顧客などに分けて整理している研究も存在する（たとえば Sarasvuo et al., 2022）。

　また，企業における成果に注目すると，とくに重要であるのは「組織の創造性」である。「組織の創造性」とは「新しく，かつ，組織にとって有用な成果（アイディア，解決策，製品など）を創出すること」（Acar et al., 2019, p. 97）であるが，メタ分析（⇨ 6-6）の結果，「外部コミュニケーション」との強い関連性が確認されている（Hülsheger et al., 2009）。つまり，外部ステークホルダーとの積極的な対話が組織の創造性を高めるようである。その際，対話する外部ステークホルダーもまた創造性を有すると，価値共創はさらに促進されることが指摘されている（Merz et al., 2018）。　　　　　　　　　　　❸鈴木和宏

1 **8** サービス・ドミナント・ロジック

◆ SDL はどのように展開してきたのか

　サービス・ドミナント・ロジック（以下 SDL）とは，市場や社会を理解するためにサービスを起点として構築されたマインドセットであり，体系化されたフレームワークである（Vargo and Lusch eds., 2019）。構想されてから長い年月を経た SDL は，マーケティング独自の理論的基礎を提供しようとする試みとして見ることができる（Vargo and Lusch, 2004）。

　具体的には，マーケティングにおけるさまざまな手法によって生み出された価値を近接領域の議論を踏まえて分解・吟味する傾向にあったそれまでのマーケティング研究とは対照的に，「マーケティングによって創造される効用を解釈することではなく，効用を生み出すプロセス全体をマーケティング的に解釈することが求められる」(Alderson, 1957, p. 69) という要請に真摯に答える試みとして，SDL の展開を理解することができる。そしてこの試みは，学界内で多様な議論を巻き起こすことになった。このことは，いわゆる理論としての問題の多さによると考えられる一方，SDL がそれまでの思考方法の転換を迫るものであることの証左かもしれない。ともあれ，SDL は理論というよりもむしろ，学術的にも実務的にもマーケティング的な見方を可能にするための「レンズ」として機能しており，その「レンズ」の部品は表 1 に集約される。

◆ SDL はどのようなレンズか

　表 1 にまとめられる体系をもつ SDL が，どのような「レンズ」であるのかをみてみよう。SDL においてサービス（service）は，それまでのサービシーズ（services）がもつ無形財という意味とは異なって，ある行為者が自らの資源を適用・統合することを意味している。そして，マーケティングに関与するすべての行為者は，その意味で，資源統合者である（Axiom3/FP9）。ここで，単純なマーケティングを考えてみよう。それに関与しうるのは，売り手としての企業と買い手としての顧客である。資源統合の結果として生み出される価値は，企業と顧客の両方が資源統合者である以上，一方の主体によってのみ生み出されるものではなく，共創されるべきものである（Axiom2/FP6）。したがって，企業は，価値を創り出して伝達しているのではなく，結果的に価値になりうるものを提案しているにすぎない（FP7）。他方の顧客も企業と同様に，顧客自身

表 **1** SDL の基本的前提

Axiom1	FP1	サービスは交換の根本的要素である。
	FP2	間接的交換が根本的要素をみえなくしてしまう。
	FP3	財はサービス提供のための流通メカニズムである。
	FP4	オペラント資源は戦略的便益の源泉である。
	FP5	すべての経済はサービス経済である。
Axiom2	FP6	価値は，常に受益者を含む複数の行為者によって共創される。
	FP7	行為者は，価値そのものを伝達できるのではなく，価値提案の創造・提供の過程に参加することができる。
	FP8	サービス中心的な見方は，そもそも受益者志向的であり，関係的である。
Axiom3	FP9	すべての社会的・経済的行為者は，資源統合者である。
Axiom4	FP10	価値は，受益者によって独自にかつ現象学的に規定される。
Axiom5	FP11	価値共創は，行為者が生み出した制度とその組み合わせ方を通して調整される。

（出所）　Vargo and Lusch（2016）p. 8 をもとに筆者が一部簡略化し，訳出。

も自らの資源を適用することによって，価値共創（⇨ 1-7）に参加することができる。このとき，すべての顧客が異なる資源をもっているとすると，価値共創に参加した顧客が知覚する価値は，その顧客特定的なものになりうる（Axiom4/FP10）。その結果，企業と顧客との間の相互サービスによって創出される価値は，容易には代替可能でないために，両者の関係性は安定的になる（FP8）。

このようにして考えてみると，財の捉え方もそれまでとは異なって，それ単体で価値を有しているのではなく，価値共創のためのハコのようなものであると捉えられる。そして，多くの受益者がそのハコにサービスを提供することで価値を創り出す。換言すれば，ハコとしての財はすべての受益者が自らのサービスを提供するための仕組みである（FP3）。もちろん，ハコとしての財は企業自らが有する人的資源や技術的資源などを組み合わせることによって生み出される。そしてそのハコのあり方は，受益者によるサービスのあり方を規定しながら，もちろん翻って，ハコを生み出した企業のサービス提供のあり方も規定する。このように，サービス提供のための仕組みとして機能する財（ハコ）そのものだけでなく，財によって規定されるサービス提供のあり方と，その結果として共創される価値もまた，行為者の資源統合を源泉としていることを踏まえると，それらの資源が戦略的な便益を生み出しているといえよう（FP4）。

ただし，上記のように単純化して価値共創のプロセスを捉えようとするときには現れないものの，現実に合わせて議論を複雑化させると，各行為者がさま

ざまにサービスを提供しているということがみえなくなってしまうことに注意すべきである（FP2）。

　ともあれ，サービスを再定義してマーケティングを捉え直すと，マーケティングが経済の主要概念の1つである交換や取引に関するものである以上，古今東西すべての経済はサービス経済であると見なすことができる（FP5）。しかし，すべての経済をサービス経済として捉えたとしても，それらが常に同様であるとはいえない。なぜならば，たとえば学習を通して獲得される行為者の資源それ自体がその人の歴史に依存しているとすると，資源統合を行うその時々で価値共創の様相は異なり，結果として時間と空間を超えて同じような状況の下で価値共創が行われるというよりも，ある時ある場でなされる価値共創は，まさに行為者が生み出した制度的な状況によって調整されると考えるべきである（Axiom5/FP11）。こうして，交換を中核概念とするマーケティングは，行為者によるサービスを根本的な要素として再構築されるのである（Axiom1/FP1）。

◈ SDL はどこへ向かうのか

　SDL は，新たなマーケティング的思考を可能にするフレームワークとして期待されているがゆえに，それに基づく研究が展開されてきている。たとえば，ブランディング研究（Merz et al., 2009; Payne et al., 2009）や顧客エンゲージメント研究（Brodie et al., 2011; Hollebeek et al., 2019; ☞ 2-15）では SDL に基づく概念的再吟味がなされ，それらに基づいてブランド価値共創（Merz et al., 2018）や顧客ブランド・エンゲージメント（Hollebeek et al., 2014）の測定が進んでいる。さらに，マーケティング領域を超えて，ヘルスケアやツーリズム，さらには教育などの公共セクターの研究にまで SDL は普及してきている（Vargo and Lusch, 2017）。しかしながら，SDL がすべてを包含しうるという一部の主張は，翻って「何をも示さない」ことと同義である。したがって，さまざまな領域・分野における研究成果と SDL がどのように関連するのかを丁寧に整理することは，SDL の発展的展開にとって重要な課題である。　　　　　　◉ 森岡耕作

service profit chain and service recovery

◆ サービス・プロフィット・チェーン

　サービス・プロフィット・チェーンとは，図1のように，従業員満足，顧客満足（⇨ 2-5），企業収益の因果関係を示したフレームワークのことである。マーケティング研究者のヘスケットやサッサーらが1994年に提唱した概念である（Heskett et al., 1994）。企業のあり方について，成功には包括的・長期的なコミットメントが必要であることを示唆している。サービス・プロフィット・チェーンのベースとなる因果関係として，次の7つが挙げられる。

(1) 企業の組織内における内部サービス品質（⇨ 1-10）が，従業員満足の原動力となる。

(2) 高い従業員満足が，従業員定着率の向上につながる。

(3) 高い従業員満足が，従業員生産性の向上につながる。

(4) 従業員定着率と従業員生産性向上の相乗効果が，顧客サービスの品質向上につながる。

(5) 高い顧客サービス品質が，顧客満足の原動力となる。

(6) 高い顧客満足が，顧客ロイヤルティの原動力となる。

(7) 高い顧客ロイヤルティが，企業の成長と収益性の原動力につながる。

　サービス業には生産と消費が同時に行われるという特徴がある。よって，顧客接点の最前線にいる従業員の満足度向上が非常に重要になる。サービス・プロフィット・チェーンでは，従業員満足が顧客サービス品質を高め，それが顧客満足につながり，最終的に企業収益を高めるとしており，その高めた利益で従業員満足度をさらに向上させることで，より良い循環の構図ができあがる。

◆ サービスの失敗

　従業員満足，顧客満足，企業収益が向上するという成長サイクルが回っていくことが理想であるが，サービスの提供においては，何らかのミスが起きてしまうことを完全に避けることは難しい。サービスの現場では人が関与している場合が多いが，人は不完全な生き物であるため，サービスの失敗が起こりうる。

　サービスの失敗とは，提供したサービスが，顧客の期待を著しく下回ってしまうことである（Hoffman and Bateson, 1997）。その結果，顧客のネガティブな感情や反応につながる。顧客の一部は，苦情行動を起こすが，苦情行動をしな

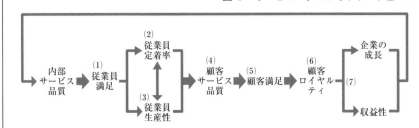

図 1　サービス・プロフィット・チェーン

図中：
内部サービス品質 → (1) 従業員満足 → (2) 従業員定着率／(3) 従業員生産性 → (4) 顧客サービス品質 → (5) 顧客満足 → (6) 顧客ロイヤルティ → 企業の成長／収益性 (7)

（出所）　Heskett et al.（1994）をもとに筆者作成。

い顧客もいる。不満をもった顧客が苦情をいわない理由としては，①苦情行動は時間や努力の無駄になると考えている，②苦情を伝える方法がわからない，③不満が発生した状況を説明するのが難しいと感じている，④サービス提供者から制裁を科される恐怖を感じる，といった要因が考えられる。

　一方，不満をもった顧客が苦情行動を行う理由としては，①サービス提供者が苦情に適切に対応すると信じている。あるいは，顧客に何らかの補償がされると予測している，②苦情をいうことが社会的な義務と感じている，③顧客にとって当該サービスの重要性が高いと感じている，④苦情をいうことを好む性格の人もいる，といった要因が考えられる（Zeithaml et al., 2009）。苦情行動には，3つの種類がある（Zeithaml et al., 2009）。第 1 は，サービス提供者への直接の苦情である。第 2 の苦情行動は，家族や友人，同僚などの他者へ，サービス提供者に関するネガティブな内容のクチコミ（⇨ 4-6）をすることである。第 3 は，国民生活センターのような第三者機関へ訴える方法である。これら 3 つの苦情行動は，1 つだけ実施される場合もあれば，複数の行動が実施される場合もある。

　なお，サービスの失敗に直面した顧客は，その反応の仕方で 4 つに分類される（Singh, 1990）。無抵抗者，苦情者，憤慨者，活動者である。第 1 の無抵抗者は，不満があっても何も行動をとらない顧客である。サービス提供者への苦情も，他者へのクチコミも，第三者機関への訴えも行わない。第 2 の苦情者は，サービス提供者へ直接苦情をいうものの，クチコミや第三者機関への訴えはしない顧客である。活発に苦情をいうが，サービス提供者に対応する機会を与える。第 3 の憤慨者は，他者へのネガティブなクチコミを行う顧客である。サービス提供者に次の機会を与えることもなく，他社のサービスへ乗り換える。第

4の活動者は，サービス提供者に苦情をいうだけでなく，他者へのネガティブなクチコミを行い，そして第三者機関へも訴える。サービス提供者の対応次第で継続するか乗り換えるか決める。

◆サービス・リカバリー

サービス・リカバリーとは，サービスの失敗に直面した顧客の状況を回復するためにサービス提供者がとる行動である（Grönroos, 1988）。たとえば，説明や謝罪，補償，代替品の提供といった顧客への対応，そしてサービスの失敗の原因を特定したり，サービスの改善をしたりするなど問題への対応も含む概念である（Patterson et al., 2006）。

効果的なサービス・リカバリーは，顧客の不満足を軽減し，顧客離反を防止する（Fornell and Wernerfelt, 1987）のみならず，顧客満足や顧客ロイヤルティの向上につながる（Hart et al., 1990; Tax and Brown, 1998）といわれる。さらには，サービスの失敗の後に効果的なサービス・リカバリーを経験した顧客は，サービスの失敗に直面しなかった顧客よりも高い顧客満足や顧客ロイヤルティをもつに至るという「サービス・リカバリー・パラドックス」(McCollough and Bharadwaj, 1992) が生じる可能性も指摘されている。

このようにサービス・リカバリーは重要であるにもかかわらず，サービス・リカバリーを効果的に実施しようと積極的に取り組んでいるサービス提供者は少ない。顧客がサービスの失敗に直面し，かつ不適切な苦情対応を受けることを「二重の逸脱」(ダブル・デビエーション) (Bitner et al., 1990; Johnston and Fern, 1999) と呼ぶが，これを経験したほとんどの顧客は離脱してしまう。さらに，そうした顧客は，多くの人たちへ伝わるような形で，サービス提供者を批判することもある。また，従業員への影響も深刻である（Bitner et al., 1994）。適切なサービス・リカバリー政策がない状態でサービスの失敗が続くと，従業員はストレスを感じることになる。モラールが低下したり，離職者が増えたりする。生産性の低下，新規採用や教育など目に見えにくいコストも発生する。そうした状態が続くと，苦情数は減少せず，従業員は苦情対応に忙殺されることになり，サービスの失敗を取り除く業務に時間を割けなくなる。するとますます苦情が増加して，負の循環に陥ってしまう。このように，サービスの失敗からのサービス・リカバリーは，サービス・プロフィット・チェーンにも影響を及ぼしていくため，注意が必要である。

🐌 浦野寛子

1|10 サービス品質

◆サービス品質とその重要性

　サービス品質は，一般的に無形財としてのサービスに関する知覚品質，つまり顧客がサービスに対して主観的に評価する品質を表す。高いサービス品質の例をいくつかの具体例で説明すると，たとえばホテルで従業員から真心のこもった対応を受けたり，飛行機の搭乗手続きが迅速でスムーズであったり，レストランで出てきた食事がおいしく見栄えがよかったりすることである。ここでのポイントは，サービスは目に見えないため（無形財と呼ばれる），サービス品質は製品の品質のように，性能や重量，取り扱いのしやすさといったように客観的に測定することが難しく，顧客の主観的な評価に依拠することが一般的である。これは，サービスが従業員と顧客との相互作用によって生産されるものであり，提供前の品質評価が困難な要素が多いことが大きな理由である（Zeithaml, 1981）。

　サービス・マーケティング研究においてサービス品質は，顧客満足（☞2-5）や再利用の決定的な要因として考えられており，その一例として日本生産性本部が主催する「JCSI」（日本版顧客満足度指数）調査において，顧客満足に最も決定的な影響を与える経路は，顧客期待→サービス品質（知覚品質）→顧客満足というパスであることが実証されている（小野, 2010）。

◆SERVQUAL の開発

　先述のようにサービス品質は主観的な性質をもつものの，企業のサービス品質を測定し改善や向上につなげていくためには客観的な測定尺度が必要となる。数あるサービス品質を測定する尺度のなかで，最も一般的に用いられているのが SERVQUAL（サーブクオル）である。SERVQUAL とは SERVice + QUALity（サービス＋品質）の略で，Parasuraman et al.（1988）によって開発された。SERVQUAL は，サービスに対する顧客の事前期待と事後経験との差によってサービス品質を測定し，サービス品質を5つの次元で捉えるといった特徴をもっている。

◆SERVQUAL の5次元

　先述のように，われわれが顧客としてサービスを評価することは接客の丁寧さであったり，サービス提供の迅速さであったり，有形要素の見た目や効用の

表 **1**　SERVQUAL の次元と測定尺度

信頼性	確実性	共感性	反応性	有形性
時間厳守	堂々とした従業員の振舞い	顧客を気に掛ける	サービス内容伝達が迅速	近代的な設備
正確なサービス提供	利用時の安心	顧客への個人的な気遣い	素早いサービス提供	見栄えが良い施設
約束どおりのサービス実行	礼儀正しさ	顧客への心からの関心	顧客への手助けの姿勢	きちんとした従業員
ミスの少なさ	顧客の質問に答える知識	顧客の特別なニーズ理解	顧客の要求に応える余裕	有形物のアピール
		営業時間の利便性		

（出所）　Parasuraman et al.（1988）をもとに作成。

高さであったりと，それらの要素はさまざまである。また，飲食物の質の高さは，飲食業や宿泊業では重要なサービス品質の要素であると考えられるが，自動車販売店においてはほとんど評価されない要素だろう。SERVQUAL はそうしたサービス品質の評価に関する多次元を捉え，また業種や業態によって異なるサービスの品質を横断的に測定することができる特徴をもつ。

　SERVQUAL は，信頼性・確実性・共感性・反応性・有形性の5次元から構成されている（表1）。信頼性は，企業と顧客との間で約束したとおり誠実にサービスを提供することであり，最も根本的で重要な次元と考えられている。確実性は，信用や確信を顧客に伝えるための能力，そして従業員の知識や礼儀を示す。共感性は企業による顧客に対する気遣いや1人ひとりに対する注意の程度である。反応性は顧客の手助けをする意志や迅速なサービス提供に対する強さである。最後の有形性は，物理的な施設や設備，従業員の身なりに関するものである。

◆サービス品質の測定尺度に関する研究の進展

　先述のように，SERVQUAL はサービス品質を測定する尺度として最も一般的に用いられているが，開発されて間もない頃からいくつかの問題点が指摘されてきた。これまでに議論された SERVQUAL の問題点として，①事前期待と事後経験の差でサービス品質を測定することは，期待−不一致モデル（➡ 2-11）による顧客満足の測定とも捉えられてしまうことに加え（Cronin and Taylor, 1994），サービスの経験後に事前期待を正確に思い出させることは難しいこと（Brown et al., 1993），②次元数や因子構造が不安定であり，再現性が高くな

いこと（Babakus and Boller, 1992），③質問項目が多すぎるため回答者に対する負担が大きいこと（Carman, 1990），などが挙げられる。こうした課題を解決するための試みとして有名なものでは，たとえば，Cronin and Taylor（1992）による，経験した事後の知覚のみでサービス品質を測定する SERVPERF（SERVice＋PERFormance）がある。

　ほかに，個別・特殊なサービスの品質を測定するための測定尺度もいくつか開発されている。有名なものとして，レストランにおけるサービス品質の測定のための DINESERV（Stevens et al., 1995），観光やレジャー施設に関するサービス品質の測定のための HOLSAT（Tribe and Snaith, 1998）といったものがあるが，近年，とくに注目されているのは E サービス品質と呼ばれる，IT サービスにおけるサービス品質の測定尺度である。利便性・美的デザイン・進捗速度・安全性という4次元からなる EC サイトにおける Web ページのサービス品質に関する SITEQUAL をはじめ（Yoo and Donthu, 2001），効率性・システム利用可能性・履行性・プライバシー保護の4次元からなる IT サービスの全般的な知覚品質測定のための E-S-QUAL（Parasuraman et al., 2005）といったように，IT サービスの広がりとともに活発に議論がなされるようになった。

　サービス品質の測定尺度に関する研究は，SERVQUAL への批判をもとにして展開されてきたが，そもそも SERVQUAL はサービス品質を評価したり，改善したりする決定的な切り札として開発されたわけではなく，サービスに合わせて次元を増減させたり，修正させたりすることが想定されていた。SERVQUAL を過信するのではなく，調査対象のサービスとその顧客を理解した上でサービス品質を捉えていくべきであろう。

🌐 上元亘

1｜11 生産財（産業財）マーケティング

◆**組織を顧客とするマーケティング**

生産財マーケティングとは，一般消費者ではなく，組織に向けて行われるマーケティングである。生産財は組織の生産活動や業務遂行のために使用される財を指し，工場などで使われる部品，素材，原材料，設備機械ほか，法人向けのサービスも含まれる（Bonoma et al., 1977; Brand, 1972）。生産財マーケティングは，ビジネス・ユーザー向けという意味で，B to B（business to business）マーケティングと呼ばれたり，産業用ユーザーを顧客とするマーケティングということで，インダストリアル・マーケティング（industrial marketing）や産業財マーケティングと呼ばれたりすることもある。生産財マーケティングで重要なことは，マーケティング活動の対象が一般消費者ではなく組織になるということである。化粧品や家電のように消費財といわれる製品であっても，メーカーと流通業者との関係のように，それが企業向けに販売されるときには生産財マーケティングの論理が適用される。

消費財マーケティングでは不特定多数の消費者の行動を分析し，4P（製品開発，価格，広告・販促活動，チャネル）に関わるマーケティング活動の計画を立案し，その計画遂行を管理するという一連のプロセスとしてマーケティング問題が認識されるために，「分析−計画型マーケティング」と呼ばれることがある。これに対して，生産財の場合は，顧客が特定され，しかも継続的な取引が行われるのが一般的である。この状態においては企業間の頻繁なコミュニケーションを通じて，顧客情報の収集とそれに基づく組織内部門間の連携が行われ，それらを通じて逐次的に戦略形成が行われる。したがって生産財マーケティングを分析−計画型マーケティングと対比して「相互作用型マーケティング」と呼ぶことができる（髙嶋・桑原，2008）。

◆**生産財取引の特徴**

組織を顧客とする生産財取引の特徴として，合目的性，継続性，相互依存性，組織性という4つの特徴が挙げられる。消費財を購買する一般消費者が，広告に対する情緒的な反応によって購買する製品を決めたり，店頭で衝動的に製品を購買したりすることは珍しいことではない。これに対して生産財の場合，買い手企業は，生産や業務目的のために購買するため，慎重に意思決定をするこ

とが求められる。生産財マーケティングで財の取引は特定の目的に規定されることになり，「合目的性」が生産財取引の第1の特徴になる（高嶋・南，2006）。

　この合目的性の追求から，購買担当者は製品選択における失敗を避けるために，取引実績のある企業の製品を選択することになりやすい（高嶋，1998）。その結果，取引の「継続性」が生産財取引で一般的にみられるようになる。継続的に取引するほど顧客企業に対する知識が蓄積されて，的確に顧客需要を理解した上で新製品を開発することができる。さらに信頼関係が形成されている場合には，顧客特定的な技術開発や生産設備への投資を安心してできるようになる。顧客企業がこれら継続的取引のメリットを評価するほど，買い手と売り手間の取引はいっそう継続的になる。

　「相互依存性」も，もう1つの特徴である。相互依存性とは，2つ以上の経済主体が，資源や能力を互いに依存している程度を指すものである（Pfeffer and Salancik, 1978）。相互依存性が高いほど，売り手企業の製品開発，生産，サービス活動に関する意思決定に顧客企業の関わりも強くなる。顧客企業が差別化された製品や特殊な製品を求める場合，売り手企業は顧客の情報に基づいて製品の設計を行ったり，顧客からの注文によって生産を開始したりする。このように相互依存的な取引の下では，需要に関わるニーズ情報と技術に関わるシーズ情報が頻繁に交換され，それらの情報に基づいて製品の開発や生産が決定される。したがって相互依存性を売り手企業と顧客企業間の相互作用の結果として理解する必要がある（Rusbult and Van Lange, 2003）。

　生産財取引の4つめの特徴が「組織性」である。企業が生産財を買うときに，購買部門の担当者1人で決めるのではなく，製品を実際に使う生産部門などの他部門との部門横断的な連携が求められる。このように購買に関わる集団を購買センター（Robinson et al., 1967）という。生産財取引で部門横断的連携は，販売局面でもみられる。買い手企業のなかで顧客企業の担当者に接するのは営業担当者であるが，顧客企業が製品を購買する場合に，価格以外にも技術やサービスを総合的に評価するために，売り手企業は部門横断的に連携して全社的に顧客企業に対応することになる。

◆**関係の構築と管理**

　買い手企業と売り手企業の間で継続的で相互依存的関係を構築する上で重要なのが，信頼関係とコミットメントの構築である。信頼は，相手の信頼性

（credibility）と善意（benevolence）に対する認識（Doney and Cannon, 1997）であり、相手が否定的結果をもたらさないという信念（Anderson and Narus, 1990）である。信頼関係が構築されるほど互いに情報を開示するようになり、取引コストが節約され、相手に合わせて設備や技術への投資が安心してできるようになるなど、さまざまなメリットが得られる。しかし、投資によって速やかな効果が確実に期待されるものではないために、この成果の不確実性が信頼構築の阻害要因になる。

　コミットメントとは「関係に関連するコストと便益の単純な評価を超えて、長期的な便益を実現するために短期的な犠牲を払う意志」（Ganesan and Hess, 1997, p. 339）である。コミットメントは信頼よりもっと未来志向性が強い概念である。未来志向が強い場合は、現在が未来化（futurized）され、人間関係における小さな損失や不確実性が大きな負担になることはない（Macneil, 1978）。したがって、企業間の関係構築から得られるメリットが最大化している状態がコミットメントである。そのため、生産財マーケティングにおいては、信頼関係とコミットメントを構築することが重要な課題になる。

　このように継続的で相互依存的関係を構築することによってさまざまなメリットが得られるが、取引相手との間で戦略的パートナーシップを形成していても高い利益率を上げていない場合が多い。それは、取引相手への依存度が高まることでパワーのバランスが崩れた結果、利益が抑えられてしまうためである。依存度は、取引額と情報において特定相手への相対的依存が大きくなるほど高まる（Emerson, 1962）。この問題を解決するための戦略のなかには、意図的に新規市場に向けた自社製品の開発力と営業力を弱体化させない「依存回避戦略」、顧客の需要が増加している場合に、不利な取引条件を甘受してでも成長を優先して依存関係を受け入れることで成長を図る「依存成長戦略」、顧客企業が生産する製品の市場が急速に拡大している場合に、あえて部品・原材料メーカーの販売依存度を高く維持することでそのメーカーを育成する「依存形成戦略」がある（高嶋・南, 2006）。

　日本には世界的に優れた部品・素材・機械メーカーが多数存在する。これら企業のマーケティング意思決定および行動を理解するためには、STP-4Pフレームワークに加え、相互作用や関係の構築・管理など、さまざまな観点で分析する必要がある。

🌑 金雲鎬

◆顧客との長期・継続的な関係性の構築

　1980年代以降，マーケティング戦略の有効性を，短期的ではなく長期・継続的な視点から捉える必要性が指摘されるようになっている。従来のマーケティング論は，取引の集合を「交換」と捉え，この「交換」をマーケティング論の中心的概念と位置づけてその円滑な実現を図る活動と捉えてきた（Bagozzi, 1975）。これは，そのつど顧客のニーズに応えることで，顧客と企業の双方が満足できる状態の成立をめざすという考え方である。しかし，相手と良好な関係が築かれている場合とそうでない場合では，交換の様相は大きく異なるはずである。交換の実現を考えるには，その前提として存在する「関係性」の状態にも目を向ける必要がある。こうして，顧客との長期・継続的な関係性の構築に注目するリレーションシップ・マーケティングの考え方が台頭してきた。すなわち，企業と顧客が協力的かつ協調的に相互の経済的価値を高める継続的なプロセスに注目する考え方（Parvatiyar and Sheth, 2000, p. 9）である。

　リレーションシップ・マーケティングといっても，その領域は多岐にわたる（Gummesson, 2002）。当初のリレーションシップ・マーケティングは，産業財マーケティング論（⇨ 1-11）やサービス・マーケティング論，チャネル論など，元来，継続的になりやすい企業間の関係性を考察した研究潮流のなかで発展してきた（Möller and Halinen, 2000）。カスタマー・リレーションシップは，これをもともと関係性が存在しない企業–顧客間に拡張したものである（南, 2006）。

　カスタマー・リレーションシップが重視されるようになった背景には，IT技術の発達で技術的要件が整備されてきたことに加え，市場が高度に成熟して（⇨ 1-4），新規顧客の獲得が見込みにくくなり，既存顧客の顧客満足（⇨ 2-5）や顧客ロイヤルティを維持・向上させる重要性が増したこと，アフターマーケットが充実して特定顧客との継続取引の重要性が増したことなどがある。たとえばサブスクリプションにみられるように，売って終わりではない顧客との関係性の構築の重要性は，近年よりいっそう高まっている（Iyengar et al., 2022）。売って終わりではなく，売ったそのときから始まる顧客との継続的な関係性の構築は，優れたマーケティング成果達成の必要不可欠なカギである

（Levitt, 1983）。

◆ＣＲＭ

CRM（customer relationship management）は，優良顧客と良好な関係を構築してそれを管理し，顧客価値と企業の株主価値の双方を向上させる活動である（Boulding et al., 2005）。たとえば，航空会社のマイレージ・プログラム（Liu and Yang, 2009）や，小売における FSP（frequent shoppers program）と呼ばれる，ポイント付与を通じた経済的インセンティブによる顧客ロイヤルティの維持・向上策（Liu, 2007）である。

しかし，CRM は，IT ソリューションや誘因策に限定した戦術的なものに留まるわけではない。全社的なマーケティング効率を高めるための戦略的アプローチとして理解する必要がある。CRM は，顧客関係の理解を全社横断的に移転して統合的に管理することで，全社的なマーケティング戦略の有効性を高めるための戦略的基盤となりうる（Payne and Frow, 2005）。

優良顧客とそれ以外の顧客の選別に加えて，たとえば，ポイントカードで得られた購買履歴データをもとに各顧客の潜在需要を読み解き（Jayachandran et al., 2005），各顧客に選別的な販促を行うことでニーズの掘り起こしを効果的に行える（Verhoef, 2003）。流通の文脈でいえば，販促に加えて小売店舗での品揃え（☞ 5-2）や物流とも連動させることで（Mithas et al., 2005），各店舗で異なるニーズに対応でき，店舗に対する顧客満足や顧客ロイヤルティを維持・向上できる（Leenheer and Bijmolt, 2008）。また，プログラムを業界横断的に展開することで，プログラムの飽和による顧客囲い込み効果の低下を最小限に抑制できる（Liu and Yang, 2009）。

近年では，店舗や EC サイト（☞ 5-10），SNS（☞ 4-7）など，企業と顧客のタッチポイントや販売チャネルを統合し，顧客にシームレスな購買体験を提供するオムニチャネル（☞ 5-11）の重要性が高まっている（近藤・中見編著，2019；奥谷・岩井，2018；Verhoef et al., 2015）。オムニチャネルの実現には，購買前の情報探索・購買意思決定・購買後の使用といった，それぞれのプロセスで各顧客がどのような購買体験を行っているのか，カスタマー・ジャーニーを明らかにした上で，それぞれのプロセスでどのようなタッチポイントを用意する必要があるのかを検討する必要がある（Lemon and Verhoef, 2016）。このようなカスタマー・ジャーニーの理解やオムニチャネルの実現を図る上でも，戦略

的基盤としての CRM の視点は有益だろう。

◆リレーションシップを醸成するコミットメント

　カスタマー・リレーションシップの構築には，長期的な志向が含まれている。そのため，カスタマー・リレーションシップの構築をめざすマーケティング戦略の成果は，短期的な売上や利益だけで十分測定できるわけではない。反復購買をしている顧客でも，行動だけに注目すればロイヤルティの高い優良顧客のようにみえても，愛着はないがほかがないから反復購買しているだけという場合もある。それゆえに，リレーションシップの醸成を促している顧客の内的状態にも注目して測定する必要がある（Gustafsson et al., 2005）。そこで，カスタマー・リレーションシップを考える上での指標の1つとして，顧客満足やコミットメントがより重視されるようになる。

　コミットメントとは，価値ある関係を存続したいという永続的な願望（Moorman et al., 1992）である。コミットメントは，コストとベネフィットに基づく計算をベースとした関係性の継続を必要だと感じる計算的コミットメントだけでなく，継続的な関係性を楽しんでいることで生じる肯定的な感覚や愛着から生まれる感情的コミットメントという2つの側面を含んでいる。企業は，これらのコミットメントを顧客のなかに創り出すことで，顧客の離脱を防いで交換関係の継続を促せるだけでなく，他者への推奨意向や協力的活動，ひいてはビジネスに対する積極的な支援活動を引き出すことができる（久保田，2012）。これらの要素が機能することで，長期・継続的な売上や利益の獲得に貢献すると想定される。近年，顧客に一方的にコミュニケーションを図るだけでなく，たとえばブランド・コミュニティ（☞ 3-8）における双方向のコミュニケーションから価値共創（☞ 1-7）を図る活動の重要性が高まっている。これは，こうした活動が顧客のコミットメントを醸成する上で非常に有益である（羽藤，2016）ことも理由である。

　売ったそのときから始まる顧客との継続的な関係性は，簡単に終結させるのが難しい。また，一度うまく構築した関係性が新たな関係性構築の足かせとなってしまうといったように，一筋縄ではいかない難しさもはらんでいる。カスタマー・リレーションシップの構築では，企業－消費者間の関係だけでなく消費者同士の関係も含めた包括的なマネジメントが，マーケターには求められる。

🌏 日高優一郎

1|**13** ユーザー・イノベーション

◆ユーザー・イノベーションとは

　ユーザー・イノベーションとは，ユーザーが自分自身の問題を解決するために利用する製品やサービスを，自ら開発，改良する現象のことである。この場合のユーザーとは製品の使い手という意味であるため，消費者だけでなく企業の場合もありうる。

　かつての研究では，イノベーションを行うのはメーカーであり，ユーザーはそれを利用する存在であるということが前提とされてきた。ところが MIT の教授であるフォン・ヒッペルが 1976 年に発表した論文を契機として，これまで開発された製品のなかには，メーカーではなくユーザーがイノベーションを起こしている例が少なくないことが明らかになってきた（von Hippel, 1976）。研究初期には科学機器や半導体製造プロセスなど，産業財（⇨**1-11**），業務用分野が中心であったが（たとえば von Hippel, 1977; Shaw, 1985），2000 年代に入ると，アウトドア製品，エクストリーム・スポーツ用品，玩具といった消費財分野でもユーザーがイノベーターとして重要な役割を果たしてきたことがわかってきた（たとえば Franke and Shah, 2003; Lüthje et al., 2002; Antorini et al., 2012）。

◆ユーザー・イノベーションの動機

　製品やサービスの使い手であるはずのユーザーが，なぜ自分でイノベーションに取り組むのであろうか。これはメーカーが，ユーザーの求める製品を作ってくれず，市場で手に入れることができないからである。その理由は 2 つである。まずはイノベーションから得られる利益の問題である（von Hippel, 1988）。顧客のニーズは，幅と深さの両面において多種多様であるが，メーカーがそのニーズすべてに応えることが難しい。そこで STP マーケティング（⇨**1-3**）に代表されるように，市場調査で収集した顧客のニーズを分析し，セグメンテーションによって特定した一部ユーザー・ニーズに応える製品を開発する。

　この顧客やニーズを選ぶ過程において重要な基準が，市場規模の大きさである。メーカーがイノベーションから多くの利益を得ようと思えば，より多くのユーザーがもつニーズを狙っていくのは当然のことである。とくに大量生産による規模の経済性を追求したいと考えるメーカーでは，その傾向が強くなる。その結果，メーカーが開発した製品では満足できないユーザーが多く発生して

しまう。そのなかには強い不満をもつものもいる。そのようなユーザーがメーカーに先駆けてイノベーション活動に取り組むことがある。これを期待利益仮説と呼ぶ（von Hippel, 1988）。ペイシェント・イノベーション（患者によるイノベーション）と呼ばれる一連の研究は，まさにその典型である（たとえば Oliveira et al., 2015）。患者数の少ない難病向けの医療機器や治療方法の開発にメーカーは消極的だが，自分たちの生活や生命に直結する患者は，その期待利益の大きさから，頻繁に自らイノベーションに取り組む。

　もう1つの原因は，情報の粘着性である（von Hippel, 1994）。情報の粘着性とは，ニーズや問題解決に関する情報を，別の場所に移転させる際に生じるコストの大きさである。このコストが大きければ粘着性が高く，逆にこのコストが低ければ粘着性は低いとされる。フォン・ヒッペルは，ユーザーがもつニーズ情報の粘着性が高い場合，ユーザー自身がイノベーションに取り組む誘因が大きくなるという仮説を提唱した（von Hippel, 1994）。この仮説は，日本のコンビニエンス・ストアの在庫管理システムや機器開発に関する研究で実証されている（Ogawa, 1998）。在庫管理に関する知識やノウハウのない機器開発メーカーだけではコンビニ側のニーズを理解できず，ユーザー企業が機器開発に主導的な役割を果たさざるをえなかったのである。

◈リード・ユーザー法

　ユーザー・イノベーションは，「リード・ユーザー」の特徴を備えたユーザーによって開発されていることがわかっている。その特徴とは，①重要な市場動向の先端に位置し，一般のユーザーが経験するであろう問題にいち早く直面していて，②その問題を解決することで，比較的高い効用を得ることができる，というものである（von Hippel, 1986）。たとえばオリンピック選手は，毎日過酷な練習に取り組むため，同じ競技に取り組む一般の競技者よりも，利用する用具に対する問題点に早く気がつく可能性が高い。さらにその問題をいち早く解決することができれば，金メダルなど大きな利益を得ることができるため，自分自身でイノベーションに取り組むということである（水野・小塚, 2019）。

　リード・ユーザーをイノベーション活動に取り込むための手法とし開発されたのが，リード・ユーザー法である。リード・ユーザーは先端ニーズを知っているだけでなく，既存製品で満足できず，自分で新たな解決策まで見つけ出しているため，メーカーにとってブレイクスルーとなるアイディアを手に入れる

ことができる可能性がある。そのリード・ユーザーを発見し，企業内のマーケティング担当者や技術スタッフなどとワークショップを実施しながら，新しい製品の開発に取り組むのである。

　ただ，リード・ユーザーを発見することは容易ではない。市場におけるリード・ユーザーの数は，製品分野によってばらつきはあるものの，全体の数%にすぎない（小川，2013）。さらに，リード・ユーザーはターゲット市場よりも，先進類似分野にいることが多いため発見が難しい（von Hippel, 2005〔邦訳2006〕）。そこで紹介の連鎖を用いることでリード・ユーザーに効率的に辿り着こうとする「ピラミッティング」と呼ばれる手法が開発された（von Hippel et al., 2009）。

　このリード・ユーザー法は，実際に複数の企業で導入されているが，そのなかで最も組織的に実践した企業として知られるのがアメリカ 3M 社である。獣医をリード・ユーザーとした，発展途上国向けの安価な手術用ドレープの開発などを行い，従来の製品開発方法よりも高い新規性や商業的成功など，一定の成果を上げていることが報告されている（von Hippel et al., 1999）。つまり，伝統的な市場調査のように，市場の中央にいる「標準的な」ユーザーを調べるのではなく，製品の使い方や要求水準において市場の「際」の部分にいる特殊なユーザーから学ぶ製品開発手法が，リード・ユーザー法ということになる。

　ユーザー・イノベーション研究は，急速に発展を遂げているが，その始まりからまだ四十数年である。理論的には経済学やオープン・イノベーション，シェアリング・エコノミーなど近接領域との学際的な取り組みを通じて，さらなる深化が必要となる。また実践的には，リード・ユーザー法以外にもクラウド・ソーシング（⇨ 1-22）やコンテストなどが開発されているが，コストと効果の両面からさらなる検討が必要になる。　　　　　　　　　　　　🌀 水野学

1 | **14** 顧 客 経 験

customer experience: CX

◈顧客経験とは

強い顧客経験の創造は，今や主要な経営目標となっている。『経験経済』（Pine and Gilmore, 1998）は，経験（体験）をコモディティ，モノ，サービスの次に出現する新たな経済的な商品として提示した。顧客経験とは，一言でいうと，顧客が企業とのインタラクションに対して抱く反応である（Meyer and Schwager, 2007）。顧客経験の定義についてはさまざまなものが存在しているが，認知的・感情的・行動的・感覚的・社会的な要素を含む多次元的な概念であるというのが，学者や実務家の共通認識となっている（Schmitt, 1999; 2003; Verhoef et al., 2009）。また顧客経験は，探索・購入・使用・アフターセールスなど，さまざまな購買プロセスを含む総合的なものである（Lemon and Verhoef, 2016）。

顧客経験のマネジメントを考える上では，それがあくまでも個人的なものであり，顧客の主観的な反応であるということを忘れてはならない。そして，顧客行動の合理的な側面だけでなく，感情的・非合理的な側面にも言及しつつ，顧客の経験全体を考慮する必要がある。以降，より詳細にみていく。

◈顧客経験の多次元性

良い経験は，顧客をさまざまなレベルで総合的かつ一貫して巻き込まなければならないという基本的なルールがある。顧客経験の多次元性をまとめた概念で，最も有名なものの1つはSchmitt（1999）の戦略的価値モジュール（Sense, Feel, Think, Act, Relate）だろう。その後も顧客経験の定義は，小売研究やブランド研究などで検討された。顧客経験には「感覚的」「感情的」「認知的」「実用的」「ライフスタイル」「関係性」といった要素があることが特定されている（Gentile et al., 2007）。感覚的要素（⇨ **2-16**）とは，顧客の五感（視覚，聴覚，触覚，味覚，嗅覚）を刺激し，喜びや感動，満足感，美意識を喚起するものである。感情的要素（⇨ **2-3**）とは，企業やブランド，製品と顧客との間に感情的な関係を築くために，感動的な経験を提供するものである。認知的要素とは，顧客が創造性を発揮したり，問題解決に取り組んだりできるような提案を提供するものである。実用的要素とは，実際の行為を指す。その意味において，ユーザビリティの概念を含んでいる。ライフスタイル要素は，ライフスタイルの採用を通じて確認する価値観や信念と関係している。つまり，顧客は製品やサ

ービスを消費することで、その企業やブランドが体現し、また自らが共感する価値観を確認することができる。関係性要素は、顧客の社会的背景、他者との関係、さらには理想的自己に関わってくる。他者と一緒に消費してコミュニティを創造したり（ブランド・コミュニティ；⇨3-8）、製品やサービスを消費することで、顧客は社会的アイデンティティを確認したりすることができる。

◆**顧客経験とカスタマー・ジャーニー**

顧客経験は多元的な概念だが、1つひとつの経験には製品の具体的なタッチポイントが関連する（Lemon and Verhoef, 2016）。言い換えるならば、顧客経験はカスタマー・ジャーニーにおけるさまざまなタッチポイントの集合体として構築されるものである（Puccinelli et al., 2009; Verhoef et al., 2009）。ゆえに顧客経験は、さまざまな購買プロセスを含んだ総合的なものとして捉えられなければならない。顧客経験の構築には、ブランド、技術、価格、店員、店舗の雰囲気、プロモーション、ロイヤルティ・プログラムなど、さまざまなタッチポイントが関わってくる。

カスタマー・ジャーニーは、購入前・購入時・購入後の状況として区分されることが多かった。しかし現在、顧客は、複数のチャネルやメディアを通じて無数のタッチポイントで企業と接触している（Baxendale et al., 2015）。また、各購買プロセスにおける態度はお互いに影響を与える（Verhoef et al., 2007）。その結果、より複雑なカスタマー・ジャーニーが形成されている。

また最近では、顧客経験とカスタマー・ジャーニーを考える上では、一度のサービス・サイクルだけでなく、複数のサービス・サイクルを考慮しなければならないといわれている（Siebert et al., 2020）。最初のサービス・サイクルにおける顧客経験と、リピート時のサービス・サイクルにおける顧客経験は異なるためである。さらに、リピート時のサービス・サイクルにおける顧客経験は、前のサービス・サイクルの経験に基づいて構築される（Lervik-Olsen et al., 2015）。つまり、顧客経験はダイナミックなプロセスとして捉える必要がある。

◆**顧客経験のマネジメント**

以上のように、顧客経験は実に複雑なものであるが、企業は統合された顧客経験を提供しなければならない。顧客経験のマネジメントとは、顧客のカスタマー・ジャーニーをデザインすることでもある。そのためには、顧客経験の継続的な更新を可能にする企業ケイパビリティ、顧客経験志向の組織文化の醸成、

さまざまなタッチポイントで関係してくるパートナー企業との提携，そしてカスタマー・ジャーニーを理解するためのビッグデータの分析能力が必要となる（Lemon and Verhoef, 2016）。

顧客経験のマネジメントは，企業が顧客の経験を創造・提供・管理するという企業視点から捉えることができる（Berry et al., 2002）。一方，企業と顧客がともに顧客経験の創造・提供・管理を行うという，共創視点の捉え方もある（Chandler and Lusch, 2015; De Keyser et al., 2015）。共創視点では，顧客経験とはより広範なエコシステムにおける他のアクターとの相互作用の集大成である（価値共創；⇨ **1-7**）。また，顧客自身も顧客経験の創造において役割を担う。

◆顧客経験と顧客ロイヤルティ

最後に，顧客経験によってもたらされる結果について触れておく。顧客経験は，企業が顧客ロイヤルティ（ブランド・ロイヤルティ；⇨ **3-2**）を高めるための重要な要素である。顧客経験マネジメントの目標は，長期的な顧客ロイヤルティの達成と維持にある。市場志向（⇨ **1-1**）の目標が顧客満足（⇨ **2-5**）と市場業績にあり，またカスタマー・リレーションシップ・マネジメント（⇨ **1-12**）の目標が顧客維持と利益最大化にあることと区別される（Homburg et al., 2017）。顧客経験の長期的な進化を管理することで，顧客を「ロイヤルティ・ループ」と呼ばれる再トリガー・再購入・再消費の継続的サイクルに顧客を参加させることが可能となるのである（Siebert et al., 2020）。

顧客は，企業から製品やサービスを購入する際，常に経験している。それは良い経験の場合もあれば，悪い経験，あるいは無関心の場合もある。重要なのは，企業がいかにその顧客経験を管理するかということである。

コモディティ化が急速に進むなか，経験が付加価値となり，差別化の要因となっている。製品の機能性と異なり，顧客経験は全体的な性質をもっているため，競合他社が模倣することは困難である。よって，企業・製品・サービス・ブランドと顧客との相互作用によって引き起こされる思考，感情，心の状態を理解し，優れた顧客経験を創造することは，激しい競争を生き抜いていくための戦略となるのである。

🅢 鈴木智子

15 デザイン

◆ **定義の揺らぎ**

デザインという用語を用いる場合，定義の揺らぎ自体が大きな問題になる。ラテン語の「designare」などに由来する（Hauffe, 1995）といわれ，国内外のさまざまな団体や研究者によって「定義」が書かれているが，内容には揺らぎがみられ（経済産業省，2018），これら文言自体を比較・選別・連結することはあまり意味がない。むしろヨーロッパに端を発し各国に同様の概念や活動が拡大していった経緯や，その社会的意味づけのほうが重要で，そのなかでの日本における「デザイン」の中心的な含意や範囲を検討することが重要である。

世界全般でのデザインの定義に直接的に影響を与えたのは，19世紀中頃イギリスで興ったアーツ・アンド・クラフツ運動，およびその中心的な活動家であったウイリアム・モリスの考え方や業績であるといわれる。その後20世紀初頭にドイツで興ったバウハウス運動が，大衆のために新技術や機能をまとめる知恵としてのモダン・デザインを確立させた側面もある。両者を連結してデザイン発展史を1つにまとめたのはニコラウス・ペヴスナー（Pevsner, 1936）だといわれている（藪，2016）。

日本にも明治維新後，英語を訳する形で同様の概念輸入がなされた。語学的な意味は，直訳では「設計」となるが，近代以降の日本では，主に機械工業や建築業の分野で図面を描いたり機構を考案したりする行為を「設計」と呼ぶようになり，一方「design」のそれ以外の要素を「図案」「意匠」あるいは「デザイン」と呼ぶことが定着したと推察される（鷲田，2021）。そのため，他国と比較して日本の「デザイン」は，主に物品の色やカタチのことだけを指す狭い意味として普及した。1888年に明治政府が発した勅令第85号のなかで，英語「design」の対訳語として意匠という言葉が正式に充てられた。日本の意匠法においては「意匠は，物品のより美しい外観，使ってより使い心地のよい外観を探求するもの」と定義されている。

◆ **マーケティングにおけるデザイン**

マーケティングや経営学のなかでのデザインについても，含意や範囲の揺らぎがみられる。アメリカ経営学のなかでの一般的認識では，デザインの定義は日本における「設計」に近い。たとえば，ミンツバーグらが実施したアメリカ

内の経営学諸学派の分類（Mintzberg et al., 1998）のなかでの「design」は，明らかに「設計」を意味している。一方，欧米諸国でも，有力な美術系大学では物品の色やカタチを「design」と呼んでおり，日本のような分断現象はみられないものの，非常に広い含意が認められる。アーバンらがまとめた新商品開発プロセスの図（Urban et al., 1987）には，経営の上流工程に「設計」を意味する「design」と，中段工程に物品の色やカタチを意味する「design」の2つが描かれている。この事実に象徴されるように，マーケティングや経営学においても，日本以外の国では，この2種類の「design」が連結・共存する形で運用されている。前者はプロセスのデザインあるいは意味のデザイン（Verganti, 2009），後者を成果物のデザインと呼ぶこともある。

　しかし日本での「デザイン」は含意が狭いという問題のため，マーケティングや経営学においては，後者の物品の色やカタチという意味，つまり，主に商品やサービスに対して消費者が感じる美観および知覚品質に限られるという認識が強い。それゆえ，たとえば B to B 型の事業展開をする企業にとっては，デザインは縁遠いものという認識をもっている場合もある。このような現実は，日本企業のマーケティング活動におけるデザイナーの活躍範囲を狭めてしまっているという批判もある。

◆グッドデザイン賞と知的財産保護制度

　日本企業のマーケティングおよび経営におけるデザインの貢献は，戦後，外国製品の模倣からの脱却という形で始まった。それまでは欧米からの輸入製品を模倣することが日本の製品開発の基本戦略であったが，アメリカなどからの強い批判を受け，1957 年，通商産業省（現・経済産業省）主導で，国内企業が創造した優秀で独自性のあるデザインを表彰するという目的で開始された。同時期に，国内の有力企業が自社内にデザイン部署を設置する動きが活発化し，製品の美観的独自性の追求が国内マーケティングの争点になった。その後 1998 年から政府の手を離れ，日本産業デザイン振興会（現・日本デザイン振興会）が主催する民営の表彰制度になり，現在では世界の4大デザイン賞の1つと評価されている。

　表彰制度と並んで政府が推進してきたデザイン行政の柱は，意匠登録・商標登録制度を通じた知的財産保護である。しかし日本では特許と比較して意匠登録・商標登録の活用が十分ではないという指摘がある。そこで特許庁は 2020

年に意匠法を大改正し，従前の範囲を越えて優れた意匠を保護できるように制度整備した。あわせて，経済産業省・特許庁は専門委員会報告書内で「デザイン経営」宣言を公表し（経済産業省・特許庁，2018），企業戦略や行政組織のなかでのデザインの有効活用を推奨する提案をした。蔦屋書店（カルチュア・コンビニエンス・クラブ）やユニクロが，改正意匠法を活用している。

◈ユニバーサル・デザインからユーザー体験へ

デザインは社会課題解決への貢献という形で企業のマーケティング活動に関与するという側面もある。日本国内では1990年代から，さまざまな商品やサービスを，障害者や高齢者も含めて誰もが使いやすいカタチ（ユニバーサル・デザイン）にする運動として普及した。デザイナーはその中心的な担い手になり，プロダクト，建築，ファッション，グラフィック，ユーザー・インターフェースなど，幅広い分野のデザイナーが関わった。やがて，社会課題解決への貢献は，多様性や持続可能性のある社会の実現という要請を背景に，ユーザー体験全般のデザインを通じた企業ブランディング戦略の強化へと発展・昇華してきている。最近のマーケティング研究ではこのようなユーザー体験が一時の購買行動・使用にとどまらず，時系列上で積み重なり，カスタマー・ジャーニー（Lemon and Verhoef, 2016）を形成するという理解が浸透している。

また，デザインを通じた社会課題解決という試みは，「デザイン思考」（Brown, 2008）の普及と呼応している。これは2000年代中頃から，アメリカのスタンフォード大学学習研究所（通称 Stanford d. School）およびデザイン・コンサルティング企業 IDEO 社が提唱するイノベーション・アイディア実装のための手法で，「共感」「問題定義」「創造」「プロトタイピング」「テスト」の5ステップから構成される。参与観察調査などの人類学領域で開発された調査研究手法を使うのが特徴で，一般的なマーケティング調査よりも精密・丁寧なユーザー理解が可能と評価されている。「デザイン思考」の導入によって，専門職としてのデザイナーではない人材もデザインの諸活動（とくにプロセスのデザイン）に参画できるといわれている。スタンフォード大学が「デザイン思考」を研究・開発した経緯については，Auernhammer and Roth（2021）が詳しい。また，新商品開発のマーケティングとデザインの関係についての事例を用いた概説については，Bruce and Daly（2007）が参考になる。「デザイン思考」を大企業で活用した事例研究には，Carlgren et al.（2016）がある。

鷲田祐一

◆**需要の抑制**

デ・マーケティングとは「顧客全体，または顧客需要の一部を，一時的あるいは長期的に抑制するための活動」(Kotler and Levy, 1971, p. 75) であると定義される。これは，マーケティング・マネジメントを体系づけたコトラー自身がレヴィとともに提唱した概念である。マーケティングは産業革命以降の生産能力の増大がもたらした供給過多に対応するために，需要創造の方法として誕生したとされる。だが，この考え方は供給過多の時代背景にとらわれており，マーケティングの可能性を狭く捉えている。需要が大きくなった場合にも，需要の抑制やコントロールの方法としてマーケティングは有効なのである。

デ・マーケティングの内容として4つの方法が提示されている。1つめは一般的デ・マーケティング（general demarketing）であり，総需要の水準を下げるための方法である。たとえば，季節性の高い商品（アイスクリームや洋服）の場合，予想外の気温上昇などの変化に伴って欠品が生じた際に，宣伝を取りやめる，価格を引き上げる，などによって需要を抑制したり，特定ターゲットの顧客へ優先的に商品を提供するなどしたりして対応することが一般的デ・マーケティングである。

2つめは選択的デ・マーケティング（selective demarketing）であり，総需要は維持しつつ，特定の市場セグメントだけの需要を抑制し，あるいは減少させることを目的とした方法である。

3つめは表面的デ・マーケティング（ostensible demarketing）であり，需要を増やすことを本当の目的としながらも，需要を減らす必要があると見せかける方法である。

なお，4つめの無意識のデ・マーケティングは，通常のマーケティングの失敗を意味するとして議論から除外されている。

◆**デ・マーケティングの両義的性格**

デ・マーケティングの仕組みについて理解を深めるために，その両義的性格と，それを規定する関係性に注目しよう（水越・明神，2013）。

コトラーらの最初の分析においてすでに現れているのは，その両義的性格である。選択的デ・マーケティングは，通常のマーケティングにおけるセグメン

テーションとターゲティング（🔗 1-3）であるとみることもできる。表面的
デ・マーケティングは欠品の可能性があると見せかけて，需要を喚起させよう
とする活動である。このように，デ・マーケティングは通常の需要創造として
のマーケティングとは対立する活動であり，今日の社会に求められている活動
であるようにみえるが，それはきわめて巧妙な需要創造として捉えることがで
き，両義的である。

　そして，この両義的な性格を規定するのはデ・マーケティングの実施組織と
その受け手との関係性であろう。デ・マーケティングの研究の多くではタバコ
や資源・エネルギー保全などの公共的なテーマと結びつけられ，その効果が調
査されてきており（Pechman et al., 2003; Andrews et al., 2004; Wall, 2005; Grinstein
and Nisan, 2009），そこから見出されるのは関係性の重要性である。たとえば，
イスラエルにおける節水キャンペーンとその節水効果についての研究において，
キャンペーンの効果がマジョリティとマイノリティという民族性の影響を受け
ると考えられている（Grinstein and Nisan, 2009）。キャンペーンの成果には民族
間で違いがあり，情報発信者である政府とその受信者である民族との関係性に
依存するものと思われる。ほかにも，反タバコ・キャンペーンの影響力につい
ての研究において，社会的な関係性が反タバコに関する信念に影響を与えるこ
とが示されている（Andrews et al., 2004）。

　デ・マーケティングの両義的性格とそれを規定する関係性に注目するならば，
企業活動としてのデ・マーケティングにおいて，消費者との関わりのなかで，
需要抑制を目的としているか否かにかかわらず，需要創造へと反転する契機を
有しているといえる。たとえば，エコバッグを考えてみよう。エコバッグ自体
はビニールのレジ袋に代わって自身のバッグを繰り返し使用することによって，
レジ袋の使用量を抑制し，廃棄物の量を減らす。これ自体は優れたデ・マーケ
ティングである。しかし，エコバッグであることを強調した高級ブランドのエ
コバッグが登場すると，その位置づけは反転するかもしれない。顧客側の理解
によって，それは需要抑制というよりは新しい需要創造とみなされうるだろう。

　このような反転する契機を含む関係性のマネジメントは，通常のマーケティ
ング・コミュニケーションでも議論されている問題である（石井・石原編著，
1999）。重要なことは，このような反転する契機を含む関係性を前提として，
どのようなデ・マーケティングが成り立つかであろう。

◆デ・マーケティングへの期待

　近年，デ・マーケティングの適用範囲は広がり，期待が大きくなっているが，その両義的性格を巡る課題も指摘されている。デ・マーケティング提唱者のコトラーは，改めて企業のマーケティングにデ・マーケティングを取り入れる必要があるとしている。とくに，次の4つの状況，①既存の不足の管理（水やエネルギー不足のための省エネ促進），②潜在的な不足の回避（魚の乱獲抑制，木材伐採後の植林促進），③個人への害の最小化（タバコやドラッグの使用，砂糖や塩分，脂肪分の多い食品を減らす），④自然や固有の資源に対する害の最小化（国立公園やその他の過密な観光地の入場者数を抑制する）に適用可能であるとする。ただし，コトラー自身も注意を喚起し，需要抑制が新しい需要創造になりうることを指摘している（Kotler, 2017）。

　デ・マーケティングの両義的性格を前提とし，関係性に注目したデ・マーケティング研究も進んでいる。環境保護の目的の下で自社ブランドを選んでもらい，カテゴリー・レベルでの顧客の購買量の削減を狙うデ・マーケティング戦略において，その効果は，顧客がそのブランドの環境保護への取り組みを認識しているかどうかに依存することが指摘されている（Soule and Reich, 2015）。デ・マーケティング戦略の効果は，企業のブランドと顧客との関係性に依存することが示唆されている。

　さらなる展開をめざす研究では，デ・マーケティングのシステム的な拡張の必要性が指摘されている。デ・マーケティングはオーバーツーリズムへの対応としても注目され，観光産業の脱成長とその持続可能性を実現する手段として期待される。ただし，特定地域での観光産業の需要を抑制あるいはコントロールすることはできても，空間的・時間的に観光旅行者を移動させる可能性があり，他の地域の需要増減に影響するため，観光産業全体の脱成長とその持続可能性の実現という点では限界がある。デ・マーケティングが特定地域での取り組みにおいて，消費の社会的文化的文脈に注意を払いつつ，自発的な行動変容を起こしていくことが重要であることに異論はないが，地域的な取り組みを超えて，いかにしてシステム的な変化を生み出していくかが課題であろう（Hall and Wood, 2021）。

🌐明神実枝

1 | **17** 企業の社会的責任（CSR）

◆企業と社会の関わり

　企業の社会的責任（以下 CSR）は，法学や経営学などの分野を中心に広く議論されてきた概念であり，近年では「企業が自主的に，自らの事業活動を通して，または自らの資源を提供することで，地域社会をよりよいものにするために深く関与していくことである」と定義される（Kotler and Lee, 2004〔邦訳 2007, 4 頁〕）。

　この理解によれば，法令遵守や人権保護，地球環境保全への取り組み，芸術・スポーツといった文化支援などの企業の売上の一部を用いた社会貢献だけでなく，事業を通じた社会課題の解決も CSR に含まれる。近年，企業の重要な課題とみなされている，持続可能な社会貢献をめざす「サステナビリティ」，持続可能な開発目標「SDGs」への取り組み，環境・社会・企業統治を考慮した「ESG 投資」対応，その企業の社会的意義を示す「パーパス」の設定なども含まれるといってよいだろう。

　企業とその外部である顧客や社会との関係マネジメントを主題としてきたマーケティングでは，CSR を「企業と社会の関わり」として捉え，その性格や背景，意義について議論してきた（石井，1992；嶋口，1992；佐藤，1993；Smith, 1994; Kotler and Lee, 2005）。

◆企業の公共性

　近年の CSR 理解は，あらゆる時代に当てはまってきたわけではない。それは，伝統的な CSR 理解からいえば，2 つの意味での企業の公共性が問題にされうる（石井，1992）。第 1 に，伝統的な CSR 理解（たとえば，Friedman, 1962）では，CSR は「利益を稼ぐ」ことであり，利益を稼ぎ，資金提供者である株主に対してその利益を還元し，顧客に対して商品・サービスを供給することである。この立場から考えるならば，本業以外のよけいな事業はすべきではないことになる。

　第 2 は，CSR 活動それ自体の公共性の問題である。ここではたとえば「公共性の高い分野をどのように見分けるのか」「どの公共的分野にどれだけ投資するべきか」などについて，企業という私人が独占的に意思決定してもよいのか，また，悪くすると利益誘導的ともなりうるような意思決定を認めてよいの

かという問題となる。

このように CSR には一方では私的利益追求を要求され，一方では公共的意思決定を要求されるという矛盾が常につきまとう。この CSR の矛盾を抱える性格を認識することがまず重要であり，この性格に配慮することが課題となる。

◆ 3つの関わり方

CSR が矛盾を抱えつつもますます重要視される背景には，欠乏の経済時代から供給過多の経済時代への成長の論理の変化がある。企業が関わる対象は株主，買い手，利用者，生活者，さらには社会，人類・地球へと広がり，企業の社会対応が必須となってきた。では，限られた経営資源のなかで，企業が取り組むべき優先順位の高い社会対応とは何か。次の3つの社会責任に整理される（嶋口，1992）。

第1は，基本責任である。最も優先されるべきは，ビジネス本来の，社会において分担している機能を果たすことである。本来の価値創造のマーケティング・プロセスにおいて，市場や社会のニーズを探索し，価値を形成し，それを市場や社会に問う。この本来の仕組みのなかで，社会課題解決を達成することである。たとえば，省エネ型・無公害型のエコロジー商品の開発・販売が挙げられる。1970 年代から議論されるエコロジカル・マーケティング（⇨ 1-19）や，近年のサステナビリティ，CSV（creating shared value），パーパスの取り組みもこの範囲である。

第2は，義務責任である。ビジネス本来の機能において生じうる歪みである，組織内部における不経済（不公正な取引など），外部不経済（第三者に影響を及ぼす熱帯雨林の乱伐など）に関して，ビジネス機能以外の行政や司法の機能が調整することがある。そうした問題に対しては，まずは①法規制や制度のルール化によって対応することがより適切である。②需要の抑制・中止を促すデ・マーケティング（⇨ 1-16）の実行よる解決が適切であることもある。デ・マーケティングも，1970 年代から議論される手法である。③社会問題の一部をビジネス機会と捉えて対応する方法もありうる。

第3は，支援責任である。企業の対社会活動であり，メセナ，フィランソロピーなどの文化支援，国際援助への賛助などがその例である。ただし，これらは長期的関係性のなかで実施するのが望ましく，原則と方法を明確にする必要がある。原則とは，①企業の目的や理念との一貫性，②業績悪化等に伴って打

ち切ることのない長期にわたる継続性，③取り組む明確な理由となる社会必要性があることである。方法には物財型支援と運営ノウハウ支援の２つがあり，運営ノウハウ支援は 1970 年代以降，ソーシャル・マーケティング（⇨ 1-18），コーズ・リレーテッド・マーケティングとして多く実践されてきている。

　企業の社会対応の範囲は実に幅広い領域にわたり，３つの関わり方それぞれにマーケティングの新たな地平が切り開かれてきたのである。

◆ CSR の帰結，CSV の登場

　CSR についての議論が盛んになった時期はこれまで２回あり，１回めは 1970 年代頃，その後再び盛んになったのは 90 年代頃以降であった。「新しいコーポレート・フィランソロピー」と題した論文において CSR の取り組みを「義務から戦略へ」と転換させることが促され（Smith, 1994），具体的な戦略アプローチと多数の成功事例が紹介された（Kotler and Lee, 2005）。

　一方で，CSR の実践は全体的に消極的な活動に留まる傾向にあったことが指摘され，従来の CSR は事業の周辺的な活動に留まる「義務的 CSR」であり，社会課題解決を中心的な事業に据える「戦略的 CSR」へと転換すべきだと強く主張された（Porter and Kramer, 2006）。これが後に，企業の経済価値と社会価値の共通価値を創造する「CSV」と呼ばれ，その重要性がますます強調されている（Porter and Kramer, 2011）。

◆ CSR の意義

　従来の CSR から CSV への転換が促される過程で，改めて CSR の意義を見直すならば，企業の公共性への配慮であろう。出発点の１つとなるのは，CSR という企業にとっての新規事業で得られる経験を自社にフィードバックする効果を考えることである（石井，1992）。CSR を通じて社会と関わり，そのなかで自社の常識と社会の常識のギャップに気づき，それを起点とした新規事業を展開する可能性が開かれているのである。その実現には，異質なメンバーに加入してもらい，異質な社会関係を構築し，異質な意思決定ルールを設定するといった，公共性に配慮した仕組みが重要となる。

　自社の常識と社会の常識のギャップを起点とした長期的な CSR ブランド構築（Baumgarth and Binckebanck, 2014），CSR ブランディングに求められる組織体制（高嶋・兎内，2021），CSR を通じた自社事業の是正や補償が売上に及ぼす影響の検証（Nickerson et al., 2022）の議論も始まっている。　　　　🌐 明神実枝

1|18 ソーシャル・マーケティング

social marketing

◆ソーシャル・マーケティングの成り立ち

ローマ・クラブによって，経済発展が社会や環境に負荷を与えることに警鐘が鳴らされた 1960 年代の終わり，マーケティング・コンセプトの拡張を論じたコトラーとレヴィは，マーケティングが社会的課題の解決に応用できることを提唱した（Kotler and Levy, 1969）。これは後にソーシャル・マーケティングと命名され（Kotler and Zaltman, 1971），公衆衛生・治安・環境・公共福祉の改善を求めて，行動変容キャンペーンを企画，あるいは実行するための支援手段と定義されている（Kotler and Lee, 2005）。

この性格から実行主体は公共組織，非営利組織，企業と多岐にわたる。ソーシャル・マーケティングの活動は，公衆衛生の改善（喫煙問題，HIV/AIDS 予防等）における応用に始まり，環境保護，地域コミュニティへの貢献，個人の財産管理の健全性（financial well-being）にまで範囲を広げている。

◆ビジネス・マーケティングとの異同

ソーシャル・マーケティングはビジネス・マーケティングの手法を援用しているが，重要な違いがいくつかある（Lee and Kotler, 2020）。まずビジネス・マーケティングは，製品やサービスの販売によって企業の経済的利益を上げることに目的が置かれるものの，ソーシャル・マーケティングでは，社会的利益のために行動変容を起こすことが目的となる。

また，競合の捉え方も異なる。ビジネス・マーケティングは，類似する製品やサービスを提供している他社が競合とみなされる。一方，ソーシャル・マーケティングでは，行動変容の対象者が現在行っている行動やそこから感じる利益が競合となる。

ビジネス・マーケティングにおいて，購買行動の促進は消費者に快感や喜びをもたらす。ところがソーシャル・マーケティングにおける推奨行動は，相手に物理的・心理的負担をかけることが多い。たとえば近年，温暖化対策に関してエアコンの設定温度の制約やゴミの減量など，ライフスタイルの変容が要求されている。将来を見据えれば意義深いことと思う一方で，行動変容への負担は少なくない。また，人間は誰しも目先の欲望や報酬にとらわれてしまう。人間のそのような性質によって，改善が遅々として進まない課題も多い。

◆**行動経済学・ナッジの援用に関する議論**

　そのため近年では，合理的ではない人間の行動に焦点を当てる行動経済学の知見や，「ナッジ」(nudge) すなわち「1人ひとりが自分自身で判断してどうするかを選択する自由も残しながら，人々を特定の方向に導く介入」(Sunstein and Reisch, 2019〔邦訳 2020, 34 頁〕）をソーシャル・マーケティングに援用する動きもある（Benartzi et al., 2017; Lee and Kotler, 2020）。とくにナッジは市民に直接訴求可能な公共政策の立案や改善に役立つ具体的な戦術を提案しており，経験的妥当性の高さから効果への期待も大きい。各国政府や国際機関において，その展開に向けたプロジェクト・チームが設けられるようになった（Sunstein, 2020）。

　ナッジには，主に情報提供型ナッジとデフォルト設定型ナッジがある。タバコのパッケージに警告画像を義務づけることは前者に類する。後者は選択アーキテクチャともいわれる。ドイツでの電力加入は，グリーン・エネルギーがデフォルト設定である。消費者はそれを選びたくなければオプトアウトできる。しかし離脱率は高くなく，気候変動に懸念を示す人々の関心を集めており，高い効果を上げているという（Ebeling and Lotz, 2015; Kaiser et al., 2020）。

　一方でサンスティーンはナッジが効果を上げなかったり，効果が期待を下回ったりする場合の理由を 7 つ挙げている（Sunstein, 2017）。①人々に強い選好が存在する場合。②選択アーキテクチャの効果を減じる逆ナッジ（counter nudge）がある場合。③ナッジが混乱を招く場合。④効果が短期間に終わる場合。⑤いかなる選択アーキテクチャが人々の心を動かすかについて不正確な理解がなされている場合。⑥人々が行動の自由が制限されると思い，それに抵抗（reactance）しようとする場合。⑦ナッジが代償行動（compensating behavior）を生み，結果的に正味の効果を生まない場合，である。

　ナッジだけで社会課題のすべては解決せず，別の介入が必要であるという批判（French, 2011）もあるものの，そもそもナッジは従来からの政策手段を補完することをめざしている（Thaler and Sunstein, 2008）。ナッジに対する市民の態度や効果に関する国際比較研究も蓄積されつつあり（Sunstein and Reisch, 2019），ソーシャル・マーケティングの推進に対しての有用な知見は，今後もその取り組みのなかに組み込まれていくことだろう。

◆パーパスをもって社会的利益を追求する

　さて，前述したように企業もソーシャル・マーケティングの主要な主体として認識されている。企業はマーケティング活動を通じて市場価値と需要を創造し，顧客満足（⇨ **2-5**）を生み利潤を得てきた。しかしその過程において，環境負荷，健康や心理的障害など新たな社会課題を発生させうることに，もはや無自覚ではいられない。そうして社会課題の発生を抑制する企業の社会的責任，すなわち CSR（corporate social responsibility; ⇨ **1-17**），社会的課題の解決に企業活動を関連させ経済的価値の追求をめざす CSV（creating shared value）の考え方も広まりつつある。CSV の取り組みが奏功すれば，社会的利益が発現するとともに，企業にとっては顧客との接点の創造と深化，売上の増加，ブランド・ポジショニングの強化，従業員の労働意欲の向上や離職率の低下，多様性と包摂に向けた価値観の体得等といったベネフィットが生まれる。

　その一環にコーズ・リレーテッド・マーケティングがある。それは社会的課題の解決（コーズ）を支援することを目的としてマーケティングを実施し，製品やサービスの売上の一部を任意の組織に寄付する企業の社会的な取り組みである（Kotler and Lee, 2005）。その成功には消費者の関心を高め，購買のみならずクチコミ（⇨ **4-6**）を誘発し解決の意義を広めることが求められる。そのためには慈善団体との公式な同意に基づき，売上に対する慈善団体への寄付割合，貢献の効果等を開示するという，アカウンタビリティやトレーサビリティへの配慮が欠かせない。

　さらに，自社の存在意義（パーパス）を明示し，コア・コンピタンスを活かして社会課題の解決をなす動きも増えつつある（Sidibe, 2020）。自動車メーカーによる無公害車や自動運転車の開発，食品メーカーによる発展途上国での栄養失調の改善，設備機器メーカーによる衛生環境のジェンダー平等の推進などSDGs と関係した動きも目につく。今やサステナビリティは広報やマーケティング活動に留まらず，経営戦略の中核に据えられる。コーズは単に専属の部署だけでなすのではなく，部門連携やそれに関わる従業員のキャリア・パス，インセンティブ設計など，統合的マネジメントによってなされなければならない。

　企業は今，社会から真に必要とされる公器として存在するための自覚と行動が問われている。

🖊 長尾雅信

1│**19** エコロジカル・マーケティング

◆**エコロジカル・マーケティングの誕生**

　エコロジカル・マーケティングという理解（以下，エコ・マーケティング）が英語圏およびドイツ語圏で誕生したのは 1970 年代である（Fisk, 1974; Schreiber, 1976 など）。「エコロジカル」（生態学的な）と冠した意図は，相互作用し循環する生態系のなかに人間を位置づけ，生産と消費もそのなかにおいて秩序を生成する一部として捉える視点を，マーケティングに導入することにあった（Fisk, 1974）。環境問題への関心の高まりを背景に，マーケティングの研究者・実務家は，企業と市場の相互作用を生態系のなかに位置づけることによって，生態系に配慮した市場秩序を生成することをめざしたのである。

　エコ・マーケティングの関心は，まず環境問題への関心の高まりが消費者行動にどのように影響するかに注がれた（Kassarjian, 1971; Kinnear et al., 1974; Meffert und Bruhn, 1978 など）。たとえば，大気汚染や排ガスを削減するガソリンの新製品を市場に導入した際のキャンペーンに対して，消費者動向調査が行われ，環境保護に関するテーマが一定の効果をもたらすことが主張された（Kassarjian, 1971）。

　その後，環境問題への関心はますます高まり，1980 年代後半からは「地球に優しいライフスタイル」を通じた環境保全がテーマとなった（佐藤，1991）。イギリスで発行された『グリーン・コンシューマー・ガイド』が各国で作成され，「グリーン・コンシューマー」が 1 つの市場セグメントとして存在感を表すとともに，このセグメントに対応するマーケティングが提案されてきたのである（Brandt et al., 1988; Peattie, 1992; 宮内，2011）。

◆**グリーン・コンシューマーは存在するのか**

　一方で，グリーン・コンシューマーの存在感が高まるにつれて，その存在に対する疑念も生じてきた。現実には，消費者は製品を購入する際に「環境に優しい」か否かだけでは判断するのではなく，その購入において生じるさまざまな機会コストやベネフィットを考慮して総合的に評価する，というのが主な見解である（Belz, 1999）。

　だが，このような見解が出された背景には，1990 年代のドイツにおいて次々に環境法・規制が施行された経緯があり，グリーン・コンシューマーの購買行

戦略枠組みの力

1

動基準はその歴史的・社会的背景に依存していると考えられる（明神, 2003）。環境に優しい製品等の環境価値の基準は，その試みの初期から指摘されているように容易には決着がつかない問題を含んでいる（佐藤, 1991；Peattie, 1992）。

　さらに，消費者の環境意識および行動が，その支配的な社会パラダイム（dominant social paradigm）に影響を受けていると考えられることから，パラダイムの転換という大きな変革が必要だと指摘されている（Kilbourne, 1998; 宮内, 2011）。

◆新しいパラダイムに向けて

　エコ・マーケティングはこのような困難な課題を抱えながら，その理論的立場の見直しに取り組み，従来は議論の前提となってきた，企業と社会や地球との関係を議論に組み入れる方向性を示すに至っている。2つの点を確認しておこう。

　第1は，「サステナビリティ」（持続可能性）概念の導入であり，これに含まれる「将来性」への注目である。これまでの自分の世代における社会だけでなく，将来の世代における社会を含むという点で，従来のグリーン・コンシューマー対応のマーケティングとは一線を画し，生態学的な環境をも視野に入れる試みである（Peattie, 2001; 宮内, 2011）。

　第2に，サステナビリティ概念を中心に据えた，交換から関係性へのパラダイム転換である。1980年代頃からマーケティングにおいて，企業と顧客の交換取引が成り立つ前提として，企業と顧客の長期的なよい関係性が必要になることが注目され，前提となる考え方，パラダイムを交換から関係性へと転換する重要性が議論されてきた。エコ・マーケティングにおいても同様のパラダイム転換が必要であり，関係性を前提とした新しい理解を「サステナビリティ・マーケティング」と呼んで区別し，企業と市場／社会／地球との関係性に注目することを促す（図1）（Peattie and Belz, 2010）。

　サステナビリティの特性を組み入れることによって，従来のマーケティングではそれほど注目されなかった課題や可能性に目が開かれ始めている。

　たとえば，製品自体のサステナビリティ要素に注目するならば，耐久性という価値を見出すことができるだろう。消費者は高級品ほど長持ちすると考える一方で，購入時にはそのような考えをもつことはなく耐久性を無視する傾向にあることから，耐久性を強調する戦略に可能性が見出されうる（Sun et al.,

図 **1**　新概念サステナビリティ・マーケティングに向けて

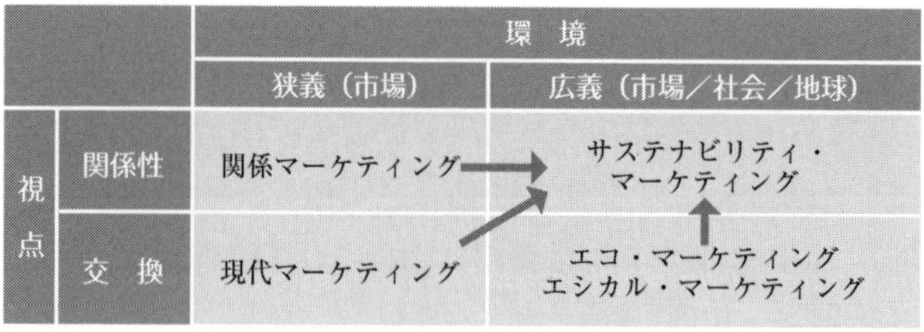

		環　境	
		狭義（市場）	広義（市場／社会／地球）
視点	関係性	関係マーケティング	サステナビリティ・マーケティング
	交　換	現代マーケティング	エコ・マーケティング エシカル・マーケティング

（出所）　Peattie and Belz（2010）p. 9, Fig. 1 をもとに筆者作成。

2021）。

　一方で，小売業によるサステナビリティ導入においては，ウォルマートによるサステナビリティ推進の場合，サプライヤーのサプライチェーン（☞ 5-9）見直しに伴う新たな投資負担が必要であることや，サプライヤーによるマーケティング（環境面での評判，ブランド・エクイティ〔☞ 3-1〕，広告など）が小売業者とのパワー関係に影響することが指摘されている（Gielens et al., 2018）。

　「生態学的価値」（ecological value）の「生態学的」という言葉の意味が，マーケティングの文脈では，マーケティングの関係者，制度，システム間における相互作用であることを確認し，従来のマーケティング研究における課題設定から分析・報告に至るまでという各プロセスに生態学的価値を導入することで，市場の現実を反映した研究が可能となることを改めて強調しなければならない（van Heerde et al., 2021）。　　　　　　　　　　　　　　　　　🖊 明神実枝

◆カスタマー・アドボカシー志向

デジタル環境が急速に進むなか，顧客はさまざまなリソースから大量の情報を取得できるようになり，製品やサービスを主体的に選択できる機会が増している。それに伴い，企業と顧客間の力のバランスが顧客側にシフトしている。

このような顧客の力が高まったデジタル環境に合致した顧客志向の新たな捉え方に，カスタマー・アドボカシー志向（customer advocacy orientation, 以下CAO）がある。アドボカシーは，「弁護」「支援」「擁護」「推薦」などの意味をもつ。顧客との長期的な信頼関係を築くため，顧客を支援する。自社の利益や短期的なメリットは二の次に，顧客にとっての最善を追求する。顧客の利益を最大化するためなら，自社の利益に反することでも行う。自社製品よりも他社製品が顧客にとって最良だとわかれば，正直に他社製品を勧める。CAO は，徹底的に顧客側に立って思考する顧客志向性が非常に高い概念である。このような特徴から，「企業が顧客利益の最大化をめざし，透明性を高め誠実に活動するために，顧客との相互支援活動を行いともに知識を高め，顧客にとって最高の製品をめざす。その結果，顧客との長期的な信頼関係を構築するための戦略志向」と CAO は定義される（山岡，2020, 6 頁）。

◆アドボケイトとは

企業や製品に対して忠誠心が最も高まった顧客の状態をアドボケイト（advocate）と呼び，このアドボケイトを多く育成しようとする企業戦略が CAO である。アドボケイトは企業や製品を信頼し，他の顧客に企業や製品を推奨し，たとえ企業が非難されるような困難な状況に直面しても企業を擁護する。

Christopher et al.（1991）は，顧客のロイヤルティの段階を説明した。「見込み客」から「初回顧客」となり，再購入した「得意客」，心理的な忠誠心が発生している「サポーター」，そして，ロイヤルティの最終形態を「アドボケイト」と位置づけた。その後，アドボケイトに関する研究が行われ，中心概念として「顧客紹介」と「製品推奨」の 2 項目とするもの（Xia and Kukar-Kinney, 2013），「正のクチコミ」を加えた 3 項目とするものがあり（Shukla et al., 2016），「擁護」を加えた研究も存在している（Bendapudi and Berry, 1997）。また，ブランドに対する識別の違いとクチコミ行動（☞ 4-6）の種類が，アドボケイトの

先行要因となりうることが指摘されている（Sweeney et al., 2020）。

Kotler et al.（2017）は，デジタル時代のマーケティング環境において有効なカスタマー・ジャーニーとなる 5A モデルを示しており，購買後にアドボケイトが重要な役割を担うと指摘する。また，Edelman（2010）は，Consumer Decision Journey と呼ばれるモデルを示し，購入後に選択したブランドに関する好意的なクチコミを広げることを後押しするマーケティング投資が重要になるとして，アドボケイトの重要性を説いている。

ソーシャルメディア（⇨ 4-8）で非難や批判などのコメントが集中的に投稿される炎上と呼ばれる場面では，企業が沈静化させることは難しい。しかし，複数のアドボケイトによるブランドに対する好意的な投稿により，沈静化に向かうこともある。アドボケイトは，企業にはできない役割を担ってくれる。また，アドボケイトの創出は，CAO の最終的な成果要素に位置づけられる。企業戦略として，アドボケイトを創出する仕組みを導入する必要性に企業は迫られている。

◈ CAO 概念の位置づけと中心概念

CAO に関する研究は，顧客志向とリレーションシップ・マーケティング（以下 RM）との関連が深い。顧客マネジメントを進めるため，企業は最適な戦略志向を選択する必要がある。そこで，より細分化された具体的な課題を解決するためのさまざまな戦略志向が存在している。CAO は，顧客志向のなかで細分化された高次元の志向性とみなされ，企業戦略としての顧客志向の 1 つの独立した形態と位置づけられる（Lawer and Knox, 2006; Roy, 2013; Yeh, 2016）。代表的な研究として挙げられる Kohli et al.（1993）や Narver and Slater（1990）が唱える顧客志向は，CAO に比べて比較的容易に実現可能な内容である。一方，RM は，マーケティング全体を包括的に捉える幅広い意味をもつ概念であり（Grönroos, 1996），CAO は RM の下位概念に位置づけられる（Urban, 2005）。

CAO の中心概念として，「顧客利益最大化」「透明性」「相互支援」「誠実性」「最高の製品」の 5 つの因子に整理される（山岡，2020）。

「顧客利益最大化」は，企業利益より顧客利益を最優先にする考え方である。RM では，顧客生涯価値に基づく CRM 活動のように，企業の経済的なメリットを優先する考えも包含している。よって，CAO は，さらに踏み込んだ概念といえる。オンライン靴販売の米ザッポス・ドットコムは，顧客サービスを最

優先に考え活動している。コール・センターで発生するお金はマーケティング投資であり，削減すべきではないとしている。6時間，顧客との話に付き合ったオペレーターや，靴販売事業とは直接関係のない顧客に宿泊するホテル近くで深夜に食事がとれる店を聞かれ，デリバリー・ピザ店を紹介したオペレーターは，顧客サービスの手本として社内から賞賛される（Hsieh, 2010）。

デジタル時代では，「透明性」を高めることが大事である。情報に容易にアクセスできる環境では，顧客の情報不足に乗じて利益を上げることは危険である。自社にとって不利益な事実であっても，積極的な公開が得策である。スーパーのオーケーは，オネスト（正直）カードと呼ばれるPOPにより，ネガティブな情報でも積極的に顧客に告知し，顧客から絶大な信頼を得ている。

企業が顧客を支援すれば，顧客は購買，製品の改善，顧客推奨により企業を支援する。企業と顧客が，「相互支援」の関係になる。さらに，顧客が他の顧客に製品のことを語ってくれるので，顧客が顧客を支援する流れも生まれる。マイクロソフトの製品には，さまざまなコミュニティが存在している。それぞれのコミュニティにおいて，製品に貢献したアドボケイトをMVP（most valuable professional）として，マイクロソフトは表彰する。企業が顧客に対して，表彰という無償の報酬を提供することにより，顧客が企業活動を肩代わりしてくれる相互支援の関係が成立している。

アドボケイトとの関係性を構築するためには信頼が必要である。その信頼を生み出す上で，「誠実性」は必須の概念となる。誠実でない企業は，顧客から信頼関係を勝ち取ることは難しい。

CAOを実践する企業は，自社製品より他社のものがよければ他社を勧めることになる。もし，自社製品が「最高の製品」を提供できないと，他社製品ばかり推奨することとなる。他社を推奨したときは，そのニーズと自社製品の弱みを製品開発にフィードバックすることにより，次回からは自社のものを推奨できるようにする。

デジタル環境が進み，増加する消費者間のコミュニケーションの中心的な存在をアドボケイトが担う場面が増えている。アドボケイトを企業戦略に活用するCAOを実施すると，長期的な売上や利益が向上する上に，正直さ，透明性，顧客支援という企業倫理としてふさわしい道を企業は歩むことができる。

🔵 山岡隆志

1|21 プラットフォーム

◆プラットフォームとは

「プラットフォーム」という言葉は，製品開発論の文脈では部品を載せる「土台」として，IT 業界ではコンピュータ・プログラムを作動させる OS（基本ソフト）として使われ，有形・無形の基盤型の製品・サービスを指す用語として用いられている（Sriram et al., 2015）。近年の戦略論やマーケティングでは，異なるサイドを結びつける仲介者であり，補完財を提供するための土台としてプラットフォームという語が用いられることが多い。

Amazon や Facebook のようなプラットフォームはマルチサイド・プラットフォーム（multi-sided platform: MSP）と呼ばれ，主に経済学や競争戦略論において研究が発展してきた（Clements and Ohashi, 2005; Parker and Van Alstyne, 2005; Rochet and Tirole, 2003）。MSP とは「異なる複数のユーザー・グループを結びつけ，直接交流させることによって主に価値を生み出す製品・サービス・技術」（Hagiu, 2014, p. 71）であり，サイドはユーザー・グループを指す。マルチサイドとはサイドが複数存在することを意味しており，サイドが 2 種類のプラットフォームはツーサイド・プラットフォームと呼ばれる。サイド間のインタラクションは売買以外にもゲームの対戦，貸し借り，知識の交換など多様な姿をとる。また，MSP は，企業と消費者（B to C），企業間（B to B），消費者間（C to C）など多様なサイド間のインタラクションを可能にし，オンラインに限定されない。

近年，シェアリング・エコノミーの成長が著しいが，その代表例である民泊の Airbnb や，配車および料理宅配の Uber は，ともにプラットフォームの事例として位置づけられる。なお，シェアリング・エコノミーは，以下の 5 つの特徴をもち，技術によって可能になった社会経済的システムとして定義される（Eckhardt et al., 2019）。その 5 つの特徴とは①一時的アクセス，②経済的価値の移転，③プラットフォームによる仲介，④拡張された消費者の役割，⑤クラウド・ソーシング（⇨1-22）された供給，である。この定義によると，プラットフォームによる仲介はシェアリング・エコノミーの条件の 1 つであるため，プラットフォームはシェアリング・エコノミーの一形態として考えることができる。Airbnb を例にとると，サイドを構成する部屋の貸し手と借り手は

プラットフォームの仲介によって出会う。また，プラットフォームである
Airbnb 自体は部屋を所有することや宿泊サービスを提供することは行わず，
サイドを結びつけることによってのみ価値を創出しているという意味で，先述
の MSP の定義を満たしている。ある市場におけるプラットフォームの登場は，
既存市場の競争環境に大きな影響を及ぼす。Zervas et al.（2017）は Airbnb の
登場が当該地域のホテルの宿泊料金に及ぼす影響を検証している。

◆デジタル・マーケティングの事例としてのプラットフォーム

　Kannan and Li（2017）はデジタル・マーケティングを「企業が顧客やパート
ナーと協力して，すべてのステークホルダーのために価値を共同で創造，伝達，
提供，維持するための，テクノロジーを活用した適応的プロセス」（p. 23）とし
て定義しており，この定義においてプラットフォームはデジタル・マーケティ
ングの事例として位置づけられる。なぜならば，前述のとおりプラットフォー
ムは異なるサイドを結びつけることによって価値を創造しており，価値を実現
するために各サイドの参加者（Airbnb の場合は部屋の貸し手と借り手）が共同で
価値を創造，伝達，提供，維持しているためである。また，価値の実現にはス
マートフォン，GPS，マッチング・アルゴリズムなどのテクノロジーが活用さ
れている。

◆プラットフォームのビジネスモデル

　次に，プラットフォームのビジネスモデルについて検討を行う。ビジネスモ
デルとは①顧客価値の提供，②利益方程式，③カギとなる経営資源，④カギと
なるプロセス，の相互に連動して価値を生み出す4つの要素からなる（Johnson
et al., 2008）。まず，プラットフォームの「顧客への提供価値」について考える。
先述のとおり，MSP は土台でもあり，市場仲介者でもある。土台としてのプ
ラットフォームの顧客への提供価値は，他のプレイヤーが補完財を提供するた
めの基盤を与えることである。市場仲介者としてのプラットフォームの提供価
値は，異なるユーザー・グループを結びつけ，サイド間の取引コストを削減す
ることである。ここでいう取引コストとは，取引相手の探索，取引条件の交渉，
取引結果の検証に関わるコストである。

　次に，プラットフォームの「利益方程式」について説明する。プラットフォ
ームの収益源は，アクセス，手数料，プレミアムの3つがある。アクセスとは
プラットフォームへの参加費を指し，有料・無料の両方がありうる。手数料と

は取引手数料を指し，取引が成立した場合にサイドの片方，あるいは両方に売上の数パーセントを課金する行為を指す。Uber や Airbnb はこの取引手数料が主な収益源である。プレミアムとは，取引相手と出会いやすくするための追加機能や拡張機能の提供に対して課金するものである。

　プラットフォームの「カギとなる経営資源」としては，効率よくサイドを結びつけるためのマッチング・アルゴリズムやそれを実現するエンジニアなどが挙げられ，「カギとなるプロセス」としては安心・安全な取引を実現するエスクローや不正監視の仕組み，トラブル解決のための顧客サポートなどが挙げられる。

◆ サイド内ネットワーク効果とサイド間ネットワーク効果

　プラットフォーム上においては，ネットワーク効果が強く働く。ネットワーク効果にはサイド内（直接的）ネットワーク効果とサイド間（間接的）ネットワーク効果がある（Katz and Shapiro, 1985; 1994）。サイド内，あるいは直接的ネットワーク効果とは，同一サイド内のユーザーが増えると既存のユーザーに大きな価値がもたらされる効果である。この説明は正の効果であるが，ユーザーが減少するとさらに既存ユーザーにとっての価値が下落する，という負の効果もありうる（Eisenmann et al., 2006）。この効果が働くと，多数のユーザーを抱えるプラットフォームはますますユーザーが増加し，ユーザーが少ないプラットフォームはさらに新規ユーザー獲得が困難になり，ユーザーの離脱が増えていく。

　サイド間，あるいは間接的ネットワーク効果とは，片方のサイドでユーザーが増えると別のサイドの既存のユーザーに大きな価値がもたらされる効果である（Chu and Manchanda, 2016; Nair et al., 2004; Tucker and Zhang, 2010）。逆もしかりで，片方のサイドでユーザーが減少すると，別のサイドの既存のユーザーの価値が減少する。Chu and Manchanda（2016）は，C to C マーケット・プレイスのデータを用いて売り手と買い手の間の直接的および間接的ネットワーク効果の大きさを推定し，間接的ネットワークの効果がプラットフォームの成長に大きく寄与していることを明らかにした。

　大きなユーザー基盤を有する企業はネットワーク効果の正のスパイラルを享受できるが，ゼロからプラットフォームを立ち上げる企業や市場シェアを獲得できていない企業は，この負のスパイラルに直面することになる。　　●山本晶

1|22 クラウド・ソーシング

◆群衆の力を創造的活動や課題解決に活かす

　クラウド・ソーシングとは，アイディア創出や課題解決のために，これまで従業員が担っていた機能の一部を，不特定多数の人々で構成されるネットワークに対して公募の形で外注する企業や組織の活動である（Howe, 2006b）。

　クラウド・ソーシングは，群衆（crowd）と調達（sourcing）の２つの単語を組み合わせてつくられた用語であり，J. ハウと M. ロビンソンによって提唱された概念である。2006 年，*Wired Magazine* に発表された記事（Howe, 2006a）によって広く知れわたることとなった（Ikediego et al., 2018）。ハウは，自身のブログ記事のなかで，クラウド・ソーシングの定義を「これまで従業員が担っていた機能を，不特定多数の人々で構成されるネットワークに対して公募の形で外注する企業や組織の活動である」と定めている（Howe, 2006b）。

　不特定多数の群衆を創造的活動に利用する取り組みは，古くから行われてきた。たとえば 1936 年，トヨタ自動車は企業ロゴ・デザインのアイディアを公募し，集まった２万 7000 点のアイディアから「トヨタ」を丸で囲んだロゴ・デザインを選び，採用している（トヨタ自動車株式会社 n.d.）。また，企業活動への参画という意味では，未来学者トフラーが，企業の生産活動に積極的に関わる消費者（プロシューマー）の出現を 1980 年に予測していた（Toffler, 1980）。

　このようにクラウド・ソーシングの基盤となる取り組みや考え方は 2006 年よりも前に存在していたが，ハウがクラウド・ソーシング固有の特徴として指摘したのは，次の２つの点についてである。具体的には，企業と群衆（群衆同士を含む）をネットワークで結ぶことを可能にした IT の発達と，金銭的な報酬よりも承認欲求や自己実現欲求を満たすことに喜びを感じ，積極的に企業活動や社会的課題の取り組みに参画する群衆（多くはアマチュア）の存在である（Howe, 2008〔邦訳 2009〕）。たとえば Threadless.com では，T シャツのデザインを群衆から募り，オンライン・コミュニティ内でアイディアが共有，評価され，優秀なデザインとして選ばれたものが製品化される仕組を整えた。Threadless.com 側からみると，群衆から斬新なデザインを入手できる上，従来の職業デザイナーに依頼するよりもコストを低く抑えられる。また，コミュニティ内のクチコミ（☞ 4-6）によって効率的に販売が促進される効果も得ら

れる。一方，群衆の視点からみると，いくらかの報酬が得られるばかりでなく，承認欲求も満たされるメリットがある。つまり，双方にとって利益がもたらされるのである。クラウド・ソーシングによってもたらされる利益は広く認知され，多くの企業や組織が利用するようになっている。それに伴い，群衆の力を活用するさまざまな手法が生まれている。

◆ 多様なクラウド・ソーシング手法

クラウド・ソーシングの分類方法は研究者により異なる（たとえば Blohm et al., 2018; Hossain and Kauranen, 2015; Nakatsu et al., 2014）。なかでも代表的なものが Prpić et al.（2015）による4分類である。具体的には，①アイディア・クラウド・ソーシング，②ソリューション・クラウド・ソーシング，③マイクロタスク・クラウド・ソーシング，④クラウド・ボーティングである。

①アイディア・クラウド・ソーシングは，多様な考えをもつ群衆の知恵（Surowiecki, 2004）を活用してアイディア創出を行う手法である。企業は群衆から提出されたアイディアを評価し，それらの一部あるいは全部を利用したり，複数のアイディアを統合したりすることで，創造的なアイディア創出につなげる。この手法はまた，コンペティションの形式がとられることもある。製品やロゴのデザインなど，提示された課題に対するアイディアを群衆から募集し，最も優れたものを当該企業の主観的判断で選出する形式である。

特定の課題を解決する目的で取り組まれるのが，②ソリューション・クラウド・ソーシングである。アイディア・クラウド・ソーシングと比較して，課題がより明確に定義されており，革新的な顧客を依頼対象とすることが多い。ここでいう革新的な顧客とは，当該企業の製品やサービスを熟知しており，新しい利用方法や改善案について日頃から考えている特定の群衆である。企業は，革新的な顧客から提出された解決案を評価し，それを試験的に運用したり，修正を加えたりするなどして，課題解決の有効性や実現可能性を見極めていく。

細分化された課題を群衆に提示し，分担して実行してもらうのが，③マイクロタスク・クラウド・ソーシングである。多くは，クラウド・ソーシングの場を提供するプラットフォーム企業（☞ 1-21）を介して，課題展開と業務依頼が調整される。製品開発業務から経理業務，翻訳作業，宅配業務まで，展開される課題は多岐にわたる。また群衆から資金調達を募るクラウド・ファンディングは，資金調達の課題を細分化し，群衆に分担して実行してもらっているた

め，マイクロタスク・クラウド・ソーシングの一形態として捉える見方もある。

④クラウド・ボーティングは，企業からいくつかの選択肢が開示され，群衆の投票（voting）により最も優れた選択肢が選出される手法である。たとえば，企業からいくつかの試作品や企画案が群衆に提示され，投票によって最も反応のいい案が採用される。より客観的な選択がなされるという効果以外にも，販売前の市場テストの代用や話題づくりとなるといった副次的効果も期待できる。

◈ **群衆がクラウド・ソーシングに参加する動機づけ**

群衆は，2つのタイプの動機づけによってクラウド・ソーシングに参加することが知られている（Frey et al., 2011）。1つめは，外部から与えられた人為的な動機づけ，すなわち外発的動機づけである。金銭的報酬に駆られた行動がこれに当てはまる。2つめは，内なる欲求から生じる動機づけ，すなわち内発的動機づけである。他者からの承認や自己実現，自己効力感の獲得，人的ネットワーキング，楽しさ，利他精神などの欲求によって引き起こされる行動が含まれる。すべての群衆が内発的動機づけによって参加しているわけではなく，金銭的報酬を主目的として参加している群衆も一定数存在している。

Frey et al.（2011）は，オンライン・コミュニティの掲示板を介して群衆に課題解決案を募るソリューション・クラウド・ソーシングのデータを用いて，実証研究を行っている。参加者の動機づけをサーベイ調査によって測定し，実際に投稿された1435件のテキストから得られた貢献度との関係性を分析した。その結果，内発的動機を有する参加者は，価値のある貢献（つまり，斬新かつ関連性が高いアイディア創出）をもたらすことがわかった。さらに，参加者が有する知識の多様性が高い場合，内発的動機が価値のある貢献に及ぼす影響をより強めることも示された。

近年，空いた時間を有効に利用して小遣い稼ぎ目的でクラウド・ソーシングに参加する群衆が増えている。日本では，副業を解禁する動きとともにこの流れは加速している。途上国においても，スマートフォンの普及によってインターネットへのアクセスが容易となり，金銭的報酬を目的として参加するケースが増加している。このため，クラウド・ソーシングを利用する企業やプラットフォーム企業にとって，動機づけの管理は喫緊の課題である。動機づけがクラウド・ソーシングに及ぼす関係については実証的研究が進められており（たとえば Acar, 2018），今後の学術的発展が期待される。　　　　　　　　　　　　　　　　● 大平進

1 **23** マーケティング・アジリティ

◆マーケティングにおける「アジリティ」の重要性の高まり

　マーケティング・アジリティとは，「企業の市場理解と，市場適応のための マーケティングの意思決定を，迅速に反復する程度」（Kalaignanam et al., 2021） を意味する。日本語では「俊敏性」を意味するアジリティ（agility）やアジャ イル（agile）という言葉は，顧客接点の増加に伴う事業環境の複雑化と，競争 や技術の変化により，市場の予測不可能性が高まる近年のビジネスで，ますま す強調されるようになっている。こうした複雑で変化の速い市場に対しては， 従来の企業の能力で対応することがますます困難になっているのである（Day, 2011）。そのため企業には，既存の資源や能力を活用した最適な戦略策定だけ ではなく，変化し続ける環境に対応して，マーケティング戦略のみならず，利 用可能な資源ベースをも意図的に創造・拡張・修正するダイナミック・ケイパ ビリティ（Eisenhardt and Martin, 2000; Teece et al., 1997）が求められる。マーケ ティング・アジリティもまた，短期間でマーケティング活動を再構成し，変化 する市場に迅速に適応し，顧客ニーズをより効果的に満たす，企業のケイパビ リティとして位置づけられる（Asseraf et al., 2019; Gomes et al., 2020; Hagen et al., 2019; Zhou et al., 2019）。

　マーケティング・アジリティによる成功例として，Kotler et al.（2021）は， ファスト・ファッション・ブランド「ZARA」を展開するインディテックス社 を挙げる。同社では，世界中の著名なデザイナーの最新トレンドを常にモニ ターして，わずか2週間で店頭に出すことができる。また，最初は少量ずつ生産 される各SKUの売れ行きをRFID追跡システムで分析し，市場の受容性をリ アルタイムで見極めて，生産計画に反映している。近年では，消費者の環境意 識の高まりを敏感に察知し，2025年までに自社の衣料製品のすべてをサステ ナブル素材で生産するという宣言もした。

◆マーケティング・アジリティの構成要素

　マーケティング・アジリティには，少なくとも「センス・メイキング」「反 復」「スピード」「マーケティング意思決定」という構成要素があることが指摘 されている（Kalaignanam et al., 2021）。

　第1の「センス・メイキング」とは，何らかの驚きや混乱をもたらすような

予想外の出来事や展開に直面したときに，それに気づいて共通認識を確立し，さらなる手がかりを引き出すための秩序ある環境を作り出そうとすることである（Weick, 1993; Maitlis and Christianson, 2014）。センス・メイキングはそれに基づくマーケティング意思決定の正しさを保証するわけではないが，実行すべき行動を定義し，その時点で入手可能な情報で迅速に対応することを可能にする。

　第2の「反復」とは，大規模な展開に先立ち，マーケティング意思決定を繰り返し精緻化することを意味する。意図的な計画の下で事前に調整された意思決定を実行することとは対照的に，小規模な実験的行動を通じてマーケティング活動を繰り返し再構築することで，変化する市場のニーズにより適合させることができる（Hughes and Chandy, 2021）。

　第3の「スピード」とは，企業が市場の変化を察知し，行動を開始し，フィードバックを収集し，そして，次の行動を起こすまでにかかる時間の短さである。その時点で入手可能な最良の情報に基づいて素早く意思決定し，マーケティング活動を迅速に調整することで，より顧客ニーズと整合的な戦略への変更が可能になる。

　最後の「マーケティング意思決定」は，マーケティング・アジリティの中心的な要素であり，市場からの繰り返しのフィードバックによって調整される意思決定は，マーケティング活動の全般で発生しうる。たとえば，製品開発では，チームが繰り返しのテストを行うことで，新製品のコンセプトや要件を見直しつつ学習を蓄積し，顧客ニーズに応えることのできる特徴や機能，最も効率的なリリースの方法をすばやく見つけ出すことが可能になる。またプロモーション活動では，ターゲットの反応に基づいて，最大の利益を得られるような広告戦略や広告費の配分を迅速に調整できる。

　市場変化が大きく予測不可能であるほど，事前に緻密な環境分析をしたところで顧客ニーズや成果を正しく認識できるとは限らない。そうした前提の下，マーケティング・アジリティは繰り返しの実験とそれによる迅速な学習を重視するのである。

◆マーケティング・アジリティ実現のために

　マーケティング・アジリティを実現するには，機能横断的で自律性の高いチームや知識の共有と統合を促進する上位のアイデンティティ，柔軟な組織構造も必要であることが指摘されている（Kalaignanam et al., 2021; Moi and Cabiddu,

2021）。

　たとえば，先行してアジャイルの手法が導入されたソフトウェア開発の分野でも，分散型のチームによる同時並行的な開発が行われている。あらかじめユーザーの要求に基づき，システムの機能要件をすべて確定した上で開発を進める「ウォーターフォール」と呼ばれる伝統的な開発手法では，当初の要件が急速に変化する状況に対応できないことから，新しいソフトウェア開発手法が1990年代後半に生み出され，アジャイル・ソフトウェア開発と呼ばれるようになった。その中核的な考え方は，「スクラム」と呼ばれる機能横断的な専門家のチームが，「スプリント」と呼ばれる数週間ほどの短い期間で，市場に出すための実用最小限の製品（MVP）を生み出し，フィードバックを得て軌道修正を繰り返すことである。

　こうしたアプローチは，マーケティング活動のなかでも，顧客経験（☞ 1-14）の設計や新製品イノベーション，マーケティング・プロセスの改善などの市場反応を事前に予測することが困難な領域では，とりわけ有効である。また，情報共有と共通認識の形成が可能な組織単位による自律的活動が展開可能であり，顧客の反応を得て実験的アイディアの検証が可能な領域で適している。たとえば，幅広い消費者を対象とする消費財のマーケティングにおいても，POSやインターネットを含む技術的インフラの活用や，有形財を販売していたビジネスのサービス化などにより，市場からのリアルタイム・フィードバックを得ることのできる顧客接点は急速に増加している。こうした背景もまた，マーケティング・アジリティへの注目をいっそう高めているといえる。

● 吉田満梨

◆購買意思決定モデルとは

購買意思決定モデルは，消費者の購買行動を問題認識，情報探索，代替案の評価，購買決定，購買後の行動の5段階から説明する（コトラーほか，2014）。

問題認識は消費者が解決すべき課題やニーズを認識する段階である。問題認識は消費者が考える理想の状態と現実の状態の乖離によって生じるものであり，これには欠乏認識と機会認識の2つの方式がある（Solomon, 2013）。欠乏認識は現実状態の低下による理想と現実の乖離であり，たとえば，パソコンの故障がそれに該当する。一方，機会認識は理想の状態の高まりによる理想と現在の乖離であり，たとえば，試用によって新製品が欲しくなることがそれである。

情報探索の段階で，消費者は認識された問題を解決するために情報を収集する。情報源によって情報探索は内部探索と外部探索に分類できる。内部探索では，使用経験のように，製品やブランドに関する記憶を情報源として活用する。一方，外部探索では個人的情報源（家族や友人など），商業的情報源（広告やパッケージなど），公共的情報源（マスメディアや検索エンジンなど）など，多様な外部情報源から問題解決のための情報を収集する。

代替案の評価は消費者が複数の購買候補ブランドを比較検討する段階であり，それには補償ルールもしくは非補償ルールが用いられる（Hoyer et al., 2018; 田中，2008）。補償ルールに従う場合，消費者はできる限り多様な製品属性を入念に評価し，それらの属性評価の総合スコアの観点から代替案を評価する。補償ルールでは個別の属性評価が合算され，その過程で優れた属性の評価は劣った属性の評価を補うことになる。補償ルールに基づくブランド選択モデルには，後述する多属性態度モデルがある。一方，非補償ルールに従う場合，消費者は一部の限られた製品属性のみを用いて代替案を評価する。非補償ルールに基づくブランド選択モデルには辞書編纂モデル（最重要属性の評価が一番高いブランドを選択）や連結型モデル（検討属性に最低許容水準を設定し，許容水準を満たすブランドを選択）などがある。消費者がどれくらい入念に情報探索や代替案の評価を行うかは購買に対する関与（⇨ 2-2）や知覚リスクの度合いなどによって異なる。たとえば，消費者は高価な製品の購入検討では，安価な場合に比べ，より入念に情報探索や代替案の評価を行う。

購買決定は，代替案のうち最も好ましいと思うブランドを購入する段階である。消費者は購買候補を格付けし，そのうち最も評価の高いブランドに対する購買意図を形成する。しかし，実際の購買が計画どおりにならないこともある。こうした購買意図と購買決定の不一致をもたらす要因には，想定外の状況と他者の態度がある。想定外の状況は，何らかの予測不能な事態の発生によって意図した購買ができないことである。たとえば，在庫切れや予想外の出費による購入予算の不足などがそれである。他者の態度は，意図した購入について他者が示す反応である。たとえば，購入希望ブランドを親友が酷評したら，消費者はそれが好きでも購入しない可能性がある。広く捉えれば，インターネット上のクチコミ（⇨4-6）も購買決定に影響する他者要因の１つである。

　購買後の行動は，消費者が購入について満足もしくは不満足を経験し，その結果として，当該ブランドに対する購買後の評価やクチコミ行動などを行う段階である。消費者が満足するか不満を覚えるかは，当該ブランドに対する事前の期待と購入後に経験する知覚パフォーマンス（消費者の感じる品質や性能などの良し悪し）の関係で決まる（Oliver, 2006; 小野，2010）。

　知覚パフォーマンスが期待を上回れば，消費者は満足を経験する。顧客満足（⇨2-5）は収益性の高い顧客関係性を構築するための最重要要因である。満足した消費者は当該ブランドをリピート購入し，良い評判を伝え，競合ブランドにはあまり関心を示さず，当該企業の他の製品も購入するようになる。一方，知覚パフォーマンスが期待を下回れば，消費者は不満を覚える。不満を覚えた消費者はこの経験を記憶し，次の購買検討において当該ブランドを候補から除外する可能性が高まる。また，不満を覚えた消費者は他者に悪いクチコミを広める。悪い評判は良い評判よりも速く広く伝わり，そうした負のクチコミは企業や製品に対する消費者評価に大きな影響を与える（安藤，2017；菊盛，2020）。

　したがって企業は顧客満足を高める工夫のみならず，不満を覚える顧客の苦情に適切に対応できる仕組みをつくる必要がある。また，消費者は多くの購買において認知的不協和（⇨2-6）を経験する（Bawa and Kansal, 2008）。そのため，企業はこうした心理的不安を和らげるために，消費者に適切な情報提供を行うことも重要である。

◆多属性態度モデル

　フィッシュバインとエイゼンによって提唱された多属性態度モデル（multi-attribute attitude model) では，消費者が複数のブランドについて多様な属性を検討し，総合評価が最も高いブランドを選択することが仮定される（Fishbein and Ajzen, 1975）。このモデルにおいて，あるブランドに対する消費者態度は，各検討属性に対する消費者信念と各ブランドの検討属性に対する消費者評価との積和によって求められる。

たとえば，ある消費者が操作性と燃費という2つの属性を用いてAとBというブランドの車を比較検討するとしよう。ここである消費者の操作性と燃費に対する信念はそれぞれ+3と+2であり，Aに対する操作性と燃費の評価は+4と+1，Bに対する操作性と燃費の評価は+6と−1であったとしよう。そうすると，ブランド態度はAが14［操作性態度（+3×+4）+燃費態度（+2×+1）］，Bが16［操作性態度（+3×+6）+燃費態度（+2×−1）］となり，消費者はBを選択することになる。

◆消費者情報処理と購買意思決定

消費者情報処理は，消費者が目標を達成するために長期記憶内の内部情報と目や耳といった感覚器官を通じて取り込んだ外部情報を短期記憶（作業記憶）内で統合し，その結果を踏まえて行動を起こす一連のプロセスである（青木ほか，2012）。こうした一連の情報処理プロセスは，購買意思決定全般にわたり幅広く関わる。たとえば，飲み物の購買決定を情報処理の観点から考えてみよう。まず，喉の渇きを感じるとそれを解消したいという目標が設定される。こうした目標達成のために消費者は長期記憶から引き出した製品・ブランド知識（たとえば，好きなブランドやそれがどこで買えるかなど）と視覚から取り込まれた製品・ブランド情報（たとえば，陳列棚に並んでいる飲料）を短期記憶で統合する。その結果として，消費者は特定の飲料ブランドを探索し購買することで目標を達成するようになる。

消費者の購買意思決定は，人間の2つの情報処理様式を仮定する二重過程理論（Samson and Voyer, 2012），感情（Achar et al., 2016; Han et al., 2007; ⇨ 2-3）や加齢（Drolet et al., 2019; Yoon et al., 2009）の購買意思決定への影響などを検討することで，そのプロセスについての理解をさらに深めることができよう。

● 朴宰佑

involvement

◆**関与を理解する意義**

　自家用車は，あなたが理想とする生活のために，なくてはならないものだろうか。もし，そうなのであれば，あなたは自動車という製品に対して関与しているだろう。消費者の関与とは，消費者が理想とする目標に向かうため，製品などの対象に対して動機づけられた状態を指す概念である。より正確に関与概念を定義すれば，「何らかの対象や状況（ないしは課題）といった諸要因によって活性化された消費者個人内の目標志向的な状態」（青木，1989, 125 頁）として規定できる。

　関与は，消費者行動研究においてきわめて重要な概念である。関与概念を導入することで，断片的な説明に留まることなく，多様な消費者行動の違いを包括的に理解できるようになるからである。このことは，消費者行動研究という文脈を超え，関与概念がマーケティング実務においても重要な概念となることを意味する。標的とする消費者を関与概念によって特徴づけることで，ターゲットに対していかなるマーケティング・ミックスが有効となるかを理解できるからである。

◆**関与の強度とマーケティング**

　有効なマーケティング・ミックスのあり方は，関与の強度の違いによって説明できる。関与の強度は，高水準から低水準まで連続的に捉えられるが，便宜的に高関与・低関与と二分して表現されることが多い。

　関与の強度の違いは，消費者が情報処理や意思決定に対して注ぐ行動的，認知的努力の量を規定する。それらの特性が，消費者のマーケティング・ミックスへの関わり方を変えていくのである（松下，2012）。ある消費者がスマートフォンに対して高関与の状態であれば，スマートフォンに関わる理想を実現するため，多くの購買努力量を費やし，できるだけ自律的な購買意思決定プロセスに従事しようとする。スマートフォンに関する抽象的な理解をするであろうし（Celsi and Olson, 1988），消費者が進んで支払う最大の金額である WTP (willingness to pay; ⇨ 2-9) は高まるであろう（Kalish and Nelson, 1991）。

　一方で，スマートフォンに低関与の消費者であれば，購買に注ぐ努力量は少ない。そのため，来店前に購入対象について下調べはあまりしないし，購入に

かける時間は少ない。加えて，利便性を求めるため，ワンストップ・ショッピングの流れのなかで購入対象を決めることも多いだろう。また，値引き金額の大きさではなく値引きの存在自体に反応するなど（Inman et al., 1990），単純な買物環境におけるマーケティングに反応して購買対象を決めるのである。

　なお，関与概念はマーケティング・コミュニケーション研究において頻繁に取り扱われている。たとえば，説得的メッセージの送り手の確信度と信頼性が，受け手の関与水準を喚起することが示されている（Karmarkar and Tormala, 2010）。また，物語形式の広告メッセージが関与水準を高め，結果として製品評価を高めることが示されている（Polyorat et al., 2007）。

◆多様な種類の関与

　関与概念を消費者研究やマーケティング・リサーチで利用する際には注意が必要である。なぜなら，これまで関与という同じ用語の下で，意味する内容が異なる多様な関与概念が提示されているからである。われわれは，目的に応じて適切な関与概念を使い分けていく必要がある。そこで，使い分けの助けとして，いくつかの下位類型を紹介していく（青木，1989；Laaksonen, 1994）。

　まず知っておくべきことは，さまざまな要因によって現れるいくつかの関与が提案されていることである。たとえば，自動車などの製品カテゴリーを要因として活性化する製品関与や，購買という状況やタスクを手がかりとして現れる購買関与がある。それぞれ，自動車それ自体に関心がある消費者と，自動車には関心がなくとも，たとえば燃費が良い自動車を買うことに関心がある消費者の違いを反映している。この区分では，これまでに製品，媒体，購買など，さまざまな対象や状況を要因とした関与が提案されてきている。なお，ブランド研究でよく知られたブランド・コミットメント（☞3-2）という概念は，ブランドを対象とした関与として捉えることができる（青木，2004）。

　また，基盤とする動機づけの特性によって異なる関与が提案されていることも知っておくべきだろう（Zaichkowsky, 1985; 1994）。たとえば，ある消費者が自動車に対して関与水準が高いとき，その理由は，燃費の良さといった機能的結果の場合もあれば，加速スピードの感覚やステイタス性といった心理・社会的結果の場合もあるだろう。このような動機の区別によって，それぞれ認知的関与や感情関与という関与が提案されている。

　これらの多様な関与概念を測定する尺度が開発されてきている。それらの尺

図 1　製品関与の源泉としての製品知識と自己知識の結びつき

（出所）　新倉（2012a）175 頁を修正して引用。

度は，尺度集（たとえば，Bearden et al. eds., 2011）から見つけることができる。

◆関与の源泉としての知識

　もう一歩踏み込んだ議論として，関与の源泉について議論することも有用である。実は，消費者の関与の源泉は，消費者の知識に求めることができる。

　そもそも，消費者知識とは，消費者の記憶内に貯蔵されている体制化された内部情報のことである（新倉，2012b）。この消費者の知識は，次のように区分される（青木，1993）。まず，言語によって記述可能で，基本的に命題形式で表象可能な知識である宣言的知識と，やり方や技能についての知識である手続き的知識（たとえば，ファストフード・レストランでの注文方法の知識）に大別される。前者はさらに，事実，概念，言葉の意味に関連する知識である概念的知識（たとえば，このレストランの料理はおいしいという知識）と，空間的，時間的に定位されている知識であるエピソード的知識（たとえば，このレストランで先日食べたあの料理はおいしかったという知識）に下位分類される。

　関与は，このうち概念的知識の特定的な組み合わせを源泉として現れる。製品関与を例にとれば，関与は，消費者自身の価値体系についての知識（自己知識）と当該製品の価値実現に関する知識（製品知識）という 2 つの知識の結びつきとして捉えることができる（図 1）（新倉，2012a）。たとえば，ある消費者によるハイブリッド車への関与の高さは，燃費の良さや維持費の節約という製品知識と，合理的な自分であると思われたい，他者を印象づけたい，賢明でありたいという自己知識を強く結びつけているために生じるだろう（新倉 2012a）。同様の見方から，ブランド・コミットメントの知識構造を想定することができる。ブランド・コミットメントは，消費者が自らの自己知識とブランド知識を心理的に結びつけている状態が反映された概念なのである（青木，2004）。

🌐 松下光司

◆感情とは

　感情を簡潔かつ正確に定義することは難しいが，消費者の感情と認知の働き
を理解するために必要な範囲で「感情」「感情経験」を定義しておく。まず，
感情とは感情経験をもとに，目標に向け，人を動機づけるシステムである（Fri-
jda, 1994 など）。また，感情経験とは人と環境の適合度の評価であり（Damasio,
1994; Barrett, 2006 など），眼前の刺激，身体からの情報（心拍数など），記憶から，
瞬時に刻々と形成される（LeDoux and Phelps, 2000）。

　たとえば，大学のゼミや会社の会議で発表を行った経験を思い出してほしい。
多くの人は，緊張を伴ったネガティブな感情を経験したのではないだろうか。
この感情経験は，多数の聴衆，無機質な部屋の匂い，照明などの刺激に加え，
自身の心拍数の上昇や，過去の似た状況下での失敗の記憶からももたらされて
いると考えられる。このネガティブな感情は，発表以外のことを意識すること
を防ぎ，人を発表に集中させ，発表の成功に人を動機づける働きをしている。

　感情は，強度，持続期間，原因の明確さの 3 つの次元の違いにより，「情動」
や「ムード」（気分）と呼ばれることがある（濱・鈴木，2001 など）。情動は，経
験の強度が強く，持続期間が短く，生起原因が明確である感情状態を指す。た
とえば，店内で不適切な接客を受け，怒りを感じる状態が当てはまる。通常，
情動には，怒り，喜び，恐怖など細かな分類がある。これに対して，ムードは，
穏やかで，ある程度持続し，生起原因が明確でない感情状態を指す。たとえば，
落ち着いたカフェでリラックスした状態が当てはまる。ムードは通常，快（ポ
ジティブ），不快（ネガティブ）の大まかな分類のみである。感情は，3 つの次
元の水準にかかわらず，情動，ムードを含む総称語として用いられることが多
い。以降，感情の働きや，感情と認知の関わりを端的に理解するため，比較的
穏やかな快と不快の感情に注目して議論を進めたい。

◆感情と認知の関わり

　感情と認知は相互に影響しあっている（LeDoux, 1996）。認知の詳細は，「購
買意思決定モデル」の項（⇨ **2-1**）などに譲るが，広い意味での認知とは，知
覚，記憶，学習など「知る」ことに関連する心的過程を指す（今井，1999；小
島，2015 など）。以降，とくに，感情が記憶や意思決定に与える影響を取り上

げる。

　感情は，記銘（符号化）と想起（検索）に強い影響を及ぼす（Parrott and Spackman, 2000 など）。記銘段階におけるムード一致学習はよく知られている。これは，感情状態とトーンが一致する記憶材料の記銘が，一致しない材料に比べ，より促進される効果である。たとえば，楽しいバラエティ番組の合間に見た，商品使用の楽しさを訴求する CM は，商品を使用しない場合に将来生じる不利益を強調する恐怖喚起型の CM などよりも，商品や CM 内容の記銘が促進される可能性が高い。また，想起におけるムード一致再生と呼ばれる効果もある。これは，感情状態とトーンが一致する記憶材料を，一致しないものよりも，より再生しやすいという効果である。たとえば，友人と楽しくスポーツ観戦をしている際に，楽しさを訴求する清涼飲料水の CM を思い出すことなどである。しかし，悲しいときにはムード改善のために楽しいことを思い出すことも多く，快感情と不快感情では非対称な効果があることが知られている（Forgas, 1991）。

　感情は，意思決定や問題解決にも影響を及ぼす。たとえば，快感情下では，所有物の良い点を多く想起するため，不快感情下よりも，所有物をより好意的に評価する傾向がある（Isen et al., 1978）。また，快感情下では，逐次削除型など負荷の少ない非補償型の方略を用いて意思決定を行う傾向が強いが（Isen and Means, 1983 など），不快感情下では情報を精査するシステマティックな方略を用いることが多い（Schwarz, 1990 など）。また，快感情は，対象間の類似性や違いの判断を高めること（Kahn and Isen, 1993），柔軟なカテゴリー化を促進すること（Isen and Daubman, 1984），人の創造性を高め効率的な問題解決を促進することが明らかになっている（Isen et al., 1987）。

◆ 下位領域の知見

　消費者の感情と認知に関する研究は多く行われているが，広告やプロモーション，消費，ブランド選択，買物行動の分野でとくに多い。ここでは，とくに広告やプロモーション，買物行動の領域の知見を取り上げる。

　広告やプロモーションへの態度（好き・嫌いなどの全体的評価）の形成において，感情は認知と同様に重要であることが明らかになっている。消費者は，広告に接した際，楽しさや高揚，親近感，混乱などのさまざまな感情的反応を示す（Batra and Ray, 1986; Aaker and Stayman, 1990 など）。このような感情的反応は，認知的反応とともに広告全体への態度に影響し，広告への態度がブランドへの

態度に影響する（Batra and Ray, 1986）。また，低関与な消費者ほど，感情的反応が広告への態度に与える影響が強い（Miniard et al., 1990）。さらに，驚きの感情を生じさせるプロモーションも態度形成において大きな影響を及ぼす。予期せず受け取ったクーポンなどのプロモーションは消費者に「うれしい驚き」をもたらすことが多い（Heilman et al., 2002）。このような「うれしい驚き」は，認知的反応とともに，プロモーションへの態度を高め，購買意図，売上に正の影響を及ぼすことが明らかになっている（Hutter and Hoffmann, 2014）。これらの知見は，広告やプロモーションの効果を検討する際，認知だけではなく感情にも着目する必要があることを示している。

また，買物において，感情は思考や創造性などに影響し，特定の購買行動を促進する傾向があることが明らかになっている。われわれの直観とも一致するとおり，感情は，慎重な検討を妨げ，衝動購買を促進する傾向がある（Rook, 1987）。とくに，店舗内の音楽や内装の色などを通じて経験した快感情は，予定以上の店舗滞在や，衝動購買意向を高めることが確認されている（Donovan and Rossiter, 1982 など）。しかし，快感情は無思慮な衝動行動を生じさせるだけではなく，消費者の創造性を高め，購入する必要があったものを店頭で思い出す想起購買や，購入商品に関連する商品をさらに購入する関連購買などの創造的購買を促進することも明らかになっている（石淵，2016）。感情は買物において複雑な働きをしており，衝動購買だけでなく，創造的購買も促進している。

◆ 2つの「顔」

近年，消費者行動において，感情が認知と同様に重要な役割を果たしていることが広く認識され始めている。学術研究においても，感情の働きや感情と認知の相互作用に焦点を当てた研究は増えているが，多くの研究は，認知や理性の働きを阻害するような，感情のディスオーガナイザーの側面に着目している。感情には，オーガナイザーとディスオーガナイザーの2つの「顔」がある（Levenson, 1994; 遠藤，2013：石淵，2019）。とくに，快感情は，創造的な問題解決を促進することや，情報閲覧の重複を少なくすることなど，認知や理性を支えるオーガナイザーの側面も有している。研究や実務において，より深い消費者理解に基づいた関係構築を検討するために，ディスオーガナイザーの面からだけでなく，オーガナイザーの面からも，消費者を捉えることが重要である。

🌏 石淵順也

◆情報過負荷とは

　消費者はさまざまな情報を取捨選択しながら，意思決定を行っている。かつて，消費者にとっての情報源はテレビ，新聞，ラジオのようなマスメディアに限られていた。しかしながら，情報通信技術（ICT）の進化に伴い，企業のウェブサイトやSNS（☞ 4-7）等を通じて，消費者は自由に情報を入手できるようになった。近年，日本におけるインターネット上のデータ流通量は増加し続けており（総務省，2020），情報過多は社会問題の1つになっている。

　消費者は情報処理能力が限定的であるため，膨大な量の情報を扱いきれない。消費者が過剰な情報を処理できない状態は「情報過負荷」（Eppler and Mengis, 2004）と呼ばれ，マーケティングの研究領域で注目されてきた。これと関連して，過剰な選択肢を処理できない状態は「選択肢過負荷」（Chernev et al., 2015），過剰な広告を処理できない状態は「広告クラッター」（Ha and McCann, 2008）という概念の下で，それぞれの研究が以前から行われている。いずれも消費者の情報処理能力に関する問題を扱っているため，選択肢過負荷や広告クラッターにおける研究の成果も本項目であわせて紹介したい。

◆豊富な情報の利点と欠点

　意思決定に関わる情報が消費者にもたらす影響は2つに大別される。具体的には，消費者へのポジティブな効果とネガティブな効果が考えられる。

　豊富な情報のポジティブな効果としては，意思決定の危険性を少なくできる点が挙げられる。製品やサービスの購入にはリスクを伴うが，消費者は多くの情報を取得することで，そのリスクを減らすことができる。また，消費者の製品やサービスに対するニーズはさまざまであるが，多くの情報を取得することで，消費者は個人のニーズに合致した情報を入手しやすくなる。

　しかしながら，豊富な情報のネガティブな効果としては，消費者が情報過負荷に陥ってしまう点が挙げられる。膨大な量の情報は正確に処理されず，情報による混乱が生じやすい。これに加えて，過剰な情報は期待感を高めてしまうため，消費者は意思決定に対する不満を抱きやすくなる。

◆情報過負荷の発生と影響のメカニズム

　情報過負荷やその隣接領域の分野において，レビュー論文が発表されている

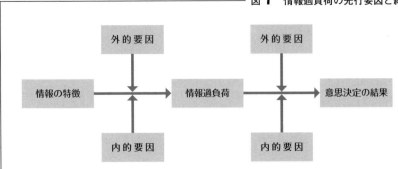

図 **1**　情報過負荷の先行要因と結果

外的要因

外的要因

情報の特徴　　情報過負荷　　意思決定の結果

内的要因

内的要因

（出所）　Chernev et al.（2015）をもとに筆者作成。

（Chernev et al., 2015; Ha and McCann, 2008; 永井, 2015）。図1はそれらの論文を
参照しながら，情報過負荷の発生と影響のメカニズムを整理したものである。

　まず，消費者がどのような情報を取得するかで，情報過負荷に陥るかどうか
が変わってくる。情報の主な特徴として，量や質が挙げられる。たとえば，情
報の量は選択肢の数，それらの属性数で規定される。選択肢や属性の数が多い
場合，消費者は情報過負荷になりやすい。また，情報の質は信頼性や意思決定
との関連性で規定される。消費者にとって，質の低い情報は処理しにくいため，
そのような情報と直面したときにも情報過負荷が生じやすい。

　しかしながら，消費者の意思決定は外的要因や内的要因の影響を受けるため，
情報過負荷が必ずしも発生するわけではない。外的要因は状況特定的な要因で
あり，情報の提示方法や時間圧力はその一例である。これに対して，内的要因
は関与（➡ 2-2）や知識のように，消費者の個人差を表す要因である。たとえ
ば，情報を入手するか否かを自分自身で決められる場合，消費者は情報を過剰
に取得したとしても，情報過負荷に陥りにくい（Hu and Krishen, 2019）。

　一方で，情報過負荷は消費者の意思決定にネガティブな効果をもたらすこと
が多い。意思決定における満足度や自信の低下といった感情的な影響，意思決
定の中断や回避といった行動的な影響が想定される。ただし，情報過負荷が意
思決定に及ぼす影響は外的要因や内的要因で調整されるため，ポジティブな効
果が生じる場合もある。消費者は多数の選択肢に直面しても，包括的な思考を
行うと，情報の過剰感が選択の満足度に与えるネガティブな効果は弱まり，満
足度が増加すると過去の研究で示されている（Benoit and Miller, 2017）。

◆情報過負荷とマーケティング戦略

　ここでは，消費者がどのような場面で情報過負荷に陥りやすいのかを確認し，企業がマーケティング戦略を立案する際の注意点を述べる。

　まず，製品戦略では，メーカー側が何種類の製品を市場に提供すればよいのかを検討すべきである。選択肢が豊富にあるからといって十分ではなく，消費者が混乱しない製品の数を正しく把握することが望まれる。また，製品カスタマイゼーションによって，消費者が情報過負荷に陥ってしまう場合もある。Matzler et al.（2011）は，ノートパソコンのカスタマイズで情報過負荷が発生し，製品に対する満足度が結果的に低下してしまうことを示している。

　小売業者においては，製品の販売方法に留意したほうがよいといえる。Iyenger and Lepper（2000）はアメリカのスーパーマーケットで実験を行った。ジャムが過剰なほどに設置されたブースでは，消費者は製品に高い関心を示すが，それらを購入する確率は低いことを示した。品揃え（⇨ 5-2）が豊富な店舗では，消費者に認知的な負荷を与えない売り場を設計する必要がある。

　さらに，マーケティング・コミュニケーション戦略では，広告・プロモーションの量や質，それらの提示方法を検討すべきである。たとえば，テレビ CM の数や長さ，新聞・雑誌広告の数や大きさには注意したい。Cho and Cheon（2004）によれば，バナー広告，ポップアップ広告のようなインターネット上の広告も消費者を混乱させる可能性が高いことを指摘している。

　製品の認知獲得を目的として，多くの広告・プロモーション企画を実行することもあるだろう。そのような場合には，消費者のニーズを的確に捉えて，意思決定に関連する情報を提供するとよい。情報の過剰感が高まると，消費者は広告・プロモーションに否定的な態度を形成してしまう。

　企業のマーケティング戦略は消費者を混乱状態に陥れてしまう危険性がある。しかしながら，上で述べたように，情報過負荷やそのネガティブな効果が最終的に生じるかどうかについては，消費者の外的要因や内的要因が複雑に絡み合っている。情報過多時代といわれる今だからこそ，企業は消費者が情報で混乱しないような仕掛けを積極的に考えなければならない。

🌏多田伶

2|5 顧客満足

◆顧客満足モデルとその発展

　顧客の満足とは，「消費者の充足（fulfillment）の反応である。それは，ある製品・サービスの特徴，あるいは製品・サービスそれ自体が，消費による充足感から，どの程度の快適さを与えたかに関する判断」である（Oliver, 1997, p. 13）。この定義は個人消費者を想定しているが，組織購買者にも当てはまる。

　マーケティング活動の成果を，顧客サイドから評価したマネジメント指標の1つが顧客満足度である。ブランド・イメージや信頼のような，企業・ブランドに対する顧客の一般的な意見や知覚ではなく，製品・サービスを実際に経験した既存顧客の事後評価である。

　顧客満足の形成プロセスを説明する際，期待−不一致モデル（⟱ 2-11）が一般的である（Oliver, 1997）。このモデルでは，顧客が製品・サービスの購入前に抱いた期待に対して，実際に経験した製品・サービスのパフォーマンス（性能や品質）が一致もしくは上回れば満足，下回れば不満足すると考える。期待を比較基準と仮定するこのモデルに関しては，多くの研究で精緻化と修正・拡張が行われきたが，それらの研究知見は理論書の Oliver（1997）で体系的に整理されている。

　第1に，顧客は購入前に期待したこととの整合性を保とうと，自らの経験を歪曲することがある。その典型が同化と対比である。ネット注文した商品を実際に手に取って，画面からイメージしたのとは何か違うと感じても，だいたい想像したとおりとみなしてしまうのが同化である。逆に，わずかの違いも見逃さず，期待ハズレの商品とみなしてしまうのが対比である。これらをはじめ，人間の非合理的な事後評価のメカニズムは，顧客満足モデルでも指摘されている。

　第2は，比較基準の多様性である。期待には予測としての期待（だろう），規範としての期待（あるべき），理想水準（こうあってほしい），最低許容水準（我慢の限界）といった多様性があるだけでなく（Zeithaml et al., 1993），競合ブランドやトップ・ブランドも比較基準になりうる（Cadotte et al., 1987）。企業が従来と変わらぬまま製品・サービスを提供して顧客の期待を満たしていたとしても，競合他社が革新的な製品・サービスを始めると，それに気づいた顧客

から見放され，市場から取り残されることがある。

　第3は，感情（⇨2-3）の役割である（Mano and Oliver, 1993）。期待－不一致モデルは人間の合理的な認知プロセスを仮定しているが，消費経験に伴う感情が与える影響を見逃すことはできない。うれしさ，楽しさ，ワクワクといったポジティブな感情は満足に，イライラ，怒り，退屈といったネガティブな感情は，不満足の原因になる。加えて，楽しい感情を伴う食事体験は，料理やサービスをより高品質と評価し，満足度をより高くする可能性がある。

◆**顧客満足の原因と結果を探る**

　顧客満足の主な先行要因は，期待をはじめとした比較基準，知覚パフォーマンス，一致・不一致の度合いである。不一致の効果は理論的にも直観的にも納得できるが，実証研究には技術的な問題があり，期待と知覚水準の差分得点ではなく，不一致の度合いを直接尋ねる主観的不一致の概念化と測定が提案されている（Oliver, 1997）。さらに，不一致以外の先行要因として，期待そのものが満足度を規定する期待効果がある（Szymanski and Henard, 2001）。もう1つは知覚水準自体が，満足度に影響するパフォーマンス効果である（Churchill and Surprenant, 1982）。差異得点よりも知覚水準のほうが満足度への説明力が高いことなどは，数多く報告されている（Page and Spreng, 2002）。

　顧客満足がもたらす結果要因としては，将来の再購買，契約更新，アップグレード，苦情，クチコミ（⇨4-6），推奨といった，態度的・行動的ロイヤルティが挙げられる。顧客満足とそれらの関係は，おおむね支持されているが，スイッチング・コストや信頼など他の変数との相対的な影響力も視野に入れる必要がある。また，製品カテゴリー，市場の競争環境，顧客の個人特性などの第三の変数が調整効果をもつことも指摘されている（Szymanski and Henard, 2001）。

◆**非線形・非対称性とデライト・失望**

　顧客満足モデルのもう1つの発展は，知覚パフォーマンス，顧客満足，ロイヤルティの関係が，比例的な線形関係ではなく，非線形・非対称の関係にあるのではないかという問題提起に関わる。たとえば，踊り場仮説では，ある属性の知覚パフォーマンスが閾値を超えると急激に満足度が上昇し，もう一方の閾値を下回ると急激に満足度が下がる，と想定している。レストランの清潔さを例に考えると，一定レベルの清潔さを下回ると顧客はガッカリするが，清潔さ

を高め続けても満足度には何ら影響しない，というのが非対称性の意味である。そこで，デライト（delight）を促すドライバーは何か，我慢の限界を超えて顧客をがっかりさせてしまう品質低下は何かを特定することが，実務的な示唆をもつ，というわけである。

　非線形・非対称性を引き起こす要因として注目されるのが，デライトや怒り・失望といった強い感情である（Oliver et al., 1997）。デライトは，「普通に満足」している顧客を「非常に満足」に引き上げ，再購買やクチコミ・推奨を促しやすくする。逆に，怒り・失望は，ブランド・スイッチを促し，苦情行動やネガティブなクチコミを誘発する，と考えられる。強い感情は記憶に残りやすく，次の購買時に想起されやすいからである。

◆企業レベルの顧客満足と CSI

　期待－不一致モデルにおける満足概念は，1 回ごとの製品・サービスの購買・消費で満足したかという「取引特定的満足」（transaction-specific）で定義されることが多い。それに対して，企業・ブランドの集計レベルで顧客満足度を測定する場合，一定期間における特定の製品・サービスの経験を振り返って，総体としてどの程度満足したかが「累積的満足」（cumulative satisfaction）である（Fornell et al., 1996）。前者は個別オペレーションの診断情報に優れているのに対して，後者はブランド全体の顧客基盤の状態を把握するとともに，顧客満足度の変化が，収益，市場シェア，リピート率などのマーケティング成果にどの程度影響するかを分析するのに適している。

　一般に，顧客ニーズが多様な市場において，市場シェアが高いブランドの累積的満足度は裾野が広く分布し，満足度は低くなる傾向がある。それに対して，市場シェアは低くとも，相対的に満足度が高いブランドは珍しくない。このような企業やブランド・レベルの累積的満足度を測定し，100 点方式にスコア化して業種内・業種間での比較分析を可能にする診断システムが CSI（顧客満足度指数）である。CSI は最も歴史が古いアメリカの ACSI（American Customer Satisfaction Index）と，それをベースとする各国版がある。日本では，サービス産業の生産性向上の産業政策の一環として，産学官連携で開発された JCSI（日本版顧客満足度指数）がサービス産業を中心に継続的な大規模調査を行っており，独自の研究を進めるほか，一部のデータを学術用にも公開している（小野・小川編著，2021）。

● 小野讓司

2|**6** 認知的不協和理論

◆認知的不協和理論とは何か

「認知的不協和理論」とは，フェスティンガーによって体系化されたものであり（Festinger, 1957〔邦訳 1965〕），認知的一貫性（整合性）理論に区分される代表的な理論の１つである。その前提には，「自分の考えや行動に一貫性を求める」という人間の姿がおかれている。たとえば，「ダイエットの成功には食事制限が不可欠である」という考えをもつ人が，自身の考えに矛盾なく行動するとすれば，痩せたいときには食べる量を減らすという行動をとることになるだろう。しかし，同じ考えをもつ人間でも，時折食べすぎてしまい，ダイエットに失敗することは珍しくない。この場合，自身の考えと行動には一貫性がなく，明らかに矛盾を内包することになる。フェスティンガーは，この矛盾を「不協和」と呼び，こうした状況にあると自覚した人間は，不協和音を聞いたときのように不快な状態になると主張した。また自身の考えとは異なる別の考えや情報に直面したときも不協和は生じる。たとえば，激しい食事制限を行い，ダイエットに励んでいる人が「食事制限はダイエットには逆効果である」という情報を得たとする。これまでの努力は無駄だったのかもしれないと考えること自体，心理的に不快となるであろう。このように，「情報への偶発的・無意識的接触」は不協和を生じさせる状況の１つとされ，ほかにも決定後，強制的承諾，社会的不一致，現実と信念・感情との食い違いなどが想定されている。

さらにフェスティンガーは，人間はこの不快な状態を回避するため，「不協和の低減」という形で行動するよう動機づけられること，不協和の程度が高ければ高いほど，それを低減したいという動機づけが強くなることを主張した。不協和を低減する方法としては，①矛盾する認知的要素の削除，②その重要性の過小評価（例：「食事制限は逆効果である」という情報は信頼できないと考える），③無矛盾の認知的要素の新たな追加（例：食事制限でダイエットに成功した人の存在を確認する），④その重要性の過大評価，の４つが提示されている。

◆消費者行動への援用

消費者行動の学問領域においては，1960 年代にこの認知的不協和が消費者の行動を説明する原理として援用可能かどうかの議論が展開され，その後，消費者が行う購買意思決定プロセスのなかでも，とりわけ「購買後の行動」を説

明する理論として定着していった（Engel, 1963; Cummings and Venkatesan, 1976; Straits, 1964 参照）。この文脈に限定して考えると，消費者行動における不協和とは「購買後，誤った選択をしてしまったのではないかという気持ちの表れであり，その選択に対して不安，後悔，疑念を感じる状態」と定義することができる。認知的不協和の理論体系は，こうした不協和を感じた消費者が購買後にとるさまざまな行動を説明する原理として援用されたといえる。

◆認知的不協和の発生と解消

　表1は，認知的不協和を生じさせる要因とその購買状況を整理したものである（Holloway, 1967）。最も典型的なのは，選択した製品よりも，選択しなかった製品が魅力的に映る場合や，より魅力的な別の製品の存在を購買後に知った場合である。いずれも，その製品を購入したことに対する後悔，つまり不協和を生じさせることになる。このときに消費者が感じる不協和の程度は，選択時の状況や消費者特性によって影響を受ける（Kaish, 1967）。たとえば，最終的に残った選択肢がどれも同じくらい魅力的であった場合や，それぞれ異なった側面で魅力的な要素を有している場合，いずれかを選択することは難しい選択となる。このように総合評価が同程度の選択肢から選択を行った場合には，選択しなかった製品が同じくらい魅力的であることを知っているため，それを選ばなかったことに対して，高い不協和を感じる可能性が高くなる。

　その選択自体が，消費者にとって重要な製品である場合も同様である。たとえば，高額製品（例：車，住宅，腕時計），明確な好みやこだわりをもっているような製品（例：アクセサリー，靴）は，その典型である（Korgaonkar and Moschis, 1982）。金銭的負担が大きいほど，こだわりをもって慎重に選択するほど，購買後，その選択が間違っていたかもしれないと疑念を有したときに感じる不協和は必然的に高くなる。逆に，衝動買いのように，あまりよく考えずに選択した場合にも，高い不協和を感じることがある（Rook and Fisher, 1995）。これは，調べたり，考えたり，より良い選択を行うための努力を怠ったことに対する後悔の念が不協和を生じさせるといって良いであろう。

　消費者が購買後にとる不協和低減の行動は，大別して以下の2つがある。1つは返品である。これは，不協和の原因となっている選択自体を無効にしようとするものである。もう1つは，自身の選択を正当化する情報を選ぶという行動である。これには具体的には，選択した製品に関する肯定的な情報への接触

顧客理解の力

表 **1** 認知的不協和と購買状況

	不協和の影響要因	購買状況	強い不協和が生じる状況	弱い不協和が生じる状況
1	選択しなかった代替案の魅力	高校を卒業した若者が何枚かの絵画のうちどれにしようか決めるとき。	そのなかの3枚が同程度の魅力度と好ましい特徴をもっている場合。	そのなかの1枚が明らかに他のものよりも優れている場合。
2	選択されたもののネガティブな要因	ある男性が2着のスーツのうち1着を選択するとき。	選択したスーツの色はその男性の好みであったが、シルエットが好みでなかったとき。	選択したスーツの色もシルエットも、どちらも好みであったとき。
3	代替案の数	教員がレコーダーを購入するとき。	選択可能な製品が8つあるとき。	選択可能な製品が2つしかないとき。
4	認知的なオーバーラップ	主婦が掃除機を購入するとき。	店員が同じようなタイプで、同じくらいの価格の掃除機を推奨したとき。	店員がまったく違うタイプの掃除機を推奨したとき。
5	認知に含まれる重要性の程度	姉が妹へのプレゼントを購入するとき。	妹の音楽に関する好みがはっきりしているとき。	音楽に対し、これといった好みを妹がもっていないとき。
6	積極的な誘因	両親が息子に写真の引き伸ばし機を購入するとき。	すでに息子が他の趣味をもっており、引き伸ばし機が必要ないとき。	息子が趣味といえるものをもっておらず、熱中できる何かを必要としているとき。
7	矛盾した行為・消極的行為	ある男性が高額の腕時計を購入するとき。	その男性が、これまでに35ドル以上の腕時計を購入した経験がないとき。	この男性の家族では、高価な腕時計が意味のあるギフトとして認識されているとき。
8	情報の入手可能性	主婦が洗剤を購入するとき。	その主婦が、これまでそのブランドを購入した経験がない、つまり新たな経験のとき。	その主婦がその製品の良さについて見聞きしており、この製品のメーカーに信頼をおいているとき。
9	予期的な不協和	少年が飛行機のプラモデルを購入するとき。	その製品が高額であるため、家でもめることをその少年が予期しているとき。	その製品を購入しても、家でもめることはないと少年が予期しているとき。
10	精通性と知識	家族が床用の洗剤を購入するとき。	その製品をあまり考えずに購入してしまったとき。	慎重な選択プロセスを経て、その製品を購入したとき。

（出所） Holloway（1967）p. 40 を修正して引用。

と，否定的な情報の回避がある（Ehrlich et al., 1957）。たとえば，選択した製品のカタログを見たり，その製品を批判しているクチコミ（⇨ 4-6）を無視したりするなどがこれにあたる。逆に，選択しなかった製品に関する否定的なクチコミの閲覧や発信は，選択しなかったことを正当化するという意味で不協和の低減につながる。通常，否定的なクチコミは，消費者の満足を下げたり，購買を抑制する要因とみなされがちであるが，これは選択した製品やこれから選択しようとする製品に限定された見解にすぎない。見方を変えれば，否定的なクチコミであっても，高い不協和を感じている消費者にとっては不協和を解消する有効な手段となりうるのである（Arndt, 1967; Wangenheim, 2005）。

　少なくとも購買時点では最良の選択だと考えていても，こうした不協和の存在はその製品に対する満足を下げる。現代では，店員や広告，SNS（⇨ 4-7）上の書き込みやレビュー・サイトなど，消費者は多様な情報を絶えず受け取っており，購買後に不協和に陥る可能性がこれまで以上に高まっている。企業にとって重要なのは，消費者が自身の選択に不協和を感じた場合に，それを低減する手立てを消費者とのあらゆる接点で講じていくことである。　🌐 土橋治子

2│7 プロスペクト理論

◆マーケティングと行動経済学

「行動経済学はマーケティングの別称に過ぎない」。『日本経済新聞』「私の履歴書」(2013 年 12 月 31 日付) のなかでコトラーが語ったこの言葉は，マーケティングと行動経済学という学問分野の密接な関係を象徴している。

　歴史的な経緯を振り返ると，行動経済学という言葉が示す学問分野が 1 つではないことも指摘されるが (竹村・村上，2019)，コトラーが言及した行動経済学は，2002 年にノーベル経済学賞を受賞したカーネマンやその共著者であるトヴァスキー，18 年にノーベル経済学賞を受賞したセイラーなどを代表的な論者とする研究領域である。これらの研究領域の理論的基盤の 1 つとなっているのが，プロスペクト理論である。

◆プロスペクト理論とは

　プロスペクト理論は，リスクが存在する状況における意思決定を記述する理論であり，人を合理的な存在として仮定している期待効用理論では予想できない行動を説明するものである (Kahneman and Tversky, 1979)。カーネマンとトヴァスキーは，同論文のなかで，「A：50 ％の確率で 1000 ドルもらえるが 50 ％の確率で何ももらえない」「B：確実に 450 ドルもらえる」という選択肢のいずれを選びたいかという質問を投げかけている。この選択問題からは，合理的な意思決定を想定する期待効用理論では期待値が 500 ドルとなる A が選ばれると予想されるにもかかわらず，多くの人が B という選択を下すであろうことを実感することができる。

　「プロスペクト」とは，ある選択肢を選択した際に結果とその結果が引き起こされる確率の組み合わせのことである。上述した例でいえば，(1000, 0.5) (450, 1) という組み合わせとなる。プロスペクト理論では，これらのプロスペクトが期待効用理論とは異なる方法で評価されていることを説明する。

◆プロスペクト理論の特徴

　プロスペクト理論の象徴ともいえるのが，図 1 に示される価値関数である。この図では，利得と損失に対する人々の心理的価値が表現されており，プロスペクト理論の 3 つの特徴が反映されている。

　1 つめは，参照点の存在である。プロスペクト理論においては，人々が対象

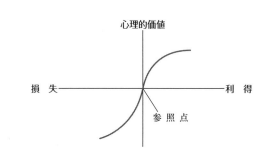

図 **1** プロスペクト理論の価値関数

（出所）　Kahneman and Tversky（1979）p. 279 を参考に作成。

に感じる価値を絶対的なものではなく，参照点（reference point）と呼ばれる基準からの変化で相対的に判断されるものとして捉えている。たとえば，時給1200 円の同じアルバイトに対する評価であっても，現在，時給 1000 円で働いていた人にとっては魅力的に感じられるだろうが，現在，時給 1400 円で働いていた人は魅力を感じないだろう。現在の時給が参照点として働き，そこからの利得と損失で対象の価値が判断されるからである。

　2 つめは，感応度逓減性である。人々は，利得であっても損失であっても，値が小さいうちには変化に敏感に反応する一方で，値が大きくなると変化に鈍感になる。トヴァスキーとカーネマンは，15 ドルの計算機が 5 ドル値引きされている場合には 68 % の人が 20 分かけて別の店に買い物に行こうとする一方で，125 ドルの計算機が同じように 5 ドル値引きされていたとしても，20分かけて別の店まで行こうとする人が 29 % に留まることを指摘している（Tversky and Kahneman, 1981）。値の小さい 15 ドルの商品では，値の大きい125 ドルの商品よりも 5 ドルの値引きの価値が大きくなるのである。

　3 つめは，損失回避性である。同じ金額の利得と損失がある場合，損失によって損なわれる心理的価値のほうが，利得から得られる心理的価値よりも大きいことである。人々の損失回避性はさまざまな場面で観察することができる。たとえば，2004 年から 09 年に行われた PGA のゴルフ・トーナメントでの250 万にも及ぶパッティングのデータを分析したところ，バーディー・パットよりもパー・パットの成功率のほうが高いということが報告されている（Popeand Schweitzer, 2011）。これはゴルフのスコアにおいて，±0 であるパーという

参照点が存在し，－1の損失となるボギーの痛みが＋1の利得となるバーディーの喜びよりも大きいために引き起こされていると考えられる。

◆価格とプロスペクト理論

マーケティング研究のなかで最もプロスペクト理論が応用されているのは価格に関する議論であり（八島，2008），人々が商品を購入する際の参照点となる参照価格に注目した議論などが進められている。参照価格には，自らの記憶から想起される内的参照価格と，POPや競合製品などの外的な刺激による外的参照価格が想定されるが，プロスペクト理論を踏まえると，販売価格が参照価格よりも高い状況は消費者にとっての損失，販売価格が参照価格よりも低い状況は消費者にとっての利得として捉えることができる。一部の研究で異なる結果が得られている点には注意が必要であるが（白井，2003），多くの研究では，値下げよりも値上げに敏感に反応するという損失回避性と一致した結果が得られている（たとえばKalwani et al., 1990; Putler, 1992）。

◆保有効果

プロスペクト理論が記述する人々の意思決定の特徴は，いくつかの新たな概念を生み出している。代表例の1つが保有効果（授かり効果）であろう（Thaler, 1980）。保有効果とは，ある対象を手放す対価として，同じものを手に入れるために支払う額以上の金額を要求する傾向のことであり，プロスペクト理論で想定されている損失回避によって説明できる（Kahneman et al., 1990）。たとえば，実験の参加者にマグカップを渡し，売り手として金額をつけてもらった場合，買い手が付けた金額の2倍ほどになるという（たとえばKahneman et al., 1990; Novemsky and Kahneman, 2005）。

有形物を所有しないリキッド消費（☞2-23）の拡大とともに，近年，注目を集めている心理的所有感は，保有効果の媒介要因としても位置づけられる（Shu and Peck, 2011）。対象への直接的な接触経験が心理的所有感を向上させるだけでなく（Peck and Shu, 2009），直接的に接触できないデジタル環境下においても，豊富な接触経験を提供するタッチ・スクリーンでの操作によって，心理的所有感が向上すると指摘されている（Brasel and Gips, 2014）。　　🖊石井裕明

2｜**8** 準拠集団

◆準拠集団とは

　準拠集団とは，「個人の判断や行動の拠り所とする集団（個人）」（青木，2010，72頁）を指す概念である。

　社会的アイデンティティの議論を拡張し準拠集団を議論した Hyman（1942/2015）をはじめとする社会心理学者の議論を援用し，Bourne（1957）が集団による消費主体への影響を議論したことで，マーケティング研究における当該概念に関わる議論が展開されるようになった。Bourne（1957）の研究を含め，現在でも製品およびブランドの購買行動の決定要因として準拠集団概念は議論されている。

　消費者に影響する準拠集団には，3つのタイプが存在する（たとえば White and Dahl, 2006）。第1に，「個人主体が，自身が成員であると知覚する」会員集団（member group）がある。第2に，「個人主体が，所属への願望を抱く」期待集団（aspiration group）がある。そして第3に，「個人主体が，所属に対して否定的な意識をもつ」（非準拠枠と意識する）拒否集団（dissociative）がある（清水，1999 参照）。

　マーケティング領域の多くの研究者は，基本的に Bourne（1957）の議論を踏襲している。それゆえマーケティング研究における準拠集団の議論は，個人主体が自己との関係から他者や集団を内集団（ingroup）と外集団（outgroup）を識別し，それに準じ準拠枠を選択するという，比較準拠集団（comparative reference group）の議論を暗黙的に採用している。その結果，年齢や学歴などによって個人主体が包含される集団も，会員集団として位置づけ議論されている。

　しかしながら，準拠集団研究には社会学者の Sherif（1936/1965）や Newcomb（1963）が議論するような，規範準拠集団（normative reference group）の視点が存在する。規範準拠集団研究では，個人主体の所属に関係なく，その主体が心理的に「拠り所」とする集団を準拠集団と位置づける。つまり，個人主体の類似性や血縁関係から会員集団と位置づけられる場合であっても，その主体が心理的なつながりを意識しない限り，準拠集団ではないという議論である（規範準拠集団に関しては，加藤，2003 参照）。

　後述する，「自己とブランドとの結びつき」（self-brand connection: SBC）と準

拠集団との関係性に着目した議論を念頭に置くと，消費者にとって準拠枠／非準拠枠と意識される集団（会員集団はじめ）を議論の対象とすることが重要であるといえる。

◆準拠集団の機能

準拠集団の消費者への影響は，具体的にどのようなものであろうか。準拠集団の機能について言及した代表的な研究として，Park and Lessing（1977）がある。

彼らは，それまでの議論を踏まえ，準拠集団の影響として，「情報源としての役割」（informational reference group influence），「功利的な判断をするための役割」（utilitarian reference group influence），「価値表現としての役割」（value-expressive reference group influence）について議論している（清水，1999 参照）。

「情報源としての役割」とは，最適な意思決定のため消費者がオピニオン・リーダーをはじめとするエンドーサー（たとえばセレブリティ）による情報を採用することや，他者の行動を観察することを意味する。

「功利的な判断をするための役割」とは，消費者が意思決定をする際に考慮される "規範" に準ずる作用であり，「（他者や集団に）適合しないことは危険である（適合しないと罰せられるかもしれないなど）」という知覚に基づく，報酬（reward）と罰（punishment）の基準として消費者が準拠集団を採用することを意味する。

「価値表現としての役割」とは，個人の自己イメージを強化したり支持したりする動機に関係する作用である。Park and Lessing（1977）は，消費者が自己を表現するため，あるいはアイデンティティを強化するため，準拠集団を採用すると議論している。また彼らは，準拠集団への感情（好き嫌い）による消費者への作用も，「価値表現としての役割」として議論する。準拠集団への感情による影響は，自己イメージの強化・支持する場合のみならず，自己イメージと（消費者が知覚する）準拠集団に対するイメージに整合性が存在しない場合であっても作用する。

◆準拠集団研究の再興——ブランド研究との親和性

芳賀（2015）が議論するように，準拠集団研究は一時下火となった領域であった。しかし，ブランド・リレーションシップ（⇒3-5）研究において，ブランド評価を規定する要因として採用されたことを契機に，再び研究者の関心を

集めるようになっている。

　Escalas and Bettman（2017）は，McCracken（1989）のブランド使用と自己観やアイデンティティ形成に関する議論を踏まえ，エンドーサーによる消費者の「自己とブランドとの結びつき」への作用を検討している。彼女らは，「パラソーシャルな関係性」（メディアを介して形成された，消費者の一方的なエンドーサーに対する親近感）の影響，つまり期待集団の影響について議論した。そして，架空の保湿剤とシャンプーのブランドを対象とし，消費者の支持するエンドーサーがそれらを推奨することを想定させた実験を行い，（他者や集団への）帰属欲求による「自己とブランドとの結びつき」への影響を検証した。調査の結果，消費者の帰属欲求が，「自己とブランドとの結びつき」へ直接作用するだけでなく，「（エンドーサーへの）パラソーシャルな関係性」を媒介として間接的にも作用することを明らかにした。

　このように準拠集団は，ブランドと消費者の関係性の写像を明らかにする上でも重要な概念であるといえよう。ただし，準拠集団を採用する研究において留意すべき点も存在する。たとえばそれには，消費者が文脈に準じ，さまざまな準拠枠を採用していること，自己やアイデンティティも単一的な意識ではなくさまざまな側面をもつこと，消費者が保有する目標（願望）によって消費者行動に作用する（消費者が依拠する）準拠集団に差異が生じること，が挙げられる。

　そしてそのなかでもとくに，多元的自己（multiple selves）の議論にみられるような「自己は他者との関係性から形成・表出されること」（詳しくは Kanno and Suzuki, 2018 参照）や，消費者の願望（aspiration）と準拠集団の関係，つまり「目標と準拠集団との関係性」（たとえば Cocanougher and Grady, 1971）に関する議論はまだまだ検討の余地を多く残している。

　よって，消費者の自己やアイデンティティをどのように捉えるか，またその形成にどのような準拠枠としての準拠集団が作用しうるのかに関して，消費文脈や目標（願望）との関係も踏まえ議論することが必要である。　◉圓丸哲麻

2|9 支払意思額（WTP）

◆ WTPとは

WTP（willingness to pay）とは，製品に対して消費者が喜んで支払う最大金額のことである（Kalish and Nelson, 1991）。WTP は観測することができない価格の概念であることから，マーケティングに限らず，WTP を正確に把握することが求められる多くの分野で，測定方法の改善が日々取り組まれている（Voelckner, 2006; Jedidi and Jagpal, 2009）。WTP の考え方も分野によって異なってくるが，マーケティングにおいては，経済学的視点に基づく留保価格（reservation price）を用いることが多い。つまり，製品やサービスを購入することと，購入せずに手元にお金が残ることが，消費者にとって無差別になる（同じ価値をもつ）ということである（Schmidt and Bijmolt, 2020）。

◆ HWTP と RWTP

WTP を最も正確に把握する方法の1つは，製品を実際に購入してもらうことを前提とする誘因両立性（incentive-compatible）を満たす状況下で，消費者の RWTP（real WTP）を測定することである。誘因両立性とは，自身の真の選好に基づいて WTP を表明することが，消費者にとって最も利得となる状況下のことである。

RWTP の測定方法としては，オークションや BDM 方式（Becker-DeGroot-Marschak lottery）がある。いずれも消費者自身の利得が最大となる条件の下で賭けに勝つことが求められるが，オークションは被験者以外にも複数の競争相手がいる一方，BDM 方式では被験者以外に競争相手がいないため，賭けの行為（戦略）が異なってくる。

オークションにはいくつかの方式があるが，最も普及しているのはヴィックリー・オークション（Vickrey auction）である。この測定方法は，各入札者が双方の入札金額を知ることなしに一度だけ入札を行い，最高価格を提示した入札者が2番目に高い金額で入札された価格で製品を購入できる方式であり，誘因両立性の観点から第一価格オークションよりも優れている。

BDM 方式は，それぞれの参加者が製品を購入したい価格を入札する（Lusk et al., 2001; Wertenbroch and Skiera, 2002）。製品の価格決定者は調査者であり，無作為に価格を選択する。そして，もし参加者の提示した価格が，調査者が無

作為に選択した価格よりも上回っていれば，提示した価格で製品を購入できるという方式である。反対に，参加者が提示した価格が，無作為に選択された価格よりも下回っていれば，製品を購入することができない。

　以上が RWTP の測定方法であるが，賭けの行為そのものがマーケティングの文脈においては不適応なこと，RWTP は実際に購入してもらうことが前提となるため，そもそも測定する機会を創出することが難しく，その時点で消費者に販売することができる製品にしか適用することができないことなど，測定の機会は限定的である。そこで期待されるのが，仮想的な購買状況下でのHWTP（hypothetical WTP）の測定である。現実に購買された価格を RWTP として，RWTP との乖離が小さくなるよう，さまざまな HWTP の測定方法（直接法と間接法）が考案されている。

◆ **直接法**（direct methods）

　最も簡便な HWTP の測定方法は「いくらまでならこの製品を購入したいか」と聞く自由回答方式である。しかし，この測定方法は選択肢が 1 つしかなく，他の選択肢の価格を参照することもできず，現実の購買状況下とは乖離が大きい（Jedidi and Zhang, 2002）。それゆえ，他の HTWP の測定方法とも相関が低いことから，あまり推奨されていない。

　そこで，自由回答方式を改良したものが仮想評価法である（Cameron and James, 1987）。仮想評価法では，ある価格が付与された製品を提示して，その価格で購入したいかどうかを回答してもらう方法か，購入したいと消費者が表明するまで二分法（買うか買わないか）による選択課題を提示し続ける方法がある。いずれも簡便な方法であるが，前者の場合は HTWP を算出するためには異なる価格帯で多くの回答を収集する必要があり，後者の場合は最初に提示される価格が参照点となる起点バイアスがある（Herriges and Shogren, 1996）。

◆ **間接法**（indirect methods）

　この方法には，コンジョイント・デザインを用いた 2 つの測定方法がある。1 つは，直交計画によって生成された製品プロファイルすべてについて自身の選好に基づいて回答する方法（rating-based conjoint: RBC）である（Jedidi et al., 1996）。RBC はコンジョイント・デザインを用いた自由回答方式に相当するといえる。もう 1 つは，すべての製品プロファイルのなかから，自身の選好に基づいて，最も購入したいと思うものを 1 つ選択するという選択型コンジョイン

ト方式（choice-based conjoint: CBC）である（Elrod et al., 1992）。いずれの測定方法も，調査者は消費者に回答してもらう製品プロファイルの属性（スペックや価格など）といくつかの属性水準を用意する必要がある。また，CBC の場合は，どの製品プロファイルも購入したくないという無選択の回答を設けることも必要となる。

　CBC は，自身の選好に基づいて，それぞれの製品プロファイルの購買を検討することから，以下 2 点において，仮想評価法を拡張させた測定方法といえる。1 つは，提示される情報量である。仮想評価法では，価格情報のみが付与された製品が 1 つだけ提示され，購入するかどうかが問われる。一方で，CBC では，価格情報以外にも製品属性に関する情報が付与された複数の製品が提示され，どの製品を購入するかどうかが問われる。つまり，消費者に与えられる情報量が複数あることから，CBC は仮想評価法を拡張した測定方法といえる。

　もう 1 つは，現実の選択課題により近いということである。仮想評価法も CBC も消費者に選択課題を提示するわけだが，CBC は多様な製品属性が異なる水準で複数提示されることから，より現実の購買状況に近いといえる。以上の点から，CBC は仮想評価法よりも優れた測定方法であるとされている。

　消費者に HWTP を直接回答させないコンジョイント・デザインによる測定方法は，複数の製品プロファイルを用意し，選択肢を与えることができる点で，直接法よりも現実の購買状況に近い。また，価格以外の属性情報についても提示するため，消費者は他の属性と価格との関連性を考慮しながら，現実的な購買状況に近い文脈で，自身の選好に従って製品を選択することができる。このことから，直接法よりも間接法であるコンジョイント・デザインのほうが，より RWTP に近い HWTP を測定できることが期待されるのである。

　一方で，属性水準数の影響も考慮しなければならない（Steenkamp and Wittink, 1994）。どうしても HWTP を正確に測定しようとする意図が働くことから，価格の属性水準をいくつも設定しすぎてしまうと，消費者にとっては価格情報が重要であるように知覚されてしまう恐れがあることに留意されたい。

　　　　　　　　　　　　　　　　　　　　　　　　　　　● 西本章宏

◆バラエティ・シーキングとは

　バラエティ・シーキングは，消費者が特定の製品カテゴリー内において多様性を求める行動を意味する（西原，2012 参照）。主に消費者によるブランド選択の場面において，ブランド・スイッチングを規定する要因となる心理学領域における探索行動（exploratory behavior）の 1 つである（Raju, 1980 参照）。

◆バラエティ・シーキングを捉える重要性

　多くの消費財市場で成熟化を迎え，企業がさまざまな理由により新製品・新サービスを導入することで，市場には一時点のみならず時系列的にも多くのブランドが展開されている。加えて，昨今のデジタル時代において，消費者は店舗面積などの制約を受けずにいつでもどこでも製品・サービスの購買が可能な環境となってきている。さらには，デジタル財のみならず有形財のサブスクリプション・サービスなども増加し，ブランド選択の機会が増す傾向にある。

　このような環境下において，消費者がなぜバラエティを求めるのかを捉えるバラエティ・シーキングは，学術や実務においてもまさに古くて新しい重要な概念である。バラエティ・シーキングについて理解を深めることは，たとえば，他社ブランドから自社ブランドへ消費者のスイッチングを誘発したり，他社ブランドへのスイッチングを抑制したり，あるいは，サービス企業が顧客獲得・維持のための品揃えのあり方を検討する上での知見となる。

◆バラエティ・シーキング研究が行われている 2 つの研究領域

　マーケティング分野におけるバラエティ・シーキングは，1970 年代頃から消費者行動研究とマーケティング・サイエンス研究の 2 つの領域において，ブランド・ロイヤルティ（➡ 3-2）研究から派生する形で研究が積み重ねられてきた（西原，2012 参照）。

　前者では，後述する心理学における最適刺激水準（optimal stimulation level: 以下 OSL）が理論的基礎となっているが，OSL や探索行動に関わる知見が 1960 年代に消費者行動研究へ適用されたことに端を発し，その行動における内的側面や規定要因の解明をめざした研究が行われている。後者では，Jeuland（1978）がバラエティ・シーキング・モデルを最初に提示して以降，確率的ブランド選択モデルの構築から派生する形で購買パターンからバラエティ・

シーキングをモデル化し，その行動の説明および予測をめざす方向で研究が進められている。

　1980年代には，心理学における知見や上記2つの領域における研究を整理し，バラエティ・シーキングを捉える枠組みが提示されている（たとえば Hoyer and Ridgway, 1984; McAlister and Pessemier, 1982）。

◆バラエティ・シーキングの捉え方とブランド・ロイヤルティ

　バラエティ・シーキングとブランド・ロイヤルティは，対概念のように用いられる。行動面から捉えると特定の製品カテゴリーにおいて逐次的に複数回の購買を行うという点で両概念は共通しているが，バラエティ・シーキングは複数ブランドの購買（複数回のブランド・スイッチング），ブランド・ロイヤルティは特定ブランドの反復購買として顕在化する点で異なっているほか，一般的に前者が低関与行動，後者が高関与行動として位置づけられている（たとえば Assael, 1981）。

　ブランド・ロイヤルティは行動面に加え心理面からも捉える必要性が指摘されているが（たとえば Dick and Basu, 1994），バラエティ・シーキングにおいても同様であり，バラエティ・シーキングとそれ以外による要因でのブランド・スイッチングを分けて捉えることが必要である。そのため，バラエティ・シーキング（傾向）を測定する尺度には，探索行動の知見を踏まえ，心理面を組み込んだ尺度が開発されている（たとえば van Trijp and Steenkamp, 1992）。

　バラエティ・シーキング以外の要因としては，意思決定方略，状況・規範要因，現在のブランドに対する不満，問題解決方略の4つが挙げられる（たとえば Hoyer and Ridgway, 1984; van Trijp et al., 1996）。たとえば，購買目標に適した購買の結果や，購入時に最も安いブランドを購買した結果としてブランド・スイッチングが行われたとしても，それはバラエティ・シーキングではない。

◆バラエティ・シーキングの規定要因

　バラエティ・シーキングは製品特定的な行動として捉えられるため（van Trijp et al., 1996 参照），主に個人特性に加え，製品特性の相互作用により，バラエティ動因が生起した結果としてブランド・スイッチングが行われると考えられている（Drolet and He, 2011; Hoyer and Ridgway, 1984; 西原，2012 参照）。

　個人特性では，パーソナリティ特性と動機要因の2つがあるが，OSL が理論的ベースにあるため，動機要因が中心的に扱われてきた。OSL に基づけば，

2

顧客理解の力

消費者は刺激に対する最適な，もしくは選好する水準をもつとされ，環境刺激が最適水準を下回れば飽き（satiation）や退屈（bored）の状態となり，刺激を求めるためバラエティを追求する動因や動機をもつと考えられている。そのため，消費者の飽きと消費者自身による対応を把握し，この飽きを抑制させたり，減少，忘却，回復させたりするような企業側の働きかけとの関係把握が重要な視点となっている。Sevilla et al.（2019）では，飽きの種類を身体的か心理的か，そして，飽きを経験する前か後のどちらでそれに対処するかという2軸4類型から消費者のバラエティ・シーキング戦略を整理している。

製品特性では，客観的特性と知覚（主観的）特性の2つに識別され，前者が選択肢の数，購買間隔の長さ，後者が関与，知覚リスク，ブランド間差異などである。知覚特性に関連して，消費者が主観的に知覚した品揃えや選択肢の豊富さのことを指す「知覚バラエティ」（perceived variety）（Kahn, 1998; Kahn and Wansink, 2004）は，企業が消費者に選択肢となるブランドの品揃えや提示の仕方に示唆をもたらすものである（河股，2019 参照）。

Kahn（1998）は，企業が顧客と長期的な関係を築く上で2つの戦略から構成される高バラエティ戦略を，その企業側の課題や顧客側の混乱や過負荷などの問題とともに提唱している。具体的には，それぞれ顧客が自身のニーズに適した選択肢を見つけやすくするカスタマイズ戦略，顧客が経時的に選択肢の多様性を楽しむことを提供するバラエティ・シーキング戦略である。

◆バラエティ・シーキング研究における注目テーマ

注目すべき研究テーマとしてはリキッド消費（⇒ **2-23**）が挙げられる。リキッド消費においては，研究の対象とされていなかった製品やサービスにまで，バラエティ・シーキングが活発に行われる可能性がある（Bardhi and Eckhardt, 2017; 李・古川，2020 参照）。

従来のバラエティ・シーキングは低関与行動として捉えられていたため，購買金額が低く，購買頻度の高い対象が中心であった。しかしながら，たとえば，高級ブランド・バッグや高級腕時計などのラグジュアリー・ブランド，自動車などの価格的制約の面でブランド・スイッチングとして顕在化しなかったようなカテゴリーにまで，ブランド選択の機会が増すことを考えると，従来の研究対象を広げて検討し，バラエティ・シーキングの枠組みを精緻化していくことが望まれる。

●西原彰宏

◆期待－不一致モデルとは

　消費者は製品（モノ・サービス）を購買しようとする際，その製品に対して事前に何らかの期待を抱く。期待－不一致モデルは，その消費者が事前に抱く期待水準と購買後に経験した知覚水準の一致・不一致によって，満足・不満足が生じるという理論に基づいたモデルである（Oliver, 1980）。

◆期待と結果の一致・不一致の関係

　顧客満足（⇨ 2-5）はマーケティングにおいて重要な研究課題であるが，とりわけサービス・マーケティングにおいて高い関心が寄せられてきた。サービスはモノに比べて消費者が品質を評価することが難しいことから，消費者の主観的な評価である知覚品質が指標として用いられる。オリバーが提唱した期待－不一致モデルは知覚品質と顧客満足の関係に着目しており，サービスの顧客満足モデルの解明に重要な示唆を与えた。

　期待－不一致モデルでは，知覚品質を顧客満足の先行要因として捉えており（南, 2012），期待水準から知覚水準を引き算した不一致の大きさが満足・不満足を決める主要な要因と考えられている（小野・小川編著, 2021）。消費者の期待水準と知覚水準の程度は一致する場合と不一致の場合があり，さらに不一致には知覚水準が期待水準を上回る正の不一致と，知覚水準が期待水準を下回る負の不一致が存在する。消費者は，期待水準と知覚水準が一致すれば満足し，知覚水準が期待水準を上回った正の不一致の状態では高い満足となる。一方，負の不一致の状態では不満足となる。Oliver（1997）は「期待は過去の経験，現在の状況あるいは他の情報に基づいた将来の結果予測である」と定義している。たとえば，私たちが飲食店の利用後に「期待どおり」「期待以上」「期待以下」と感じて満足・不満足になるのは，メニューや味，待ち時間などの情報から予測的な期待を抱き，その期待を参照水準として評価していると解釈できる。

　期待－不一致モデルに関連の深いものとして同化対比理論がある。同化とは近いものはより近く感じられることであり，対比とは遠くのものはより遠く感じられることである。Anderson（1973）や Olshavsky and Miller（1972）によれば，結果が期待と近いと認識されたときに同化が起こり，結果が期待から逸脱するときに対比が発生するという。この結果，好ましい結果は実際よりも好ま

しく，好ましくない結果は実際以上
に好ましくないものとして捉えられ
る。

◆一致・不一致の状況と出現確率

　図1は，Oliver（1997），Woodruff
et al.（1983），Anderson and Mittal
（2000）をもとに，期待（期待水準）
と実際に経験した結果（知覚水準）
の一致・不一致とその出現確率，満
足の関係を示したものである。横軸
は結果の好ましさであり，原点から
正の範囲は「好ましい結果」として
認識される。逆に負の範囲は「好ま
しくない結果」となる。曲線①の縦

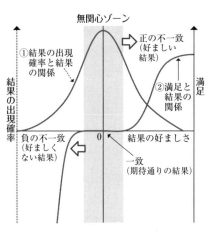

図 **1**　結果と不一致の関係

（出所）　森藤（2009）27頁を加筆修正。

軸は結果の出現確率であり，正規分布のような形をとる。期待と結果が一致し
た状態が最も出現確率が高く，正の不一致・負の不一致は期待と結果の差が大
きいほど出現確率が低いことを示している。曲線②は満足と結果の関係を表し，
結果が好ましいほど満足が高くなることを示している。曲線②は原点付近では
一定の満足に留まり，負の不一致では満足が急激に低下し，正の不一致では満
足の上昇がみられる。しかし，満足は青天井ではなく，やがて頭打ちになる。
満足と結果のこのような関係から，実務上の含意として，満足管理において極
端に高い顧客満足の追求よりも不満足の回避の必要性が窺える。

　Woodruff et al.（1983）や Oliver（1997）では，顧客が品質を許容する範囲を
無関心ゾーン（zone of indifference）と呼び，このゾーンの範囲は顧客の過去の
経験によって規定されるとした。図1のアミかけ部分が無関心ゾーンであり，
この範囲内では消費者は期待と結果が「一致」していると認識する。そして，
無関心ゾーンを超えて不一致が生じた場合，ゾーンの左側を「負の不一致」，
右側を「正の不一致」と認識する。前述の同化対比理論に基づくと，同化が起
こると不一致を認識しにくくなり，対比が起こると不一致を実際よりも知覚す
るため，無関心ゾーンが発生すると理解できる。無関心ゾーンが広い消費者よ
りも狭い消費者のほうが満足を高めることが容易である一方で，無関心ゾーン

が狭い消費者はわずかな知覚水準の低下でも不満足に陥りやすいと考えられる。

曲線①②は消費者ごとの無関心ゾーンの差異の把握と，負の不一致を防ぐことの重要性を示唆している。無関心ゾーンが狭く負の不一致が生じやすい消費者は結果に対し過剰な期待を抱き，その高すぎる期待が満足を阻害している可能性がある。しかし，期待が低くなりすぎると，購買動機が生じない恐れもあり，消費者の期待を適度にコントロールする必要があることがわかる。

◆ 期待の多様性と期待－不一致モデルの展開

期待－不一致モデルでは主として予測的期待を前提としているが，期待の捉え方には諸説ある。Miller（1977）では，理想のレベル（can），予測のレベル（will），当然のレベル（should），許容のレベル（must）の4段階に分類された。shouldレベルの高くない期待のほうがwillレベルの期待よりも高満足は得やすい（Boulding et al., 1993）。ただし，消費者はmustレベルを下回る品質に対し強い不満足を抱くため，実際にはmustレベルの期待を上回る知覚水準が許容範囲となる（Parasuraman et al., 1991）。また，期待は希望，願いなどを含みニーズと重複することが多く，予測の期待と満足に類似した期待の両側面をもっている（Oliver, 1997）。消費者の知覚品質は情報の追加，競合の増加の結果として経時的に変化し，それに伴って期待も変化していく（Zeithaml, 1988）。

期待－不一致モデルでは，予測的な期待を参照点として，得られた結果との差異から満足モデルが構築された。しかし，消費者の期待は多様であり，たとえば消費者のニーズやウォンツなどに起因する期待による満足への影響も考慮する必要がある。また，累積的な満足による関係性持続効果が指摘され（Bolton, 1998），取引継続に関して顧客満足が有効な概念であることが示された（山本, 1999）。期待－不一致モデルでは，購買前のある一時点を扱っているため，消費者が経験を重ねることで満足が収束していくという満足の動態を十分に説明できないという限界もある。

近年の顧客満足研究においては，期待－不一致モデルを基盤としつつ，潜在変数として不一致を含まない拡張型累積的顧客満足モデル（小野, 2016）や「便益遅延性」を考慮した顧客満足・顧客参加モデルも構築されている（藤村, 2020）。行動変容を動機づけるサービスに対しては，自己効力感（Bandura, 1977）を包含した顧客満足モデルも検討されている（櫻井ほか, 2016；森藤, 2021）。

● 森藤ちひろ

2|**12** 決定回避

◆決定回避の現象

決定回避とは，人の認知システムでは処理しきれないほど多数の選択肢が示されたとき，意思決定を延期または中止する現象を指す（Iyengar, 2010）。いわゆる「合理的経済人」の仮定において，人は自身の利得を最大化するために，合理的に行動するという前提が置かれてきた。この前提に基づくならば，選択肢が豊富であるほど，人は理想的な選択を行うことができ，選択後の満足度も高まると考えられる。

しかしながら，日常生活を振り返ってみたとき，この前提は現実的といえるだろうか。衣料品やパソコンから，レストラン，保険商品に至るまで，選択肢が多すぎるあまり，購買決定が面倒に感じられたり，時には選択を後回しにしてしまったりしたことなど，一度は経験したことがあるだろう。決定回避は，こうした現象を表す概念として，行動経済学や心理学の分野で提唱されてきた。

◆ジャムの実験

決定回避の傾向を明らかにした代表的な研究として，コロンビア大学のアイエンガーらがスーパーマーケットの店内で行った実験が挙げられる（Iyengar and Lepper, 2000）。実験では，ジャムの試食コーナーが店舗内に設置され，24種類または6種類のジャムが陳列された。店員に扮した研究助手が，試食コーナーを通過する利用客全員に試食を促す声をかけ，実際に試食した顧客にはジャム専用のクーポンを渡した。クーポンを集計することで，試食した人数と，実際に購入した人数を集計できる仕組みとなっている。

集計の結果は表1のとおりである。まず，試食コーナーを通過した人数（表1の列①）をみてみると，ジャムを24種類陳列したとき（242人）と，6種類陳列したとき（260人）で大きな差はない。次に，試食コーナーを通過した人のうち，何人の顧客が立ち止まってジャムを試食したのかみてみよう（表1の列②）。24種類陳列時（約60％）のときのほうが6種類陳列時（約40％）に比べて，通過客に占める試食者数の割合が多かった。一見すると，試食コーナーに並べられた多数のジャムは，買い物客にとって魅力的に映ったと考えられる。では，実際に購入した顧客はどれくらいいただろうか（表1の列③）。24種類陳列時（約3％）のほうが，6種類陳列時（約30％）に比べ，試食した顧客に

表 **1** 試食実験の結果

	①試食コーナーを通過した総数	②試食した人数（通過人数①に占める試食者数の割合）	③購入した人数（試食人数②に占める購入者数の割合）
24種類陳列したとき	242人	142人（約60%）	4人（約3%）
6種類陳列したとき	260人	104人（約40%）	31人（約30%）

（出所）　Iyengar and Lepper（2000）の結果をもとに筆者作成。

占める購入者数の割合が顕著に低かった。すなわち，顧客の注意を引きつけ，足を止めるのは多数のジャムを陳列したときであったが，実際に購入へとつながりやすいのは，少数のジャムを陳列したときだったのである。

　確かに，選択肢が多いほど，理想的な製品を入手できる確率は高まるため，消費者にとっての魅力も高まる。一方で，あまりに選択肢が多すぎると，「選択過負荷」（choice overload）の状態に陥り，自らの選択に対して，不安や不満足を覚える。その結果，消費者は選択そのものを延期したり，中止したりしてしまうのである。

◆選択過負荷の発生条件

　選択過負荷や，それによって生じる決定回避は，小売における品揃えと直接関係する。そのため，アイエンガーらの研究を端緒とし，マーケティング分野においても，選択肢への選好や決定に対する満足がどのような条件下で高まるかという点に関して，研究が取り組まれてきた（Chernev et al., 2015）。

　たとえば，モジルナーらはカテゴリー化の影響に注目し，実験を行った（Mogilner et al., 2008）。実験では，大型書店を模した実験室に参加者が集められ，書棚に陳列された144種類の雑誌から1冊を選ぶ課題が与えられた。その際，書棚は，「男性誌」「女性誌」「総合誌」という3カテゴリーに大別された陳列と，「ビジネス」「スポーツ」「音楽」「自動車」など18カテゴリーに細分化された陳列のいずれかに操作された。実験の結果，とくに「普段読まないような，なじみのない分野の雑誌から選ぶように」という指示が出された場合，18カテゴリーに分類された陳列棚から選択した参加者らは，3カテゴリーに分類された陳列棚から選択した参加者に比べ，選択に対する高い満足度を示した。カテゴリーごとに細かく分類されていれば，たとえ選択肢が多岐にわたる場合でも，

2

顧客理解の力

意思決定に伴う不安や疲労を覚えにくくなる可能性が示唆される。

　そのほかにも，選択過負荷が生じるか否かは，消費者の個人特性や文化的規範（Iyengar et al., 2006），購買までの時間的な距離（Goodman and Malkoc, 2012），選択肢の魅力度（Chervev and Hamilton, 2009）など，さまざまな要因によって左右されることが明らかされてきた。

　もっとも，すべての研究結果が一様でない点には注意が必要である。品揃え（⇨ 5-2）の削減により，当該カテゴリーの売上が減少したという結果（Sloot et al., 2006）や，選択肢の数が選択過負荷に及ぼす効果は事実上ゼロであったという報告もある（Scheibehenne et al., 2010）。異なる見解が混在している状況であるからこそ，「いつ，どのようなときに，その効果が発生するのか」という条件を特定する研究は，重要な意味をもつであろう。

◆**決定回避できないときの意思決定**

　日常の買い物において，たとえ膨大な選択肢を前にしたときでも，必要に迫られ，どうしても決定を回避できないという状況は珍しくない。このようなとき，人はどのような意思決定を行うのだろうか。セラらが興味深い研究結果を発表している（Sela et al., 2009）。

　セラらの実験では，参加者たちにアイスクリームを選択する課題を与えた。参加者のうち，一方のグループには 2 種類，もう一方のグループには 10 種類のアイスクリームが示され，各種類には通常タイプと低脂質タイプが用意されていた。実験の結果，アイスクリームを 10 種類提示したとき，2 種類提示したときに比べ，低脂質タイプが選択される確率が高かった。前述のとおり，選択肢の数があまりに多いとき，人は選択を誤ることに対して不安を覚える。そのため，のちになるべく自身の選択を正当化できるよう，低脂質タイプという規範的な製品を選んでおこうとするのである。

　したがって，たとえば，小売店が競争上の理由で品揃えを豊富にせざるをえないとき，環境配慮製品や健康食品など，「規範的」とされる製品を陳列に含めることで，製品の選択しやすさや，選択後の満足を向上できる可能性がある。

🌐外川拓

◆ポジティブへの接近とネガティブからの回避

東京証券取引所などによる発表によると，2020 年の 1 年間に個人投資家の数は 300 万人増加したという（東京証券取引所ほか，2021）。その背景の 1 つとして，新型コロナウイルス感染症の感染拡大による生活防衛意識の高まりを示唆する調査結果がある（マネーフォワード，2021）。同調査では，アンケート回答者の 8 割が生活防衛意識の高まりを報告し，そのうちの約半数が「投資を始めた」あるいは「投資金額を増やした」と回答している。

生活防衛意識を背景とした投資は，将来の自分が「困らない」ようにする目的のものと考えられるだろう。その一方で，投資にやや異なる目的を抱く人もいるかもしれない。将来の自分をより「豊かにする」という目的である。これらの目的は，似ているようで異なる。前者は将来的に予想されるネガティブな状態を回避しようとしている一方，後者は将来的に予想されるポジティブな状態に接近しようとしているからである。

スポーツにおいて「負けない」ために用いられる戦術と「勝つ」ために用いられる戦術が大きく異なるように，ネガティブな状態を回避しようとする人々とポジティブな状態に接近しようとする人々では，採用される手段や行動が変わってくる。こうした違いを説明する有力な理論が制御焦点理論である。

◆制御焦点理論とは

制御焦点理論は，ヒギンズによって提唱され，目標や結果の焦点状態（focus）の違いが人々の行動に及ぼす影響を説明する理論である（Higgins, 1997; Pham and Higgins, 2005）。焦点状態として，ポジティブな結果への接近を重視する「促進焦点」とネガティブな結果からの回避を重視する「予防焦点」が想定されており，消費者固有の個人特性として影響を及ぼすだけでなく，消費者の置かれた状況や年齢などによっても変化するとされている（Higgins et al., 2020; Pham and Higgins, 2005）。

促進焦点と予防焦点は，いくつかの特徴的な行動や意識と結びつく。ヒギンズと彼の共同研究者たちは，以下のような特徴を指摘している（Higgins, 1997; Higgins et al., 2020; Pham and Higgins, 2005）。促進焦点の人々は進歩や達成に関する目標を追求することが多く，予防焦点の人々は安心や安全に関する目標を

追求することが多い。また，促進焦点の人々はポジティブな結果の有無に敏感である一方，予防焦点の人々はネガティブな結果の有無に敏感である。促進焦点の人々は，「ヒット」を求め，排除エラーの最小化を図り，熱心さ（eagerness）によって特徴づけられるのに対して，予防焦点の人々は，「正確な却下」を求め，採用エラーの最小化を図り，警戒感（vigilance）によって特徴づけられる。さらに，成長や理想を連想させると促進焦点が引き起こされ，安全や義務を連想させると予防焦点が引き起こされるという。

◆消費者行動研究における制御焦点理論

　社会心理学分野において制御焦点理論の有用性が明らかになってくると，マーケティングや消費者行動の研究領域においても多くの論者が関連した議論を進めるようになった。主要な研究視点の1つは，キャッチコピーや訴求内容などのマーケティング要因が制御焦点に関連する点に注目したものである。初期の代表的な研究では，グレープ・ジュースに関する情報が掲載された2つのウェブサイトが比較されている（Aaker and Lee, 2001）。一方のウェブサイトには，予防焦点と結びつく特徴として抗酸化作用やがん抑制効果などが掲載されており，もう一方のウェブサイトには，促進焦点と結びつく特徴としてビタミンやエネルギーなどの栄養面の効果などが掲載されている。これらのウェブサイトについて，自らの独自性や成功を重視する相互独立的自己観を生起させた回答者に評価してもらうと，促進焦点に結びつく特徴が掲載されている条件で評価が高くなる一方，他者との結びつきや義務・責任を重視する相互協調的自己観を生起させた回答者では，予防焦点に結びつく特徴が掲載されている条件で評価が高くなっていた。

　それぞれの焦点状態の消費者に対し，どのようなマーケティング施策が有効かという議論も進められている。豊かな創造性を発揮する促進焦点の消費者はユーモアや感情的な好ましさを重視する一方，警戒感の強い予防焦点の消費者は情報の信頼性を重視すると予想できる。実験の結果，促進焦点の消費者は，レイアウトやカラーを操作した魅力的な広告に高い評価を下した一方で，予防焦点の消費者は，主張内容の強い広告に高い評価を下していた（Pham and Avnet, 2004）。その後の研究からも，促進焦点の消費者がイメージ広告に，予防焦点の消費者が分析的な広告に対して好ましい態度を形成するという類似した知見が得られている（Roy and Phau, 2014）。

◆制御焦点理論の応用

2000年代後半以降，さまざまなマーケティングや消費者行動の研究テーマに制御焦点理論が応用されてきた。たとえば，製品やサービスが提供するベネフィットと制御焦点の結びつきも検討されている（Chitturi et al., 2008）。機能的で操作的なメリットである「実用的ベネフィット」は，提供されなくてはならないものとして捉えられるため，予防焦点との結びつきが強く，審美的で経験的なメリットである「快楽的ベネフィット」（☞2-21）は，提供してほしい側面として捉えられるため，促進焦点との結びつきが強いと考えられる。そのため，実用的ベネフィットの経験からは，自信や安心といった感情が生まれ，顧客満足（☞2-5）に結びつきやすく，快楽的ベネフィットの経験からは，楽しさや興奮といった感情が生まれ，顧客歓喜に結びつく。なお，快楽的ベネフィットが提供されなくても不満を覚える程度である一方，十分な実用的ベネフィットが提供されないと，強い怒りが生じることも明らかにされている。

研究内で実施されている実験内容にも注目すると，制御焦点と製品カテゴリーとの結びつきも明らかになってくる。ワイン，レストラン，エンターテインメントなどのカテゴリーは促進焦点との結びつきが強く，日焼け止め，マウスウォッシュ，保険などは予防焦点との結びつきが強いと捉えられている（Hagtvedt, 2011; Mourali et al., 2007）

制御焦点理論を取り上げた研究では，さまざまな要因と制御焦点との適切な組み合わせを明らかにしようとするものが多い（たとえば Mogilner et al., 2008; Zhu and Meyers-Levy, 2007）。こうした制御焦点に基づく適切な組み合わせを制御適合として捉えることも増えてきている（たとえば Motyka et al., 2014）。制御適合は，適切であるという感情（feeling right）を生じさせ，流暢性（☞2-17）を向上させるため，製品や広告メッセージに対する評価を高めることになる（Lee and Aaker, 2004; Lee and Higgins, 2009; Higgins et al., 2020）。情報の消費が製品経験を左右する「概念的消費」を念頭に置いて，近年の市場環境に対応した消費者行動分野の重要な研究潮流の1つとして制御適合を位置づける論者もいる（Ariely and Norton, 2009）。

🔵 石井裕明

2|14 解釈レベル理論

◆**解釈レベル理論の骨子**

　解釈レベル理論とは，目標に対する心理的距離（たとえば，遠い将来の出来事か，近い将来の出来事か）によって，その目標に対する捉え方が変化することを説明した理論である（Trope and Liberman, 2003）。同理論によると，目標に対する心理的距離が遠いとき，解釈レベルが高次になる。その結果，当該目標を「なぜ」行うのかを考え，結果の望ましさや目標に関連した属性を重視する。これに対して，目標に対する心理的距離が近いとき，解釈レベルは低次になる。結果的に，目標を「どのように」行うのかといった実現可能性を考え，目標とは直接的な関連性が低い属性にも注意が向くようになる（表1）。

　たとえば，ある大学生が授業の課題に取り組むため，ノートパソコンの購入を計画したとする。購入まで時間的に遠い段階では，「なぜ」ノートパソコンを使うのかという視点が重視される。そのため，Word や Power Point が付属しており，十分なメモリを備えているなど，目標関連的属性が優れたノートパソコンを購入しようと考える。ところが，いざ店頭を訪れ，購入まで間近になると，「どのように」ノートパソコンを使うのかといった実現可能性に基づく視点も重視されるようになる。そのため，本体が軽量か，操作が簡単かといった，目標に直接関連しない属性が製品選択基準に加味されるようになる。

　私たちが日常生活で行っている判断の対象は，「今ここで」起きていることばかりとは限らない。多くの人は，1カ月後の旅行を計画したり，3カ月後の引っ越しについて考えたりしたことがあるだろう。その際，解釈レベル理論は，心理的に遠いと感じたときと，近いと感じたときで，同じ対象の重視点がどのように異なるか，という点に関して理論的な説明と予測を提供している（Trope et al., 2007）。

◆**心理的距離の次元と消費者行動**

　ここまで，心理的距離の1つとして時間的な遠近の程度，すなわち時間的距離を例に挙げてきた。過去の研究においても，時間的距離が消費者行動に及ぼす影響に関して，多数の知見が見出されてきた（外川，2019）。

　たとえば，トロープらが実施した実験では，「キッチンで音楽を聴くため，時計付きラジオを購入すること」を想像するよう，参加者に求めた（Trope

表 **1** 解釈レベルによる思考様式の違い

解釈レベル	高次 （心理的距離が遠いとき）		低次 （心理的距離が近いとき）
思考様式	上位目標に注目	⟷	下位目標に注目
	「なぜ」の視点	⟷	「どのように」の視点
	結果の望ましさを重視	⟷	結果の実現可能性を重視
	目標関連的属性を重視	⟷	目標非関連的属性

and Liberman, 2000)。その際，参加者のうち一方のグループには「1 年後の購入」，もう一方のグループには「明日の購入」を想像させることで，時間的距離を操作した。続いて，ラジオの音質は優れているが時計の見やすさは劣る製品，ラジオの音質は劣るが時計が見やすい製品のいずれかを提示し，製品を評価させた。その結果，1 年後の購入を想像したグループは，音楽を聴くという目標に関連した属性が優れている前者の製品に対して，高い選好を示した。一方，明日の購入を想像したグループは，目標に関連しない属性が優れた後者の製品にも高い選好を示し，製品間における選好の差が減少した。

　心理的距離には，時間的距離だけでなく，人物に対する社会的距離も含まれる。社会的距離とは，一般的には身近さや縁遠さなどと近い意味をもち，自己との類似性によって決まるといわれている（Trope et al., 2007）。すなわち，社会的距離が最も遠い人は，自身とまったく異なる属性や特徴をもつ他者，社会的距離が最も近い人は，自分自身ということになる。

　クチコミ（⏩4-6）の相手（Zhao & Xie, 2011）やギフトの贈与先（Hamilton and Thompson, 2007）など，他者に対してどの程度の社会的距離を感じるかによって，購買意思決定が変化することも知られている。ボーネマンらは，この点を明らかにするため，価格が有する 2 つの機能に注目した（Bornemann and Homburg, 2011）。1 つは，製品品質を推測する手がかりとしての機能，もう 1 つは，その製品を得るためにどの程度の経済的損失を被らなければならないのかを示す機能である。ボーネマンらの実験によると，自身の視点で製品を評価させると（社会的距離が近い条件），人はどのように製品を入手するかという点を重視するため，価格を「犠牲」として捉える傾向にある。これに対し，平均的な他者がどのように感じるかという視点で製品を評価させると（社会的距離

が遠い条件），人はその製品からどの程度望ましい結果が得られるかという点を重視するため，価格を品質の指標として用いる。

　心理的距離には，時間的距離と社会的距離以外にも，空間的距離（たとえば，1km 離れた店舗と 10km 離れた店舗）(Zhang and Wang, 2009)，経験的距離（たとえば，実際に触れた製品とパソコンの画面上で見ただけの製品）(Hamilton and Thompson, 2007)，仮説的距離（たとえば，100 ％ の確率で行ける旅行と 50 ％ の確率で行ける旅行）(Zhang and Wang, 2009) などが含まれる。

◆ マーケティング実務への示唆

　解釈レベル理論は，企業のコミュニケーション戦略に対して示唆を提供している。たとえば，時間的距離と重視点の関係性を踏まえると，製品購入まで時間的に遠い段階では，結果の望ましさが重視されるため，製品購入によって得られる便益を訴求することが効果的だろう。一方で，製品購入が迫った段階では，結果の実現可能性が重視されるため，製品の使いやすさや支払い方法に関する訴求を行うべきだろう。実際，ある航空会社は，顧客がチケットを購入するまでに遠い時点で接する印刷広告では贅沢なフライト経験を訴求する一方，近い時点で接するウェブ広告では，機内食や座席など，フライト経験を味わうための具体的な情報を提供している（Martin et al., 2009）。

　マーケティングでは，意図的に高価格を設定することで製品品質の良さを伝達する，威光価格戦略を用いることがある。前述したボーネマンらの知見に基づくと，発売日まで遠い時点で早めに価格情報をアナウンスすることで，価格に依拠した品質推論が行われ，威光価格の効果を高めることも可能になる。

　解釈レベル理論は，マーケティング・リサーチに対しても示唆を提供している。たとえば，アンケート調査で自社サービスの利用満足度を尋ねたとしよう。その際，回答者が直近の利用経験を想起した場合と，遠い過去を含む利用経験全体を想起した場合とでは，評価軸が変化し，満足度の回答傾向が異なる可能性もある（守口ほか，2012）。したがって，調査を行う際には，どの時点での利用経験を想起するべきなのか明示することが重要となる。

🌑 外川拓

◆顧客エンゲージメントとは

　顧客エンゲージメントは，広義に定義すれば，顧客による対象（企業や製品・サービスなどのブランド）に向けられた認知的，感情的，行動的な関係行動ないし状態である。この概念の定義は，多義的に扱われているため統一的な定義が得られていないが（Lim et al., 2021），顧客と対象との関係性や結びつき，あるいは，その相互作用における認知，感情（☞ **2-3**），行動の 3 つの次元やそのうちの特定の次元から捉えようとする点でおおむね共通している。

◆マーケティング領域におけるエンゲージメント

　エンゲージメント概念は，社会科学における多くの学問分野で 2000 年代に入り注目を集めている新しい重要な概念である。組織心理学，組織行動学における先駆的な Kahn（1990）の研究のほか，ポジティブ心理学などの影響を受け，バーンアウト（burnout）の対概念として位置づけた Schaufeli et al.（2002）の研究などが，顧客エンゲージメントの概念規定に影響を及ぼしている。

　マーケティング分野におけるエンゲージメントは，2005 年頃から学術や実務においてさまざまな形で取り上げられ始めたが（Brodie et al., 2011 参照），概念規定なく使われている場合も含めれば，それ以前から用いられている。

　マーケティング実務では，エンゲージメントの具体例として消費者が Facebook 上で「いいね！」やコメント，シェアをすることが挙げられ，広告施策（コミュニケーション施策）に対する効果測定指標として用いられている。この文脈では，メディア・エンゲージメントや単にエンゲージメントなどと呼ばれ，2006 年に *Journal of Advertising Research*（Vol. 46, No. 4）において特集が組まれるなど，広告分野において比較的早い段階で注目を集めていた。メディア以外でも，ブランドやブランド・コミュニティ（☞ **3-8**）など，エンゲージメントの対象を冠したさまざまなエンゲージメント概念が取り上げられているが，顧客という主体を冠した「顧客エンゲージメント」が中心的な概念である。

◆顧客エンゲージメントへの注目とその背景

　顧客エンゲージメントについても，学術や実務で 2005 年頃から取り上げられ始め，2010 年には *Journal of Service Research*（Vol. 13, No. 2）においても特集が組まれた。この学術誌名からもわかるように，サービス・マーケティン

グをはじめ，リレーションシップ・マーケティング，消費者行動研究，ブランド論などの研究領域において，顧客エンゲージメントに関する研究が取り組まれている。Lim et al.（2022）におけるシステマティック・レビューで抽出された 2006 年から 20 年に刊行された同概念に関する論文は，861 にも及んでいる。

　この概念が注目を集める背景には，下記の 3 つが挙げられる。①ソーシャルメディア（☞4-8）の普及や進展により，企業（ないしブランド）と顧客との間，あるいは顧客間における双方向的なコミュニケーションが比較的容易となったこと，②企業に顧客との関係性構築のよりいっそうの維持・強化が求められるなかで，ロイヤルティや顧客生涯価値（CTV）などの取引を中心とした関係性の限界や顧客の購買外の行動が企業業績に影響を及ぼしていることもあり，購買（取引）を超えた関係を築く重要性や新たな指標の必要性が高まったこと，③サービス・マーケティングやサービス・ドミナント・ロジック（☞1-8）を背景として，サービス品質（☞1-10）や使用価値を高めるために顧客の積極的な関わりや参加，あるいは価値共創（☞1-8）が重要視されたこと，などである。

◆顧客エンゲージメントの捉え方

　顧客エンゲージメントは，さまざまな視点や次元から捉えられ，多くの定義がなされている。企業やブランドなどの対象と顧客との関係性（狭義的には相互作用）を念頭に置いている点では基本的に共通しているが，そのつながりや結びつきの強さと捉えたり（たとえば Vivek et al., 2012），あるいは，前述したように 3 つの次元（認知，感情，行動）やそのうちの特定の次元で捉える研究もある（Brodie et al., 2011 参照）。その際，3 つの次元それぞれにおける意味内容についても研究間で異同がみられるため，概念整理が必要である。

　顧客エンゲージメント研究のなかで最も多くの研究に引用されている van Doorn et al.（2010）の研究では（Lim et al., 2022），そもそも「engage」は行動を指す言葉であるとして，顧客と企業ないしブランド間の関係性を行動面から捉え，「顧客エンゲージメント行動」を「購買を超えた行動」(beyond purchase behavior) として位置づけ，その定義を行っている。この購買を超えた行動とは，たとえば，クチコミ（☞4-6）活動，推奨，他の顧客の支援，ブログやレビュー投稿などである。この購買を超えた行動に関して，その後，Jaakkola and Alexander（2014）では，4 つの行動（補強行動，共同開発行動，影響行動，

動員行動）に整理されている。こうした顧客の行動は，企業にもたらす貢献や価値の観点から指標化および評価がなされている。Kumar et al.（2010）は，顧客の行動が企業に直接・間接的に価値をもたらすとして，顧客の購買行動を反映した CTV に加え，顧客紹介価値，顧客影響価値，顧客知識価値という4つの価値から構成される顧客エンゲージメント価値を提示している。

◆顧客エンゲージメント研究の現在とこれから

顧客エンゲージメント研究においては，概念規定を通じて，類似概念や近接概念との異同，先行要因と結果要因などとの関係を示した概念モデルの提示や尺度構築が行われ，顧客エンゲージメントの測定や関連概念との関係を把握するための実証的な研究が行われている（Hollebeek et al., 2021; Lim et al., 2022 参照）。たとえば，先行要因として関与（⇨ 2-2）など，結果要因としてブランド・ロイヤルティ（⇨ 3-2）などが挙げられている（Barari et al., 2021 参照）。

現在，顧客エンゲージメントを管理し，顧客による企業のマーケティング活動への参画や，企業業績への貢献を捉える枠組みとその取り組みが検討されている（たとえば Harmeling et al., 2017）。たとえば，Barari et al.（2021）は，顧客エンゲージメントを高める2つの経路を識別している。1つめの有機的経路は，従来の顧客関係性の延長として，顧客満足（⇨ 2-5）および信頼やコミットメントの形成を通じて，態度的および行動的エンゲージメントを高めるという取り組みである。2つめの促進的経路では，行動的エンゲージメントを直接的に高めるための2つの取り組みが検討されている。それぞれ，企業に新たな顧客を紹介した際に金銭的インセンティブを提供するなどの機能的（タスク的）取り組みと，サービスを超えたプログラムやイベントなどの活動を通じて，顧客に快楽的価値や社会的価値を提供するなどの経験的取り組みである（Barari et al., 2021; Harmeling et al., 2017; Vivek et al., 2012 参照）。

最近では，広範囲にわたる顧客エンゲージメント研究の全体像，研究テーマおよびその動向などを整理するため，定量的レビューや定性的レビューを行った研究が相次いで発表されている（たとえば Hollebeek et al., 2021; Lim et al., 2022; Rosado-Pinto and Loureiro, 2020; So et al., 2021; Srivastava and Sivaramakrishnan, 2021）。顧客エンゲージメントは，今後ますます注目を集める重要な概念であり，さらなる概念の精緻化と統一的な測定尺度の構築および関連概念との関係把握などを通じて，その体系的な理解が待たれる。　🔵 西原彰宏

2│**16** センサリー・マーケティング

◆**感覚と知覚**

目で捉える同じ長さの線が異なる長さに見えたり，耳で捉える同じ高さの音が異なる音に聴こえたりする現象は錯覚と呼ばれるが，こういった錯覚は，物理的実体を捉える感覚とそれをどう感じるかという知覚とが同じではないことを意味している。現代の消費者行動研究のパラダイムである情報処理モデル（⇨ 2-1）では，感覚は単に外部からの情報を受容する器官として捉えられ，消費者の意思決定を導く情報処理の最初には，受け取った情報を脳内の既存知識によって意味づけした状態，つまり情報をどう感じているかという知覚が位置づけられている。しかし，知覚とは異なる無意識的な感覚が人間に及ぼす影響の大きさが明らかになるにつれ，感覚を起点とする情報処理の解明が消費者行動の本質をより深く理解する視点として意義をもつようになってきている。こうした流れは企業の戦略にも影響を与えており，消費者を取り巻く物理的環境と感覚に関する理解を通して，消費者の知覚，判断，行動といった意思決定に応用しようとする企業の試みは，センサリー・マーケティングと呼ばれている（Krishna, 2012）。

センサリー・マーケティングへの関心は 2000 年代に入り急速に高まっている。以前から香りや音楽といった感覚に訴える刺激が消費者行動に及ぼす影響は研究が進められてきたが，その多くは人の感情（⇨ 2-3）によって説明されてきた。しかし，最近になって感覚の役割に関するきわめて信憑性の高い研究結果が示され，外部情報を受け取る感覚が果たす役割について高い関心が寄せられるようになった。たとえば，ウィリアムズとバージの研究では，温かいマグカップか冷たいマグカップかのいずれかを持つよう指示された実験参加者に他者に対する印象を評価してもらったところ，温かいマグカップを持った人は冷たいそれを持った人よりも他者に対して優しい印象を抱くことが示された（Williams and Bargh, 2008）。これは身体を通じて得られた温度の感覚がその感覚と関係のない別の判断に影響を及ぼすことを示しており，既存知識に基づく理論では説明できない結果であった。現在，マーケティング分野で感覚の研究は着実に進んでおり，コモディティ化が進む市場において他社との差別化を実現する上で，感覚を活かしたマーケティングへの期待が高まっている。

　感覚が人の判断や行動に対して及ぼす影響について説明する理論の1つに，身体化認知理論（embodied cognition theory）がある。身体化認知とは，外部情報に対する人の認識が身体に埋め込まれた（embodied）形で機能していることを説明する概念である。人は生きている過程のなかで外界の刺激を感覚で経験し，その感覚経験は成長とともに抽象的概念として身体に埋め込まれていく（Lakoff and Johnson, 1980）。そして後にある感覚を経験したときに対応関係を有する抽象的概念が活性化し，その刺激がどのようなものであるのかについて認識する基盤となる。マグカップの物理的温かさが温度とは関係のない他者の評価に影響を及ぼしたのは，人に抱きしめられたときに感じる物理的な温かさの経験と感情的な温かさが結びつき，それが抽象的概念となって身体に埋め込まれているからである。こうした身体化認知は，「柔軟な対応」「甘い考え」「明るい笑顔」など，物理的感覚と人の知覚や判断とが結びついている比喩表現にもみることができる。

　「自分の認知していることについての認知」といわれるメタ認知も，感覚の影響を説明する。メタは「高次」を意味し，知覚や判断や行動といった一連の認知活動を，より高次の視点から認知している状態を意味する。メタ認知はこれまで経験してきた感覚の反復や慣れにより形成され，ある刺激への感覚経験が何であるかを認知している状態である。結果として人が刺激に対して感じる処理が容易になり，判断に影響する（Schwarz, 2004）。流暢性（⟳ 2-17）は，感覚経験とメタ認知との対応関係を確認する有効な変数と考えられている。

　こうした身体化認知やメタ認知を基礎とする感覚経験の多くは，ほぼ無意識に作用する。そのため，マーケティング情報を含むさまざまな刺激の影響を，消費者は日々，ほとんど意識することなく受け入れていることになる。

◆感覚とマーケティング

　感覚に関する研究のうち，視覚，聴覚，嗅覚，味覚，触覚の五感について取り上げてみよう。まず視覚は，五感のなかで最も外界の情報を受け取る感覚であり，多くのマーケティング施策も視覚に向けられている（Lindstrom, 2005）。しかし，消費者が視覚で捉えている広告やパッケージ上の色，形，模様，シンボルは実際にそのとおり知覚されていない可能性がある。たとえば，実際のサイズと感じるサイズが異なっていたり，特定の色と結びつく概念によって刺激

の見え方が変わってきたりする。視覚と知覚の不一致を理解し，実務に活かしていく視点がきわめて重要である。

　聴覚にも知覚との不一致が起きている。たとえば，店舗で流れる高周波の音は若者には聴こえても高齢者には聴こえにくく，男性と女性の声では同じ高さでも同じ高さに聞こえない。テレビや店舗で捉える音はそのとおり聴こえているとは限らないのである。また，音楽は広告や製品や環境との適合性を重視することで，当該対象への印象や顧客の購買経験を大きく改善できる。流す音楽によって，同じ店舗への印象や購入製品が異なってくることは複数の研究で示されている（たとえば North and Hargreaves, 1998）。

　嗅覚は五感のなかでは唯一，記憶と感情を司る大脳辺縁系に直結しているため，香りは特定の記憶や感情と結びつき，店舗や製品の印象を瞬時に形成する。また，香りに対する知覚は後天的に形成されるため，消費者が生きてきた環境の影響を大きく受ける。香りは結びつく概念を理解し活用するだけでなく，自社のサービス体験に組み入れることで自社ブランドとの結びつきを形成し，後に当該サービスを想起させ，リピートを促す施策に活用できる（Krishna, 2013）。

　味覚はそれ自体で味を知覚するというよりも，他の感覚とともに知覚を形成する。盛り付けの美しさ，香ばしい香り，パリっとした音，とろける食感など，他の感覚を外すとおいしさの知覚が下がることは想像に難くない。とりわけ嗅覚は味覚とともに風味を形成し，視覚と嗅覚は味蕾で感じる味覚情報よりも先んじておいしさの知覚に影響を及ぼす。食品広告では，多感覚を訴求するほうが味覚だけの訴求よりもおいしさの知覚を伝達することができる（Elder and Krishna, 2010）。

　触覚は全身のあらゆる部位で刺激を捉える感覚であり，硬さ，手触り，温度，重さは触覚の主要な特徴である。こうした触覚経験は，身体に埋め込まれている認知と結びつき，一見すると無関係と思われるような意思決定を導く。たとえば，硬い椅子に座ると意志が固くなり，セールスに対して自分の意思を妥協しなくなるという（Ackerman et al., 2010）。接触は，他の人が触った痕跡が感じられる場合でも当該製品の知覚に影響を及ぼしている（Argo et al., 2006）。

　個別の感覚についての研究は，この10年で大きく進化した。課題は残されているものの，今後は感覚間の相互作用について研究の進展が期待されている。

🌐 平木いくみ

2│**17** 処理流暢性

◆処理流暢性とは

みなさんは直観的に使いやすい家電や電子機器を店頭で試してみて，それらの製品に好感を抱いた経験はないだろうか。そうした経験には処理流暢性が関連している可能性が高い。処理流暢性とは，「ある対象について個人が抱く情報処理のたやすさ，もしくは難しさに関する主観的な評価」である（Graf et al., 2018, p. 394）。

処理流暢性が高まれば，肯定的な感情（⇨ **2-3**）が喚起され，この状態が対象評価の認知的手がかりとなることで，対象への親近感や好感が生まれる（三浦，2018）。処理流暢性はもともと認知心理学分野で審美性知覚を捉える理論枠組みとして提唱された概念である（Reber et al., 2004）。

レーベルらによると，ある対象への審美性経験は，対象に内在する客観的な美というよりは，観察者が対象について行う情報処理の流暢性に起因する。また，多くの審美性原理（たとえば，対称性，典型性など）が人々に肯定的な反応をもたらす心理メカニズムも処理流暢性によって説明できる（朴・外川，2019）。たとえば，対称的な対象を非対称的なそれよりも美しく感じるのは，対称的な物体の情報処理がより容易に行えるからである。処理流暢性は，審美性知覚のみならず，対象に関する情報をグループ化して情報処理を簡略化しようとするプレグナンツ傾向，対象への接触経験が多いほどその対象を好ましいと判断する単純接触効果，身体的な動きや経験が認知や判断に影響を与えるという身体化認知（embodied cognition）など，多様な心理的現象を内包できる概念として理解されている（三浦，2018）。

◆処理流暢性の分類

処理流暢性は一般的に知覚流暢性（perceptual fluency）と概念流暢性（conceptual fluency）に分類される（Lee and Labroo, 2004; Graf et al., 2018; Schwarz et al., 2021; Tulving and Schacter, 1990）。知覚流暢性は，ある対象の物理的特性に対する情報処理のたやすさの主観的評価である。知覚流暢性の経験には多様な要因が関連している。たとえば，対象のもつ複雑性や情報量が小さいほど（Landwehr et al., 2011），対象の視覚的明瞭性が高いほど（Whittlesea et al., 1990），対象への反復的な接触経験が多いほど（Fang et al., 2007），知覚流暢性が高まる。

一方，概念流暢性は，ある対象に関連する意味概念がどれくらい思い浮かびやすいか，またはどれくらい理解しやすいかについての主観的評価である。知覚流暢性に比べると概念流暢性に焦点を当てた研究は少ないものの，広告研究において，広告メッセージの複雑性（Lowrey, 1998）や一貫性（Topolinski, 2012），広告製品と広告背景の意味的適合（Lee and Labroo, 2004）などが概念流暢性に影響することが確認されている。

◆処理流暢性の効果と影響メカニズム

　上述のように，処理流暢性は概念上，知覚流暢性と概念流暢性に分類できるものの，それらの効果はいずれも類似している（Graf et al., 2018）。処理流暢性は2つの経路から対象への評価に影響を及ぼす（Schwarz et al., 2021）。

　まず，処理流暢性は感情を介して対象評価に影響を与える。ある対象についての情報処理が流暢であるほど，人は肯定的な感情を経験するが，こうした肯定感情が対象評価を高める働きをする。こうした感情経由の影響メカニズムはシュワルツが提唱した感情情報説（feeling as information）の観点で理解できる（Schwarz, 2001）。感情情報説によれば，人は気分や感情を誘発する要因自体よりも，その要因によって生じる気分や感情に気づきやすく敏感であるため，感情状態がしばしば対象判断の情報源として活用される。ここには誤帰属（misattribution）という心理プロセスが関わる。誤帰属はある要因によって生じた心理的，生理的反応の原因を別の要因に誤って帰属させることであるが，この誤帰属は処理流暢性の影響メカニズムにも当てはまる。すなわち，対象について情報処理が流暢になると，人は肯定的な感情状態を経験するが，そうした感情発生の原因を情報処理の流暢性に帰属させるのではなく，対象評価に誤って帰属させることで（たとえば，私が気分がよいのは，今見ている製品が好ましいからであると思うこと）対象の評価が高まるのである。

　次に，処理流暢性は対象への親近感を介して対象評価に影響を与えることもある。人はなじみのある対象を識別しやすく，覚えやすいことを経験から学習している。そのため，対象の情報処理の容易性を対象への親近感と結びつけて考える傾向がある。また，対象への親しみが高いほど，それがもたらしうる潜在的リスクは低減されるため，対象への親近感は対象の評価を高めることにつながる。

　上述のように，肯定的感情と対象への親近感を経由して，処理流暢性は消費

者判断に影響を与えるが，2つの要因は独立ではなく，相互作用的に消費者判断に影響すると考えられている（Schwarz et al., 2021）。すなわち，肯定的感情が対象への親近感を高めることもあれば，対象への親近感が肯定的感情を強めることもある。こうした相互作用を通じて，処理流暢性は消費者の対象判断に幅広く影響を与える。

　まず，処理流暢性が高いほど，消費者は広告や製品をより好ましいと判断する（Lee and Labroo, 2004; Storme et al., 2015）。たとえば，Storme et al.（2015）は，処理流暢性が高い広告であるほど，当該広告やブランドに対する消費者態度が高いことを示している。次に，処理流暢性は対象に対する社会的評判にも影響を与える（Jocoby et al., 1989; Kwan et al., 2015; Weaver et al., 2007）。たとえば，Weaver et al.（2007）は，情報呈示回数で流暢性を操作した実験から，同一の政治的声明であっても，それが反復呈示される場合，被験者はそれがより多くの人に支持されているものと推測することを確認している。

　さらに，処理流暢性は対象に対する信頼性の判断に影響する（Silva et al., 2017; Zürn and Topolinski, 2017; Lev-Ari and Keysar, 2010）。たとえば，Silva et al.（2017）はハンドル・ネームを操作したネット・オークション実験から，消費者は売り手のハンドル・ネームが読みやすく発音しやすいほど，その売り手をより信頼することを明らかにしている。

◆マーケティング・インプリケーション

　処理流暢性は，多様な側面から消費者の製品に対する評価や購買意思決定に影響を与える。たとえば，それは製品パッケージに表記されるブランド・ネームの見やすさや読みやすさ，製品操作の容易性，ブランド・ネームとブランド特長の適合，ブランド・コンセプトと広告コンセプトの整合性など多岐にわたる。したがって，マーケターにはマーケティング・コミュニケーションのプロセス全般において処理流暢性に関わる要因を洗い出し，製品やブランドに対する消費者の情報処理が円滑に行えるようにコミュニケーション戦略を設計し，実行することが求められる。全体を通して述べたように，基本的にはコミュニケーション・プロセスにおいて消費者の処理流暢性を高めることが企業にとって望ましい。しかし，製品の革新性や独自性など一部の判断に関しては，低い処理流暢性が消費者評価を高める場合もあること（Cho and Schwarz, 2006; Pocheptsova et al., 2010）には注意が必要である。

🌀朴宰佑

18 クロスモーダル対応

◆感覚モダリティ間の調和

人が経験するさまざまな感覚特性の間には，互いになんとなく「しっくりくる」と感じる組み合わせがある。冷却シートのように体温を下げるための商品であれば青や水色，カイロのように身体を温める商品であれば赤や橙がそれぞれ合うという感覚は，私たちの多くが自覚的に認識していることであろう。クロスモーダル対応は，そのような組み合わせのなかでもとくに，表面的には無関連に思われる感覚モダリティ間の連合（association）を指すことが多い。たとえば，ピアノの音色は甘味，トロンボーンの音色は苦味とそれぞれ連合するといったものがそれに当たる（Crisinel and Spence, 2010）。

感覚というと一般に，五感（視覚，聴覚，触覚，嗅覚，味覚）を思い浮かべるが（⇨ 2-16），感覚モダリティには五感以外にも運動感覚，平衡感覚，内臓感覚といった多様な種別，様相が含まれる。クロスモーダル対応は，これら多様な感覚モダリティにおける特性同士が調和する傾向を表すので（Spence, 2012），研究の余地はきわめて大きい。

「尖った」味や「円^{まろ}やかな」味という言葉があるように，苦味，酸味は角張った形と相性がいいのに対し，甘味やクリーミーな味は，丸みを帯びたフォルムと親和性がある。このように，私たちが話す言語には，クロスモーダル対応の存在を示唆する表現も多い。典型的な例の1つが，音の「高さ」という表現であろう。私たちの多くが音高と垂直方向の位置（空間的な高さ）に連合を有することは，過去の研究で繰り返し実証されてきた（Rusconi et al., 2006 など）が，そのことは日本語でも英語でも「高い／低い」音（high-pitched/ low-pitched sound）といった言葉に表れている。

ここで，クロスモーダル対応が私たちの言語に表れているのではなく，クロスモーダル対応のほうが言語の影響を受けて形成されたのではないかという疑問が生じるであろう。しかし，音高と空間的位置の連合に限っていえば，言葉を話さない生後数週間〜数カ月の幼児にもみられることから（Wagner et al., 1981 など），成長の過程で言語の影響を受けて強化された可能性はあっても，両者の結びつきが言語によってのみ獲得されたものであるとは言い切れない。

◆共感覚との違い

　ところで，クロスモーダル対応とよく似た「共感覚」(synaesthesia) と呼ばれる現象がある。たとえば，特定の音と色が一対一に対応する「色聴」と呼ばれる現象がそれに該当する。音だけでなく文字や数字に色がついて見える，あるいは色が見えるのではなく味がするなど，さまざまなケースがある。広い意味ではこうした共感覚もクロスモーダル対応の1つであるといえるが，このような共感覚を有する人は2000人に1人，少ないものでは数万人に1人と，きわめて稀である。さらに，具体的な対応関係（どの音が何色に見えるのかなど）は人によって異なっている (Harrison, 2001)。このことは，マーケティングへの応用を考えるにあたって，きわめて大きな問題となる。そこで，（多くの心理学研究や神経科学研究も同じであるが）マーケティングや消費者行動の研究領域ではとくに，クロスモーダル対応を大多数の人に共通してみられる普遍性の高い連合として，共感覚とは区別して捉えるのが一般的となっている。

　クロスモーダル対応が注目を集めるきっかけとなったのは，世界的に著名な心理学者・神経科学者であるラマチャンドランが「ブーバ／キキ効果」を紹介したことであるといわれる。Köhler (1929) で初めて報告されたこの現象は，言語音と図形の間にみられるクロスモーダル対応の1つである。図1で示した2つの図形を呈示して「火星人の言語で，一方がブーバ (bouba)，もう一方がキキ (kiki) であるが，どちらがブーバで，どちらがキキだと思うか」と尋ねると，95〜98％の人が丸みを帯びたほうがブーバで，角張ったほうがキキだと回答する (Ramachandran and Hubbard, 2001)。

　興味深いことに，ブーバ／キキ効果は，あらゆる言語圏や文化圏に共通してみられることが研究によって明らかにされている。あらゆるクロスモーダル対応が人類共通のものであるとはいえないが，ブーバ／キキ効果のように，多くの国や地域で共有されるクロスモーダル対応も多く，グローバルな規模でマーケティングへの応用が期待できる。

◆マーケティングへの展開

　Spence (2012) が述べているように，食品や飲料の色，ブランド名，パッケージ・デザインなどと消費者が無意識的に予想（期待）する味，匂い，香り，食感をクロスモーダル対応に合わせることによって，消費の経験価値を高めることができる。クロスモーダル対応は，異なる感覚モダリティから得られた情

図 **1** ブーバ／キキ効果

（出所）　Ramachandran and Hubbard（2001）p. 19.

報を結合することで知覚システム内のノイズを減らし，対象を探知するスピードや正確さを高めるとともに，適切な反応の選択を促す働きがある（Evans and Treisman, 2010）。このことは，クロスモーダル対応が流暢性（☞ **2-17**）と密接に関わるものであることを示唆している（Sunaga et al., 2016）。

　音高と色の明度におけるクロスモーダル対応を扱った Hagtvedt and Brasel（2016）は，架空のレストランを対象としたテレビ広告において，背景で流れるピアノ音楽の高さ（音高）が視聴者の注意に影響することを示している。実験参加者は，同じピアノ音楽に接していても，それが全体的に高いとき（平均 2090Hz），低いとき（平均 66Hz）と比べて黒い背景よりも白い背景に書かれたレストラン情報を多く再生することができた。さらに，スーパーのバナナ売り場で行ったフィールド実験では，高い音楽（ピアノとシンセ・ストリングスによる音楽，平均 2000Hz）が流れていると，買い物客は黒の陳列棚よりも白の陳列棚から商品を手に取って購入する傾向にあった。一方，まったく同一で音高だけ低い音楽（平均 115Hz）が流れていると，買い物客は反対の傾向を示した。

　クロスモーダル対応は消費の経験価値向上につながると述べたが，そこにはさまざまな応用可能性がある。たとえば，食品の色や食感を変えることで，塩味や甘味を感じやすくすれば，塩分や糖分の過剰摂取を抑制することができるであろう。このように，クロスモーダル対応をうまく活用することで，無意識に「自分や社会にとって良い行動を起こせる刺激」を作り出すことも可能となる。また，健康上の理由から塩分や糖分などを控えた食事しかできない人たちが，日々の食事をおいしく感じられるようにすることもできる。私たちが有する感覚モダリティの組み合わせは無数に存在するため，クロスモーダル対応研究の海原は果てしなく広い。そのなかには，人々の生活や社会を豊かにする鍵がまだまだ眠っているであろう。

🌀須永努

2｜クロスモーダル対応　**18**

19 消費文化理論

◈ **消費研究における新たな名称の誕生**

消費文化理論（CCT）とは，消費や製品の文化的意味や消費社会のダイナミックな側面に関心を寄せた研究群のことである（Arnould and Thompson, 2005）。マーケターが実在の製品のみならず同時にシンボルを提供していることを指摘した Levy（1959）を嚆矢として，とりわけ 1980 年代以降，情報処理アプローチ（◎ 2-1）に疑問を投げかける形で登場した研究の一部は，相対主義，解釈主義，ポストモダンといった言葉で呼ばれてきた。

そうした研究群を消費研究（consumer research）の分断を避けるために CCT という名称を提案して整理したのが Arnould and Thompson（2005）である。それ以降，消費の象徴的，文化的な側面について理論化が進められ，国内外で CCT に関する議論も積み重ねられてきた（朝岡，2021; Arnould and Thompson eds., 2018; Sherry and Fischer eds., 2017; 薄井，2019；吉村，2010）。

◈ **4 つの研究プロジェクトと代表的な研究**

CCT には 4 つの研究プロジェクトがある（Arnould and Thompson, 2005; Arnould and Thompson eds., 2018）。1 つめは，消費者によるアイデンティティ構築に関わるものである。この研究プロジェクトでは，消費者が製品やサービスを通じて自己の一貫性を獲得していく側面に関心を寄せ，消費者をアイデンティティの物語を構築する存在として捉えている。市場はアイデンティティを構築する際に利用する象徴的資源を提供する場として分析される。

このプロジェクトの代表的なものとして，CCT の主要な研究者であるベルクによる拡張自己（extended self）の研究がある（Belk, 1988）。それによると，消費者は所有物を自己の一部とみなしており，それらのモノは自分とは何者なのかを知る手がかりとして機能している。すなわち，所有物はアイデンティティの創出，成長，保持という機能を果たしている。したがって，意図的でない所有の喪失は，自己の喪失としてみなされる。

2 つめは，文化の担い手，作り手としての消費者に注目する研究プロジェクトである。消費者たちが相互に関わり合いながら共通の消費関心を追求するプロセスに着目し，市場文化の形成とその内容を理解しようとする研究である。

ブランド・コミュニティ（◎ 3-8）の概念を提示した Muñiz and O'Guinn

（2001）は，同じブランドの愛好者たちが相互に結びついた暗黙的様式という実践を通じて，ブランドの使用文脈に依拠した意味がブランドに付与されていく現象や共有された意味世界を明らかにしている。そこでは，われわれ意識や，ブランドにまつわる儀式や伝統，そして他者に手を差し伸べるような道徳上の責任感がコミュニティのメンバーによって共有されている。これら３つが商業的な要素とそれに関連したマスメディアの影響を受けながらも，愛好者たちがブランドの意味を積極的に見出し，文化を創造していく点が描かれる。

　３つめの研究プロジェクトは，消費に影響を及ぼす制度的構造に関するものである。具体的には，階級，共同体，民族，性，家族などに着目する。CCTの知見を踏まえてカルチュラル・ブランディング（Holt, 2004）というアプローチを提案したホルトは，アメリカにおける消費のパターンが文化資本に依拠していること明らかにしている（Holt, 1998）。文化資本を多くもつグループと少ないグループに分けてインタビュー調査を行ったところ，文化資本の差異が大衆文化のカテゴリーのテイストおよび消費行動において差異を生じさせている点が明らかにされ，大衆消費行動を強調する現在のアメリカについての社会歴史的文脈が分析される。

　４つめは，消費者の思考や行為に影響を与えるメディアや広告などに注目する研究プロジェクトである。消費者の考えや行動を導き，再生産する意味システムとしての消費者のイデオロギーを主に分析する。消費を通じて伝達されるメッセージにはどのようなものがあるか，消費者はこれらのメッセージをどのように解釈しているのかということに焦点が当てられる。

　CCTの主要な研究者であり，参与観察（⇨6-7）と呼ばれる手法を積極的に採用するコジネッツは，企業が影響力をもった支配の構造について，典型的な近代の市場論理とみなして明らかにしている（Kozinets, 2002）。研究対象となった非商業的な大規模イベント「Burning Man」は，経済や技術が発展した現代社会において人間的な接触に配慮する経験を一時的に創出しようと試みる催しである。イベントに参加している人々は，人間的な接触に配慮する経験を創出するために，自らが参加しているイベントと市場とを対極に位置づけ，自らモノを制作するという創造性のある活動を行っている。そのなかで参加者たちが批判的な目を向ける対象は，市場，資本主義，商業それ自体ではない。自己表現の能力を均質化させ，制限することによって個々の消費者に対して直接

的に影響力をもつ，大資本に支えられた巨大企業である。典型的な近代の市場の論理とコミュニティの理想との相克が描かれる。

　これら4つの研究プロジェクトは相互に関連している部分があり，複数のプロジェクトをまたいだ研究もある。CCT に対しては，多様な消費文化への配慮や消費主義に対する批判的視点が欠けているなどといった批判があり，それに対応する形で CCT の研究は多様化しつつある（Firat and Dholakia, 2017; 薄井，2019）。

◈ CCT における研究技法

　CCT では，参与観察，デプス・インタビューや現象学的インタビューを用いた定性的なアプローチが積極的に用いられている。CCT を代表する研究者たちは，こうしたアプローチについてデータ収集から理論構築までのステップをまとめた詳細なガイドブックを作成している（たとえば，Belk et al., 2013）。

　かつて CCT では，消費における社会的な価値を理解するために広告やコミックスの内容について定量的な分析も行われていたが，1990 年代以降，その方法論的多様性が徐々に失われていった（松井，2013）。ただその一方で，方法論に関する議論は CCT の研究者間で活発に行われており，参与観察を中心としたエスノグラフィー，それをオンライン上で実施するネトノグラフィー，グラウンデッド・セオリー・アプローチ，エスノメソドロジーなどが実際の研究に取り入れられている。

　CCT と消費研究におけるそれ以外の研究とを区分するのは，定性もしくは定量という調査手法それ自体にはない。定性的アプローチと定量的アプローチを有機的に組み合わせた研究も進められており（Humphreys, 2010; Humphreys and Latour, 2013），CCT の多様化と相まって，多様なアプローチが生まれている。　◉ 大竹光寿

2|20 顕示的消費

◆顕示的消費とは

　顕示的消費は，19 世紀末から 20 世紀初頭にかけてアメリカで社会学，経済学にまたがる書籍を多く著したヴェブレン（Thorstein Veblen, 1857〜1929 年）が『有閑階級の理論』(*The Theory of the Leisure Class*) で示した概念である（Veblen, 1899）。簡単に定義をすると，顕示的消費とは，自分が裕福であることをアピールするために製品やサービスを使用することを指す。この顕示（conspicuous）という表現は「見せびらかし」と訳されるように，他者への誇示を意味する。

　われわれが何かを購入して使用するのは，通常は，その機能や性能を享受するためである。たとえば，衣服は寒さや暑さ，怪我などから身を守る，バッグはモノを効率的に安全に持ち運ぶ，という機能を提供している。同時にこうしたファッションは，自分にセンスがあることとか，高いブランド品を買うことができる経済的余裕があることをアピールするための手段にもなりうる。

　こうした見方は，ヴェブレンが生きた 19 世紀末の「金ぴか時代」(Gilded Age) のアメリカ社会や，それ以前の部族社会や封建社会に対する人類学的な洞察から生まれている。「現代」をあえて距離を置いて見つめたヴェブレンは，消費を，その対象に備わる機能や性能の享受ではなく，他者へのコミュニケーションであると喝破した。

　この顕示的消費という概念は，社会科学の諸分野において影響力をもってきた（たとえば，Douglas and Isherwood, 1979; Leibenstein, 1950; McCracken, 1988; Packard, 1959）。著名なのは，ライベンシュタインが 1950 年の論文で示したバンドワゴン効果，スノッブ効果，ヴェブレン効果という消費の外部効果に関する 3 分類である（Leibenstein, 1950）。このヴェブレン効果（Veblen effect）とは，顕示したいがゆえに，高価であるほど需要が高まることを指す。ただ，ヴェブレンの理論は顕示的消費に関する議論に留まらない。

◆顕示的余暇

　顕示的消費とともに，ヴェブレンは「顕示的余暇」(conspicuous leisure) という概念も示している。彼が着目したのは，富裕層が礼儀作法を身につけているという事実である。富裕層は，あくせく働く必要はないので「余暇」(leisure)

129

がある。一方で，礼儀作法は身につけるのには時間も金銭もかかる。つまり礼儀作法は，どちらも持ち合わせていない貧困層には獲得できるものではない。これは言い換えるならば，日々労働しなくても生きていけることをアピールするために，富裕層は礼儀作法を身につけていると解釈できる。

　このように一見，当たり前にみえることに対して，シニカルな洞察を与えるのがヴェブレン理論の真骨頂である。この富裕層に身体化された礼儀作法は，後に社会学者ブルデューが「ハビトゥス」として概念化している（Bourdieu, 1984〔原著は 1979 年出版〕；Holt, 1998）。

◆代理消費と代理余暇

　さらに，ヴェブレンは「代理消費」（vicarious consumption）や「代理余暇」（vicarious leisure）という概念も残している。

　ヴェブレンが注目したのは，裕福な夫の妻が高級な装飾品やドレスで着飾っていることであり，主人に仕える執事やメイドが小綺麗（こぎれい）な身なりをしていることである。こうした人々が着飾っているのは，その主人の栄光をアピールするため，というのが「代理消費」と呼ぶヴェブレンの解釈である。

　「代理余暇」も同じ論理である。夫人が習い事に勤しみ古典を読むのも，そのような余暇を妻に与えることができる裕福な夫の豊かさをアピールするためであるとヴェブレンは読み解いているのである。

◆ヴェブレン理論の現代的意義と非顕示的消費への進化

　こうした議論は現代のジェンダー観からすると違和感を覚えるだろう。しかし，彼の理論が，今日の消費現象の本質にも光を当てていることを意識する必要がある。

　たとえば，インスタグラムなどのソーシャル・ネットワーキング・サービス（☞4-7）での投稿は，顕示的消費の現代的な典型例である。「インスタ映え」する料理をアップするのは，自分の趣味のよさを誇示するためである。つまりこうした写真は「拡張自己」（extended self）となっている（Belk, 1988; 2013）。拡張自己とは，所有物やファッションなど，自己の外部にあるけれども，自分のアイデンティティを形成するもののことを指す。デジタル化の進展した現在では，拡張自己において，インターネット上で公開した写真や音声，動画などのデータが占める割合が増えている（Belk, 2013）。

　あるいは，教養や趣味は顕示的余暇の展開であると解釈できる。ワインに詳

しくなるためにも，トライアスロンの練習をして試合に出るのも，時間や金銭が必要である。こうした趣味に勤しむのは，そのようなコストを負担できるだけの経済的な余裕があることをアピールしているためでもある。

　この19世紀末に見出された顕示的消費は，現在では「非顕示的消費」(inconspicuous consumption) という新しい消費のあり方も生み出している (Berger and Ward, 2010; Chung and Fischer, 2001; Eckhardt et al., 2015)。

　ヴェブレンがみた社会は，豊かで階級が上の者が，下の者に対して裕福さをアピールするという階級社会であった。上流階級が下流階級に差別化をして，それを下流階級が模倣し，模倣された上流階級が新たな消費スタイルを採用するという「いたちごっこ」は，ヴェブレンと同時期を生きた社会学者ジンメルが自身のトリクルダウン理論 (trickle-down theory) において図式化されている (Simmel, 1957〔原著は1904年出版〕)。

　しかし戦後の日本がそうであるように，大衆消費社会が発展すると，ルイ・ヴィトンのような高級ブランドを一般大衆が購入できるようになる。すると，かつては上流階級しか入手できなかった高級品が表現するステイタスを誰もが享受できるようになる。さらに近年のシェアリング・サービスの発達によって，たとえばBMWのような高級車を運転する者が，それを所有しているのか，あるいは一時的に借りているだけなのか，他人からは判別できなくなっている。つまり贅沢品は，必ずしも豊かさの象徴にはならない (Eckhardt et al., 2015)。

　そこで生じるのが，富裕層による非顕示的消費である (Eckhardt et al., 2015)。それは，あからさまに見せびらかしの手段となるような高級ブランドを避けて，繊細でエレガントなデザインではあるが，ブランドのロゴが目立たない贅沢品を使う消費である。このように，顕示をあえてしないことを暗黙的に顕示するというこの非顕示的消費は，メタ・レベルにおける顕示的消費である。そこには「わかる人にはわかる」という文化資本を有する者のみが理解できる閉鎖的なコミュニティがある (Berger and Ward, 2010; Bourdieu, 1984; Finkelstein, 1996; Han et al., 2010)。

🌐 松井剛

21 快楽消費

◆快楽消費研究の基本的な考え方

「快楽消費」とは,「製品に関する経験の,多感覚的,空想的,感情的な諸側面を指す」(Hirschman and Holbrook, 1982, p. 92; 訳は牧野,2022, 5 頁)と広く定義される概念である。ただし,快楽消費の中心に位置づけられるのは,消費者の肯定的感情である(Lee and Vohs, 2016)。消費者の否定的感情や空想に関する快楽消費研究は,少ないように見受けられる。なお,「快楽消費」の原語は"hedonic consumption" である。日本では,石井(1993)が「快楽的消費」という語を用いてこの概念を紹介し,西原(1994)が「快楽型消費」という語を用いてこの概念に言及している。近年,海外では "hedonistic consumption" という語の使用がしばしばみられるが,両者の用法は同様である。

快楽消費研究は,1982 年に公刊されたホルブルックとハーシュマンの 2 論文(Holbrook and Hirschman, 1982; Hirschman and Holbrook, 1982)において確立された。Holbrook and Hirschman(1982)は,消費者行動研究分野の主流といえる消費者の情報処理(⟳ 2-1)を中心とする研究枠組みに対して,消費者の経験に目を向ける「消費経験論」の枠組みを掲げた。そして,消費経験を取り上げるときに重要になるのは,消費者の感覚的な満足や空想,美的な楽しみ,感情反応等であると論じた。つまり,快楽消費が重要ということになる。これらの論文で具体例として挙げられたのは,芸術鑑賞やポピュラー・カルチャーの享受,レジャー活動,スポーツ観戦等である。

情報処理の枠組みでは,「功利」(utility)が消費者行動の評価基準となるのに対し,消費経験論の枠組みでは,どのくらい楽しめたか,どのくらい美的な満足を得られたかなどが評価基準となる。「功利」は,18〜19 世紀のイギリスの功利主義思想までさかのぼれば快楽全般を意味するが,消費者行動研究では問題解決や目標達成のための手段として機能することを指している(堀内,2001)。

Hirschman and Holbrook(1982)は,快楽消費研究の理論的背景として,モチベーション・リサーチと製品の象徴的意味研究を挙げた。また,消費者の快楽反応は測定しづらいとも論じた。これらの点は,快楽消費研究が実証主義のアプローチをとりにくいことを示唆している。

◆快楽消費研究と消費者美学

　快楽消費のうち，芸術鑑賞やポピュラー・カルチャーの享受等は，Holbrook (1980) が唱えた「消費者美学」の研究対象にもなる。消費者美学とは，消費者の美的（感性的）経験を研究対象とする領域である。

　つまり，快楽消費研究は，消費経験論および消費者美学と重なり合う形で掲げられたといえる。ホルブルックとハーシュマンの論文ではこれらが明確に区別されていないが，研究の歴史をさかのぼると，まず消費者美学への関心が生じ，そこから消費経験論と快楽消費研究が生じていることがわかる（牧野，2019；2022）。また包含関係についていえば，消費経験論のなかに快楽消費研究があり，快楽消費研究のなかに消費者美学が含まれると考えることができる（牧野，2015；2022）。

◆快楽消費研究の動向

　1980 年代から 90 年代にかけては，快楽消費に関するさまざまな経験的研究が行われた。たとえば，ゲームの快楽や複雑さの知覚等の要因を明らかにするための実験（Holbrook et al., 1984），製品の購入や所有に伴う感情に関する量的な分析（Derbaix and Pham, 1991; Westbrook and Oliver, 1991），非日常的なスポーツ体験から得られる快楽に関するフィールド・スタディ（Arnould and Price, 1993; Celsi et al., 1993），製品に対する態度を快楽と功利性の要素に分けて測定する尺度の開発（Batra and Ahtola, 1991; Crowly et al., 1992），買い物の快楽価値と功利的価値を測定する尺度の開発（Babin et al., 1994）等が行われた。しかし，まとまった知見が生み出されるには至らなかった。

　2000 年以降も多岐にわたる経験的研究が行われてきたが，それらのうち，快楽型製品（快楽をもたらす製品）に対する選好，快楽消費の正当化，同一の快楽経験の繰り返しによる快楽減少・快楽上昇の問題については，多いとはいえないものの，研究の蓄積がある。

　快楽型製品に対する選好に関しては，功利型と快楽型の非対称性が検討されてきた。たとえば，獲得の意思決定では功利型製品への選好がみられるのに対し，放棄の意思決定では快楽型製品への選好がみられることを明らかにした実験（Dhar and Wertenbroch, 2000）がある。快楽型製品に功利機能を付け加えると，快楽機能を付け加える場合と比べて，価値が低く評価されることを示した実験（Gill, 2008）もある。

快楽消費の正当化については，快楽型製品の購買・消費は浪費や不健康をもたらしかねず望ましくないと思われやすいことを前提として研究が行われてきた。快楽型の奢侈品の購買に関する研究（Keinan et al., 2016）では，奢侈品が機能的側面を備えていると，備えていない場合と比べて，購買に伴う罪悪感（guilt）が少ないことが示されている。快楽型の選択肢を選ぶことを正当化する要因を検討した研究（Okada, 2005）もある。

同一の快楽経験の繰り返しについては，やがて順応し，快楽の程度が低下するという現象と，さらに欲するようになり，快楽の程度が上昇するという現象の存在が以前から指摘されている（Crolic and Janiszewski, 2016）。知覚対象を，従来とは異なる新たなカテゴリー内に位置づけて捉えると，繰り返しによる飽きの発生が遅くなるということを示した実験（Lasaleta and Redden, 2018）もある。

前述のとおり，快楽消費研究が提唱された時点では実証主義のアプローチは適していないということが示唆されていたが，実際にはこのように実験や量的な調査も行われてきたわけである。*Journal of the Association for Consumer Research* が 2016 年に「快楽消費の科学」という特集を組んだことからも，実証研究としての快楽消費研究の進展が窺われる。

◆今後の研究課題と実務への示唆

2000 年以降の経験的研究にみられるように，快楽消費研究の領域では実証研究が多く存在しており，情報処理の枠組みと必ずしも対立していない。快楽消費の実証研究は，快楽消費研究を柔軟に発展させていく上で重要だろう。そうした研究は，マーケティング実務への示唆も生み出してきた。だが，ハーシュマンとホルブルックが当初論じていた消費者のモチベーションや製品の象徴的意味の問題は，近年の快楽消費研究ではほとんど扱われなくなっているようである。また昨今は，快楽消費研究から消費者美学が切り離されやすいように見受けられる。

快楽消費研究は，消費者のモチベーション・製品の象徴的意味等の解釈研究や消費者美学とのつながりを重視すると，実務的な示唆を導き出しにくくなるかもしれない。しかし，実験を用いた研究とこれらの研究を統合する知見を生み出すことによって，さらなる発展が可能になるだろう。　　　🌑 牧野圭子

ethical consumption

◆エシカル消費とは何か

エシカル消費（倫理的消費）とは，倫理的問題（人権，労働条件，動物愛護，環境など）を考慮し，消費者個人が自由に選択できる商品を購入することである（De Pelsmacker et al., 2005; Doane, 2001）。つまり地域の活性化や雇用などを含む，人や社会・環境に配慮した消費行動である（消費者庁，2015）。

エシカル消費が倫理的な側面を重視していることに対して，近似する概念であるサステナブル消費（持続可能な消費）は，社会的正義と経済の持続的発展を促進する消費をいい，相互に関連している。エシカル消費は，環境的持続可能性から労働基準および人権に至る非常に広範な問題に配慮した消費をカバーするアンブレラ用語となっており，いわゆるサステナブル消費を含むといえる（山本，2017）。

◆エシカル消費の歴史

「エシカル消費」という用語は，イギリスで 1989 年に発刊された『エシカル消費者』（*Ethical Consumer*）という専門誌により用いられた。同誌は消費者目線で倫理的情報を発信し，倫理的側面より商品やサービスをスコア評価や紹介をすることで，エシカル消費の啓蒙活動を行っている。このような専門誌による情報のほか，さまざまなエシカル・ビジネスの協会や賛同する企業の活動によって，世の中に商品を購入する際に倫理的側面を考慮するべきというエシカル消費の考えが社会に広まっていった。

日本のエシカル消費の歴史はまだ浅い。日本でエシカル消費という言葉が注目され始めたのは，2010 年以降である。2015 年消費者庁により「『倫理的消費』調査研究会」が設立された。そこで日本のフェア・トレードの市場規模（2014 年）が，全世界の市場規模の 1 ％強（約 94 億円）と，日本のエシカル消費がまだ始まったばかりだと指摘されている（「倫理的消費」調査委員会，2017）。

2015 年に国連が定めた SDGs（持続可能な開発目標）では地球規模で取り組む 17 の目標も掲げられた。近年，異常気象や自然災害の増加，海洋プラスチック問題といった自然環境に関わる課題のほかに，難民，貧困問題など人に関わる課題と，私たちが対応すべき社会課題は後を絶たない。このような状況のなか，エシカル消費はますます注目されてきている。

◆エシカル消費を行う動機

　人々がエシカル消費を行う動機については，さまざまな視点から研究が進められている。エシカル消費の動機は，受益者の視点から主に利他的動機と利己的動機に分けられる。実際には，利己と利他のどちらかだけの動機ということはなく，両方の動機が関係している。

　まずは利他的動機であるが，これは自己の利益よりも他者の利益を優先する利他主義による動機となる。エシカル消費は，そもそも人や社会・環境に配慮する消費行動であるため，利他的な動機が少なからず存在している。とくに，困っている人への支援を行う個人，団体への共感が関係している。倫理的な問題に共感することで，その問題と自己との同一化を促し，その結果，倫理的な問題に対してポジティブな態度をとるようになる（Shaw and Shiu, 2003）。

　利己的動機としては，ポジティブな感情であるウォーム・グロー（warm glow）が挙げられる。これは寄付や他者を助ける行為によって幸福感を感じることをいう。逆にネガティブな感情への反応もある。自分が罪を犯したと感じる否定的で不快な罪悪感（guilt）を抱いた場合に，他者を助けることで罪悪感を軽減させようと良い行いをするという（Hwang and Kim, 2018; Peloza et al., 2013）。コーズ・リレーテッド・マーケティング（⇨ 1-**18**）・キャンペーンでも，実用的な製品よりも，罪悪感を引き起こすような快楽的な製品とコーズを組み合わせたほうが効果的であると指摘されている（Strahilevitz and Myers, 1998）。

　続いて，エシカル消費の動機における個人的特性と社会的影響を確認したい。個人的特性として代表的なものに，個人規範がある。個人規範である道徳的義務感があるとエシカル消費は促進される（Shaw and Shiu, 2003）。消費者はポジティブな自己認識を維持するために，消費を通じてポジティブな自己概念を再確認する（Dunning, 2007）。エシカル消費を行うことが消費者に倫理的に正しく良いことだと意識されると，その行動は促進される。そのため，エシカル商品やサービスに関する適切な情報提供や成果のフィードバックは重要である。

　また消費者行動を理解するためには，社会的影響も考慮すべきである。社会的影響のなかでも社会規範は，ある文脈において何が社会的に適切であるかという信念のことであり，エシカルな消費者行動に強力な影響を与えている（White and Peloza, 2009）。われわれは，この社会規範があるため，ごみのポイ捨てを避け，エネルギーや資源を節約するという倫理的な行動を行っている。

次に社会的期待である。消費者は他人に好印象を与えるためにエシカルな選択肢を選ぶことがある。エシカル商品や政策の広告訴求には，利己的な動機につながる消費者便益（コスト削減など）と，利他的な動機につながる社会的な便益（CO_2排出量削減など）の2つの訴求形態がある。消費者は公的な状況では他者便益の訴求に反応し，より私的な状況では自己便益の訴求を好むという（Green and Peloza, 2014）。ほかにも，仲間や世間からの評判や圧力に応えるためにエシカル消費を行う場合もある（Vermeir and Verbeke, 2006）。

◆エシカル消費の課題

　エシカル消費では，エシカル商品を購入したいという意向はあっても，実際の購入に至らないという課題が指摘されている。このようなエシカル消費の態度と行動のギャップは，リサーチの際には，被験者は社会的期待に応えて模範的な回答（「エシカル商品を購入したい」など）を行うが，自らの購買の場面では，さまざまな理由（「価格が高い」など）で実際には購入しない状況をいう。

　現実社会では，エシカル消費に関連するコスト，つまりエシカル商品に付加される価格プレミアムを忌避し，より経済的な一般商品が選択される経済合理性の問題が挙げられる（Eckhardt et al., 2010; BCG, 2022）。またエシカル商品の特徴を気にする消費者であっても，その商品の強度や品質の高さが求められる場合には，エシカル商品よりも一般商品が好まれるという（Lin and Chang, 2012; Luchs et al., 2010）。このように，購入の際にエシカルな特性と，価格や品質などの商品特性とのトレードオフが存在する場合，エシカル商品を選択することは犠牲（一般商品より価格が高い，品質に不安があるなど）を伴うため，エシカル商品を購入する選好が低下する可能性が指摘されている。

　ほかにも，エシカル商品を購入するにあたり情報が不足し，消費者が，本当に社会のために役立つ商品なのか猜疑心を発生させた場合は買い控えられる。また，エシカル商品だといっても，個人として達成できる社会的な影響に疑問をもつ場合も購入は抑止されるという（Bray et al., 2011; 消費者庁，2020）。

　エシカル消費は，一般消費者が買い物を通じて実践しやすく，持続可能な社会や環境につながる，いわば「社会を良くする」消費行動である。引き続き，エシカル消費の体系的な研究の発展と，その成果を企業や社会とともに，各消費者が実践することを促す仕組みづくりがますます求められるだろう。

●増田明子

23 リキッド消費

◆リキッド消費とは

　今日の社会環境を見渡すと，家族，地域社会，宗教といった伝統的な社会制度の役割が急激に弱まり，グローバル化，ネットワーク化，デジタル化が驚くほどの速さで進展している。そこでは人々の価値観が変わり，生活のテンポも以前にもまして速くなり，消費スタイルにも変化が生じている（久保田，2020a；2020b）。

　バーディとエカートは，こうした現代の消費スタイルを包括的に記述するための概念として，社会学者のバウマンによるリキッド・モダニティ（液状化社会）論をベースに，リキッド消費（liquid consumption: 液状化消費）という概念を提唱した（Bardhi and Eckhardt, 2017）。彼女らによると，リキッド消費は短命（ephemeral）で，アクセス・ベース（access based）で，脱物質的（dematerialized）な消費と定義され，これまでの永続的で，所有ベースで，物質的なソリッド消費と対比的に位置づけられる。

◆リキッド消費の特徴

　上述したように，リキッド消費には，短命性，アクセス・ベース消費，脱物質という3つの特徴がある。短命性とは消費に伴う価値が文脈特定的となり，しかもその価値の期限が短くなることによって生じる現象である。製品，サービス，経験から感じられる価値が文脈特定的になれば，場面や状況に応じて異なる製品，サービス，経験が求められることになる。また，それらから得られる価値が一時的なものとなれば，常に新しい製品，サービス，経験が求められるようになる。こうして，1つひとつの消費は短命なものとなる。

　アクセス・ベース消費とは，市場が介入できるものの，所有権の移転が生じない取引によって構成される消費のことである。これは賃貸，共有，借用などによって可能となる。アクセス・ベース消費はバラエティ・シーキング（⇒2-10）行動を容易にするとともに，財を所有することで生じる経済的，心理的，感情的，そして社会的な負担や義務を軽減することになる。また十分な経済的手段をもたない消費者が，そうでなければ手の届かないブランド，製品，サービスを，一時的にではあるが消費することを可能とする。

　脱物質とは，同じ水準の機能性を提供するために，物質をより少ししか使用

しなかったり，あるいはまったく使用しなかったりすることである。デジタル化やオンライン化が進展するに伴い，消費生活も物質に頼らないことが多くなってきた。たとえば，かつて写真はプリントやネガとして保有されていたが，現在ではデジタル・データとして保存されている。プリントもデジタル・データも，写真を所有していることに変わりはないが，物質への依存度は大きく異なる。物質に頼らない消費生活は，相対的に経験の重要度を高めることになる。またデジタル空間での消費が多くなるにつれ，消費者は複数のアイデンティティをもち，それらを自由に移動する傾向が強くなる。

◆リキッド消費と関連領域

　意外なことに，リキッド消費自体を直接的に議論した研究は少ない。これはすでに述べたように，リキッド消費が現代の消費スタイルを包括的に記述した概念であるためである。ほとんどの研究はリキッド消費全体について論じるのではなく，その一部分に焦点を絞り，より深い観点から議論を展開している。

　リキッド消費と深い関連性のあるテーマとしては，シェアリング・エコノミー（sharing economy; Belk, 2010; Eckhardt et al., 2019），所有しない消費（non-ownership consumption; Lawson, 2011; Lawson et al., 2016），アクセス・ベース消費（access-based consumption; Bardhi and Eckhardt, 2012），共同消費（collaborative consumption; Benoit et al., 2017; Botsman and Rogers, 2010），一時的所有（temporary ownership; Chu and Liao, 2007; 2010; Nissanoff, 2006; 山本, 2021）などが挙げられる。

　また，マーケティングの将来に関する研究や，サステナブル・マーケティング（Gonzalez-Arcos et al., 2021; ☞ 1-19），広告コミュニケーション戦略（Chen et al., 2020）などの領域でも，リキッド消費を意識した議論が行われている。

◆リキッド消費の影響

　リキッド消費が消費活動に及ぼすと考えられている影響について，バーディとエカートの研究を参考に整理する。まず指摘されるのが，①製品やブランドに対するロイヤルティが弱まり，流動的ないしは一時的なものとなることである。これに伴い，製品やサービスの私有化や専有化に対する関心も低下することになる。また，②消費における使用価値や機能・効用が重視されるようになり，③より少ない所有物に依存し，それをより短い期間保ち，物質的存在物に重要性を置かなくなる。さらに，④容易に断ち切れる弱い結びつきに基づいた，アップグレード可能な関係性（リレーションシップ）を好むようになる。そこ

では深い関わりや情緒的な関わりは望まれず，よりいっそう手段的で，市場の論理に基づいた関係が好まれるようになっていく。

⑤消費者自身のアイデンティティは，家族や友人や地域コミュニティを基盤としたものから，より流動的で分散的な社会ネットワークに依存したものとなり，ネットワーク化された自己を認識するようになる。⑥いわゆるプロサンプションがより浸透し，消費者がイノベーションを生み出したり，コンテンツを制作したり，自身の所有物をレンタルしたりすることで，市場価値を作り出すことになる。これによって個人が消費者，生産者，起業家の役割を行き来することになるが，その一方でプロサンプションは消費者に対する金銭的搾取を容易にするため，シェアリング・エコノミーが進むにつれ，人々の間に階級の不平等が再生産される。⑦ビッグデータの活用が盛んになり，企業は，消費者が自発的に提供するデータを使用することでパーソナライズされた製品とサービスを提供するようになる。この背景には，他者との関係が疎遠になり，アイデンティティが流動化しがちな世界において自分自身を可視化したい欲求から，自己監視，自己プロファイリング，そして自己の定量化に，消費者自らが関わりたがっていることがある。

なおバーディとエカートは，「すべてのタイプの消費がリキッドに向かうという不可逆的な動きは存在しない」（Bardhi and Eckhardt, 2017, p. 12）と主張し，ソリッド消費は今後も残ると主張している。したがってリキッド消費という概念は，消費スタイルのシフトではなく，拡張を意味するものと解釈されるべきである。

🌀久保田進彦

第3章

ブランドの力

141

◆ブランド・エクイティとは

ブランド・エクイティとは，アメリカ・マーケティング協会（AMA）によると，「有名なブランドをもつことの価値」である。一般的に，消費者は知名度の高い商品を低い商品よりも高く評価するため，有名なブランドをもつ商品は，より多くの経済的価値を生み出すことができる。端的にいうと，ブランド・エクイティとは，製品やサービスがそのブランドによってより好意的な反応を受けることを指す（Aaker, 1991; Keller and Swaminathan, 2020）。そして，それは企業が有する無形の資産である。ブランド・エクイティは，市場シェア（Ipsos-ASI, 2003/1/30），価格プレミアム（Ailawadi et al., 2003），売上や利益（Stahl et al., 2012），株価（Hsu and Lawrence, 2016），企業の時価総額（Madden et al., 2006; Vomberg et al., 2015）などに影響を与えることが明らかにされている。

ブランド・エクイティを考える上では，どうすれば構築できるか，どのように測ればよいのか，そしてビジネス・チャンスを拡大するために，いかに維持するか，といった3つの点を捉える必要がある。本項目でも，ブランド・エクイティの構築・測定・維持の3つに焦点を当てる。

◆ブランド・エクイティの構築

ブランド・エクイティは多次元的な概念であり，複数の要素で構成される。Aaker（2014）は，ブランド認知，ブランド連想，そして顧客のロイヤルティで構成されると述べている。D. アーカーよりも顧客ベースでブランド・エクイティを考える Keller（2001）は，ブランド・アイデンティティ，ブランドの意味づけ，ブランドに対する反応，ブランド・リレーションシップ（☞3-5）を構成要素として挙げ，またそれらは順を追って達成されるという（図1）。ブランド・エクイティの構築には，①ブランド要素（ネーム，ロゴ，シンボル，スローガンなど）の適切な選択，②ブランド・エクイティの視点に立ったマーケティング・ミックス（4Ps）の設計，③企業，地域，個人，他ブランドといった他の事業体からの二次的な連想の活用といった3つの方法を通じて，ブランド・エクイティの要素を強化していかなければならない。

◆ブランド・エクイティの測定

ブランド・エクイティは無形のため，その測定には困難を伴う。ブランド・

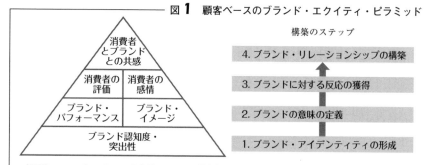

図1　顧客ベースのブランド・エクイティ・ピラミッド

構築のステップ

- 4. ブランド・リレーションシップの構築
- 3. ブランドに対する反応の獲得
- 2. ブランドの意味の定義
- 1. ブランド・アイデンティティの形成

（出所）　Keller（2001）p. 7 を参照にしつつ，筆者作成。

エクイティのインデックスなど，簡単に測定できる指標があることが理想的だが，ブランド・エクイティは多次元的で複雑なため，複数の異なる測定が必要である。測定方法には，大きく分けて2つのアプローチがある。1つは，消費者がブランドについて考え，感じていることをベースにした「消費者ベースのブランド・エクイティ」であり，もう1つは，市場におけるブランド・シェアに基づく「売上ベースのブランド・エクイティ」である。

　消費者ベースのブランド・エクイティ測定では，大規模な消費者調査によって，ブランドに対する消費者の知覚を測定する。この知覚的測定の根拠は，ブランド・エクイティが消費者のマインド内に存在することである。消費者ベースのブランド・エクイティは，これまでにさまざまな方法で測定されてきた（まとめは Christodoulides and de Chernatony, 2010 を参照）。広告代理店やコンサルティング会社も独自の消費者ベースのブランド・エクイティ測定モデルを開発しており，なかでも Young and Rubicam Group の「ブランド・アセット・バリュエーター」（BAV）が有名である。BAV では，差別化・レレバンス・尊敬・知識といった4つの側面で，消費者のブランドに対する知覚が測定される（ヤング・アンド・ルビカム）。売上ベースでブランド・エクイティを測定する方法では，選択モデルや市場シェア・モデルでブランド切片として測定することが一般的である（Datta et al., 2017）。個人レベルの売上ベース・ブランド・エクイティ推定値を提供するモデル（Park and Srinivasan, 1994 など）もあるが，それらはサーベイ調査やコンジョイント分析に基づいていることが多い。また，スキャン・パネル・データを使用したセグメント・レベルでの推定値や，店舗や市場の販売データを使用した集計値を提供するモデル（Goldfarb et al., 2009

や Sriram et al., 2007 など）もある。

　いずれにも一長一短があり，複数の方法を適用することが望ましい。そうすることで，経営者やマーケターはブランドに何が起きているのか，そしてその理由について，よりよく理解できるようになる。

◆ブランド・エクイティの維持

　企業は，提供するすべてのブランド（企業・製品・サービス・技術など）について，それぞれのブランド・エクイティを最大化しなければならない。その維持に向けては，複数ブランドにわたる広範な視点，長期的な視点，そして複数の市場に対するグローバルな視点が必要となる。複数ブランドのブランド・エクイティを維持する上では，ブランド・アーキテクチャ戦略が有用である。ブランド・アーキテクチャ戦略とは，新製品および既存製品・サービスに適用するブランド要素を決定し，消費者がそれらの製品・サービスを理解し，頭の中で整理するための手段である。ブランド・アーキテクチャは各ブランドの幅や境界線，そして深さや複雑さを定義する（Aaker and Joachimsthaler, 2000）。

　ブランド・アーキテクチャ戦略の策定には，①ブランド・ビジョン，ブランドの境界線，ブランド・ポジショニングといった特徴から，各ブランドの可能性を定義する，②その可能性を実現するためのブランド拡張（⇨ 3-7）を特定する，③そのブランドに関連する新製品や新サービスに使用する具体的なブランド要素を決定する，という3つのステップが必要となる。

　また，ブランドは一度構築すれば終わりというものではない。ブランド・エクイティを維持するためには，ブランドを強化，活性化，そして時には引退させるなどで，長期的に管理していかなければならない。

　ブランド・エクイティとは，ブランドを単なるネームやロゴでなく，企業にとって戦略的価値をもつ資産であると捉えることに近い。ブランドは，企業に継続的な価値を生み出してくれる。ブランド・エクイティを築き，それを高め，活用することは，将来に向けた競争優位と長期的収益性の基盤を築くということでもある。ブランド・エクイティの構築には，時には何年もの継続的な強化策が必要となり，すぐに目に見える効果が得られるとは限らない。それでも，「資産としてのブランド」という考え方で，長期的にブランド・エクイティを構築・測定・維持していくことは重要である。　　　　　　　　　　🌐鈴木智子

3|**2** ブランド・ロイヤルティ

◆ブランド・ロイヤルティとは

　ブランド・ロイヤルティとは，消費者が特定のブランドに対して見せる愛顧的な態度および行動のことを指す。Jacoby and Kyner（1973）の包括的な定義によると，ブランド・ロイヤルティとは，1つ以上の代替ブランドが存在する意思決定機会において，消費者が特定のブランドを長期的に偏重する行動的反応（つまり，購買）であり，心理的な（意思決定や評価）プロセスの関数である。この概念は，1950年代の初頭に実務と学術の双方において注目を集め，文献などで頻繁に扱われるようになった。今日までその関心は廃れることなく，マーケティングにおけるキー・コンセプトの1つとなっている。ブランド・ロイヤルティは，当該ブランドのマーケティングに関する主要な結果変数であるとともに，市場におけるブランドの維持と発展に必要な前提要因でもある。

◆行動視点でのブランド・ロイヤルティ

　初期の研究，たとえばBrown（1952-1953）やCunningham（1956）では，食料品や医薬品など複数の製品カテゴリーを対象に購買パネル・データを分析し，消費者の偏ったブランド選択の実態を明らかにした。当時はこの偏った選択こそ，ブランド・ロイヤルティと定義され，特定製品カテゴリーの購買において，消費者がどの程度同じブランドを選択したか（反復購買）によって判断された。カニンガムの分析結果によると，頭痛薬，マーガリン，クレンザーのカテゴリーで消費者が高いブランド・ロイヤルティを示す傾向にあった。

　消費者の「行動」に着目してブランド・ロイヤルティを把握する際，次の3つの指標が用いられることが多い。1つめは，購買比率（proportion of purchase）である。先に紹介したCunningham（1956）が採用している指標で，ある製品カテゴリーの購買機会において，最も頻繁に選択されたブランドの全体に占める割合を指す。スキャン・パネル・データなどを利用して実際の購買履歴から算出できる。Krishnamurthi and Raj（1991）は消費者による特定ブランドの購買比率が50％以上の場合，当該ブランドへのロイヤルティが高いと判断しているが，明確な基準は存在していない。

　2つめは購買継起（sequence of purchase）で，ある製品カテゴリーの購買機会において消費者がどの程度安定的に（一貫して）特定ブランドを選択したか

を測定する。この場合，購買パターンに注目する（Brown, 1952-1953; Tucker 1964; McConnel, 1968 など）。たとえば，代替ブランド A, B, C があるなかで，ブランド A を 4 回連続で購買し，B を 1 回買った後，再び A を 3 回購買したというパターンや，それぞれを 1 回ずつ A, B, C, A, B, C のようにローテーションで購買するパターンなど，購買履歴からはさまざまなパターンが見て取れる。この指標では，一貫したパターンでより安定的に購買されているブランドについてロイヤルティが高いと判断される。

　3 つめは購買確率（probability of purchase）で，ある製品カテゴリーにおける顧客の購買履歴から特定ブランドの購買比率と購買継起のデータを用いて算出する（Harary and Lipstein, 1962; Massy et al., 1970）。まず製品カテゴリーにおけるブランドの選択履歴から特定ブランドの購買比率を計算し，さらに直近の購買継起データでその生起確率を調整して次期の購買確率を算出する。確率モデル（stochastic model）を用いたこの手法は過去の購買結果ではなく，それを反映した次期の再購買確率を予測する意味合いが強い。

　以上のような行動指標によるブランド・ロイヤルティは，客観性が高くデータとして扱いやすい一方，購買行動の背後にある動機や態度を考慮していない。

◆ブランド・ロイヤルティの心理的側面

　長年にわたるブランド・ロイヤルティ研究の系譜を振り返ると，概念定義と測定方法に関する論争が活発に繰り広げられたことがわかる。議論の中心は，ブランド・ロイヤルティを行動的結果だけで捉えることの是非である。Jacoby（1971）や Sheth and Park（1974）は，実務と学術研究の双方においてブランド・ロイヤルティが過度に単純化して捉えられている点を問題視し，「消費者心理」を考慮すべきと指摘している。つまり，ブランド・ロイヤルティを購買比率や購買継起といった行動的結果だけで捉えるのではなく，その行動を導く消費者の認知的あるいは心理的側面にも目を向けるということである。彼らは，消費者が一度も買ったことがなくとも，感情的あるいは認知的なレベルで特定ブランドへの一貫した選好を示していれば，それも一種のブランド・ロイヤルティであると考えた。

　以降，行動と態度の両視点を含めた多次元的なブランド・ロイヤルティの捉え方が広がり，Jacoby and Chestnut（1978）や Dick and Basu（1994）はロイヤルティの類型を示した。Dick and Basu（1994）の類型では，「ブランドの反復

購買」(repeat patronage) と「ブランドへの相対的態度」(relative attitude) の 2
軸をそれぞれ高・低で捉え，反復購買と相対的態度の双方が高いレベルにある
①真のロイヤルティ，反復購買はするが態度が伴わない②見せかけのロイヤル
ティ，反復購買の頻度は低いが相対的態度が高い③潜在的ロイヤルティ，そし
てどちらも低い④ロイヤルティなし，の 4 つが示されている。真のロイヤル
ティと見せかけのロイヤルティを分ける鍵は，リピート購買しているブランドに
対して消費者が強いコミットメントを抱いているか否かである。

◆態度としてのブランド・コミットメント

　強いブランドを構築し維持していくためには，真のロイヤルティによる顧客
基盤が必要となる。ロイヤルティの行動的側面だけでは，選択の安定性や他ブ
ランドに対する耐性を完全に捉えることが困難であるため，態度としてのブラ
ンド・コミットメントを考慮しなければならない。このブランド・コミットメ
ントは動機に基づいてさらに「感情的コミットメント」(affective commitment)
と「認知的コミットメント (cognitive commitment)／計算的コミットメント
(calculative commitment)」に識別される。前者は自己とブランドとの同一視な
どに起因する愛着や感情的な結びつきを指し，後者はスイッチング・コストな
ど経済的な損得や条件に動機づけられた態度である（Amine, 1998; Iglesias et al.,
2011）。

　感情的コミットメントは個々の属性レベルに還元できないブランド全体への
思い入れである一方，認知（計算）的コミットメントは知覚リスクやスイッチ
ング・コストなどの冷静な評価による。つまり，行動としてのブランド・ロイ
ヤルティを長期的に担保し，ブランドの維持と発展を実現するためには感情的
コミットメントが重要となる。近年では，ブランドに対する消費者の感情的な
思い入れをよりいっそう掘り下げた概念として「ブランド・ラブ」(brand love)
が体系化されている（たとえば Batra et al., 2012）。ブランドに対する強い愛は
反復購買だけでなく，ポジティブなクチコミ（☞4-6）の発信や当該ブランド
に関するネガティブな情報や事象に対する耐性を強化することにつながる。

🌑 井上淳子

3 ブランド・アタッチメント

◆ブランド・アタッチメントとは

ブランド・アタッチメント（ブランド愛着）とは，顧客が，あるブランドと自己との間に「つながっている」という感覚を抱いている度合いを意味する（Park et al., 2010）。ブランド・アタッチメントが強い顧客は，あるブランドに対して感情的な思い入れをもち，そのブランドを自分がどんな人間であるかと深く関わる存在として重要視している。したがって，そのブランドのことを常に思い出しやすい状態にあり，あたかもそのブランドを自分自身の一部であるように感じたり，そのブランドを通じて自己表現をしようとしたりする（Dommer et al., 2013; Malär et al., 2011）。

ブランド・アタッチメントは，「自己とブランドのつながり」（self-brand connection）と「ブランドの顕現性」（brand prominence）の2要素からなる（Park et al., 2013; Park et al., 2010）。

「自己とブランドのつながり」とは，顧客がそのブランドに対して，自己概念やアイデンティティと関連が深いと感じている程度を意味している。たとえば，自分のことを「時代の最先端を行く人間だ」と捉えている人は，最新の技術を取り入れた製品開発で名の通ったブランドに対して，自己とのつながりを感じるだろう。一方で，自分自身を「伝統的な価値感や生活様式を大切にする人間」と捉えている人は，このブランドには自己とのつながりは感じにくいであろう。すなわち，自己とブランドのつながりとは，自己概念とブランド・イメージの重複（overlap）の度合いともいえる。

「ブランドの顕現性」とは，そのブランドのことをどれくらい思い出しやすいか，また，思い出す頻度のことを意味する。たとえ「自己とブランドのつながり」が強くとも，もし購買意思決定の際にそのブランドのことを思い出す可能性が低ければ，愛着が強いとはいえない。

「自己とブランドのつながり」と「ブランドの顕現性」がともに高いときに，ブランド・アタッチメントが最も強くなる（Park et al., 2010）。

◆愛着理論

ブランド・アタッチメントは，親子などの親密な対人関係を研究対象とした心理学の「愛着理論」（attachment theory; Bowlby, 1980）の考え方をもとにした

ものである。「愛着」とは，人とある特定の対象との間に形成される感情的絆である（Bowlby, 1980）。人は幼児期より，愛着行動によって特定の他者と心理的・身体的に接近し，絆を形成する。子は親に愛着することで，その対人関係を「安全基地」として安心感を得て，成長後には一般社会での対人関係や危機的状況などに適切に対応できるようになる（Bowlby, 1988）。愛着行動は人の基本的欲求に基づくと考えられることから（Ainsworth et al., 1978），消費者行動研究では，人が人間以外の対象，具体的にはペット，場所，コレクション品，ブランドなどに対しても愛着に似た強い愛情や思い入れを抱くことが指摘されてきた（たとえば Ball and Tasaki, 1992; Belk, 1988; Klein et al., 1995）。

たとえば，恐怖を感じたときに，人は目の前にあるブランドに対して，あたかも恐怖経験を共有した仲間のように感じ，ブランド・アタッチメントが強くなる（Dunn and Hoegg, 2014）。また，不安傾向の高い消費者は，ブランドとの関係が終わった後に（買わなくなった後に），そのブランドに関する悪いクチコミ（⇨4-6）を拡散したり，企業にクレームを入れるなどの報復行動をとる傾向が高いこともわかっている（Thomson et al., 2012）。これらの研究は，消費者がブランドに対して，あたかも人間に対するのと同じような感情を経験していることを示している。

◆ブランド・アタッチメントの関連概念

個人的で感情的なブランド評価については，ブランド・アタッチメントのほかにも，さまざまな概念が，さまざまな研究者によって提唱されてきた。たとえば「ブランド・リレーションシップ」（⇨3-5）は，ブランドと自己との関係を具体的な人間関係（例：ただの友人，幼なじみ，政略結婚）にたとえて論じられた（Fournier, 1998）が，その関係性の構成要素として自己とブランドのつながりという考え方を内包している。また，「ブランド・ラブ」（brand love; Carroll and Ahuvia, 2006）で指摘されるブランドへの熱情・愛情（passion）は，愛着の強さと概念的に重複部分が多い。

一方で，「ブランド・コミットメント」（⇨3-2）は，アタッチメントとは明確に区別されている。コミットメントは長期にわたって特定のブランドに対してロイヤルティを示し続けることを意味しており，むしろブランド・アタッチメントの「成果」と位置づけられるものである（Thomson et al., 2005）。

さらに，「ブランド態度の強さ」（attitude strength）もブランド・アタッチメ

ントとは明確に区別されており，以下の3つの観点から異なると論じられている（Park et al., 2010）。①態度の強さと比べて，アタッチメントはより感情的な要素に重きが置かれた概念である，②アタッチメントは顧客が感じるもの（主観的なもの）であるが，態度の強さはアクセス可能性（attitude accessibility）や確信度などの客観的指標で測定される，③態度の強さの尺度は両極であり，「強い肯定的態度」の反対は「強い否定的態度」であるが，アタッチメントは単極で「強い愛着」の対義は「弱い愛着」となる（Park et al., 2010）。

◆マーケティングにおけるブランド・アタッチメントの効果

ブランド・アタッチメントは，さまざまなマーケティング上の成果をもたらすとされている。愛着は，自己とブランドとの間の強い感情的絆であるため，他のブランド評価（たとえば，強いブランド態度）よりも効果が高く，リピート購買やブランド・ロイヤルティ（☞3-2），価格プレミアムの支払意思，実際の購買行動などのマーケティング成果を直接導くことがわかっている（たとえば Park et al., 2010; Thomson et al., 2005）。

また，ブランド・アタッチメントの強みは，一度愛着が形成されると，消費者がその愛着を守るために自律的に行動する点にある。たとえば，ブランドに関する悪いクチコミが拡散した場合，あるいは，不祥事などの否定的な企業の行動に接した場合でも，ブランド・アタッチメントの強い顧客は，ブランドへの評価を下げないという特徴がある（たとえば Cheng et al., 2012; Schmalz and Orth, 2012; Wilson et al., 2017）。なぜならば，自らが深い絆をもつブランドを否定することは，自分自身の価値をも否定することにつながるため，自ら反論を生成してブランドを守ろうと動機づけられるためである（Cheng et al., 2012; Wilson et al., 2017）。

● 杉谷陽子

◆ブランド・パーソナリティとは何か

私たちは，ブランドに対して人のようなイメージをもつことがある。たとえば，ハーゲンダッツというアイスクリームのブランドに対して，洗練された優雅な人らしさ感じることがあるだろう。ブランド研究において，このような「ブランドに関わる人間の特徴（human characteristics）の集合」は，ブランド・パーソナリティと呼ばれている（Aaker, 1997）。

ブランド・パーソナリティがブランド研究において重要視される元来の理由は，この概念がブランドの意味づけ・象徴機能（青木, 2000）と関わっているからである。（Aaker, 1997）。消費者は，おしゃれで上品といった人のようなイメージを備えたブランドの自動車を所有したり，運転したりすることで，ブランドに関わる自己イメージを他者に表現できる。また，そのような自己表現の結果として，消費者自身のアイデンティティを形成することもできるのである。

私たちは，自動車の前面のライトやフロント・グリルを人間の顔に見立てて「かわいい顔をしている」などと表現することがある。消費者がブランドにパーソナリティを知覚するのは，人が人間以外の対象に人間の特性（trait）を吹き込む擬人化に起因している（Aaker, 1997）。ブランド・パーソナリティは，ブランドを擬人化することで生じるブランド・イメージであるといえよう。

◆多様なブランド・パーソナリティ

ブランド・パーソナリティ概念の重要性を受け，その概念化と測定に対して研究努力が注がれてきている。最も代表的な成果は，Aaker（1997）によるものである。J. アーカーは5つの次元をもつブランド・パーソナリティを提案している。その次元は，誠実（sincerity），刺激（excitement），能力（competence），洗練（sophistication），素朴（ruggedness）である。図1のように，たとえば，誠実次元の下には，現実的な（down-to-earth）や正直な（honest）のような，さらに細かなパーソナリティ特性が想定されている。そのような項目によって，各次元がどのくらい顕著であるかが把握できるわけである。

その後，Aaker（1997）にはいくつかの問題点が指摘され，改善の試みが提案されてきている。たとえば，Geuens et al.（2009）は，より狭義の意味にブランド・パーソナリティの範囲を絞り，責任（responsibility），活発（activity），

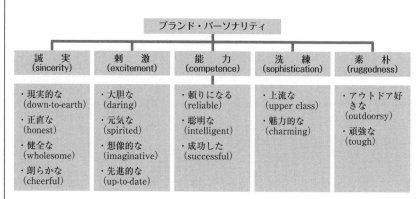

図 1　ブランド・パーソナリティの枠組み

ブランド・パーソナリティ

誠　実 (sincerity)	刺　激 (excitement)	能　力 (competence)	洗　練 (sophistication)	素　朴 (ruggedness)
・現実的な 　(down-to-earth) ・正直な 　(honest) ・健全な 　(wholesome) ・朗らかな 　(cheerful)	・大胆な 　(daring) ・元気な 　(spirited) ・想像的な 　(imaginative) ・先進的な 　(up-to-date)	・頼りになる 　(reliable) ・聡明な 　(intelligent) ・成功した 　(successful)	・上流な 　(upper class) ・魅力的な 　(charming)	・アウトドア好 　きな 　(outdoorsy) ・頑強な 　(tough)

（出所）　Aaker（1997）p. 352 を修正。

積極性（aggressiveness），質素（simplicity），情緒（emotionality）という 5 次元をもつブランド・パーソナリティ概念と尺度を開発している。

　また，日本型のブランド・パーソナリティも提案されている（Aaker et al., 2001）。日本型のブランド・パーソナリティには，Aaker（1997）による素朴次元の代わりに，平穏（peacefulness）次元が含まれている。また，能力（competence）と温かさ（warmth）という単純な 2 次元によって，ブランドの人らしさを捉える立場が現れていることも知っておいていいだろう（Kervyn et al., 2012; 2022）。

◆ブランド・パーソナリティの働き

　ブランド・パーソナリティは，消費者行動モデルにおいて重要な働きを果たす。初期の研究において示されたのは，自己概念と適合するようなブランドのパーソナリティをもつブランドへの態度が向上することである（Sirgy, 1982; Aaker, 1999）。その後，ブランド・パーソナリティは，その他の主要な概念に影響を与えることが示されている。ブランド・パーソナリティは，当該ブランドの満足度（Brakus et al., 2009; Nysveen et al., 2013）や，ブランド・ロイヤルティ（⇨ 3-2）を高めることも示されている（Nysveen et al., 2013）。

　また，ブランド・パーソナリティの下位次元が特有の働きを果たすことも示されている。たとえば，誠実次元のブランド・パーソナリティは，刺激次元のパーソナリティよりも長期的な関係を生み出しやすいこと（Aaker et al., 2004），

刺激次元のブランド・パーソナリティは，非対称な形状のブランド・ロゴが付与されたときにブランド評価を高めることが示されている（Luffarelli et al., 2019）。

◆ブランド・パーソナリティとブランド構築

　ブランド・パーソナリティは，Keller（2013）のブランド・レゾナンス・モデルのなかに導入されることで，ブランド・マネジメント実務における重要な概念としても認識されるようになっている。このモデルによれば，ブランドにパーソナリティを作り上げることは，他のブランドにはないユニークな連想（差別化ポイント連想）や，他のブランドと共有されている連想（類似化ポイント連想）をつくることにつながる。

　そのため，ブランド担当者は，いかにしてブランド・パーソナリティを醸成できるのかに関心をもつことになる。ブランドのパーソナリティは，消費者が当該ブランドと接触するさまざまな機会から形成される（Aaker, 1997）。ブランドに関わる典型的なブランド使用者，従業員や経営者などのパーソナリティが，ブランドのパーソナリティとして転移することがあるだろう。あるいは，製品属性，ブランド名やロゴ，広告スタイル，価格，チャネルなどのマーケティング・ミックスも，ブランド・パーソナリティの形成に寄与するだろう。過去の研究では，「営利・非営利」という組織の手がかりから，消費者はそれぞれ能力・温かさという人らしさを思い浮かべることも示されている（Aaker et al., 2010）。

🌐 松下光司

3 | 5 ブランド・リレーションシップ

◆ブランド・リレーションシップとは

　ブランド・リレーションシップまたは CBR（consumer-brand relationship）とは，消費者とブランドの関係性と訳される。ブランド・リレーションシップ研究は，消費者がブランドについてどのように考え，感じているのかを捉えようとする研究である（Fetscherin and Heilmann, 2015）。ブランド・リレーションシップ研究がとくに着目するのは，消費者とブランド間の心理的な結びつきである。ブランドが継続購買をされていたとしても，消費者がそのブランドに対して心理的な結びつきを保持しているか否かには大きな違いがある。ブランドに対する愛着や愛情がなければ，その消費者はいつか違うブランドにスイッチしてしまうだろう。このような消費者とブランドとの心理的な結びつきを明らかにすることが，ブランド・リレーションシップ研究の目的である。

　先行研究では，ブランド・リレーションシップが企業やブランドにさまざまな恩恵を与えることが示されている。ブランド・リレーションシップの構築は，ブランド・ロイヤルティ（⇨3-2），価格プレミアム，顧客生涯価値（CLV），ポジティブなクチコミ（⇨4-6），ブランドに対する許容を高め，ブランド・スイッチや不満行動，顧客離脱率を低下させることが明らかにされている（たとえば Albert and Merunka, 2013; Carroll and Ahuvia, 2006; Donovan et al., 2012; Heinrich et al., 2012）。この意味でも，ブランド・リレーションシップの解明は，研究者のみならず，実務者にとっても重要な課題といえる。

◆ブランド・リレーションシップ研究の始まりと発展

　ブランド・リレーションシップという言葉が初めてマーケティング研究で用いられたのは Blackston（1993）であるが，その後の研究に最もインパクトを与えたのは Fournier（1998）の研究である。この研究は，3 人の女性のデプス・インタビューによって消費者が日々の生活で築くブランドとの関係性の質の違いを明らかにし，関係性の構成要素を提示した先駆的な研究であった。これ以降，ブランド・リレーションシップの問題は多くの研究者の関心を捉え，これまでに何冊かの書籍をはじめ（MacInnis et al. eds., 2009; Fournier et al. eds., 2012; Fetscherin and Heilmann eds., 2015），多くの研究論文が蓄積されている。日本においてもブランド・リレーションシップに関する研究がなされており，久保田

3

ブランドの力

（2010；2012；2017；2019），菅野（2011；2013；2016；2020），杉谷（2016；2018）などがある。

　Fournier（1998）の研究から20年以上経った今日のブランド・リレーションシップ研究は，多様な学問領域の理論や概念に依拠しながら，さまざまな視点と方法論によって研究が進展している。Fetscherin and Heinrich（2015）は，ビブリオメトリック手法を用いたメタ分析（⇨ 6-6）によって先行研究を7つに分類している。それらは，①さまざまなブランド概念（ブランド・ロイヤルティ〔⇨ 3-2〕，満足，ブランド信頼，ブランド・コミットメント，ブランド・パーソナリティ〔⇨ 3-4〕）との関連の研究，②ブランド・リレーションシップが消費者の行動と態度に与える影響に関する研究，③ブランド・ラブの研究，④ブランド・コミュニティ（⇨ 3-8）の研究，⑤ブランド・カルト，カルチャーとの関連の研究，⑥自己とブランドとの結びつきに関する研究，⑦ストーリーテリングに関する研究である。これらの分類をみてもわかるように，ブランド・リレーションシップ研究は，幅広い領域において研究されていることがわかる。なお，ブランド・リレーションシップ研究の最新の動向についてはConsumer Brand Relationship Conference のサイト（https://www.consumerbrandrelationships. com/#/）で確認できる。

◆ブランド・リレーションシップ研究の課題

　先行研究では，研究者によって関係性を捉える理論やアプローチが異なるため，ブランド・アタッチメント（⇨ 3-3），ブランド・ラブ，自己とブランドの結びつきなど，さまざまなブランド・リレーションシップ概念が提案されてきた。そのため，先行研究の成果について統一したコンセンサスが得られにくいことが指摘されている。

　この問題について Khamitov et al.（2019）は，先行研究で用いられてきた異なるブランド・リレーションシップ概念について，どの変数が最もブランド・ロイヤルティを説明する変数かをメタ分析によって明らかにしている。彼らは5つのブランド・リレーションシップ概念（ブランド・アタッチメント，ブランド・ラブ，自己とブランドの結びつき，ブランド・アイデンティフィケーション，ブランド信頼）について分析をした結果，すべての変数がブランド・ロイヤルティに対して有意にプラスの影響を与えていること，なかでもブランド・ラブとブランド・アタッチメントが，ブランド・ロイヤルティに最もポジティブな

影響を与えていることを明らかにした。一方で彼らは，ブランド・リレーションシップにはさまざまな側面があり，1つの測定尺度のみでは捉えることはできないため，多様な測定尺度を用いるべきであるとも述べている。しかしながら，これらの概念間には類似している部分もあるため，概念間の弁別妥当性の検討および相互関係の検討を今後の課題として挙げている。

◆ブランド・リレーションシップ研究の一般化に向けて

　ブランド・リレーションシップ研究の一般化のためには，先に述べた概念間の弁別妥当性の検討のほかにも，いくつかの課題が挙げられている（Khamitov et al., 2019）。1つめは，異なる文化におけるブランド・リレーションシップ研究の必要性である。消費者とブランドの関係性は，文化の影響を受けると考えられる。しかしながら，先行研究の多くは欧米の消費者を対象とした研究であり，アジアやアフリカなど異なる文化での研究が求められている。2つめは，縦断的研究の必要性である。関係性は変化するものであるが，先行研究の多くは一時点での横断的研究であるため，縦断的研究によって関係性の可変性を解明することが求められている。3つめは，異なるブランド・リレーションシップ概念を含めた研究デザインの検討である。すでに述べたとおり，ブランド・リレーションシップにはさまざまな側面があるため，1つの研究内で異なるブランド・リレーションシップ概念を変数として組み込むことによって，ブランド・リレーションシップを多面的に捉えることができる。最後の4つめは，ブランド・リレーションシップの結果変数の検討である。ブランド・ロイヤルティやクチコミなどの従来の結果変数に加えて，新しい変数（ウェルビーイングやソーシャル・ウェルフェアなど）をも検討するなど，消費者とブランドの関係性の帰結をどのような結果変数で捉えるのかについて，改めて考え直す時期に来ているといえるだろう。

　消費者を取り巻く環境が激変するなかにおいて，ここで挙げた課題をはじめとして，ブランド・リレーションシップについてわかっていないことはまだまだ多い。*Journal of Consumer Research* の 2021 年 12 月号では，"The Future of Brands in Changing Consumer Marketplace" というテーマで特集号が組まれ，そのイントロダクション論文では，今後のブランド研究課題の1つとしてブランド・リレーションシップの問題が挙げられている（Campbell and Price, 2021）。今後のブランド・リレーションシップ研究に期待したい。

　　　　　　　　　　　　　　　　　　　　　　　　　　　　　●菅野佐織

3│**6** ブランド・カテゴライゼーション

◆ブランド・カテゴライゼーションとは

　マーケティングでは「ブランド・カテゴライゼーション」という枠組みが知られており，とくに代表的なのはブリソーとラロシュが示した図1のモデルである（Brisoux and Laroche, 1980）。同モデルでは情報，意図，態度などによってわれわれが複数ブランドをカテゴライズ（分類）する様子が説明されている。たくさんの情報に囲まれた現代社会にあって，消費者が多くのブランドをどのように振り分けて把握しているのかを知るのは有意義だろう。

◆慌ただしい現代社会とたくさんのブランド

　進学や就職，もしくは結婚や転勤などによって新しい生活が予定されると，さまざまなモノやサービスを考えるようになる。たとえば，ゆったり寛げるようなソファを買おうとする場合を思い浮かべてみよう。ニトリ，無印良品，イケアなどのかなり安価な物もあれば，カッシーナやハーマン・ミラーなどの高級品もある。さらに中価格のソファも含めると選択肢がぐっと増えるだろう。現代社会を過ごすわれわれは部屋のソファに限らず，たくさんの製品カテゴリーで，複数ブランドと向き合って生きている。社会が成熟したことの表れでもあるが1日24時間というのは昔から変わらない制約であり，一般にはソファへ向けられる時間も限られるのではないだろうか。慌ただしい現代にあって，ブランド・カテゴライゼーションは複数ブランドがどのように分類され把握されるのかを知る一助となるだろう。

◆ブランド・カテゴライゼーションの各集合

　図1のなかで手に入れられるはずの全ブランド「入手可能集合」は，まず存在が知られているか否かによって「知名集合」と「非知名集合」に分けられる。続いて「知名集合」のうち，特定の製品属性で評価されるブランドは「処理集合」に含まれるのに対し，そうでないものは「非処理集合」となる。製品自体の名称を知っているだけでは「処理集合」とならないので，注意したい。さらに「処理集合」は「想起集合」「保留集合」「拒否集合」からなっている。購買をじっくり考えるブランドは「想起集合」に含まれる一方，「保留集合」は品質の割に価格が高かったり，自分が属するグループでは誰も買わないなどの理由で一時保留となったブランドの集まりである。最後に「拒否集合」は購買を

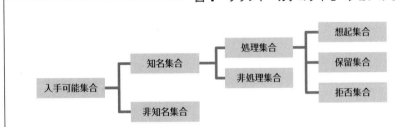

図 **1** ブランド・カテゴライゼーションのモデル

入手可能集合 / 知名集合 / 非知名集合 / 処理集合 / 非処理集合 / 想起集合 / 保留集合 / 拒否集合

（出所）　Brisoux and Laroche（1980）をもとに筆者作成。

決めるときに検討対象から外されたブランドである。

　ニトリ，無印良品，イケアはすべてコスト・パフォーマンスのよさからある人にとって「想起集合」に入るかもしれないし，価格の高いカッシーナやハーマン・ミラーは「保留集合」，加えてメリットのないブランド群が「拒否集合」となるかもしれない。過去の研究成果によれば，ヒトが正確に順序づけられる数は7±2のすなわち5〜9であるという。同じように消費者のブランド購買もたくさんのブランドが選択肢に挙がるのではなく，絞られた数のブランドにおいて進んでいく。製品カテゴリーによって若干のバラツキはあるが，最終的な購買候補となる「想起集合」には3程度のブランドが含まれるとわかっている（Miller, 1956; Laroche et al., 1986; 恩蔵，1994）。

◆**想起集合に含まれ続けるために**

　企業にとって難しいのはいかに3程度のブランドとなるか，すなわち「想起集合」に含まれて維持されるようなブランドを実現するかである。まず市場リーダーの場合，市場シェアが最大であるだけに「想起集合」に位置づけられる可能性が最も高いだろう。考えられる基本目標としては，①想起集合の総数を引き下げる，②「想起集合」の他ブランドよりも自らのブランドが好ましく評価されたり頻繁に選ばれたりするよう工夫する，といった点がある。これらの目標を達成するため，「どうして他ブランドを使うリスクを冒すのですか」といったスローガンの下で，他ブランドへスイッチすることの知覚リスクを高めるような広告メッセージを展開するのも一案である。

　続いて市場リーダー以外の場合，「保留集合」や「非処理集合」，もしくは「拒否集合」に含まれる可能性が高いだろう。「保留集合」に位置するブランドの目標は，「想起集合」へと消費者を移行させることである。「保留集合」のブ

ランドは価格と品質のバランスが不適切であったり，消費者が当該ブランドの情報を十分にもっていなかったりなどの恐れが考えられる。ゆえに，ブランド・イメージを向上させるために好感度の高いインフルエンサー（☞4-9）を起用したり，価格と品質のバランスが妥当であるとよくわかるような情報を訴えたりするのが有効になるかもしれない。

　「拒否集合」に属するブランドでは，製品カテゴリーにかかわらず目標が明らかである。全体的なブランド・イメージの変更を求めるか，もしくはブランド名を変えるかである。先述したブリソーとラロシュの研究によれば，「拒否集合」に含まれるビールのブランドの多くは一度も試されていないという。ビールの例だけに限らず，さまざまな製品カテゴリーで試用を促すのも「拒否集合」のブランドにとって重要だろう。

　さらに「非処理集合」においても「想起集合」への移行が目標とされる。「非処理集合」に含まれるブランドは，漠然としたブランド名の認識以外にほとんど知られていない。たとえばインターネットの広告費を増やし，ブランドへのイメージを創出するようなキャンペーンの企画が望まれるところである（恩蔵，1995；香川ほか，2013）。

　もっとも，住宅や自動車などの高関与製品ではなくティッシュ・ペーパーや炭酸水などの低関与製品では，少しアプローチを変える必要があるだろう。まず，反復的な動画広告やイメージ広告によってブランドの注目率を維持させなければならない。「この種の製品の購買決定は，決して些細なことではない」と強調して消費者の知覚リスクを高め，やみくもなブランド・スイッチを防ごうとする方法もあるだろう。

　ブランド・カテゴライゼーションをもとに戦略案を練るときは関与（☞2-2）の視点が欠かせない（Belonax Jr. and Javalgi, 1989; 杉本，1992；浦野，2012；ネオマーケティング，2020）。加えて，製品に備わっている典型性からもブランド・カテゴライゼーションを考えられる。所属カテゴリーでよくみられる外観やネームなどの特徴があるかないかによってブランドが含まれる集合も左右され，とりわけ製品の外観ではパッケージの形状によって大衆ブランドまたは高級ブランドとみられやすい傾向も指摘されている（Kreuzbauer and Malter, 2005; Le Roux et al., 2016; Chen et al., 2020）。

●橋田洋一郎

3│**7** ブランド拡張

◆ブランド拡張とは

　新製品を導入するとき，新しいブランドを用いることもあれば，既存のブランドを用いることもある。たとえばキリンビバレッジが新たに紅茶スティックを発売するとき，まったく新しいブランドを開発することもできるし，「午後の紅茶 スティックタイプ」として既存のブランドを利用することもできる。これらのうち後者，つまり新しい製品の導入にあたり，すでに確立されているブランドを用いることをブランド拡張という。

　ブランド拡張は，既存のブランド認知やブランド・イメージを活用することで，新製品の成功確率を高めることができると考えられている。その一方で，ブランド拡張は常に成功するわけではないし，失敗した場合は，既存ブランドのイメージに悪影響を及ぼす危険性がある。

◆ブランド拡張の基本概念

　ブランド拡張に用いられる既存ブランドを「親ブランド」といい，既存ブランドが付与された新製品を「拡張製品」という。またブランド拡張は，「ライン拡張」と「カテゴリー拡張」に分けられる。ライン拡張とは，あるブランドを現在と同じカテゴリーの製品に適用することであり，カテゴリー拡張とは，あるブランドを現在とは異なるカテゴリーの製品に適用することである。新しいフレーバーの「午後の紅茶 ミントティー」を発売するならばライン拡張であり，カフェ業界に進出して「午後の紅茶 カフェ」を展開するならばカテゴリー拡張である。ライン拡張は既存のブランドを用いて製品ラインを拡張することになり，カテゴリー拡張は既存のブランドを用いて新しい製品カテゴリーに参入することになる。

　複数のブランドを組み合わせて共同製品をつくったり，複数のブランドが共同でマーケティング活動（たとえばイベントやプロモーション）を行ったりすることは，コ・ブランディング（co-branding: 共同ブランディング）といわれる。かつてキリンビバレッジは，森永製菓とともに「午後の紅茶 ストレートティーベイクドチョコ」というクッキーを発売したり，グリコとともに「午後の紅茶×ポッキー」というコラボレーション・キャンペーンを展開したことがある。これらはいずれもコ・ブランディングの一種といえる。

◆ブランド拡張のメリットとデメリット

　ブランド拡張にはメリットもデメリットもある。メリットには，新製品の成功確率を高める，拡張製品が成功することで親ブランドのイメージが向上する，新たな顧客を獲得できる，流通業者に受け入れられやすくなる，マーケティング費用を抑えられる，といったことがある。

　デメリットには，失敗した場合は親ブランドのイメージが悪化する，既存製品とのカニバリゼーション（共食い現象）が生じることがある，拡張しすぎると消費者が混乱したり，小売業者から反発を受けることがある，あまりにかけ離れたカテゴリーに拡張したり，節操なくいろいろなカテゴリーに拡張すると，ブランドのイメージが希薄化（曖昧化）する，といったことがある。

◆ブランド拡張の成功要因

　ブランド拡張を成功させる基盤的要因と考えられているのが，親ブランドと拡張製品のフィット（fit: 一致）である。親ブランドと拡張製品のフィットには，少なくとも３つのタイプがあると考えられている。

　１つめは製品特性の類似性である（Aaker and Keller, 1990）。これは，親ブランドの製品カテゴリー（あるいは製品クラス）と拡張製品の製品カテゴリーに類似性があることを意味している。スポーツシューズ・ブランドであったナイキが，スポーツウェアやスポーツバッグといったアパレルにブランド拡張して成功したのは，親ブランドの製品カテゴリーと拡張製品の製品カテゴリーに類似性があったためである。

　２つめは，ブランド・コンセプトの一貫性（consistency）である（Park et al., 1991）。親ブランドと拡張ブランドを比較したとき，製品カテゴリーの一致が低くてもコンセプトに一貫性があれば，ブランド拡張は成功しやすい。「無印良品」は一貫したコンセプトにより，さまざまな製品カテゴリーに展開している。ブランド・コンセプトの一貫性を用いることで，比較的遠い製品カテゴリーであっても拡張を成功させることが可能となる。

　３つめは，ブランド特有の連想（brand-specific associations）のフィットである。親ブランドと拡張製品の製品カテゴリーの類似性が低くても，ブランド特有の連想が拡張製品のカテゴリーにフィットすれば，ブランド拡張は成功しやすい（Broniarczyk and Alba, 1994）。たとえばピンクやオレンジといったカラフルな色のシリアルのブランドは，「派手な色」という特有の連想をもっている。この

ためワッフルのような類似性の高い製品カテゴリーよりも，キャンディのような派手な色が似合う製品カテゴリーへの拡張のほうが成功しやすい。

　親ブランドと拡張製品のフィットに加え，親ブランドの優位性（supremacy）も，ブランド拡張の成功に重要である（Keller and Aaker, 1992）。親ブランドの優位性とは，親ブランドが非常に優れたブランドだと認識されていることであり，具体的には高品質である，信頼性が高い（Reast, 2005），評判がよい（Fombrun and van Riel, 1997）などと知覚されていることである。さらにブランドに対する感情（Yeung and Wyer, 2005; ☞ 2-**3**）や愛着（Fedorikhin et al., 2008; ☞ **3**-**3**）もブランド拡張の成功に影響を与えると考えられている。

　ブランド拡張の成功要因はそのほかにもいろいろあるが，フェルクナーとサトラーの研究によれば，親ブランドと拡張製品のフィットが最も重要であり，次いで広告活動のようなマーケティング支援（marketing support），親ブランドの信頼性（parent-brand conviction），小売業者の受容性（retailer acceptance），親ブランドについての経験（parent-brand experience）が重要だとされている（Völckner and Sattler, 2006）。

◆ブランド拡張の実施

　ブランド拡張はメリットも大きいが，デメリットもある。Google には，Google Map や Gmail のようにブランド拡張を採用しているサービスもあれば，YouTube や Chrome のようにブランド拡張を採用せずに展開しているサービスもある。こうした例からわかるように，ブランド拡張は常に採用されるべきものではなく，十分に検討した上で選択する戦略といえる。またブランド拡張はそれ単体で行うのではなく，ブランド拡張を支援するマーケティング活動（広告コミュニケーションなど）や，小売業者に対する活動（リベートやアローワンス）と組み合わせて行うことが重要である。　　　　　　　🌐久保田進彦

3|**8** ブランド・コミュニティ

◈ブランド・コミュニティとは

　ブランド・コミュニティとは，ムニッツとオグインが2001年に発表した概念である。彼らはブランド・コミュニティを「地理的な制約を受けない特殊なコミュニティであり，ブランドのファン（崇拝者）たちの社会的な関係によって構成されるもの」(Muñiz and O'Guinn, 2001, p. 412) と定義している。すなわち，ブランドを核として形成されるコミュニティがブランド・コミュニティであり，その要件として従来のコミュニティ同様，同類意識をもっていること，伝統や儀式を共有していること，道徳的責任をもつことの3点を挙げている。

　一方，彼らはその特徴として以下の3点を挙げている。第1に，マスメディア（TVやインターネット等）から情報を得て拡がるコミュニティである点，第2に，商業主義（commercialism）に基づく点，第3に，ブランドを中心として形成されるため地理的な制約を受けず，その形成は通信技術に大きく依存しているという点である。

　ブランドの「ファン」と呼ばれる消費者が集まり「ファンクラブ」を形成する現象や，サブカルチャーとしての消費者集団における消費者行動についてはそれまでにも多くの研究で指摘されてきた（Schouten and McAlexander, 1995; Kozinets, 1997; 2001）。こうした流れのなかで，特定のブランドを核として集まる消費者集団に「ブランド・コミュニティ」という名前を付け，概念化した背景には2つの理由がある。

　第1に，これまでブランド・ロイヤルティ（☞ 3-2）研究の文脈ではブランド（企業）と消費者のダイアドな関係についての検討が主であったが，そこから発展して消費者同士がブランドを媒介にネットワークを構築したり，顧客を中心としたネットワークのなかに製品や他の顧客，マーケター等が結びついたりすることによって，より多様な関係性の検討ができるからである（McAlexander et al., 2002）。

　第2に，こうしたネットワークがブランドを中心としたコミュニティとなると，ブランドに対する態度や評価に影響を与えることが挙げられる。つまり，単なるファンの集団ではなく，ブランドを中心としてコミュニティを形成し，消費者が相互作用を行うなかでブランド・コミットメント（☞ 3-2）やブラン

ド・ロイヤルティを向上させる効果が指摘されたのである。

◆ブランド・コミュニティの効果

　先行研究のなかでブランド・コミュニティがもたらすポジティブな効果として論じられてきたのは主に4点である。

　第1に，ブランド・コミュニティへの参加が，ブランド・ロイヤルティや満足の向上につながることである（McAlexander et al., 2002; McAlexander et al., 2003）。

　第2に，ブランド・コミュニティのメンバーがメンバー以外に当該ブランドやブランド・コミュニティについて，クチコミ（☞4-6）などのプロモーションを行うことである（Muñiz and O'Guinn, 2001; McAlexander et al., 2003; Algesheimer et al., 2005）。

　第3に，ブランド・コミュニティの存在が当該ブランドの新製品採用意向を高める（Thompson and Shinha, 2008）等，ブランド・コミュニティの存在が競合ブランドとの差別化要因になることである。

　第4に，ユーザー起動型製品開発にブランド・コミュニティを活用できることである（小川，2006）。

　このように，ブランド・コミュニティがブランドへの評価にポジティブな影響を与えることが論じられる一方で，そのネガティブな影響も検討されるようになってきた（山本，2020）。

　第1に，「ブランド・コミュニティとの同一化の程度」（消費者が自分自身をブランド・コミュニティの一員であると解釈する程度）が与える負の影響である（たとえば Algesheimer et al., 2005）。ブランド・コミュニティへの参加において，ブランド・コミュニティの同一化の程度が高まれば，コミュニティへのエンゲージメントが高まり，ブランド・ロイヤルティに正の影響を与える一方，同一化の程度が低くなり，規範的なプレッシャーが高まると心理的リアクタンス（制約を感じてそこから自由になろうとするモチベーション）が働く。その結果，ブランド・コミュニティからの離脱が促され，ブランド・ロイヤルティにはつながらないことが指摘されているのである。

　第2に，マイナーであることが一種のステイタスとなるようなブランドならびにブランド・コミュニティの場合，その存在が一般消費者への製品の浸透の障壁となることである（Muñiz and Schau, 2005）。

そして第3に，コミュニティが強くなるにつれ，企業のマーケティング努力や製品の変化を集団で拒否する傾向が強くなることも指摘されている（Muñiz and O'Guinn, 2001; Muñiz and Schau, 2005）。

◆ブランド・コミュニティ研究の発展

　当初はリアルでのブランド・コミュニティへの注目が高かったが，インターネット，とくにSNS（☞4-7）の発達により，ブランド・コミュニティのあり方も変化している。たとえば，オンライン・ブランド・コミュニティに関する研究（Muñiz and Schau, 2005; 宮澤，2011；Gabrielli and Baghi, 2016）のみならず，類似概念として「ブランド・パブリック」（Arvidsson and Caliandro, 2016; 麻里，2020）という概念が注目されている。これはソーシャルメディア（☞4-8）上において消費者のあるブランドに対する「多様な視点や経験が許容される新たな場」（麻里，2020, p. 106）のことである。ブランド・パブリックでは，ブランド・コミュニティのような社会的相互作用が頻繁に起こるわけではなく，ハッシュタグのような媒介装置によって緩やかにつながり，ブランドに対する多くの私的な視点や経験が集約され公開される。また，ブランドを核として集団的なアイデンティティが形成されることもない。

◆ブランド・コミュニティとマーケティング

　ブランド・コミュニティの存在はブランド・コミットメントやブランド・ロイヤルティを向上させるために重要な存在であり，マーケティングを考える上で重要な存在であることは事実である。一方で，ブランド・コミュニティはあくまでコミュニティであり，企業の資産ではなくメンバー（消費者）のためのものであり，マネジメントやコントロールがなじまないことがある（Fournier and Lee, 2009）。よって，こうした点に配慮した上でマーケティング施策を考える必要があるだろう。　　　　　　　　　　　　　🌐 山本奈央

3 | *9* ブランド・オーセンティシティ

◆ブランド・オーセンティシティの定義

　ブランド・オーセンティシティとは，消費者が，特定のブランドを「ほんもの」だとみなす主観的な評価を意味する（Napoli et al., 2014 参照）。この定義のように，ブランド・オーセンティシティは消費者による主観的な評価に基づく概念という点においては，多くの研究者が同意している。しかし現在も議論は続いており（たとえば Nunes et al., 2021），統一されたブランド・オーセンティシティの定義は，いまだにない状況にある。

◆ブランド・オーセンティシティの概要

　オーセンティシティは，哲学，社会学，文化人類学，心理学，観光学をはじめ，幅広い学問分野で議論されている概念である。マーケティングの分野では，Stern（1994）が先駆的にオーセンティシティの重要性に言及して以降，ブランド・オーセンティシティの研究が重ねられている（Södergren, 2021）。この概念は，学術的な側面だけでなく，実務的な側面からも関心が寄せられている。たとえば，ユーロモニターインターナショナル社は，消費市場における 2030 年までのメガトレンドのトップ 20 の 1 つに "Striving for Authenticity" を挙げている（Moulard et al., 2021 参照）。実際にウェブサイト等を見てみると，オーセンティシティ，オーセンティック，「ほんもの」というワードを用いて，多くのブランドが訴求されていることに気がつくだろう。

　ブランド・オーセンティシティが注目される背景の 1 つに，消費者がマーケティングに対して示す態度の変化が挙げられる。たとえば，近年，消費者を欺くような企業の行為が散見されたり，真贋の見極めが難しいブランドが氾濫したりすることなどによって，マーケティングそのものに対して冷笑的な態度を示す消費者が増えているという（Nunes et al., 2021 参照）。つまり，このような消費者の態度を克服し，選ばれるブランドになるため，企業はブランド・オーセンティシティを創造することが求められている（Gilmore and Pine, 2007; Nunes et al., 2021 参照）。

　ここで重要な課題となるのが，「企業はいかにして，ブランド・オーセンティシティを創り上げることができるのか」，すなわち，「消費者からいかにして，『ほんもの』のブランドだと知覚されるのか」，というものである。この課題は，

ブランド・オーセンティシティ研究の根幹をなすものであり，消費者の知覚と関連したブランド・オーセンティシティの捉え方，および，その手がかり（Napoli et al., 2016; 大竹，2013 参照）として，現在も議論がされている。

◆ブランド・オーセンティシティの捉え方

　ブランド・オーセンティシティの捉え方には，客観的オーセンティシティ，構築的オーセンティシティ，実存的オーセンティシティという，3つの視点がある（Leigh et al., 2006; Wang, 1999）。客観的オーセンティシティとは，たとえば，「設立年」「原産地」など，裏づけが可能な証拠に基づき，対象ブランドが「ほんもの」だと知覚される視点を意味する（Morhart et al., 2015 参照）。構築的オーセンティシティとは，消費者が「ほんもの」のブランドに対してもつ個人的な信念や期待に基づき，対象ブランドを「ほんもの」だと知覚する視点を意味する（Morhart et al., 2015 参照）。実存的オーセンティシティとは，ブランド・エクスペリエンスを通して真の自己が明らかにされることによって，消費者自身が「ほんもの」だと知覚する視点を意味する（Morhart et al., 2015 参照）。

　先行研究の多くは，モノやサービスの「ブランド」を対象としたものである（Bruhn et al., 2012）ため，消費者自身を対象とした視点である実存的オーセンティシティ（Grayson and Martinec, 2004 参照）をブランド・オーセンティシティのコンテクストに含めるか否かには，議論の余地が残っている。また，客観的オーセンティシティと構築的オーセンティシティとは，概念的に別のものだと認識される一方で，これらは厳密には区別されず（Napoli et al., 2016），ブランドが「ほんもの」か否かは，「ほんもの」に関する規範的な見解（Beverland et al., 2008），スキーマ等に基づき，消費者によって評価されるものだと考えられている。つまり，ブランド・オーセンティシティは，消費者による主観的な評価に基づく概念だと捉えられている（Bruhn et al., 2012）。

◆ブランド・オーセンティシティの手がかり

　上述した捉え方に沿うと，次に課題となるのは，消費者は具体的に何を手がかりに，「ほんもの」のブランドだと評価しているのか，ということである。先行研究では，当該概念を測定するための尺度開発を通して，手がかり，すなわち，ブランド・オーセンティシティの構成要素が明らかにされている。たとえば，Bruhn et al. (2012) では，「継続性」「オリジナリティ」「信頼性」「ナチュラルネス」，Napoli et al. (2014) では，「ヘリテージ」「クォリティ・コミットメ

ント（製法等）」「誠実」が示されている。ほかにも，Morhart et al. (2015)，田中・高橋 (2017)，Nunes et al. (2021) 等において，ブランド・オーセンティシティの構成要素，あるいは，形成に影響を与える要素が明らかにされている。

　たとえば，あるジーンズ・ブランドのウェブサイトからは，ブランドのヒストリー（ヘリテージ），受け継がれたつくり方（製法），そして製造に関わるクラフトマンのまじめさ（誠実）等が読み取れる。このようなブランドに関する情報と，先の要素から構成される（「ほんもの」に関する）規範的な見解，スキーマ等とが，消費者の情報処理過程において比較され，その一致の程度が高い場合，消費者から「ほんもの」のブランドだと知覚される。つまり，企業は，上記の要素を意識し，ブランドに付与することで，ブランド・オーセンティシティを創り上げることができる。

　また，開発された測定尺度，あるいは，オリジナルの測定尺度を用いた調査等によって，ブランド・オーセンティシティが，消費者の感情や態度，行動意図等に対してポジティブな影響を与えることを実証した，という研究報告が重ねられている。たとえば，「ブランド・トラスト」(Portal et al., 2019)，「ブランド・リレーションシップ・クオリティ（ブランド・ラブ等）」(Fritz et al., 2017)，「知覚品質」(Cinelli and LeBoeuf, 2020)，「行動意図」(Oh et al., 2019) 等に対してである。このようなブランド・オーセンティシティがもたらす効果に関する研究も，実務的示唆に富んだものだといえる。

◆今後の研究課題

　オーセンティシティという概念は，現代のマーケティングにおけるコーナーストーンの１つだと考えられてきた（Brown et al., 2003; Nunes et al., 2021）。とりわけ，近年，ブランド・オーセンティシティに関する研究が，急速に蓄積されている。一方，次のような研究課題を指摘することができる。第１に，ブランド・オーセンティシティの定義に関する課題，第２に，ブランド・オーセンティシティの測定尺度に関する課題，第３に，実存的オーセンティシティの扱いに関する課題である。このような課題が解決されるに従い，ブランド・オーセンティシティは，学術的・実務的に，より重要な概念であるという認識となるだろう。　　　　　　　　　　　　　　　　　　　　　　　　　●田中祥司

3│**10** 地域ブランディング

◆ グローバル化の進展と地域ブランディング

　地域ブランディングは，都市，地域，国の経済的，政治的，文化的発展のために，ブランド戦略やその他のマーケティング手法を適用することである。日本では，地域が生み出すモノやサービスに対し地域ブランドを使用する「産品ブランド」を中心に研究や実践が進められてきたが（小林，2016），近年では「地域そのもの」を対象とした研究の蓄積が急速に進みつつある（和田ほか，2009；小林，2016；若林ほか，2018；大森ほか，2020；宮崎・岩田編著，2020）。

　その背景として，グローバル化の進展による国家や都市間競争の激化がある。交通とICT（情報通信技術）の進歩は，資源の流動性を高めただけでなく，より多くの市場へのアクセスを可能にした（Kerr, 2006）。海外のメディアからさまざまな国や都市の情報を得ることが容易になっただけでなく，海外旅行に行くことのできる経済力をもった人々は世界的に増えており，彼らの都市や国家を見る目も大きく変わってきている。そういったなか，地域ブランディングは，資源，投資，観光における競争優位を確立するための手段であると同時に，コミュニティの発展や市民の都市に対する帰属意識の強化，社会的排除や文化的多様性などの喫緊の社会問題に対処するための手段ともなる（Kavaratzis, 2004）。

◆ 地域ブランディングの3つの分野

　地域ブランディングと呼ばれる分野は，国家（nation/country）と都市（city/urban），観光（tourism/destination）の3つに集約することができる。なかでも，輸出と観光に関わるブランド・イメージに関する研究は古くから行われていた。国家に関しては1960年代に輸出入製品において，製品と国のイメージ（product-country image: PCI）に関する研究，すなわちカントリー・オブ・オリジン（⇨ **3-11**）の研究がスタートしており，観光に関しては70年代からデスティネーション・イメージの研究がスタートしている。

　1990年代に入ると，都市研究（urban studies）にマーケティングの概念が導入され，都市マーケティングという分野が誕生する。その代表がコトラーらの地域マーケティングである（Kotler et al., 1993〔井関監訳，1996〕）。それまでの地域マーケティングでは，特定の場所のプロモーションという視点に重きが置かれていたが，これ以降，顧客志向やSTPといったマーケティングの理論が

積極的に導入されるようになった。

3分野を統合するものとして地域ブランディングへの関心を高めたのはアンホルトである。コンサルタントでもあるアンホルトが1998年に国家ブランディングに関する論文を発表したことで都市や国家のブランディングに注目が集まり（Anholt, 1998; Gertner, 2011），同時期に観光分野においてもデスティネーション・ブランディングが研究されるようになった（Blain et al., 2005）。

◈地域ブランディングとブランド・マネジメント論

ポーターの『国の競争優位』（Poter,1990〔邦訳，1992〕）によって，国家間競争がクローズアップされる一方，ビジネス分野において，アーカーのブランド・エクイティ論（Aaker, 1991〔邦訳，1994〕）やケラーの顧客ベース・ブランド・エクイティ（Keller, 1993）といったブランド・マネジメントの概念が提唱され（☞3-1），地域ブランディングにも大きな影響を与える。とくに多くの研究者が企業ブランドとの類似性を指摘しており，その理論的基盤としているものも多い（Kavaratzis, 2004）。

ブラウンとゼンカーはケラーの理論をベースに，地域ブランドを「地域の視覚的，言語的，行動的な表現に基づく消費者の心の中の連想のネットワークであり，地域の関係者の目的，コミュニケーション，価値，一般的な文化，そして全体的な地域デザインを通して具現化されるものである」と定義している（Braun and Zenker, 2010）。このほかにもブランド・マネジメントからの知見が積極的に適用されるようになり，地域ブランディングに関する多くのマネジメント・モデルが提案されている（Hanna and Rowley, 2011）。

◈地域ブランディング特有の問題

地域ブランドは非常に複雑で多様であり，製品ブランドよりもはるかにコントロールが難しいといわれる（Kavaratzis, 2005）。また，地域には政治的な力が働くため，合理的なマーケティング活動の実践が難しいという指摘もある（Morgan et al., 2003）。

地域ブランディングに特有の問題として，ステークホルダーと階層性がある。地域ブランディングではステークホルダーが多く，ビジネス・ブランディング以上に複雑であるとされる（Kavaratzis and Hatch, 2013）。そのため，ブランドの実態に対するコントロールの欠如，利害関係者グループの利害の衝突といった多くの問題に対応していく必要がある。また，地域住民はブランディングの

目的に関わるだけでなく，地域のイメージをつくる大きな要素ともなる。このように地域ブランドをともに生み出す一員としてステークホルダーを捉えていく必要があるだろう（Kavaratzis and Hatch, 2013）。

　もう1つの階層性とは，すなわち地域の範囲をどう捉えるか，ということである。地域といっても，ある特定の商店街もあれば，瀬戸内海といった県をまたがる広域としての捉え方もある。日本の場合，国の下に都道府県，市町村という階層性があるなかで，地域のイメージ全体を管理していくことは決して容易ではない。こうした問題を考えていく上で，地域とは何かについて，いま一度見つめ直していく必要が出てきている。

◆地域ブランディングの新たな展開

　地域ブランディングはブランド・マネジメント論を適用することで急速に発展してきたが，地域独自の問題を解決すべく，新たな理論展開がみられるようになってきた。その1つの流れが，地域の本質を捉えることを目的とした地理学の積極的な適用である。近年，場所の感覚（sense of place），場所アイデンティティ（place identity），場所への愛着（place attachment）といった概念を取り入れた地域ブランディングの独自モデルが提案されるようになってきている（Kalandides, 2011; Campelo et al., 2014; Zenker and Rütter, 2014; 若林ほか，2018）。

　地域ブランディングは都市間競争の激化における競争優位性の確立の手段として出発した概念であるが，持続可能な社会が求められるようになってきた現在，競争という概念そのものを見つめ直さなければならない時期にきている。小林（2016）が提唱する「ブランディングに基づく個別主体の負けない競争」，すなわち，それぞれに固有なブランド価値を有する地域が共存する状態を地域ブランディングによってめざすことが，都市間競争に代替する1つの解となるのではないだろうか。

◉徳山美津恵

◆**カントリー・オブ・オリジンという手がかり情報**

　急速なグローバル化の下，オンライン，オフラインを問わず，製品に評価を下す際，メイド・イン情報が参照されることは少なくないだろう。こうした国外製品の製造国に関する手がかり情報は，カントリー・オブ・オリジン（以下COO）と呼ばれる。とりわけ，製品属性に関する情報に乏しいとき，どの国で作られたかは，有用な製品シグナルとなり，消費者は特定のアイテムを特定の国家と結びつけて評価する傾向にある（Solomon, 2013）。読者の皆さんも，先進国の製品のほうが，開発途上国の製品よりも安心できたり，日本製の香水よりもフランス製の香水のほうが好ましく思えたりしたことはないだろうか。

　また，多国籍企業による国際的な分業体制の進む現代では，ブランドの本社所在国や設計国を，その製造国と分けて表記する場合も出てきた。iPhone 裏面に書かれた「カリフォルニアのアップルでデザインされ，中国で組み立てられた」というメッセージが，その代表的な例である。なお，この場合，製造国よりもブランドの設計国のほうで，iPhone の製品評価が下されていることは興味深い。

　COO 研究は，国外生産の活発化や，生産拠点の選択に際し，コストに加えてイメージにも配慮が求められるようになったことで，さらなる注目を集めている（古川・寺﨑，2018）。先行研究からの主な発見としては，COO イメージは，製品原産国の経済的な水準に左右されること，製品に対する消費者の選好に影響を及ぼすこと，さらに COO への評価は経時的に変化することなどが挙げられる（恩蔵，1997）。

◆ **COO の情報処理モデル**

　それでは，消費者が COO 情報に接触した際，どのような意思決定ルートを経て，それを処理するのだろうか。Obermiller and Spangenberg（1989）によれば，COO は次の３つのルートのいずれかを経由し，情報処理されるという。まず，COO が他の製品属性の推測に用いられた場合，認知的なルートで情報処理される。対照的に，COO が属性的な評価を経ずに，COO への画一的なイメージに基づき情報処理される場合，感情的なルートを辿ることになる。最後に，COO に対して何らかの規範が消費者に内在している場合，規範的なルー

トで情報処理される。

　認知的ルートを除く2つのルートの理解には，「場所に関連した概念」（Papadopoulos et al., 2017）としてCOOと密接な関わりのある，外国に対する先入態度（カントリー・バイアス）との棲み分けを押さえておく必要がある。寺﨑（2019）によれば，カントリー・バイアスはCOOそのものではなく，手がかり情報としてのCOOから感情的ないし規範的な情報処理ルートへと消費者を導く引き金として捉えると，うまく整理できるという。具体的には，感情的なルートではCOOへの敵対心を意味するアニモシティ（Klein et al., 1998），あるいは好意や愛着を意味するアフィニティ（Jaffe and Nebenzahl, 2006）が，規範的なルートでは自国の経済や雇用を守るべく，国外製品を回避し，国内製品を優先する，エスノセントリズム（Shimp, 1984）が，各ルートへの引き金として働くことになる。

　なお，1990年代以降の急速なグローバル化やIT革命，生産技術の移転により，COOが複雑化したことで，認知的ルートを扱うCOO研究から，消費者のカントリー・バイアスに注目した研究へと，関心の焦点は移行してきている（寺﨑，2019；朴，2012）。さらに，2010年代中盤からは，COOに対するカントリー・バイアスを好ましい製品評価へと導くためのコミュニケーション戦略が，解釈レベル理論（Trope and Liberman, 2003; ☞2-14）や制御焦点理論（Higgins, 1997; ☞2-13）といった心理学的観点から検討されるようになってきた。

　たとえば，Terasaki et al.（2022）では，COOに対する消費者のアフィニティが高い場合，対象国への心理的距離が近くなり，解釈レベルが低次に導かれた結果，予防焦点的製品特徴を提示したほうが，製品評価が高くなっていた。反対に，COOに対する消費者のアフィニティが低い場合，対象国への心理的距離が遠くなり，解釈レベルが高次に導かれた結果，促進焦点的製品特徴を提示したほうが，製品評価が高くなることが実証されている。

　COOをはじめとした，場所に関連した概念を扱う研究では，長らく概念間の因果連鎖の解明に主眼が置かれてきた。しかしながら，2010年代以降はTerasaki et al.（2022）やメッセージ・フレームの操作に着目したGrinstein and Riefler（2015）のように，実験的な手法を用いた研究も発表されてきている（寺﨑，2022）。

◆直接モデルと間接モデル

COO 研究が進展するにつれ，COO が消費者認知に及ぼす影響は，手がかり情報としての COO 以上のインパクトをもたらすものなのか，さらには従属変数の種類によって COO の効果は異なるのだろうかといった命題が議論されるようになってきた。

COO と消費者認知との関係性に焦点を当て，メタ分析（☞6-6）を行った Verlegh and Steenkamp（1999）や Perterson and Jolibert（1995）では，COO は製品への態度や購買意図よりも，知覚された品質に及ぼす影響のほうが大きいことが示されている（寺﨑，2019）。さらに，COO が購買意図に及ぼす直接的な影響は必ずしも大きくないことが複数の先行研究で示されてきた一方，それは双方をつなぐ媒介変数が考慮されていないからだという主張もある（古川・寺﨑，2018）。

こうしたなか，COO は直接的に購買意図を変化させるのか（直接モデル），あるいは（製品）ブランド・イメージを介して購買意図に影響を及ぼすのか（間接モデル）という，2 つのリサーチ・モデルが Diamantopoulos et al.（2011）によって提示され，検証された。分析結果から，間接モデルのほうが直接モデルよりも説明力が高いことや，間接モデル中の間接効果は部分媒介ではなく完全媒介を示しており，COO は直接的に購買意図には影響を及ぼさないことが明らかになった。Bautista Jr. et al.（2020）においても，購買意図に対する COO の直接効果はみられず，間接効果のみが有意となっていた。つまり，間接モデルの妥当性が再度示されたのである。

2010 年代より，PROCESS Macro（Hayes, 2013）をはじめとした，媒介分析を簡易に実行できるソフトウェアが普及してきた。この追い風を受け，COO と消費者認知がなぜ，そしてどのように結びつくのかといった，情報処理メカニズムの研究が容易になってきている。間接モデルの有用性について，さらなる検証が行われる素地は整ってきたといえよう。　　　　　　　　　　　　　　🌐 寺﨑新一郎

第4章

コミュニケーションの力

4 | **1** 統合型マーケティング・コミュニケーション (IMC)

integrated marketing communications: IMC

◈伝統的なプロモーション・ミックスの考え方

IMC は統合型マーケティング・コミュニケーションと訳される。この概念を理解するには，まずマーケティング・コミュニケーションとは何か，プロモーション・ミックスとは何かを知る必要がある。

マーケティング・コミュニケーションとは，その名のとおりコミュニケーションの一種である。コミュニケーションとは，何らかの意図に基づき主体から客体に向けて行われる情報伝達行動である。主体は自らの情報伝達行動によって，客体が何らかの応答を示すことを期待する。こうした相互のやりとりがコミュニケーションには含まれる。コミュニケーションの一種としてのマーケティング・コミュニケーションも同様である。ただし，①主体の意図が何らかのマーケティング目的の実現であること（製品の販売促進やブランドのイメージ形成など），②多くの場合，主体は企業などの組織である（個人ではない）こと，という特徴をもつ。これらの特徴が，広い意味でのコミュニケーションとは異なる，マーケティング・コミュニケーションの独自性である（松本, 2018）。

マーケティングは企業と顧客の関係に限定されず多様な関係に適用できるが，主体が企業，客体が顧客である場合を想定して説明する。その上で，先ほどの議論に基づけば，マーケティング・コミュニケーションとは，何らかのマーケティング目的を実現するために，組織体としての企業が，顧客に対して行うコミュニケーションであると定義できる。なお，顧客は企業顧客のような組織の場合もあれば，消費者のような個人（あるいは個人の集まり）の場合もある。

マーケティング・コミュニケーション手段の分類は研究者によって異なるが，伝統的には，広告，販売促進，営業・人的販売，パブリシティ，PR などが含まれる（石崎, 2019）。何らかのマーケティング目的を実現するために，これらの手段を適切に組み合わせることをプロモーション・ミックス，あるいはコミュニケーション・ミックスと呼ぶ。プロモーション・ミックスは，マーケティング・コミュニケーションの実践に関する考え方であり，手段の最適化に注目した戦術レベルの議論である。

◈ IMC の定義と特徴

プロモーション・ミックスの発展形としての考え方が IMC である。IMC は

1980 年代末にアメリカで提唱され，日本でも 90 年代初めに IMC 研究の第一人者であるシュルツらの著書（Schultz et al., 1993）をきっかけに広まった（中野，2012）。

IMC に関する先行研究をレビューしたクリアッチコや，IMC の課題についてまとめた岸によれば，いまだに IMC の定義に関する論争が存在し，定義が定まらない状況にある（Kliatchko, 2005; 岸，2017）。そのため多様な定義が提案されている（Duncan, 2002; Kliactchko, 2008 など）。

ここではシュルツらによる定義を紹介する（Schultz and Schultz, 2004）。IMC とは「計画・開発・実施・評価からなる戦略的なビジネス・プロセスである。このプロセスは，消費者，顧客，見込み客および企業内外の利害関係者（従業員，関係企業等）に対する，長期にわたる，体系的で，計測可能で，説得力のあるブランド・コミュニケーションにおいて活用される」（pp. 20-21〔邦訳，2005，21 頁〕）。この定義で表現されているように，IMC は企業経営全体に関わる戦略的なビジネス・プロセスである。そのため戦術レベルの議論であったプロモーション・ミックスと異なり，大局的見地が求められる。コミュニケーション管理の対象も広範で複雑性が高い。主な特徴は以下のとおりである。

第 1 に，IMC は長期的・継続的なブランド・コミュニケーション管理をめざす。IMC は，ブランドが顧客と良好な関係を構築し維持することを目的とする。そうした関係は短期間で築けるものではない。したがって，IMC では，短期的かつ期間限定的なキャンペーン単位ではなく，長期的かつ継続的なプロセスとして顧客とのコミュニケーションを管理する。顧客との関係構築を目的とする場合，企業と顧客は互いに理解を深める必要がある。そのため，IMC では一方向的なコミュニケーションではなく，相互作用的なコミュニケーションが中心となる。管理する上では行動的指標や財務的指標など計測可能な指標で成果を測定することも主張されている。

第 2 に，IMC はあらゆる接点におけるイメージの一貫性をめざす。顧客と関係を構築し維持するには，顧客に対して常に一貫したイメージを伝え続ける必要がある。そのためには，顧客がいつ，どこで，何（誰）から，どのようなブランドの情報と接点をもつのかを把握し，それらを管理する必要がある。この接点のことをとくにコンタクト・ポイントあるいはタッチポイントと呼ぶ。コンタクト・ポイントには，広告などの伝統的な手段だけでなく，あらゆる接点

が含まれる。また，購買前，購買時だけでなく，製品使用時など購買後の接点も含まれる。したがって，あらゆる空間，時間における接点が管理対象となる。とはいえ，膨大な接点のすべてを管理することは困難である。たとえばフォルティーニ−キャンベルは，接点の重要度（顧客への影響の程度）と印象度（肯定的・否定的）を評価した上で，管理（コミュニケーションの継続・改善）する枠組みを提案している（Fortini-Campbell, 2003）。

第3に，IMC は顧客以外の利害関係者に対してもイメージの一貫性をめざす。ブランドのイメージは，企業内外のあらゆる関係者によっても顧客に伝達される可能性があるためである。社内では，広告・広報・マーケティングの各部門担当者だけでなく，経営層以下，全部門の従業員の意識の統一が求められる。そのためには，すべての活動の指針となる企業理念を明確化し，組織内で共有する必要がある。社外では，株主，取引先，地域コミュニティ，ひいては「世間」など，すべての社外関係者に同じイメージを構築することが，結果的に顧客のイメージの一貫性につながる。

◆ **実務における実際**

大手広告会社の博報堂関係者によるテキスト（博報堂マーケティングスクール，2020）では，現在のプロモーションは IMC の概念に基づくこと，生活者のファン化のために中長期的視点に立ち，生活者との対話が必要であることが明記されている。また，対話を促すテーマは企業のパーパス（存在意義）に近づくとも主張されている。こうした記述からは，実務でも IMC の考え方が普及していること，IMC が企業経営に関連すると認識されていることが窺える。

◆ **IMC 概念やその課題をさらに知るには**

Tafesse and Kitchen（2017）は幅広い文献レビューを通じて，IMC の統合的な枠組みを提案している。岸（2017）も IMC 概念をレビューしながら課題を整理している。Kliatchko and Schultz（2014）はアジア太平洋地域の CEO や CMO へのインタビューを通じて IMC に対する産学の認識の共通性や違いを明らかにしている。Vollero et al.（2019）はデジタル時代における IMC について戦略的指向，戦略的プロセス，実行，評価の視点から 12 のリサーチ・クエスチョンを提示しており，示唆に富む。　　　　　　　　　🌏 松本大吾

◆**二重過程理論**

　消費者による好き嫌い，良い悪いといった評価である態度（attitude）形成モデルの分類として二重過程理論がある（金子，2014）。岸（2021）によればこの理論は，購買意思決定までの拡張よりも，態度形成過程の特徴に焦点を当てた研究であり，社会心理学およびそれに依拠する説得コミュニケーションにおいて，大きな潮流となっている。この分類となるモデルとして，精緻化見込みモデル，経験則モデル（ヒューリスティック－体系評価モデル），カテゴリー判断モデルなどがある。どのモデルも評価反応に2種類のタイプがあるとされる。1つは「詳細評価反応」で，ブランドに関するさまざまな情報に基づき合理的に判断を下す方法であり，もう1つは「簡便評価反応」でブランドに関して主要な手がかりに基づいて直観的に判断を下す方法である（仁科，2007）。これらのモデルを用いることで，たとえばLutz（1985）の研究などによる広告への態度（Aad: attitude toward the ad）が形成される上で，広告表現のどの部分が情報処理されて，どのルートを経るのかということが理解できるようになる。この二重過程理論において多く用いられるのが，精緻化見込みモデルである。

◆**精緻化見込みモデルとは**

　精緻化見込みモデルとは，広告メッセージなどの説得的コミュニケーションとしての情報を精緻に処理する見込みがあるかないか，ということに基づいた消費者情報処理モデルである（Petty and Cacioppo, 1981; 1986）。このモデルでは，消費者が広告メッセージを受けると，その個人の情報処理能力と情報処理への動機が高いか低いかで，異なったルートで情報処理を行い，態度変容が生じることを示している（石崎，2019）。

◆**精緻化見込みモデルの考え方**

　個人の情報処理能力と情報処理への動機が高いか低いかということは，広告メッセージの中身そのものを理性的に処理できるかどうかに関わる。個人の情報処理能力と情報処理への動機が両方とも高い場合には，関連情報を精緻化する可能性が高く，消費者はメッセージの議論を入念に検討する「中心的ルート」(central route) による情報処理が行われて，態度変容が生じる。これに対して，能力と動機の一方もしくは両方とも低い場合は，関連情報の精緻化の見

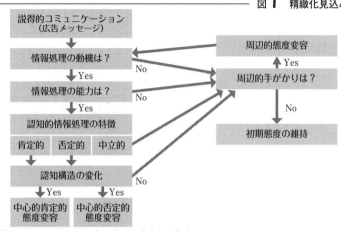

図 **1**　精緻化見込みモデル

（出所）　Petty and Cacioppo（1986），p. 4 をもとに作成。

込みは低く，メッセージのなかの周辺的な手がかりを処理し，「周辺的ルート」（peripheral route）による情報処理が行われて態度変容が生じる。個人の情報処理能力の高低は，個人の有している事前知識はもちろんのこと，メッセージの反復，周囲の騒音，メッセージの理解のしやすさなどが関連する。個人の情報処理への動機の高低は，論点に対する関与（⇨ 2-2）の高低，認知欲求（周囲の状況を合理的に理解しようとする欲求），個人的責任などが関連する（図1）。

◆中心的ルート

　中心的ルートでは，メッセージの精緻化のプロセスで認知的反応による情報処理が関わる。認知的反応とは，広告メッセージに接触したとき，そのメッセージ内容に対して「肯定的」「否定的」「中立的」といった考えが生じることである。架空のパソコン（PC）の広告メッセージに対する消費者の反応を例に説明しよう。PC のスペックに詳しく，購入を検討し，いくつかのブランドの広告チラシを比較している（論点に対する関与が高い）消費者がいる。この消費者は広告メッセージの中身自体を情報処理する中心的ルートを通る。広告チラシAを見て「このスペックでこの価格ならお買い得」という「肯定」的な反応を示して肯定的態度変容を生じる。広告チラシBを見て「このスペックでこの価格は納得できない」という「否定」的な反応を示して否定的態度変容を生じる。広告チラシCを見て「スペックがよくわからず，この価格だと判断しかねる」という「中立」的な反応を示して，この場合は周辺的な手がかりを求め

ることになる。

「肯定的」な考えが多く浮かぶ広告メッセージならば，その広告メッセージやブランドに対する賛同が高まる傾向が強まり，「否定的」な考えが多く浮かべば反対する傾向が強まると考えられる。したがって，情報処理の精緻化が行われる中心的ルートにおける情報処理では，広告メッセージの議論の質の高低が重要な役割を果たす（仁科，2007 参照）。

◆周辺的ルート

周辺的ルートでは，肯定的，否定的な感情，広告に登場するタレント，場景，音楽，雰囲気といった，広告メッセージのなかの周辺的な手がかりにより態度変容が生じる。周辺的な手がかりがない場合は，初めの態度が維持されたり，態度が未形成だった場合はその状態のままである。これも架空の PC の広告メッセージに対する消費者の反応を例に説明しよう。PC の購入は検討しているが，PC にはあまり詳しくなく（情報処理能力が低い）いくつかのブランドの広告チラシを比較しているが，PC のスペックの説明に関心があまりない（論点に対する関与が低い）消費者がいる。この消費者は広告メッセージの中身そのものを情報処理する能力も動機も低いので，周辺的ルートを通ることになる。

広告チラシ D には人気アイドル・グループがキャラクターとして登場し，広告チラシ E には人気若手男性俳優が登場している。両方の広告を見て「この女性アイドル・グループのファンだし，この子たちが使っているのなら，私にもできそうかな」「若手俳優さんがお薦めしているのもいいとは思うけど，やっぱりアイドル・グループのほうがよさそう」という反応を示して，広告チラシ D や D のブランドに対して周辺的態度変容を生じる。

◆中心的ルートと周辺的ルートによる態度変容

中心的ルートによる態度は，広告メッセージを精緻に情報処理して形成されるため，周辺的ルートによるものより持続性があり，行動予測の手がかりとなる。一方，周辺的ルートによる態度は，比較的態度変容がしやすく，持続性がなく，行動予測がしにくい。Schumann et al.（2012）は，1981 年に精緻化見込みモデルが提唱されて以来，このモデルを用いた 30 年間にわたる広告研究を丹念にレビューし，125 編以上の広告研究文献や論文で活用されているとしている。精緻化見込みモデルの展開については，Schumann et al.（2012）の論文を参照すると，学術的な展開がよりいっそう理解できる。

● 石崎徹

4│**3** 単純接触効果

◆単純接触効果とは何か

　普段，私たちはテレビやインターネットで何度も同じ広告を見ることがある。気がつくと，その広告を好きになっていたことはないだろうか。この現象の背景にあるのが，単純接触効果である。

　単純接触効果とは，「対象への単純な繰り返し接触がその対象に対する好意度を高める現象」のことである（宮本・太田編著, 2008, 2頁）。単純接触効果の現象は1870年代から観察されており，発見から100年以上が経つ。

　単純接触効果が注目されるきっかけをつくったのが，ザイアンスである。ザイアンスは，対象への繰り返し接触が好意度向上の十分条件になることを裏づけるため，1つの調査と4つの実験を行った（Zajonc, 1968）。単純接触効果を検証するために行ったのは3つの実験であり，その内容を説明する。提示する実験用刺激には，無意味な単語としての外国語（トルコ語），表意文字（漢字），知らない男性の顔写真を用いている。外国語と表意文字では単語に対する評価（良い−悪い）を測定し，男性の顔写真では好意度を測定した。すべての刺激について，提示回数が0回，1回，2回，5回，10回，25回と増加するにつれて評価や好意度が向上した。

　1968年のザイアンスによる研究以降，単純接触効果について多くの研究が行われている。単純接触効果のレビューを行ったBornstein（1989）と宮本・太田編著（2008）に基づくと，以下の点がわかっている。実験に用いられる刺激は，ザイアンスが用いた無意味な単語，表意文字（漢字），人物写真以外も対象となっている。たとえば，意味のある単語，名前，音の刺激，実在の人物，絵画，香りや味覚などが用いられており，単純接触効果の検証が行われている。実験に用いられる刺激は，もともとポジティブな意味やネガティブな意味をもつものではなく，意味的に中立的なものが多い。

　刺激を提示する回数については，ある程度の回数（10〜20回程度）で効果が最大になり，その後，横ばいになることがわかっている。何度も同じ刺激を見ることで退屈さを感じることが原因だと考えられている。

　単純接触効果は，提示された刺激を認知していなくても生じる。これを閾下（いきか）単純接触効果（subliminal mere exposure effect; Kunst-Wilson and Zajonc, 1980）と

いう。閾下とは,「見えた,聞こえたと感じられないほど短時間」のことである(工藤 2019, 57頁)。ボーンスタインによるメタ分析(☞ 6-6)の結果では,認識できない刺激(閾下での刺激)のほうが,認識できる刺激よりも単純接触効果が大きいという(Bornstein, 1989)。この閾下単純接触効果の発見がきっかけとなり,もともと社会心理学領域で行われてきた単純接触効果研究は,認知心理学へと研究領域が拡大した(宮本・太田編著, 2008)。

◆単純接触効果の生じるメカニズム

単純接触効果が生じるメカニズムについては多くの議論がなされてきたが,現在の主要な理論は知覚的流暢性誤帰属説である。何度も同じ刺激に接することで,その刺激について情報処理がしやすくなり(これを流暢性〔☞ 2-17〕という),快感情や親近感が生じる。たとえば,読めない漢字や新商品の場合,初めて見た際には違和感を抱いても,何度も見ているうちになじんでくるだろう。こうした刺激への繰り返し接触が原因で,情報処理がしやすくなったことから快感情や親近感が生じたのだが,そうとは認識されずに,(情報処理のしやすさではなく)刺激対象そのものに抱いた快感情や親近感だと勘違いしてしまう。誤帰属とは,この勘違いのことである。正確にいうと,誤帰属は「行動の原因を特定することに失敗し,実際には異なる原因に帰属すること」(山田, 2018, 131頁)を指す。知覚的流暢性誤帰属説は,こうしたプロセスによって,刺激対象それ自体への好意度が高まるという考え方である。

◆単純接触効果による広告効果

冒頭で触れたように,単純接触効果は広告との関係も深い。広告接触回数に関連した効果指標に,リーチ,フリクエンシー,GRPがある。これらは広告の媒体目標を決定する際に用いられる。リーチ(reach: 広告到達範囲)は広告に接触したオーディエンスの人数や割合を,フリクエンシー(frequency: 広告接触回数)は,リーチのあったオーディエンスの平均広告接触回数を指す。このリーチとフリクエンシーを総合した指標をGRP(gross rating point: 延べ視聴率または延べ到達率)といい,GRP=リーチ×フリクエンシーで計算する。リーチを面積,フリクエンシーを高さだとすると,GRPは体積だと考えることができ,広告出稿量全体を表している(仁科ほか, 2007;中野・井上, 2019)。単純接触効果は,このフリクエンシーを説明する理論の1つである。

広告やマーケティング・コミュニケーション領域において,フリクエンシー

は重要なテーマである。そのため，広告の反復提示による効果を明らかにする研究は多く行われている。たとえば，テレビCM（Rethans et al., 1986），バナー広告（Fang et al., 2007; 松田ほか，2007），サウンド・ロゴ（松田ほか，2006）を対象とする研究があり，反復提示による広告効果が認められている。とくに松田は認知心理学の領域で，広告の単純接触効果をグループで研究している（松田，2020）。

　それでは単純接触効果の知見を，広告へどう応用できるかを考えてみよう。1つは，閾下単純接触効果についてである。情報過多の現代においては，広告を意識して見ることは少ないだろう。しかし，閾下（無意識）でも単純接触効果が生じるということは，意識せずに接している広告であっても好意度が高まる可能性があることを意味している。スマートフォンに表示される広告，YouTubeの動画広告，テレビCMなど，何度も同じ広告に接することは普段の生活においてよくある。そうした広告に対して，気づかないうちに好意をもつ可能性があるということだ。

　もう1つは，刺激の提示回数の限界である。前述したように，単純接触効果は接触回数の増加に伴って好意度は増加するが，ある程度の回数を境に横ばいとなる。広告の露出が多ければ多いほどいいわけではない。さらに，あまりにも多く露出しすぎるとネガティブな反応が生じてしまう。それを広告の飽和（wear out）という。広告を一定回数以上，繰り返し露出することにより，飽き，広告視聴意欲の低下，苛立ちといった反応が生じる（仁科ほか，2007；Schmidt and Eisend, 2015）。

　広告の効果的な接触回数について，シュミットとアイゼンドがメタ分析を行っている（Schmidt and Eisend, 2015）。ブランド態度に対する効果は広告の露出増に伴って高くなり，一定回数を境に効果は低下する。最適な接触回数は10回だという。ただし，広告の出稿間隔や製品関与によって効果は異なる。

　広告の飽和によるネガティブな反応を防ぐためには，オーディエンスが飽きる前に広告表現を変更する，広告表現の複数のバリエーションを同時に出稿する，といった対応が指摘されている（仁科ほか，2007）。そのほか，メディア別に異なる広告表現を用いる複層的なコミュニケーションを行うことも有効だろう。

🌑 中野香織

◆**フレーミング効果とは**

　フレーミング効果とは，ある不確実な事象について判断や決定を行う際，情報の表現方法や提示の仕方，すなわち「フレーム」によって，異なる結論が導き出されることを指す（筒井ほか，2017）。代表的な研究として，トヴァスキーとカーネマンが行った「アジアの伝染病問題」の実験が挙げられる（Tversky and Kahneman, 1981）。

　実験では，参加者に以下の状況を想像させた。「アメリカは，600人の死者発生が見込まれるアジアの特異な伝染病に対して，対応を検討している。この伝染病に対処するため，2つのプログラムが提案された」。その上で，以下の2つの選択肢を参加者に提示した。

　(A)　200人が助かる。

　(B)　3分の1の確率で600人が助かり，3分の2の確率で誰も助からない。

　どちらのプログラムが好ましいと思うかについて選択させたところ，多くの参加者は(A)を選択した（A: 71 %，B: 28 %）。続いて，別のグループに同じ状況を想像してもらい，以下の2つの選択肢を提示した。

　(C)　400人が死ぬ。

　(D)　3分の1の確率で誰も死なず，3分の2の確率で600人が死ぬ。

　その結果，多数の参加者が(D)を選択した（C：22 %，D：78 %）。実際には，A〜Dのいずれも，指示している内容は同じである。ところが，(A)(B)のように「助かる」というポジティブな表現が用いられるか，(C)(D)のように「死ぬ」というネガティブな表現が用いられるか，というフレームによって，選択結果に大きな違いが生じることとなった。

◆**価格に対するフレーミング効果**

　私たちの消費行動も，さまざまな場面でフレーミングに影響されている。とりわけ，価格に対する「割高」「お得」といった印象は，フレームの影響を受けやすい（Chen et al., 1998）。たとえば，5000円のスマートフォン用ケースを購入する場面を想像してほしい。ケースのみ購入しようとすると，5000円を高いと感じるかもしれない。ところが，10万円のスマートフォンに乗り換える際，同時にケースも購入すると，5000円という価格をさほど高いとは感じ

にくいのではないだろうか。単に5000円の支出として位置づけられるのか，10万円もするスマートフォン購入の一環として位置づけられるのか，というフレームによって，同じ5000円であっても感じ方が変わるのである。

この傾向は，トヴァスキーらの実験でも明らかにされている（Tversky and Kahneman, 1981）。実験では，参加者に以下の状況を想像させた。「125ドルのジャケットと15ドルの計算機を買いに店を訪れた。すると，店員から，車で20分ほどの別の支店に行けば，125ドルのジャケットが120ドルに値引きされていることを知らされた。あなたは，この支店に行くだろうか」。このとき，支店に行くと回答したのは，わずか29％の参加者であった。

一方，別の参加者たちには，以下の状況を想像させた。「15ドルのジャケットと125ドルの計算機を買いに店を訪れた。すると，店員から，車で20分ほどの別の支店に行けば，15ドルのジャケットが10ドルに値引きされていることを知らされた。あなたは，この支店に行くだろうか」。この状況では，68％もの参加者が支店に行くと回答した。

どちらの状況も，支店に行くことによって，支出の総額が5ドル分お得になるという点では同じである。しかし，値引き元の価格が125ドルと15ドルのどちらに位置づけられるのかによって，同じ割引額でも評価が異なるのである。

◆妥協効果

値引きのフレームだけでなく，選択肢の構造も人の意思決定に影響を及ぼす（Ariely, 2009）。たとえば，以下のような場面を想像してほしい（鈴木，2011）。

「ある日，友人と焼肉のチェーン店を訪れた。メニューを見てみると，3000円の特上コース，2000円の上コースが並んでいた。特上コースには3種類，上コースは2種類の上質な国産牛が含まれている。給料日直前で浪費は避けたいと思い，上コースを選ぼうとするが，特上コースの内容も捨てがたい。迷いながらメニューのページをめくると，並コースの存在に気づいた。1200円とお値打ちである分，質も量もイマイチな印象だ。しかし，並コースに気づくと，先ほどの迷いが嘘のように，『ならば上コースにしよう』と決心がついた」。

金額や内容の違いはあるにせよ，よく似た経験をもつ人は少なくないのではないか。このように，一長一短の属性を有する選択肢が3つ以上提示されたとき，中庸な選択肢が好まれることを妥協効果，または極端回避傾向と呼ぶ。

サイモンソンらは，実験でこの傾向を明らかにした（Simonson and Tversky,

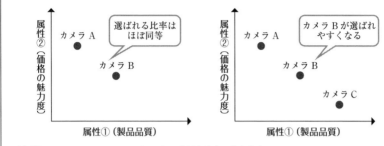

図 **1** 妥 協 効 果

（出所） Simonson and Tversky（1992）の結果をもとに筆者作成。

1992）。実験では，以下のとおり 3 種類のカメラが用意された。

　(1)　カメラ A：品質は劣るが，価格の魅力度が高い（すなわち，安価）。

　(2)　カメラ B：品質も価格も中庸。

　(3)　カメラ C：品質は優れているが，価格の魅力度は低い（すなわち，高価）。

　参加者たちに，カメラ A とカメラ B のみを提示し，好ましいカメラを選択するよう求めたところ，参加者の 50 ％ がカメラ A，残りの 50 ％ がカメラ B を選択した。続いて，カメラ C を加え，3 つのなかから 1 つを選ぶよう求めたところ，比率はカメラ A が 22 ％，カメラ B が 57 ％，カメラ C が 21 ％ となり，カメラ B に選択が集中した（図 1）。同じ対象であっても，選択肢の構造によって人の意思決定が影響を受けるのである。

　サイモンソンらの研究以降，妥協効果を食品選択（Sharpe et al., 2008）や産業財取引（Kivetz et al., 2004; ⇨ 1-11）の領域に応用した研究，妥協効果の発生条件を検討した研究（Cui et al., 2021; Dhar et al., 2000）などが行われている。

　妥協効果は，マーケティング実務にも応用できる。たとえば，メルセデス・ベンツは，最も手頃な価格のコンパクト・カーである A クラスを導入したところ，ワンランク上位に位置する C クラスの売上が向上したという（上田，2003）。したがって，重点的に販売したい製品がある場合，製品ラインナップのなかで中間ランクに位置づけることで，当該製品を選ばれやすくすることが可能である。

🌏外川拓

4|4
フレーミング効果

4 | 5 オウンド・メディア

owned media

◆**オウンド・メディアとは**

オウンド・メディアとは，多くの文献で「自らが所有するメディア」と端的に定義されることが多いが（Burcher, 2012; Dietrich, 2014 など），所有の観点からだけでなく，企業（組織）自らの責任と裁量の下で管理・運営し，顧客との接触とコミュニケーションを図るメディアとして捉えることが望ましい。具体的には，自社が管理・運営するウェブサイト，アプリ，ブログ，ソーシャルメディア（⇨4-8）などのオンラインのメディアのほか，商品パッケージ，カタログ，広報誌，直営店舗，自社社員，自社企画のイベント，工場見学，社員の名刺などのオフラインのメディアも含まれる（田嶋，2018, 26 頁）。

◆**オウンド・メディアを巡る議論**

オウンド・メディアという用語は，アメリカ IT サイト CNET の 2009 年 5 月の記事（Leberecht, 2009）のなかで，ペイド・メディア（paid media），アーンド・メディア（earned media）とともに確認されたものが比較的古い。ペイド・メディアとは，地上波のテレビなど，広告料等を「支払って」顧客に自社の CM 等を視聴してもらうメディアであり，アーンド・メディアとは，ソーシャルメディア上のクチコミ（⇨4-6）やパブリシティなど，企業にとっての評判を「獲得する」メディアである。この記事のタイトルが「From paid media to earned media to owned media and back」であることからもわかるように，オウンド・メディアを巡る当初の議論は，ペイド・メディアを中心としたメディアへの資源配分から，オウンド・メディアやアーンド・メディアに対する資源配分へのシフトの必要性を示唆するものが主であった。

その後，Burcher（2012）によってこれら 3 つのメディアが明確に定義されるのと同時に，メディア間の連携についても議論されるようになり，たとえば，オウンド・メディアがペイド・メディアに接触するきっかけとなること（Harison, 2013）や，オウンド・メディアとペイド・メディアとがブランドの長期的成果にシナジー効果を有していること（Jayson et al., 2018）が示唆された。

日本では横山（2010）が，これら 3 つのメディアをトリプル・メディアと呼び，マスメディアの役割が以前に比べて限定的になり，企業が多様なメディアを所有できるようになった今日，これら 3 つのメディアの連携が必要である旨

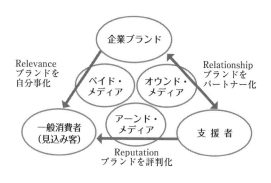

図1 R3コミュニケーションモデルにおけるトリプル・メディアの役割

（出所）恩蔵・ADK R3 プロジェクト（2011）52 頁を修正。

を示唆した。そして Dietrich（2014）は，アーンド・メディアからクチコミ等のシェアード・メディア（shared media）を切り離し，4 つのメディアから構成される PESO モデルを提起し，各メディアの役割をより明確にした。さらに Macnamara et al.（2016）は，PESO モデルを一歩進めて，4 つのメディアの戦略的優先順位に基づいた SOEP モデルを提起した。

◈オウンド・メディアの役割

恩蔵・ADK R3 プロジェクト（2011）によって提起された R3 コミュニケーションモデルに基づくと，オウンド・メディア，ペイド・メディア，アーンド・メディアのトリプル・メディアは図1のように整理される。まず「企業・ブランド」と「一般消費者」との間では，企業・ブランドの見込み客たる一般消費者の関心を高めるべくコミュニケーションが必要となり，そこではペイド・メディア，すなわちすでに一般消費者との接点を確保しているメディアに広告料等の費用を支払うことによって，企業・ブランドから一般消費者への一方向的なコミュニケーションを図る。このコミュニケーションで目標となるのが，一般消費者にとっての企業・ブランドの自分事化（Relevance）である。

次に，企業・ブランドに対してすでに何らかの好意的態度等を形成している「支援者」と企業・ブランドとの間では，両者の関係性を構築・維持・深化させていくためのコミュニケーションが有効である。ここで重要な役割を果たすのが，オウンド・メディアである。自社ウェブサイト，自社アカウントのソーシャルメディア，直営店舗といったオウンド・メディアを通じて企業・ブラン

ドと支援者とが双方向でコミュニケーションを図りながら関係性（Relationship）を深めることができる。最後に，支援者と一般消費者との間では，オウンド・メディアを通じた企業・ブランドと支援者とのコミュニケーションの結果によって形成された支援者の評価や情報が，アーンド・メディアを通じて一般消費者に評判（Reputation）として伝えられる。

◈ D2C とオウンド・メディアの活用における留意点

　今日，オンラインのオウンド・メディアを活用して顧客と密接なコミュニケーションをとりながら，e コマース（⇨ **5-10**）での直販を行う D2C（direct to consumer）と呼ばれる販売形態に活路を見出す企業が増えている。D2C を志向する企業にとっては，店頭での顧客の獲得や顧客への情報提供ができない分，コミュニケーションにおいてオウンド・メディアへの期待は非常に大きい。オウンド・メディアをうまく活用することができれば，流通業者やペイド・メディアを介さずに自社のビジネスを成功させることが可能である。

　しかし，オウンド・メディアはすでに企業やブランドに少なからず好意的態度を有する「支援者」をターゲットとする場合に有効である一方，新規の「一般消費者」への接触効果は限定的である。きわめて低コストでカスタマイズした情報を顧客に提供できるオウンド・メディアの特徴に目を奪われ，ペイド・メディアからオウンド・メディアへ安易に資源配分をシフトさせることは早計である。メディアのシフトは単なるコミュニケーション・チャネルのシフトではなく，ターゲットの変更を伴うという意味では，きわめて戦略的な意思決定であることに留意すべきである（田嶋，2016，8頁）。

　したがって，すでに優良な顧客を有し，新規顧客を惹きつけるだけのブランド力やコンテンツ制作力を有しているのであれば，その企業にとってペイド・メディアを利用することの価値は相対的に低くなるが，逆に，新規顧客を惹きつけるだけのブランド力やコンテンツ制作力を有していないのであれば，依然としてペイド・メディアへの資源配分は必要であると考えるべきである。

◉ 田嶋規雄

4|**6** ク チ コ ミ

◆定義や特徴

クチコミとは，特定の商品やサービスの所有，使用，特徴，あるいはその販売者ついて，消費者の間で交わされる非公式のコミュニケーションのことである（Westbrook, 1987）。Keller and Fay（2012）の調査によれば，平均的な消費者は週に 65 のブランドについて会話しており，ソーシャルメディア（**☞ 4-8**）が普及した今日においてもその 90 ％以上をオフラインで行っている。

伝統的な研究では，社会的なつながりのなかで交わされるコミュニケーションを前提とし，既知で信用できる人（Meuter et al., 2013）や商業的な意図がない人とのコミュニケーションであること（Buttle, 1998），送り手の喜びや驚き，落胆の表情，態度，送り手自身の行動などデモンストレーション効果が含まれること（Anderson, 1998），の2点に特徴を見出した。1つめの発信者の特徴によりクチコミの受け手は，送り手の信頼性や専門性の高さ，非商業的な立場を認め，信用に足る情報とみなす。受け手が能動的に送り手を選択することも可能で，クチコミを確からしい代理検討あるいは代理使用の結果として受容する（Olshavsky and Granbois, 1979）。ニールセン（2015）の調査においても，クチコミは最も信頼できる情報源であった。

もう1つはメッセージの豊かさやマナーといった情報の特徴である。クチコミでは商品や消費に関する事実のみならず，それらに対する送り手の評価や感情反応が語られる。また表現の精彩さ，物語性，表情や視線，声のトーンといった非言語要素を有するクチコミは，受け手の感情的な反応を高めやすい。その結果，その内容を受け手は感覚的に受容し，説得されやすい（安藤，2017）。問題認識から比較検討段階で活用されやすい広告に対して，クチコミは意思決定の最終局面で活用されるため，態度変容につながりやすい（Martilla, 1971）。

◆伝統的なクチコミ研究の理論的背景

マーケティング分野の初期の研究では，生物学，心理学，社会心理学で取り組まれたオピニオン・リーダー，革新普及やイノベーター，生物進化，ネットワーク理論，流言に関する研究知見を用いてクチコミの伝播力や説得力が考察された。たとえば進化生物学者の Dunbar（1996）は，サルが毛づくろいをする代わりに人間は話すことでコミュニケーションを図るのだと考えた。生命を

守り，社会生活を維持・管理するために多様な情報を語り，他者と共有する。クチコミはわれわれの社会生活の中心に据えられる行為なのである。また社会心理学者のMilgram（1967）のスモール・ワールド実験に由来する「6段階ネットワーク」や，等比級数的現象の特性（たとえば，厚さ0.9mmの紙を2つ折りにする行為を42回繰り返すと計算上，その紙の厚さは月に到達する）を念頭に置くとき，1人が2人以上の人にクチコミされた場合に情報が伝播する範囲の広さが理解できる。

　選挙行動を研究したKatz and Lazarsfeld（1955）は，マスメディア情報はオピニオン・リーダーを介してノンリーダーに伝えられ，そのプロセスを通してコミュニケーション効果が高まることを，「コミュニケーションの2段階の流れ」（the two-step flow of communication）仮説として提唱した。オピニオン・リーダーとは，日常の個人的接触を通して他の人々の意思決定や意見形成に影響を与える人を指し，インフルエンサー（➡ 2-9）とも呼ばれる。同仮説を通して，カッツらは人的コミュニケーションがマス・コミュニケーションの効果を左右する重要な働きを果たすことを指摘した。その後の研究で，内容や環境によって異なる方法や段階数で情報が流れることが示された。たとえば，オピニオン・リーダーは，分野ごとに異なり，ノンリーダーに情報を与えるだけでなく積極的な受信者でもある。情報の処理や判断に，ノンリーダーのクチコミもまた重要な役割を果たすことがわかった。また情報が容易に入手できる環境では，情報の流れは2段階から0段階に近づくことも示された。他方で，マスメディア情報の受け手は社会的な交流のなかに存在し，相互コミュニケーションが交わされるなかで情報が広まり影響力が高まると一貫して考えられている。

◆オピニオン・リーダーやクチコミされやすい情報の特定

　オピニオン・リーダーやクチコミされやすい情報の特定は，実務的にも学術的にも大きな関心事である。他者に影響を与える消費者の特定はLazarsfeld et al.（1944）をベースとするオピニオン・リーダー研究のほか，Rogers（1962）の普及理論をベースとするイノベーター研究，複数のカテゴリーや小売店の情報を発信する層の存在を指摘したFeick and Price（1987）をベースとするマーケット・メイブン（市場の達人）研究で取り組まれている。

　斬新で革新的な商品やユニークなキャンペーンは話題性が高く，感情を伴う多くのクチコミを誘発する。しかし短い期間で終息するケースも少なくない。

他方で継続して語られる対象には日用品，耐久品，サービス，新製品も既存製品も含まれる（Arndt, 1967）。たとえば，広く利用される商品や，広告や販売促進策が展開されている商品などは，会話のきっかけが多くもたらされることでクチコミが生じやすい（Keller and Fay, 2012）。包括的なマーケティング施策やブランド構築を実践することが，クチコミの強化策としても機能する。

　語られやすい内容やオピニオン・リーダーの特定には，クチコミの受信動機や発信動機を理解することも有益である。クチコミが求められる条件には，「無形性や不可分性の性質をもつサービス」「知覚リスクが高い商品」「新製品」といった商品特性や，「情報不足」「煩雑な意思決定」「短時間での意思決定」「意思決定の最終局面」といった状況要因がある（Bristor, 1990）。約7割のクチコミのきっかけは受け手がつくっていることを踏まえると（Reingen and Kernan, 1986），送り手の魅力や，魅力を高める好感度や親しみやすさ，類似性がクチコミの需要や影響力を左右するといえる（Hovland et al., 1953; 澁谷，2013）。

　クチコミの発信動機には，豊富な知識を印象づけたり，興味・関心を他者に知らせたりすること，社会的地位の確立や他者との良好な関係構築が挙げられる。他者の意思決定を支援する利他的な動機から推奨商品がクチコミされる場合もあれば，好ましくない経験を避けるよう否定的な情報を共有する場合もある。しかし，人は好きなもので他者とつながることを好むため，否定的な内容より肯定的なものが語られやすい。約3倍のポジティブなクチコミが発信されている（East et al., 2007）。好ましくない体験をもつ消費者は，他者のためだけでなく自身の状況を理解するためや不協和を低減させるためにも語っている（Arndt, 1967）。また近年，報復やブランド・ボイコットといった極端な行動をとる消費者が社会問題化している。従来の不満研究で示された顧客行動との違いが研究されている（Grégoire and Fisher, 2008; Kähr et al., 2016）。

◆クチコミ・マーケティングの倫理的課題

　商業的意図を隠したクチコミは受け手を欺く行為となりかねない。行き過ぎたクチコミ促進策は倫理的観点から避けられるべきである。日米のWOMMA（Word of Mouth Marketing Association）は，設立当初より会員企業に対して施策の公平性と透明性を求めてきた。法整備も進められ，広告主や広告会社だけでなく推奨者にも，企業との関係の開示や情報の公平性の確保が求められる。

◆安藤和代

4 | 7 ソーシャル・ネットワーキング・サービス (SNS)

social networking service: SNS

◆ソーシャル・ネットワーキング・サービスとは

　ソーシャル・ネットワーキング・サービス（SNS）とは，人と人をつなぐ，交流を促すためのさまざまな機能を提供しているインターネット上のサービスの総称である。SNS には多様な形態が存在するが，用意されたプラットフォーム（⇒ 1-21）に個人が実名あるいは匿名で自らの写真や近況などの情報を投稿し，その情報を見た人同士で交流を行って，オンライン上の「友人」となるようなサービスが典型的である。

　SNS は，ソーシャルメディア（social media; ⇒ 4-8）の 1 つと位置づけられる。SNS が主にユーザー同士の交流を目的とするサービスやアプリケーションを意味するのに対し，ソーシャルメディアは情報発信の双方向性をもつメディア全般を意味し，SNS だけでなく動画投稿サイトなども含む。

◆ SNS の利用状況

　総務省（2021）によると，日本人の 1 日当たりのインターネット利用時間（全世代平均）のうち，「SNS を読む・書く」(37.9 分) に費やされる時間の長さは，「メールを読む・書く」(40.8 分)，「動画投稿・共有サービスを見る」(38.7分) に次いで第 3 位であり，多くの人が日常的に SNS 利用に多くの時間を割いていることがわかる。

　世界でみると，SNS のユーザー数は 46 億 2000 万人（2022 年 1 月）であり，この数字は世界の総人口の 58.4 ％に相当する（Kemp, 2022）。世界で最も多くのユーザーを獲得している SNS は「Facebook」であり（約 29 億人），次いで「What's app」（約 20 億人），「Instagram」（約 15 億人），「WeChat」（約 13 億人），「TikTok」（約 10 億人）となっている（Statista, 2022）。一方で，日本で最も普及している SNS は「LINE」であり，利用率は全世代平均で約 90 ％に達する（総務省，2021）。次に利用率が高いのは「Twitter」と「Instagram」（ともに全世代平均で利用率 40 ％程度)，「Facebook」が利用率 30 ％程度と続く。なお，動画共有サイトでは，「YouTube」が利用率 90 ％を超えている。

　これほどに多くの消費者が日常的に利用していることから，SNS は企業にとって，マーケティング・コミュニケーションの媒体として大きな可能性を有している。しかしながら，SNS は流行の移り変わりがきわめて速いことに注

4

コミュニケーションの力

意が必要である。各サービスの登場初期には若年層のユーザーが多いものの，時間が経つにつれてユーザーの平均年齢が上がっていき，その後，急速に全体のユーザー数が減少するという特徴がみられる（嶋田，2022；林，2022）。

◈ SNS 利用の影響

SNS を利用することで，われわれは物理的空間を越えて他者と交流することができる。したがって，SNS はわれわれの日常的なコミュニケーションの機会を増やし，生活に精神的な豊かさや幸福感をもたらすと期待されたが，学術研究の多くは，SNS 利用が人の精神的健康に悪影響を与えることを報告している（たとえば Kross and Chandhok, 2020）。たとえばアメリカの大手調査会社ギャラップ社が実施した 3 年間（2013, 14, 15 年）の社会調査データを分析した研究では，Facebook への投稿数や「いいね！」のクリック数が増えるほど，身体的健康（physical health），精神的健康（mental health），人生満足度（life satisfaction）が悪化することが明らかになった（Shakya and Christakis, 2017）。

人は常に「より良い自分」を他者にみせたいと動機づけられており（Goffman, 1959），それは SNS 上でも同様である。とくに SNS では，対面での交流では利用できないような過大な自己演出（例：写真をフィルターで加工する）が可能であり，SNS に投稿される情報は現実から乖離した理想的なものになりがちである。他人の理想化された姿を SNS で参照することで，上方比較（自分より優れた人と自分を比較すること；Festinger, 1954）が常に行われてしまい，SNS の利用は妬みなどの否定的な感情経験を増やして，人の幸福感を低下させる（Verduyn et al., 2015）。とくに世界の利用人口が多い Facebook については，「Facebook 中毒尺度」（Andreassen et al., 2012）が開発されるなど，過剰利用の病理性を指摘する研究者も少なくない。

◈ SNS のマーケティング効果

SNS を通じて観察する他者の姿は，妬みの対象になると同時に，周囲から好意的に受け入れられる「模範例」「典型例」でもある。

どんな価値観や行動が好意的に受け入れられやすいのかに関して，それぞれの社会や集団内で共有されている暗黙のルールのことを，「社会規範」（social norm）という（Deutsch and Gerard, 1955）。社会規範には 2 種類あり，1 つは「記述的規範」（多くの人が実際にどんな行動をしているか），もう 1 つは「命令的規範」（どのように行動することが好ましく，受け入れられやすいのか）である。社

会規範に従わない行動は，個人が集団から排除されるリスクを高めるため，消費者の購買意思決定は社会規範によって強く影響を受ける（Bearden and Etzel, 1982）。たとえば，ある集団でエコ製品を購入することが好ましいとされており（命令的規範），実際に大勢の人がエコ製品を購入していたら（記述的規範），消費者はエコ製品を購入するようになる。

　SNS は，従来は「暗黙の了解」として働いていた社会規範を，可視化し，すばやく伝播させる働きをもつ。たとえば，次のような場面を想像してほしい。最近，あなたの友人が，ある見慣れない形状のイヤホンを身につけた写真を SNS にアップしていた。数日内に，別の友人が数名，同じイヤホンをつけた写真をアップしているのを見かけた。いずれの投稿も膨大な数の「いいね！」がついており，「いいね！」を押しているのがどんな人かをみてみると，あなたにとって重要な知り合い（例：友人グループ，サークル，職場の同僚，学校のクラスメイト）であった。このようなとき，SNS 上の友人の写真投稿や膨大な数の「いいね！」は，「多数の人がこの製品を良いと実際に評価している」という記述的規範のシグナルとなる。おそらく，あなたはこのイヤホンが気になりはじめるであろうし，自分も欲しいと強く思うかもしれない。あなたの別の友人も同じように感じているだろう。SNS を起点とした爆発的ヒット商品が生まれる理由の１つは，社会規範の影響力に由来する。

　このような SNS のもつ大きな影響力は，新しい生活様式や価値観をマーケティングするのに有効である。たとえば，フェア・トレードやカーボン・ニュートラルへの意識など，向社会的な消費活動の普及に貢献できるだろう。一方で，金銭的報酬などによって企業が SNS ユーザーに自社の商品を推奨する投稿を促す施策は，SNS の信頼性の前提を脅かすものであり，「ステルス・マーケティング」として社会問題になった。

🌑 杉谷陽子

4|8 ソーシャルメディア・マーケティング

social media marketing, social media in marketing

◆ソーシャルメディアとは

1990 年代後半からのインターネットの普及に続き，2000 年半ば頃から注目を集めるようになったのがソーシャルメディアである。ソーシャルメディアとは，ICT によって強化された，人々，コミュニティ，組織などを相互に結ぶネットワークであり，コミュニケーションの手段である（Tuten, 2021）。より具体的には，SNS（☞4-7）に代表される Facebook や Instagram，Twitter といったインターネット上でのコミュニケーション・ツールや，YouTube や TikTok のような動画メディア，さらには一般的に利用されるブログ・サイトも含められる。これらソーシャルメディアは，いわゆるネット世代以降の Z 世代はもとより（Tapscott, 2009），世界中の人々が利用するようになっており（Boyd, 2014），誰もが複数のソーシャルメディアを自由に使いこなすオムニ・ソーシャルの世界に生きるようになっている（Appel et al., 2020）。

企業にとっても，ソーシャルメディアは重要な意味をもつようになってきている。ソーシャルメディア・マーケティングという特別な概念や方法が存在するわけではないが，ソーシャルメディアの利用を軸にしたマーケティング活動を，総じてソーシャルメディア・マーケティングと呼ぶことができる。従来，インターネット・マーケティングや e マーケティングと呼ばれてきたマーケティング活動や，近年ではデジタル・マーケティングと呼ばれるマーケティング活動と重なる部分が多い（Lamberton and Stephen, 2016）。

一般的なマーケティングが 4P からなるマーケティング・ミックスを中心とするのに対し，ソーシャルメディア・マーケティングでは，新たな P として参加（participation）を重視しているとみることもできる（Tuten, 2021）。この認識は，デジタル・マーケティングがマーケティング・ミックスの見直しとして，それぞれに人々の参加を追加しようとした点とも似ている（Kotler et al., 2017）。いずれにせよ，ソーシャルメディアを利用し，ソーシャルメディアとともに生きる人々を念頭に置き，彼ら彼女らに対し，あるいは彼ら彼女らとともに，新しい製品やサービスの価値を創り上げていくことがマーケティングには求められている。

◆マーケティングにおけるソーシャルメディアの活用

　マーケティングにおいて，ソーシャルメディアはさまざまに活用される。具体的には，顧客の声を聞くこと，顧客に情報を伝えること，顧客とつながること，そして顧客とともに価値を創り出すこと，にまとめられる（水越，2018；図1）。これらは，ソーシャルメディアに限らず，ソーシャル・インタラクションに対する企業のマネジメントとして，観察，調整，媒介，参加の4つがあることと対応している（Godes et al., 2005）。

　ソーシャルメディア上に溢れる人々の声を傾聴することや監視することは，ソーシャルメディア・マーケティングの第一歩である。マーケティング・リサーチはますます精緻化されているが，必要な情報はソーシャルメディア上に存在している。人々の投稿を定性的に分析することもできるし，定量的に捉えることもできる。ただし，ソーシャルメディア上の情報については，無意識のうちに特定の情報だけが取捨選択されてしまうフィルター・バブルやエコー・チェンバーによって，偏りが生じている可能性に注意する必要がある。

　ソーシャルメディアを既存のメディアのように捉え，人々に対して情報を伝えるツールとして用いることもできる。とくにソーシャルメディアではインタラクションが容易であり，企業がソーシャルメディア上に開設した公式アカウントは，人々とフレンドリーな関係を構築する。こうした関係はパラソーシャル・インタラクション（☞4-9）と呼ばれ，ブランド・ロイヤルティ（☞3-2）やクチコミ（☞4-6）に影響を与える（Labrecque, 2014）。リアルタイムの動画配信を通じて商品を販売するライブ・コマースなども広がっている。

　ソーシャルメディアにおけるインタラクションを強めれば，企業は顧客とつながり，コミュニティを構築することもできるようになる。こうしたコミュニティの存在は，従来もブランド・コミュニティ（☞3-8）としてマーケティング研究において議論されてきた。ブランド・コミュニティは，人々が互いに特定のブランドについてインタラクションすることで形成され，コミュニティ内の人々のブランド・ロイヤルティを高めるとともに，コミュニティの外に向かっても情報を発信する（Schau et al., 2009）。

　ソーシャルメディア・マーケティングとして最後に期待されるのは，顧客の声を聞き，情報を伝えるとともに顧客とつながることによって，顧客とともに新しい価値創造を行うことである。デジタル・マーケティングにおいても重視

図1 マーケティングにおけるソーシャルメディアの主な4つの活用方法

ソーシャルメディア・マーケティング

- 顧客の声を聞く
- 顧客に伝える
- 顧客とつながる
- 顧客とともにつくる

（出所）水越（2018）36頁。

される共創活動は，人々の日々の投稿物であるUGC（⇨ **4-11**）やクチコミといったものから，実際に顧客とともに生産活動を行う消費者参加型の製品開発まで多岐にわたる。

◆ソーシャルメディアが作り出すエンゲージメント

ソーシャルメディア上での人々の行動は，しばしばエンゲージメントという言葉で総称され，議論されてきた。具体的には，閲覧，「いいね」やシェア，コメントや，投稿文章に組み込まれたリンクのクリックなどが含まれる。

こうしたソーシャルメディアにおけるエンゲージメントの特徴は，購買を超えた行動（beyond purchase）として捉えることができる（Vivek et al., 2012）。すなわち，エンゲージメントでは，必ずしも購買を伴わず，また購買の計画もされないままに，人々がブランドに関わり，ブランドに対する興味や愛着（⇨ **3-3**）を示す。

ソーシャルメディアのエンゲージメントは，一般的な消費者行動である認知，感情（⇨ **2-3**），行動とも関連しており，広く顧客エンゲージメント（customer engagement; ⇨ **2-15**）の議論と結びついている（Liu et al., 2021）。顧客エンゲージメントもまた，取引を越えた行動（beyond transaction）として発展し，インターネットやソーシャルメディアにおける人々の行動に注目してきた（Verhoef et al., 2010）。こうしたエンゲージメント概念の浸透や発展は，ソーシャルメディア・マーケティングがソーシャルメディアの利用に限定されたマーケティング活動ではなく，マーケティング全般に関わるものであることを示している。

🌐水越康介

4 | **9** インフルエンサー・マーケティング

◆ **インフルエンサー・マーケティングとは**

　インフルエンサー・マーケティングとは，自社の財やサービスの販売促進を目的として，消費者に対して社会的な影響力を有する個人を活用することである（Glenister, 2021）。そもそも，インフルエンサーとは，社会的影響力（social influence）をもつ人物，すなわち，あるコミュニティ内で周囲の人々にクチコミ（☞ 4-6）を発信して，彼らの認識，態度，信念を変容させられる人のことである（Raven, 1965）。マーケティング論においては，オピニオン・リーダー（Katz and Lazarsfeld, 1955）やマーケット・メイブン（Feick and Price, 1987）といった名称で呼ばれる個人が，他の消費者の購買意思決定に影響を及ぼす主体として古くから知られてきた。企業は，このような影響力をもった個人と協力し，時に依頼してクチコミを発信してもらう。そして，そのクチコミを通じて，自社の財やサービスに対する認知や好感を高めて，消費者の購買を促すという取り組みを実践してきた。

◆ **なぜ，今日，インフルエンサー・マーケティングが有効なのか**

　インフルエンサー・マーケティングのコンセプト自体はまったく新しいものではない。しかし，昨今，"インフルエンサー"という用語に注目が集まり，インフルエンサー・マーケティングが積極的に展開されるようになった背景には，少なくとも2つの要因が関連している。

　第1は，企業の広告宣伝に対する消費者の不信感ないし嫌悪感の高さである。インターネットが普及して以降，消費者は製品関連情報を容易に取得することができるようになった。すでに製品を経験した消費者によるクチコミをインターネット上で参照できるようになったことで，商業的意図をもたない消費者の発信する情報が有用な情報源として使用されるようになった（菊盛, 2020）。他方，企業発信の情報は商業的意図を含んだ歪んだ情報としてみなされ，回避されるようになった。たとえばテレビ番組の途中に挟まる CM や，ウェブサイト閲覧途中に介入するバナー広告などは，視聴中のコンテンツを妨げるという観点からも消費者から忌み嫌われ，しばしば無視されるようになった。

　第2はソーシャルメディア（☞ 4-8）ないし SNS（ソーシャル・ネットワーキング・サービス；☞ 4-7）の普及である。ブログ，YouTube，Facebook，

Twitter, Instagram などのソーシャルメディアの登場によって，インターネット上での個人間の交流が盛んになり，製品関連情報の授受も行いやすくなった。また，技術や資金をもたなくても，消費者の誰もが自分でコンテンツ（CGC: consumer generated contents）を作成し，自由に発信することができるようになった。その結果，マスメディアで活躍する有名人でなくても，誰もが多くの消費者とつながり，彼らの消費行動を変えうるインフルエンサーになれるという状況になった。

　このようにして，より最近では，ソーシャルメディアにおいて，強い影響力をもつユーザーを，"インフルエンサー"と呼ぶようになった。そして，ソーシャルメディア上のインフルエンサーに依頼して，自社の財やサービスを紹介してもらったり，購買することを推奨してもらったりするように働きかける企業活動を指して，インフルエンサー・マーケティングと称するようになった。

◆インフルエンサーの影響力の源泉

　ソーシャルメディアのユーザーならば誰でもインフルエンサーになれるとはいえ，他者に影響を及ぼすことができる人物はそう多くはない。一体，どのような特徴をもつインフルエンサーが，多数の消費者の購買意思決定に影響を及ぼすことができるのだろうか。インフルエンサーの影響力の源泉として，次のような要因が挙げられている。

◆信憑性と魅力

　信憑性とは，情報発信者の発言や主張が有効であると受信者が知覚する程度を指す。情報源信憑性モデル（Ohanian, 1990）を応用すると，信憑性の高いインフルエンサーは，発言に嘘がないという意味で高い信頼性をもち，かつ，発言に誤りがないという意味で高い専門性をもつことが重要である。インフルエンサーに対する信憑性を高く知覚すれば，推奨された製品の購買意図は高く，その効果は長期的に持続する（Fink et al., 2020）。インフルエンサー・マーケティングを実施する際には，インフルエンサーの投稿内容が企業の宣伝広告のためのものであるということを「#PR」のようにハッシュタグを使って明示する必要がある。しかし，そうした印は，インフルエンサーの信憑性を低下させ，結果として，影響力を減じさせるといわれている（De Veirman and Hudders, 2020）。

　信憑性と同様に重要な要因が魅力である。魅力とは，情報発信者に対して受

信者が抱く憧れの程度を指す。魅力は，必ずしも身体的な要素の美しさに関係するわけではなく，インフルエンサーの親しみやすさや好感が重要である（Torres et al., 2019）。

◆パラソーシャル・インタラクション

　パラソーシャル・インタラクションとは，ソーシャルメディア上でインフルエンサーとユーザーの間に発生する想像的な交流である（Schramm and Hartmann, 2008）。その結果，形成された想像的な関係は，パラソーシャル・リレーションシップと呼ばれ，ソーシャルメディア上のインフルエンサーに対して，対面での交流はないものの，まるで友人のような親近感や親密感を抱く関係性を意味する（Sokolova and Kefi, 2020）。

　消費者は，直接会ったことのないインフルエンサーとのさまざまな経験を通して，心理的な関係を構築する。たとえば，写真や動画を通じて目が合ったり，言葉を投げかけられたりする。インフルエンサーのプライベートな情報を知ったり，個人的にダイレクト・メッセージのやりとりを行ったりすることもある。そうしたパラソーシャルな交流によって，インフルエンサーとの間の心理的なつながりが強くなるほど，そのインフルエンサーの言動が消費者の態度や行動を大きく左右する（たとえば Hu et al., 2020; Sokolova and Kefi, 2020）。

◆製品・ブランドとの適合性

　インフルエンサーが精通する製品カテゴリーと，推奨される製品が適合していれば，そのインフルエンサーと投稿内容に対する信憑性が向上する（Martínez-López et al., 2020）。たとえば，美容製品のインフルエンサーが新作の化粧品を推奨する投稿を行えば，消費者はその投稿内容を信用して購買する気になるだろう。しかし，そのインフルエンサーから家電製品を推奨されれば，その推奨を受け入れる気にはならず，そのインフルエンサー自体を信用することができなくなるかもしれない。また，インフルエンサーに対して抱くイメージや投稿内容から感じられるパーソナリティが，推奨されるブランドと適合していることも重要である。

🖊菊盛真衣

4
コミュニケーションの力

4|10 ダイナミック・プライシング

◆ダイナミック・プライシングとは

ダイナミック・プライシングは「需給の状況に応じて自由に価格を調整すること」である（Garbarino and Lee, 2003, p. 496）。ダイナミック・プライシングそのものは古くから実践されており，1970年代にアメリカの航空会社が導入したチケット販売の仕組みがその始まりとされている。日本でも鉄道会社が繁忙期と閑散期で特急列車の指定席料金を変動させていたり，ホテルの宿泊料金が平日と週末で異なっていたりと，ダイナミック・プライシングに含まれる価格設定は従来から行われていた。このように，ダイナミック・プライシングそのものは必ずしも新しい手法というわけではないが，2010年代後半に入ってから，にわかに注目されるようになった。その背景としてAIの活用が挙げられる。すなわち，AIを活用することで繁忙期と閑散期を予測し，それに応じて最適な価格設定を柔軟に行っているということである。プロスポーツの試合でダイナミック・プライシングを導入するケースが増加しているが，オンライン・ショップでも導入されるようになってきている。

それでは，なぜダイナミック・プライシングを導入するケースが増加しているのだろうか。企業がダイナミック・プライシングを導入する目的として，利益の最大化が挙げられる。とくにサービス業の場合，季節，曜日，時間帯などで需要量が変動する。そこで，需要のピーク時には相対的に高い価格を設定し，非ピーク時の価格を相対的に安くすることで，非ピーク時の売上増を図るのである。また，ピーク時の価格を高くすることで，売上高をより高めることができる。結果として，利益の最大化が可能となる。

◆ダイナミック・プライシングの導入と需要の価格弾力性

このように，ダイナミック・プライシングを導入することでさまざまなメリットがあるが，注意すべき点もある。とりわけ価格の変動幅に注意しなければならない。変動幅が大きいと，高価格時の売上が大幅に減少する可能性があるためである。このことは，需要の価格弾力性を用いて説明することができる。需要の価格弾力性とは「需要が価格にどの程度敏感に反応するか」を示したものであり（伊藤, 2021），"需要の変化率÷価格の変化率"で求めることができる。需要の価格弾力性は，製品やサービスによって大きい場合と小さい場合が

ある。たとえば生活必需品は弾力性の値が小さく，贅沢品は弾力性の値が大きい。したがってダイナミック・プライシングを導入する際には，その製品やサービスの弾力性の値が大きいか小さいかに注意する必要がある。仮に弾力性の値が大きい製品やサービスにダイナミック・プライシングを導入し，価格の変動幅が大きい場合は，高価格時に需要量が極端に減少する可能性がある。さらには，ダイナミック・プライシングの導入そのものが需要量を減少させ，売上と利益にマイナスの影響をもたらす恐れもある。その場合は，ダイナミック・プライシングの導入を見送ったほうがよいだろう。

◆**ダイナミック・プライシングの導入と消費者の価格評価メカニズム**

　消費者の価格評価メカニズムの観点からも，ダイナミック・プライシング導入で注意すべき点について説明できる。価格評価（価格判断，価格知覚とも呼ばれる）とは消費者が「価格情報を心の中で符号化すること」である（Monroe, 2003）。具体的には，数字で示された価格を見て消費者が「高い」「安い」などと評価することだと考えればよいだろう。なぜ消費者が数字で書かれている価格を見て「高い」「安い」などと評価するのかというと，価格の高低を評価する基準を心理内に有しているからである。この基準となる価格を参照価格という。参照価格は「消費者の心のなかに形成される対象商品にふさわしい価格イメージであり，『この商品ならばこれくらいかな』と消費者が考える価格」である（上田，1999，81頁）。数字で示された価格が参照価格よりも高い場合はその価格を「高い」と評価し，低い場合は「安い」と評価する。また価格が参照価格の範囲内にある場合は，その価格の高低をとくに意識しない。

　ダイナミック・プライシングを導入する際は，消費者の価格評価メカニズムに注意する必要がある。とりわけ価格の変動幅が参照価格からどの程度離れているかが問題となる。もし高いときの価格が消費者の参照価格よりもかなり高くなってしまった場合，その価格は消費者から拒絶される可能性がある。一方，参照価格よりも大幅に安い場合，高いときよりも消費者から受け入れられやすい。ただし，この場合も注意しなければならないことがある。それは，参照価格が更新されることがある，ということである。もちろん，高価格でも参照価格が更新されることはあるが，参照価格が安いほうへ更新された場合，価格が高いときの売上が大幅に減少してしまう。したがって，ダイナミック・プライシングで価格の変動幅を設定する際には，参照価格の更新にも注意しなければ

ならない。

◆ダイナミック・プライシングはどのような条件の下で有効となるか

　では，ダイナミック・プライシングはどのような条件の下で有効となるのだろうか。いくつかの研究例をみてみよう。ダスとトンは，消費者が戦略的である（自分の行動が相手の行動に対してどのように影響するのかを考えた上で行動すること）場合，欠品の可能性があると消費者が考えているときのみダイナミック・プライシングが有効であると指摘している（Dasu and Tong, 2010）。

　ダイナミック・プライシングは，同じ製品やサービスに対して顧客ごとに異なる価格を請求することになるため，時として価格に対する不公平感を生じさせ，そこから不満足や企業に対する不信感につながることも少なくない。したがって，ダイナミック・プライシングに対する顧客の不公平感をいかにして抑えるかがカギとなる。バイスシュタインらは，価格の見せ方（フレーミング）によってダイナミック・プライシングに対する顧客の不公平感を軽減できるかどうかについて分析を行い，高価格製品ではパーセント表示よりも金額表示のほうが，低価格製品では金額表示よりもパーセント表示のほうが，ダイナミック・プライシングによる価格変動に対する顧客の不公平感を軽減させる上で有効であることを明らかにした（Weisstein et al. 2013）。またリーらは，バンドリング（抱き合わせ）を用いてメイン製品と抱き合わせ製品との組み合わせにより価格を変動させると，ダイナミック・プライシングに対する消費者の不公平感を緩和できることを指摘している（Li et al. 2018）。

　ダイナミック・プライシングは，価格を柔軟に変動させることによって企業の利益を最大化できる一方で，需要が減少したり，顧客の不公平感を高めたりといったリスクもある。したがって，有効な価格設定手法ではあるが，運用には十分注意する必要がある。

🎯鈴木拓也

4|**11** ユーザー生成コンテンツ（UGC）

◆ユーザー生成コンテンツとは

UGC とは user generated content の略称であり，日本語ではユーザー生成コンテンツと訳される。1980 年代に「プロシューマー」（Toffler, 1980）や「リード・ユーザー」（von Hippel, 1986; ⇨ **1-13**）といった概念が提唱され，これまで生産者によって独占されてきた製品開発活動に，積極的に関与する消費者の存在が示された。いわゆるユーザー・イノベーション（⇨ **1-13**）である。ただ製品開発に取り組むとなると，技術的な知識やモノづくりのスキルが必要となるため，限られたユーザーの活動に留まることが多かった。

ところが 2000 年代に入り，Web2.0 と呼ばれる時代が到来すると，一般のユーザーも生産活動に参加するようになる。いわゆるソーシャルメディア・サービスの登場である。ユーザーは，電子掲示板，ブログ，ソーシャル・ネットワーキング・サービス（SNS; ⇨ **4-7**），ナレッジ・コミュニティ，動画投稿サイト，レビュー・サイトなど，インターネット上で提供されるサービスを使いながら，自分たちで情報を創造し，発信するようになる。これらすべてが UGC と呼ばれる。

この UGC に関連する研究の先駆けは，経済協力機構（OECD）が 2007 年に刊行した調査レポートであろう（OECD, 2007）。OECD は当時，UCC（user created content）という表現が使っていたが，このレポートにおいて UGC の定義，UGC の出現と普及につながった主要な技術的，社会的，経済的，法的要因を特定するなど，体系的に UGC 研究を行っている。さらに UGC が社会や文化，経済がどのように影響を与えていくのかについても分析，提言している。

◆ソーシャルメディア・マーケティングと UGC

この研究を 1 つの契機として，マーケティングの領域でも UGC 研究が進められてきた。まず，ソーシャルメディア・マーケティング（⇨ **4-8**）の領域である。UGC の主要プラットフォーム（⇨ **1-21**）でもあるソーシャルメディアは，企業のマーケティング・ツールとしても使われることが多くなった。そこでソーシャルメディア上の UGC がソーシャルメディア・マーケティング，とくにコミュニケーション活動において，どのような役割を果たしているのかについて研究が進められた。

まず多くの研究において，UGCは企業から発信されるコンテンツに比べて信頼性が高いと思われる傾向が強いことが指摘されている。その結果，UGCが広告やブランド・コミュニケーション，顧客エンゲージメント（☞2-15）に非常に有益であること（Liu et al., 2017）や，ブランド体験価値を高めたり，クチコミ（☞4-6）や店舗訪問を促進させたりする効果があること（Yu and Ko, 2021）などが報告されている。ただUGCが企業のソーシャルメディア・マーケティングに対して，常に正の効果をもたらすというわけではない。ソーシャルメディアの特性，商材，ユーザーの属性の組み合わせによって，その効果や反応が異なることも明らかになってきている（たとえばSmith et al., 2012）。

◈ 価値共創とUGC

　次に，価値共創（☞1-7）に関する研究である。先に触れたように，ユーザー・イノベーションに積極的に取り組むユーザーは，かつてはかなり限定的であった。しかし，ソーシャルメディア上のUGCが，一般ユーザーの価値創造に貢献した例が報告されている。たとえば「初音ミク」である。初音ミクは当初，音声合成ソフトとそのキャラクターにすぎなかった。ところがあるユーザーが制作したコミカルな動画に刺激され，他のユーザーが次々と新しい作品を動画投稿サイトに投稿するようになった。さらに初音ミクを3次元化するCGソフトや，そのソフトの初心者向けチュートリアル動画など，初音ミクに関連するUGCも次々に制作され，それがまたUGCの生成を促進させるという循環を生み出した（小川, 2013）。つまり動画やCGソフトを最初に創り上げたのはリード・ユーザーのような能力をもったユーザーたちかもしれないが，そこから刺激とヒントを得ることで，一般のユーザーたちのUGCが増加したのである

　またこの初音ミクは，企業とユーザーの共創にも貢献している。初音ミクを開発したクリプトン・フューチャー・メディア社は，ピアプロというUGC投稿サイトを運営している。このサイトでは，会員同士の共創が促進されるだけでなく，外部のメーカーやメディアなどとのコラボレーションも行われている。さらにここで人気楽曲が生まれた場合，同社が設立したレーベルから発売する仕組みを整えている。つまりユーザーとの共創によって，同社はボーカロイド・ソフトウェアだけでなく，新たなサービス領域を拡大しているのである（片野・石田, 2017）。

◈UGC の正当性

最後に，UGC の正当性に関する研究にも触れておこう。企業のコミュニケーションや価値共創活動で利用する UGC は，当然のことながら「正しい」ことが求められる。ここでいう正しさとは，情報に間違いがなく正確であること，倫理的に問題がないこと，そして著作権上の問題がないこと，という 3 つの意味をもつ。たとえば，UGC は企業から発信される情報よりも信頼性が高いという報告が多くみられるが，一方でオンライン・ニュースに UGC を取り込むことは，サービス全体への信頼性を下げてしまう可能性が指摘されている (Grosser et al., 2019)。情報源の信頼性や情報の正しさ，さらにはその検証可能性が不十分な UGC は，ユーザーからの信頼を失い，サービスの価値までも低下させてしまうのである。

またユーザーはコンテンツ制作にあたって，しばしば他者の著作物を利用する。SNS では，ニュースサイトの記事の引用や，広告に掲載された商品写真の転載は頻繁に行われているし，価値共創においても他者の著作物を使った二次創作，三次創作をよく見かける。著作権法に基づけば，著作権者への許諾が必要となるが，一方で許諾手続きが厳格化されたり，煩雑なものになったりすると，ユーザーの創作活動を阻害しかねない。そこでクリエイティブ・コモンズ・ライセンスのような柔軟な許諾方法の導入（Lessig, 2004）や，フリー・イノベーションという新しいイノベーション概念の必要性（von Hippel, 2017）などが議論されている。

これからのマーケティングにおいて，この UGC の問題点がさらに重要になっていくことは間違いない。研究はまだ発展段階であり，今後さらにさまざまな分野で議論が進むことが期待される。一方でこの UGC を巡る議論の難しさも存在する。とくに UGC を取り巻く環境が日々変化してきている点である。新しいサービスや技術が次々に登場し，それを操るデバイスも進化していく。それが UGC をさらに増加させるが，それだけ信頼性のばらつきや効果検証を困難にすることも考えられる。UCG が溢れていくなかで，それをどのように整理，分析していくかが今後の課題である。

水野学

4 | **12** ゲーミフィケーション

◆ゲーミフィケーションとは

　「ゲーミフィケーション」は比較的に新しい概念であり，統一的な定義が確立されているわけではないが，「『ゲームの要素をゲーム以外のことに使う』こと」（鈴木，2013，22頁），「非ゲーム的文脈でゲーム要素やゲーム・デザイン技術を用いること」（Werbach and Hunter, 2012; 藤田，2018，84頁），「主としてモチベーションやエンゲージメントを高めるために，ゲームのメカニクスをゲーム以外の活動や文脈に応用すること」（Hamari and Koivisto, 2014; Spais et al., 2022, p. 413），「デジタル・ビジネスの領域で活用が進められる HCI（human-computer interactive）メカニズムの1つ」（Spais et al., 2022, p. 413）などと説明される。一般に，ゲームの要素や仕組みをゲーム以外のサービスや社会的活動などに援用することで，目標の達成を促進させる取り組みを意味する。

　2011年2月にアメリカ・サンフランシスコで開催されたゲーム開発者会議において，ゲーム・デザイナー兼ゲーム研究者のジェイン・マクゴニガルは「ゲーム的なデザインは，生活を変え，現実を変え，ゲームの考え方を変え，世界さえも変える力を持ちうる」と指摘し，大きな注目を集めた（新，2011）。イギリスの『オックスフォード英語辞典』を出版するオックスフォード大学出版局では毎年，「今年の言葉」を1つ選定しているが，「ゲーミフィケーション」は2011年に次点候補にまで選ばれている。ゲーミフィケーションは，マーケティング用語としてだけでなく，社会的に新しく注目された言葉になっているといえる。

　もともと「ゲーム化」（gamify）から派生した単語であるゲーミフィケーションは，課題をクリアすることで報酬が得られるというゲーム性が基本となる。課題と報酬という意味においては，来店回数や購入回数・金額などでポイントを一定以上貯めることで特典と交換できるロイヤルティ・プログラムや，いくつかの指定の場所・施設を巡りスタンプを集めることで特典が得られるスタンプ・ラリーなど，古くからオフラインで実施されてきた手法ではある。ただし，ゲーミフィケーションが高い注目を集めるようになったのは，スマートフォンと SNS サービス（☞ 4-7）が普及し，オンラインでゲーム性を取り入れたサービスが活発化し始めた2010年頃からである。ゲーム要素を取り入れたオン

ライン・サービスについて，他者と一緒に参加したり，ランキング形式で競い合ったり，その結果を SNS でシェアしたりする「交流」や「社会性」の要素が加わることによって，ゲーミフィケーションはよりいっそう顧客を魅了する手法として注目を集めるようになった。

多くの分野において，プロダクトの機能的価値のコモディティ化が進むなか，顧客の感情的なニーズを満たす情緒的価値での差別化競争が激しくなっており，その新しい手法として，顧客をゲーム性で楽しませて夢中にさせるゲーミフィケーションの活用が進められている。ゲーミフィケーションの成功事例として，ナイキのフィットネス・アプリ「Nike Run Club」が挙げられる。

このアプリの機能的価値それ自体は，自分の走った距離や時間，平均速度，消費カロリーなどを測定・記録するというものであり，特別に差別化されているとはいえないだろう。人気アプリになっている要因は，距離や消費カロリーなどのランニング目標を設定して達成状況に応じてレベルが上がったり，友人や見知らぬユーザーと競争をしてトロフィーを集めたり，それらの記録をFacebook, Instagram, Twitter などの SNS でシェアしたりすることができるというゲーム性にこそある。「Nike Run Club」の公式 HP やアプリで最初に出てくるコピーは「一緒に走ろう」であり，クラブという名のとおり，世界中のランナーとつながって楽しめるコミュニティとして活性化している。このアプリがユーザーの日常に入り込むことで，ナイキという強力なブランドの価値やロイヤルティはよりいっそう向上することに成功している。

◆ゲーミフィケーションを構成する要素とその影響

実務での注目に合わせ，学術においても，他者と交流するソーシャル機能をもつオンライン・サービスが，ゲーミフィケーションの研究対象とされることが一般的である。主として情報工学の分野で研究が進められているが，教育や医療，そしてマーケティングの分野でも，ゲーミフィケーションの研究は進展している。Hofacker et al.（2016）は，ゲーミフィケーションを構成する要素として，体験に意味をもたせるストーリー，課題や報酬などを含むゲーム性の規則・構造的なメカニクス，没入感を演出して物語性を強化する審美性，モバイル・プラットフォーム上で活発な交流やゲーム体験を実現させるテクノロジーの4つを指摘している。また，濱田（2019）は，ゲーミフィケーションを活用するサービスについて，チャレンジを促す課題，ポイントやレベルによる競

争，ランキング，社会的なエンゲージメントやつながり，仮想現実への没入感，パーソナル化などがゲーム性の要素となり，これらが個別に，あるいは仕組みとして連動することでユーザーの心理に影響をもたらすことを整理している。

　ゲーミフィケーションがもたらす影響としては，顧客のエンゲージメント（⇨2-15）や態度，購買，再購買，関係維持へのポジティブな影響が挙げられる（Hofacker et al., 2016）。ゲーミフィケーションの要素の一部を取り上げ，心理的変数を用いながら影響やメカニズムの解明に取り組む研究も進められている。ゲーミフィケーションは，快楽的価値と功利的価値を高めることで満足度とブランド・ラブを向上させる（Hsu and Chen, 2018），勝敗のある競争を通じて顧客のエンゲージメントを増加させる（Leclercq et al., 2018），希望を高めることで顧客のエンゲージメントを増加させる（Eisingerich et al., 2019），楽しさを通じて顧客のロイヤルティを向上させる（Hwang and Choi, 2020），といったポジティブな影響が実証されている。

◆学術と実務におけるゲーミフィケーションのさらなる展開

　ゲーミフィケーションは，顧客を楽しませてサービスの利用を促進させるだけでなく，顧客に心理的コストを感じさせるような行動を強いる場面で，ゲーム性によって目線をそらし，ストレスを実感させることなく，ゲーム性に顧客を没頭させる用途でも活用される。そのため，学習を促進させる教育分野での利用，運動を促進させる医療分野での利用，エコ活動を促進させる環境分野での利用など，幅広い社会的活動において活用が進められている。

　マーケティングにおいても，従来のコミュニケーションとは異なる新しい顧客アプローチの手法として，今後ますます活用が進んでいくだろう。ゲーム性を取り入れることで，1つのサービスからコンテンツ化，コミュニティ化，プラットフォーム（⇨1-21）化を進め，他社にとって模倣困難な，差別化された価値を形成することも期待できる。また，現代の消費者は新規のサービスやブランドにあまり関心をもたない無関心化を進めており，まず関心をもってもらうための最初のフックとして，サービスそのものや広告などにおけるゲーム性は重要な存在になっていくと考えられる。

　ゲーミフィケーションは新しい概念であり，影響やメカニズムの全体像の解明において多くの余地が残されている。学術的な解明よりも実務的な活用が先行しており，今後さらなる研究の進展が望まれる。　　　　　　◉永井竜之介

第5章
マーケティング・チャネルの力

1 マーケティング・チャネル・マネジメント

marketing channel management

◆マーケティング・チャネルとは

　マーケティング・チャネルとは，製造業者が製品を消費者に届ける経路のことで，3つの基本形態がある。第1は製造業者が直接消費者に製品を販売する，第2は小売業者を経由して消費者に製品を行き渡らせる，第3は，卸売業者と小売業者を経由して消費者に製品を行き渡らせる，という形態である。第1の形態を直接流通，第2と第3の形態を間接流通という。

　直接流通が最も効率的にみえるかもしれないが，そうではない。製造業者が直接自社製品を広く市場に行き渡らせるためには1（＝製造業者）対多（消費者）の取引が必要となるが，相手の数が多い，そして／あるいは，取引頻度が高い場合は，取引にかかるコストが大きくなりすぎるからである。そのため，大規模な製造業者は基本的に，卸売業者と小売業者を経由して消費者に製品を届けている。小売業者の規模が大きければ製造業者と直接取引することも多いが，その場合は小売業者の仕入部門等が卸売機能を果たしている。

◆マーケティング・チャネルの構造

　マーケティング・チャネルの構造は3つの基準で把握することができる。第1は，広いか狭いかで（広狭基準），製品を配荷する小売店が多い場合は広い，少ない場合が狭いとなる。最寄品には広いマーケティング・チャネルが適しており，買回品は最寄品より狭く，専門品はさらに狭いマーケティング・チャネルが適している。第2は開いているか閉じているかで（開閉基準），製造業者の製品を専売で取り扱う程度が高いと閉じている（選択的流通，排他的流通），低いと開いている（開放的流通），となる。最寄品は開放的流通，買回品は選択的流通，専門品は排他的流通が適している。第3は，長いか短いかで（長短基準），製品が小売店頭に並ぶまでに経由する卸売業者の数が多いと長い，少ないと短い，となる。

　小売業者が小規模で分散的であった時代には，マーケティング・チャネルは「広くなると長くなる」とされ，そこに独自の取引慣習が加わることで，日米貿易における非関税障壁とされるほど複雑であった（Czinkota and Kotabe eds., 1993）。しかし近年では，小売業者が大規模化して大きなシェアをもっているため，広くて短いマーケティング・チャネルもよくみられる。

◆マーケティング・チャネル・マネジメントとは

　大規模製造業者にとっては間接流通を選択するのが合理的だが，マーケティング・チャネルを構成する企業はそれぞれに異なる利害関係をもっているため，対立しがちである。製造業者と商業者（卸売業者，小売業者）の対立は，次の3つの局面で先鋭化する。

　第1は，売買局面である。製造業者は高く売りたいが，商業者は安く買いたい。つまり利益の配分を巡って対立する。第2は，市場リスクの分配局面である。大量生産は製造業者に利益をもたらす最も重要な方法の1つだが，計画的に製造された製品は売れ残るかもしれないし，売り切れて機会ロスを生むかもしれない。これらの市場リスクをどちらが担当するかで対立する。第3は，品揃え（⇨ 5-2）の局面である。製造業者は自社製品を優先的に取り扱ってもらいたいが，商業者は自社顧客が最も好む品揃えを形成したいため，特定の製造業者の製品だけ優先することを嫌がる。品揃えにおいてどちらの希望を優先するかで対立する。

　対立を制御するために，製造業者は企業の経営資源に基づくパワーと，取引依存度に基づくパワーを用いて取引相手の行動を変化させようとする（⇨ 5-8）。しかし，流通パワー・シフトが起きた現代では一般的に，製造業者より小売業者のほうがパワーをもつようになっている（高嶋，2015）。

◆どのようにマーケティング・チャネルをマネジメントするか

　マーケティング・チャネル・マネジメントの真髄は，製造業者が商業者を自社の思うように行動させることである。より一般的に表現すると，製造業者の手先となって行動してくれるにもかかわらず，売れ残りの責任は自分で負ってくれる商業者を作り出そうとする試みである。この現象は日本において観察され学術的に議論されてきた（風呂，1968；石井，1983；高嶋，1994；結城，2014）。

　マーケティング・チャネルにおいて，個別企業が1つのシステムとしてまとまり相互調整された行動をとる場合，それを垂直的マーケティング・システム（vertical marketing system: VMS）と呼ぶ。このシステムは，自社製品を小売段階まで管理したいが，コストはそこまでかけられない製造業者に歓迎される。ブランドの世界観を守りたいなどといった理由で小売店頭まで完全に管理したいのなら，Apple のように，マーケティング・チャネルをすべて自社で所有すればよい。しかし，それではコストがかかりすぎて困るという場合は，VMS の

構築がベストな選択肢となる。

VMS は異なる論理をもつ企業間関係に基づくシステムであるため，簡単には構築できない。その分，ひとたび構築できれば長期にわたって企業の競争優位実現に役立ってくれる（Palmatier et al., 2020）。日本の製造企業の多くは流通企業を系列化することで VMS を構築し，日本を代表する大企業に成長した。ただし，VMS は，構築したときには最適なシステムであったとしても，容易に組み替えたりはできないため，環境が変化すれば企業の成長を妨げる足枷になる可能性もある。

◆マーケティング・チャネル研究の系譜

　マーケティング・チャネル研究の歴史は長い。1920 年代には，製造業者はマーケティング・チャネルの長さや広さをどのように設計するかに焦点が当てられ（チャネル構造選択論），50 年代には，チャネル内部における企業間関係をどのように管理するかに焦点が当てられた（チャネル拡張組織論）。1960 年代には，企業間のダイアド関係におけるパワー構造に基づく統制に焦点が当てられ（チャネル・パワー論），日本では流通業者の協調的な行動を実現させるために行われる製造業者の意図的な働きかけに焦点が当てられた（チャネル交渉論）。1980 年代以降は，取引費用（⇨ 5-5），ダイナミック・ケイパビリティ，学習などに依拠してチャネル内での協調的行動が議論されている（協調関係論）。

　近年では，チャネル構造選択論の流れを汲んだチャネル統合やデュアル・チャネルに関する研究があり（たとえば，He et al., 2013; Takata, 2019），チャネル・パワー論の流れを汲むパワーやコンフリクトに関しても新たな知見が得られている（たとえば Samaha et al., 2011）。協調関係論においても，関係特定的投資やコミュニケーションに着目した実証研究がでてきており（たとえば Choi and Hara, 2018; Trada and Goyal, 2020），2020 年代にはチャネル研究の各潮流から得られた知見を統合する試みも出てきている（石井，2022）。

　マーケティング・チャネルに限った話ではないが，取引企業と長期的な関係を構築して競争優位を生み出そうとする日本の製造業者の行動は，学術研究を通じて世界に発信され一定の存在感を得た（Dwyer et al., 1987）。「系列」（Keiretsu）という言葉は今でも学術研究で用いられ（たとえば Dyer, 1996），トップ・ジャーナルでも議論の対象となっている（たとえば Kim et al., 2004）。

●横山斉理

◆**商業者の存在意義**

　生産と消費との間に商業者が介在しない場合は，消費者が生産者のところに出かけなければならない「不便さ」や，限られた時間にしか取引できない「不便さ」が生じる（高嶋, 2012）。これらの不便さを解決しない限り，消費者は欲しい商品を，欲しいときに消費することができない。運搬・交渉・保管のように，この生産と消費との間に存在するさまざまな制約を解決する活動を「流通」と呼ぶが，この活動を消費者が行うこともできる。すなわち，消費者があらかじめ生産者のところまで出向いて製品を大量に購入し，家にストックすることで制約を回避することができる。しかし，これには大きな費用がかかり，すべての消費者がこの活動を行うことは社会全体としても効率が悪くなる。この効率の悪さを解決するのが商業者による「品揃え形成」(sorting) である。

　品揃えとは生産者と消費者の間に介在する商業者が，顧客にとって望ましい組み合わせで，さまざまな財を取り揃えることをいう。生産者による同じ種類の多数の財の供給と，消費者による多様だが個々に少数の財の需要を効率的に斉合させるために，中間品揃え物（assortment）が形成される（Kusaka and Tkashima, 2018）。消費者が品揃え物をみてストア・イメージを形成することからも（Steiner, 1991; Oppewal and Koelemeijer, 2005），品揃えが小売企業の最も重要な競争優位の源泉になることがわかるが，消費者需要は常に変化するために品揃え形成は困難なものとなる（Mantrala et al., 2009）。

　商業者が品揃え物を形成することにより，消費者はその商業者のところに行って，1回の情報探索と取引活動を行うだけでさまざまな製品を手に入れることができるため，社会全体の情報探索活動（Betancourt and Gautschi, 1990）および取引総数（Hall, 1948）が節約される。これがマクロ観点でみた商業者の存在意義である。

◆**マーケティングと流通の対立**

　品揃えは多様な商品を集めたものであるが，「広さ」と「深さ」という2つの基準で考える。種類が異なる商品の多様性が広さであり，同じ種類の商品におけるブランドの多さが深さである。顧客にとって望ましい組み合わせの品揃えを形成しようとするほど，品揃えが深くなる傾向がある。この多様なブラン

ドを取り揃えることを社会的性格と呼ぶが，この性格の上にマーケティングと流通の対立が生まれる。

　品揃え形成には，商業者が生産者に代わって製品を消費者に販売する意味合いがあり，生産者にとっては推進したい活動である。しかし商業者がよい品揃えを形成しようとしてその深さを追求するほど，競合他社のブランドも扱うことになって，商業者に自社ブランドを優先的に取り扱うことを望む生産者には好ましくない状態が市場で生じる。この商業者の品揃え形成活動を制限したい生産者と，よい品揃えを形成したい商業者間の緊張状態を「マーケティングと流通の対立」と呼ぶ。この対立を解決するために，生産者が資本関係において独立した商業者をまるで直営店のように自分のマーケティング目的に沿った活動を引き出すために遂行する戦略をマーケティング・チャネルと呼ぶ。

◆卸売と小売の違い

　商業統計では，販売額のなかで消費者の割合が半分以上を占める商業者を小売といい，小売企業など組織の売上が半分以上を占める商業者を卸売と分類するが，流通フローのあり方の異質性に注目して卸売と小売を区分することができる。小売段階では消費者が店舗で情報を収集し（情報流），商品を買い揃えて（商流），自ら持って帰る（物流）ことを想定する。このように，小売段階では店舗を媒介として，小売から消費者へ情報流・商流・物流が「一致」して流れる（高嶋，1999）。流通フローが一致して流れるほど，店頭でさまざまな製品情報が入手でき，購買が可能なために，消費者の情報探索や取引コストが節約される。しかし限られている陳列スペースのなかで，消費者の効用を満たさなければならないため，小売企業は空間的制約を強く受けることになる（Mantrala et al., 2009）。小売企業の品揃え戦略課題は，この空間的制約問題をいかに解決するかにある。

　それに対して，卸売の場合は買い手が卸売から商品情報を得て，注文を出して，卸売が配送するのが一般的であり，買い手が店頭で商品情報を集めることをしないため，情報流・商流・物流は「分離」した形で提供される（高嶋，1999）。したがって，卸売の品揃えにおいて空間的制約は大きな問題にならず，いかに多様な製品の調達可能性や仕入能力を高めるかに戦略的課題がある。

◆デジタル化と品揃え

　品揃え形成における小売と卸売の流通フローのあり方および戦略課題の違い

が，デジタル化における伝統的小売とネット企業の間でも観察される。オンラインで製品を購買する消費者は，サイト側が提供する情報に基づいて製品を選択する。製品は物流業者によって後日に配送されるために，オンラインでは，卸売段階の流通フローのように，情報流・商流・物流は「分離」した形で提供される。そのためにネット企業は，陳列スペースという空間的制約を意識せずに広くて深い品揃えを形成することができる。ネット企業における販売数量を縦軸に，商品を横軸にして，販売成績の良いものを左側から順に並べると，販売数が大きな商品が全体ではわずかな品目であるために左側だけ急峻に高くなり，その次にあまり売れない商品が並ぶために右側がなだらかに長く伸びるグラフが描かれる。このグラフは，恐竜の尻尾（テール）のような形状からロング・テール（long tail）と呼ばれる（Anderson, 2006; Enders et al., 2008）。

　伝統的小売は限られている陳列スペースを有効に活用することが重要な品揃え戦略課題であるために，ロング・テールでいう左側の販売数が大きな商品を中心に品揃えを形成しようとする。多くの小売が導入してる POS（point of sales）システムは，IT 技術を活用して売れ筋と死に筋を把握して売れ筋製品でマーチャンダイジング（いわゆる単品管理）することで，品揃え水準を最適化することを目標とするものである。単品管理では，ロング・テールの右側商品が死に筋商品として分類され店頭から姿を消すことになる。

　それに対して，Amazon のようなネット企業は品揃え形成における空間の制約がないために，販売量の低い商品までも揃えることができる。伝統小売を圧倒する品揃えの広さと深さで，さまざまな顧客ニーズに対応することが，ネット企業の競争優位の源泉になっている（Gallino et al., 2017; Zentner et al., 2013）。たとえば，フリマ・サービスを提供するメルカリでは，「新聞バックナンバー『読売新聞』2019 年 7 月 15 日」に 640 円の値がついて掲載されている。過去の新聞が結婚記念日や出産のお祝いとして需要があるようだが，この商品はまさにロング・テール・ビジネスモデルによって生まれた商品といえる。

　以上のように，品揃え概念を理解することは，商業者の存在意義やマーケティング・チャネル誕生の背景，商業者の区分のようなマーケティングにおける伝統的問題のみではなく，ロング・テールのようにデジタル化で生まれる新しいビジネスモデルを理解する上でも重要である。　　　　　　　　　　◉金雲鎬

5|**3** 商　圏

◆商圏とは

　商圏とは，小売店舗（以下，店舗）や商業集積（以下，集積）の顧客が居住する地理的範囲である。商圏は，主体や顧客の規定により，指す内容が異なる。たとえば，主体の規定により，店舗レベルの商圏，集積レベルの商圏，都市レベルの商圏が考えられる（山中，1975）。また顧客の規定によっても商圏が指す内容は異なる。たとえば，ある店舗周辺の地域（市区町村など）の居住者の当該店舗の購買金額シェアを調べ，シェアが 50％以上の地域を第 1 次商圏，25％以上 50％未満の地域を第 2 次商圏と定める場合がある（中西，1983）。あるいは簡便に，顧客が徒歩 10 分以内で店舗に到達できる地域を第 1 次商圏，居住地から店舗までの直線距離が 1 km 以内の地域を第 1 次商圏と定める場合もある。商圏とは，主体と顧客の規定により指す内容が異なる点に注意が必要である。

　商圏を把握するための方法は，目的により異なる。目的は，商圏の現状把握と予測の 2 つに大別される。現状把握が目的の場合，上述のとおり，店舗周辺の消費者を対象にした調査で，どのような品目をどの店舗でどれくらいの金額を購入しているのかを調べる。この調査結果に基づき，地域ごとに店舗のシェアを計算する。この方法は，既存店舗の商圏を把握する際にはいいが，把握したシェアの数値だけでは，自社の新店舗のシェアや，出店予定の競合店舗が自社の既存店舗に与える影響を正確に予測することはできない。

　そこで予測が目的の場合，簡便法，あるいは確率モデルに基づく方法を用いることが多い。簡便法とは，徒歩で 10 分以内に店舗に到達できる地域，あるいは店舗まで 1 km 以内の居住人口を積み上げ，商圏人口と捉える方法である。しかし，この方法は科学的な根拠がなく，簡便であるが予測精度は低い。これに対して，確率的選択モデルに基づく方法は，既存店舗や新店舗の売場面積，居住地域から各店舗までの移動時間などの情報を，消費者の店舗選択モデルに当てはめ，予測を行う。1960 年代後半から，このような確率的な店舗選択モデルに基づく研究が始まり，実証研究に基づくモデルの改良が行われ，実務でも予測に用いられている。次に，この確率的選択モデルの系譜と詳細を説明する。

◆買物の確率的選択モデル

　買物場所の選択を確率的な選択行動として捉え，最初にモデル化したのはハフ（Huff, 1962）である。ハフ以前にライリー（Reilly, 1929）やコンバース（Converse, 1949）による商圏研究があるが，これらの研究は決定論的で，確率の視点がない（Huff, 1963）。ハフは起点 i に住む消費者がある買物目的地 j を選択する確率（π_{ij}）は，消費者がある目的地から吸引される力を，選択可能な目的地の吸引力の和で割ったものに等しいと考えた。さらに，ある目的地の吸引力は，目的地 j の売場面積（S_j）に比例し，居住地 i から目的地 j までの移動時間（T_{ij}）の λ 乗に比例（通常 λ は負の値をとるため，$|\lambda|$ に反比例）すると考えた。λ は移動時間の影響度を表すパラメーターである。ハフはロサンジェルスの衣類と家具に関する買物行動データを用いて実証研究を行い，このモデル（以下，ハフ・モデル）で買物行動の高い割合を説明した。さらに，山中（1968；1975）は，日本での実証研究により，ハフ・モデルではうまく買物行動を説明できないことに気づき，ハフ・モデルに品目間の規模の影響度の違いを表すパラメーター μ を加えた修正ハフ・モデル（(1)式）を提示し，実証研究でハフ・モデルよりも適合度がいいことを示した。

$$\pi_{ij} = \frac{S_j^u \cdot T_{ij}^{\lambda}}{\sum_{j=1}^{J} S_j^u \cdot T_{ij}^{\lambda}} \tag{1}$$

　その後，ハフ・モデルの一般化モデルが示され（Huff and Batsell, 1975），売場面積や移動時間以外の要因を取り込む形でモデル改良が進んだ（中西，1983参照）。たとえば，店舗イメージを魅力度要因として組み込んだモデル（Nakanishi, 1976; Stanly and Sewall, 1976 など）や売場面積では説明できない買物場所の魅力度である固有魅力度を組み込んだモデル（Nakanishi and Yamanaka, 1980），買物場所を通り過ぎられない力であるフロー阻止効果を組み込んだモデル（石淵，2014）などが挙げられる。

◆買物場所の感情的な魅力

　消費者の買物動機には，商品入手に関する功利的な動機だけでなく，楽しい気持ちになりたいなどの感情的な動機も含まれる（Tauber, 1972; Arnold and Reynolds, 2003 など）。そのため，消費者は，ハフ・モデルに含まれる売場面積などの要因だけでなく，休憩スペース，遊興施設など，感情的な動機の充足に寄与する非商業施設も考慮して，買物場所を決めると考えらえる。近年，繁栄

しているショッピング・センター，アウトレット・モール，複合型商業施設などは，さまざまな非商業施設を併設していることが多く，消費者が感情的な魅力を重視する傾向が強まっていることが窺える。このような非商業施設が買物場所選択に影響することも明らかになっている（山中，1986 など）。ただし，感情的な魅力は，非商業施設のみによってもたらされるものではない。個性的な売場や珍しい商品に遭遇することによってももたらされるため，感情的な魅力を捉えるためには，非商業施設のみに注目しているだけでは不十分であろう。

　感情的な魅力を捉え，買物場所や商圏の予測に活かすためには，消費者の感情経験（☞ 2-3）に着目する必要がある。消費者は，過去の買物経験から，店舗や集積に関する感情経験を蓄積している。なかでも，快に関わる感情経験は，来店行動に影響していることが実証研究でも確認されている（石淵，2019）。商品のコモディティ化と店舗の標準化が進む今日，買物場所の感情的な魅力は重要な差別化要因だと考えられるが，これをどのように構築し，評価し，商圏予測に活かすかは，今日的な大きな課題である。

◆情報技術の発展と商圏

　商圏の研究は，確率的選択モデルの登場により大きく発展し，近年は地理的情報システム（GIS）と結びつき，実務でも商圏予測に活かされている。また，功利的な商品入手に関わる売場面積のような要因だけでなく，感情的な魅力を考慮した商圏の予測や買物場所の選択の予測も行われている。

　しかし，小売業，消費者，技術の環境変化に伴い，新たな課題があることも否めない。1 つめは，GPS などの位置情報の活用である。これまで，消費者の買物出向は，居住地や買物施設での調査により把握することが多かったが，現在，スマートフォンなどの位置情報で消費者の移動を把握できるようになってきた。このような新しい情報の活用はすでに行われているが，より予測精度の高いモデル開発や，店舗内での購買行動との関連の研究などは今後の課題であろう。2 つめは，ウェブ・ショッピングと実店舗での買物行動の関係である。商圏研究は，実店舗を前提に行われてきたが，今日，ウェブ・ショッピングの比率は増加している。また，ショールーミングやウェブルーミングと呼ばれるリアルとウェブでの買物行動の相互作用も生まれている。ウェブ・ショッピングを踏まえ，商圏をどのように捉えるべきか，概念を再考する必要があるだろう。

🌐 石淵順也

◆**小売業態とは**

　小売業態の定義は大まかにいえば，小売業者のマーケティング戦略，すなわち，誰にどのような価値を提供するかに基づく小売店舗の分類である。高嶋・髙橋（2020）では，「業態型店舗は，販売方法や経営方針などに基づいて小売業を捉えるもの」（19-20頁）とされている。百貨店，コンビニエンス・ストア，ドラッグストアなどが小売業態で，魚屋や肉屋といった取扱商品による分類は業種である。経済産業省による商業統計調査では，業種，業態，従業者規模，地域別に年間販売額や売場面積などの情報が集計されている。

　小売業態は基本的な店舗属性を識別するには有用な概念だが，それだけでは個別企業の戦略展開を捉えきれない（たとえば，ドラッグストアという業態のなかで小売各社は差別化競争を行う）。そのため，国内外において，小売業態を個別企業の戦略レベルで捉えようとする動きがある。基本的な型を小売業態とすると，国内では，企業の戦略的行動を反映した業態の種々の分化した形を「フォーマット」と捉える見解がある（田村，2008）。海外では，小売業態という型の制約の下，顧客と小売業者の相互作用の結果として生まれる流通サービスの束を「フォーミュラ」（formula）と捉える見解がある（Dawson and Mukoyama eds., 2013）。ちなみにフォーミュラは個別レベルでもチェーン・レベルでも生じると想定されている。本書では，「小売業態＝retail format」と捉えているので混乱しやすいが，基本形が小売業態，個別企業の戦略に基づく派生形がフォーマットもしくはフォーミュラということになる。なおフォーマットには，小売業態を識別するためのフロント・システム（価格や品揃えなどの小売ミックス）に加え，バック・システム（仕入や物流などの後方支援）が含まれる（田村，2008）。

◆**小売業態研究の視点**

　小売業態は，新たに生み出され市場から支持を得られた際には，一定期間，小売業者に利益をもたらしてくれるため，小売業態がどのように生まれ成長していくのか，すなわち小売業態の動態を理解したいという実務的要請は昔から強い。そのため，小売業態の動態に関する研究は豊富に存在する。McArthur et al.（2016）の整理によれば，小売業の変化（retail change）を理論的に説明するための視点は，①経済的合理性，②自然界において作用するパターン，③経

路パワーの不均衡，④革新行動，⑤環境の影響，⑥共進化における部分間の相互依存，があるが，小売業態の動態研究は②の視点，すなわち，小売業態の盛衰は自然界の法則のように，何らかの決定論的なリズムに従ったプロセスであるという想定の下で展開されてきた。

◇小売業態の動態を説明する枠組み

　小売業態の動態を理解するための理論として有名なのは，1958年にマクネアが発表した「小売の輪」仮説である。この仮説では，新たな小売業態が生まれるメカニズムを以下のように説明している（McNair and May, 1976）。ある企業が低価格低サービスの小売ビジネスを生み出し成功する。すると他社がその小売ビジネスを模倣し，同じような小売ビジネスを行う店舗同士の競争が激化する。企業は他社と差別化するためにサービスの充実化，すなわち格上げ（trading up）を行う。顧客を奪われないために他社も追随して格上げする。その結果，営業コストが増加し，この小売ビジネス（＝小売業態）よりもさらに安く売ることができる新たな小売ビジネスが出現する余地が生まれる。この余地に新たな小売ビジネスが生まれ，以上のサイクルが繰り返される。なお，当時の議論の詳細を垣間見られる貴重な論考として清水（2007）がある。

　「小売の輪」仮説は，現実の理解と未来の予測に役立つことから，実務界と学界で注目を集め，以降，多くのバリエーションが提唱された。最も有名なのは，ニールセンの真空地帯理論である（Nielsen, 1966）。小売の輪仮説では，新業態は低価格販売を武器に市場に登場するとしているが，真空地帯理論では，高価格販売の小売ビジネスの参入からも小売業態が生まれるとしている。たとえば，コンビニエンス・ストアは低価格ではなく，高サービス（広く浅い品揃え，近接立地，長時間営業などによる利便性の提供）を武器に市場に定着した。小売業態の誕生から成立に至るメカニズムは小売の輪仮説と同じである。

　新小売業態が登場した後の動きに関する議論もある。有名なのは業態ライフサイクル論で，製品ライフサイクル論と同様，小売業態も導入期，成長期，成熟期，衰退期を辿るという説である（Davidson et al., 1976）。この説は現状把握に役立つ一方で，未来予測には役立たないという批判もあるが，複数の小売業態を運営する小売企業が小売業態のポートフォリオを考える上では有用である。ほかにも，総合的品揃えと専門的品揃えの小売業が交互に出現しながら小売業態の革新が進むというアコーディオン理論もある（Hollander, 1966）。

◆小売業態動態研究の展開

　小売業態論は，同じ小売業態同士の競争（intra-format competition：同業態間競争）に主眼を置いているが，低成長経済下では異なる業態間の競争（inter-format competition）も重要となる。現代の顧客は特定の製品を特定の業態だけで買うのではなく，状況に応じていろいろな小売業態を使い分けるため（Reutterer and Teller, 2009），異なる業態間で顧客の奪い合いが起きるからである。

　異業態間競争を射程に入れた小売業態の動態に関する議論として，Levy et al.（2005）のビッグ・ミドル仮説や，田村（2008）の業態盛衰モデルがある。これら仮説やモデルでは，縦軸に相対的なサービス品質を，横軸に相対的な価格をとる。ビッグ・ミドル仮説では，両軸の原点に近い低サービス低価格帯（価格イノベーター）か，原点から遠い高サービス高価格帯（サービス・イノベーター）に新規参入者が現れると説明する。業態盛衰モデルではこれらに加え，高サービス低価格帯（バリュー・イノベーター）にも新規参入者が現れるとする。新規参入者は両軸ともに中庸にある最も大きな購買力をもつセグメントであるビッグ・ミドルに向かい，革新を繰り返すことでその場に留まるか，うまくいかなければ不振（in-trouble）となり，退出するか，再び価格イノベーターかサービス・イノベーターに業態革新することで回帰し，サイクルが回る。

　小売業態の動態は時間的変動を考慮する必要があるため検証が難しく，一部の例外（久保，2017）を除き，経験的な検討はほとんど蓄積されていない。ただし，変動の結果を定量的に捉える試みは存在する（Azuma et al., 2022）。

◆曖昧化する小売業態の境界

　近年では，小売業態という枠組みでは捉えきれない小売現象が生まれている。たとえば，インターネット小売業者である Amazon や，小売プラットフォーム運営業（☞ 1-21）である楽天などは広範な顧客を相手とするため，ターゲット顧客のセグメントを特定しにくく，小売業態の概念を適応しにくい。加えて，既存の小売業態もオンライン・サービスを導入するなどしてオムニチャネル（☞ 5-11）化しており，複数の小売業態の特徴を同時にあわせもつミニスーパーのような小売ビジネスも登場している。このため，上述のフォーマットやフォーミュラに加えて，小売業態の概念を超えた新たな分析枠組みとして，矢作（2014）の小売事業システムや，generic retail business model（Haas, 2019）が提案されている。

　　　　　　　　　　　　　　　　　　　　　　　　　　🌏 横山斉理

5 | **5 取引費用**

transaction costs

◆取引費用とは

　取引費用とは，売り手と買い手が交換する際に生じる探索（serach），交渉（bargaining），執行（enforcement）にかかる費用の総称である（Coase, 1937）。探索とは，売り手と買い手の間の情報の非対称性を解消するための情報収集や情報提供活動を指す。交渉とは，売り手と買い手が取引条件に合意するまでの活動であり，執行とは合意した取り決めを確実に守らせることを指す。企業がマーケティングによって消費者に販売できるのも，あるいは消費者が企業から製品・サービスを購入できるのも，取引費用を低めるために企業がすでに対応しているからである。理性的に捉えなければ，実際の取引の背後に，取引費用を節約する仕組みが機能していることに気がつかない（McMillan, 2002）。

◆取引費用と垂直統合

　取引費用の概念は，企業がバリューチェーンに沿って垂直的に統合ないし分離するのはなぜかという問いを解くために Coase（1937）によって提案された。企業が財・サービスを市場取引によって他社から調達するにあたって，取引費用が高すぎる場合には，企業は取引費用を節約するためにその取引を自社の内部に垂直統合する。一方で，取引費用が低い場合には，企業は競争のインセンティブを利用できる市場取引を選択して，取引を外部に垂直分離する。コースは，このようにして企業が垂直的拡張する理由を説明したが，取引費用の測定という問題を残すことになった。

　多くのマーケティング研究で用いられている取引費用理論は，Williamson（1975, 1985）によって開発された。Williamson（1975）は Coase（1937）が残した取引費用の測定の問題を解決するために，取引費用に言及しない取引費用理論を作り上げた。ウィリアムソンは，3つの仮定から出発する。第1に，人間は限定合理性（bounded rationality）しかもたず，合理的であろうと行動するが，その程度は制約されている。第2に，人間は機会主義的行動（opportunistic behavior）をとり，他人を陥れてでも自らの利益を追求しようとする。第3に，環境は不確実性（uncertainty）に支配されており，未来の事態をあらかじめ予測することはできない。この3つの仮定を満たす状況では，売り手と買い手が直接取引する場合，将来の不確実な事態について，あらかじめすべての対処法を

5

マーケティング・チャネルの力

示した契約を結ぶことはできず，買い手は自らが望む財・サービスを売り手から入手できなくなる。したがって，買い手は売り手を垂直統合する。この仮説は，企業による垂直統合だけでなく，さまざまな領域に応用できる。たとえばもし仮に，食品の安全性に安心できなければ，消費者は企業から食品を購入せず，食品を自給自足することになる。このように，Williamson（1975）は取引費用概念を巧みに回避した取引費用論を作り上げた。

◆資産特殊性とホールドアップ問題

Williamson（1985）は，取引費用を高める要因として，資産特殊性（asset specificity）を導入した。企業が差別化された財・サービスを作り出すためには，自社専用の資産（物的資産，人的資産，立地資産など）が必要である。資産が特定の企業にしか役に立たない度合いを資産特殊性と呼ぶ。そして，特殊な資産への投資を関係特定的投資（relation-specific investments）と呼ぶ。

売り手が特定の買い手にしか役立たない特殊な資産を保有してしまうと，その売り手の生産物は他の買い手に販売できなくなる。そのことを理解している買い手は，売り手の弱みにつけこんで当初の約束よりも低い価格を提示して再交渉を行うはずである。こうした行動をホールドアップと呼ぶ。ウィリアムソンの限定合理性の仮定では，買い手はホールドアップが生じることを理解できる程度に合理的であるが，ホールドアップが生じないように事前に契約を詳細に書き下すほどには合理的ではない。売り手が特定の買い手に対して資産特殊性を高めると，自らがホールドアップされて利益を収奪されることを恐れるため，売り手は最初から資産特殊性を高めない。しかし，買い手にとっては特殊な資産は，差別化された財・サービスを作り出すために必須である。したがって，資産特殊性が高い資産を必要とするほど，企業は垂直統合に乗り出すのである。

◆流通チャネル構造の規定要因

マーケティングの取引費用理論の応用領域として，製造業者による流通チャネル構造決定が挙げられる。製造業者はしばしば，卸売機能や小売機能を垂直統合し，販社や直営店を運営する。これは製造業者が川下へと垂直統合することを意味している。多くの実証研究は，資産特殊性が取引の垂直統合度を高めるという仮説を経験的に支持している（Klein et al., 1990）。

◆防御メカニズムによる企業間関係の維持

　流通チャネルでは，市場取引と組織の中間形態にあたる，特定の相手との長期的取引も存在する。資産特殊性をホールドアップから防いで中間形態を維持する仕組みを防御メカニズム（safeguarding）と呼ぶ（Heide and John, 1988; 1990; 1992）。その1つの例として，相殺投資（offspring investments）がある。相殺投資とは，流通業者が製造業者にしか役に立たない関係特定的投資（たとえば，その製造業者の製品を取り扱う知識の習得）に対して，流通業者が最終顧客に対して自らを排他的に選択するような投資（たとえば，流通業者のセールスパーソンと最終顧客との人的なつながり）のことである。流通業者は相殺投資によって，製造業者への依存度を低めてホールドアップを回避し，中間形態が維持されることになる。

◆ IT の進展と取引費用

　ITによる取引費用上の革新は，それまでに取引していなかった売り手と買い手が結びつけられたことである。たとえばプラットフォーム（☞ 1-21）は，財を仕入れて再販売する商業者ではなく，売り手と買い手をマッチングさせて価値を生み出す企業である（Hagiu, 2007）。売り手と買い手はプラットフォームを利用することによって，探索，交渉，執行の取引費用を節約し，新たに取引できるようになっている。

　一方で，垂直統合から分離する動きもある。製品アーキテクチャがモジュール化された産業では，標準部品を寄せ集めて最終製品を組み立てられるようになった（Langlois, 2003）。その結果，個々の部品を調達する取引費用が低下して，市場取引が増えている。ただし，標準部品だけを使っていては，誰にでも似たような最終製品を生産できてしまい，容易にコモディティ化に陥る。モジュール化は取引費用を低める反面で，製品差別化を阻害するデメリットがある。個性的で優れた製品を作るには，自社にしか役に立たない資産への関係特定的投資が必要であり，そのためには特定の相手と中間形態での取引や，社内への内部化が必要である。このことは販売にも当てはまる。自社製品を丁寧に販売するためには，自社製品の販売知識という人的資産や物的資産をもった専売店や直営店，あるいは自社運営ウェブサイトが必須なのである。　　　🌏 久保知一

◆延期と投機とは

　延期と投機とは，生産や流通についての企業の意思決定を，需要や注文から遠い時点で前もって行うか（＝投機），可能な限り需要・注文の時点に近づけるか（＝延期），という考え方である。需要不確実性に対処する延期は，製品開発，購買，生産，ロジスティクスに展開されている（Yang et al., 2004）。延期と投機は，学術界ではきわめて重要な概念だと位置づけられ多くの研究が行われている一方で，実務界ではあまり一般的ではない。しかし，トヨタのジャスト・イン・タイムやセブン－イレブンの多頻度小口配送，あるいはユニクロの製造小売ビジネスの革新性は，この枠組みから理解可能である。

　延期と投機の考え方は古くから存在する。延期のメリットを主張したのはAlderson（1957）で，製品の規格や在庫量に関する意思決定をできるだけ消費者の購買時点に近づけることで売れ残りや売り逃がしのリスクを下げることができるとした。一方，投機のメリットを主張したのはBucklin（1966）で，生産に関する意思決定を前倒しすることで大量生産に基づく規模の経済を享受できること，そして，十分な在庫をもつことで売り切れのリスクを減らすことができると主張した。

　延期－投機の議論の根本にあるのは，何がどれくらい売れるかよくわからないという市場リスクである。実際の販売・注文数量が予測どおりであれば投機が最適な戦略となるが，大量生産システムが確立した現代社会ではモノが余りがちであり，SNS（⇨4-7）等の普及が需要変動を大きくするため，需要の不確実性は以前より増している。企業は需要を予測して在庫をもつことで市場リスクに対処してきたが，予測が外れると多くの欠品や売れ残りが出てしまう。こうした状況で注目度を増したのが，意思決定の延期化による市場リスクの低減である。

◆バックリンの延期－投機モデル

　Bucklin（1966）が注目したのは在庫で，延期と投機は同時追求できない，すなわちトレードオフの関係にあると指摘した。生産において意思決定を前倒し（＝投機化）するほど，生産や配送を計画的に大規模で実施できる。結果として規模の経済のメリットを享受でき，生産費用を下げることができる。ただし，

需要予測が外れた場合には，売り切れや売れ残りなどの不確実性費用が増大する。逆に，生産の意思決定を延期するほど，生産が高頻度かつ小ロットになることで規模の経済を中心とした大量生産のメリットを享受できなくなり，生産費用は増加する。しかし同時に，意思決定が実需に近づくため予測の精度が高くなり，売れ残りや売り逃がし等の市場リスクを低減させることで，不確実性に対処するための費用（不確実性費用）を減らすことができる。

　Bucklin（1996）は，競争メカニズムが働く環境下では，延期と投機の水準は生産費用と不確実性費用の合計が最小になる時点で均衡するとした。縦軸を費用，横軸を延期－投機の程度とすると，生産費用 X は延期化するほど高くなるが，不確実性費用 Y は延期化するほど低くなる。生産費用 X と不確実性費用 Y を合計した総費用 Z が最小になる点 E が望ましい延期－投機の程度となる（図1）。

◆延期－投機モデルの展開

　延期－投機モデルは，概念規定に曖昧さを残しているという指摘はあるものの（小林，2000），生産における製品形態の確定や流通における発注や配送局面などに適用可能であり，さまざまなバリエーションがある。

　高嶋（2008）は，情報や物流の技術革新と需要不確実性の増大を考慮して延期－投機モデルを精緻化している。情報や物流技術の革新は，生産に関わる組織的な能力を高めるため，延期化を進めても生産コストの上昇は以前より緩やかになる（図2の $X{\rightarrow}X'$）。需要不確実性が高くなると，投機化の不確実性費用の上昇は以前よりも急になる（$Y{\rightarrow}Y'$）。それぞれの費用（X と Y）の傾き具合が変わることで総費用の均衡点が延期側に移動する（$E{\rightarrow}E'$）。このモデルは延期化に向かう近年の企業行動を説明している。

　延期－投機モデルの研究対象はアパレル産業であることが多い。季節変動や流行り廃りがあるアパレル産業では「鮮度」に対する目配りが不可欠で，売れ残りや売り切れなどの市場リスクが業績に深刻な影響を与えるからである。2000年代には，事例研究に基づいて企業の延期化行動が解明され（藤田・石井，2000；崔・松尾，2002；小川，2005），その後，延期化が実際に成果に結びつくのかについての定量的把握の努力が続いている（崔，2006；結城，2020）。アパレル産業以外でも，チェーンストアのサプライチェーンの延期化の障壁についての考察や（坂川，2009），延期化対応としての卸売業者の情報システム導入

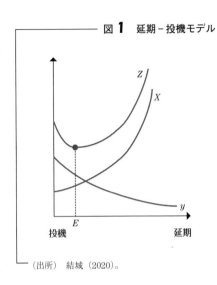

図1 延期-投機モデル

（出所）結城（2020）。

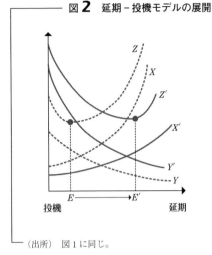

図2 延期-投機モデルの展開

（出所）図1に同じ。

についての実証分析が行われている（金, 2010）。

◆ SDGs時代の延期と投機

　延期-投機の主眼は無駄を省くことであるため，SDGs時代においては，最も重要なテーマの1つとなる。実際，企業は延期-投機のトレードオフを超えて，両メリットを同時に享受するための試みを進めている。たとえば，コンビニエンス・ストア業界では，実需に基づく発注を繰り返すと販売数が縮小均衡していくことがわかっており，それを避けるため予測した実需よりも多めに発注する取り組みが行われている（高嶋, 2018）。

　ただし，SDGs時代では，売り切れよりも環境負荷が高い売れ残りのほうがより忌避される可能性が高い。ファッション業界や食品業界で廃棄が社会問題になるが，売り切れが社会問題になるのは有事のときのみである。企業は，売り切れにより評判を落とすリスクと売れ残りの廃棄問題により評判を落とすリスクを天秤にかけ，よりリスクの小さいほうを選ぶ必要がある。　　◉ 横山斉理

5|7 協調的関係論

◆協調的関係

　完成品の流通チャネルや生産財取引（☞ 1-11）などの企業間取引は，価格設定を通じてお互いに利益を奪い合う交渉関係の側面をもっている。そしてその取引は，ゲーム理論でいう「囚人のジレンマ」に近い性質をもっており，取引当事者がお互いに協力すると総利得が最大となるにもかかわらず，両者に裏切りのインセンティブがあるがゆえに，総利得を最大化できない。協調的関係とは，取引当事者がどちらも相手を裏切らず，お互いに対して協力している状態として定義される。

　取引は，市場取引と組織内取引を両極とするスペクトラムのなかに位置づけることができる（Webster, 1992）。市場取引は価格や取引条件だけを基準として，そのつど，最も好ましい相手と離散的な取引を繰り返す取引である。一方，組織内取引とは，企業組織のなかに取引を垂直統合し，市場メカニズムではなく経営者の命令によって資源配分を行う取引である（Williamson, 1975）。協調的関係はそれらの中間にあたるが，市場取引に近い長期取引から，組織内取引に近いパートナーシップや協働（Sable and Zeitlin, 2004）まで，さまざまな形態がある。Heide（1994）は企業間ガバナンスを市場型と非市場型に区分し，さらに後者を特定の企業の相手への依存度が強い一方型と，双方の依存度が対称的な双方型に分けた。この双方型ガバナンスが協調的関係であり，環境変化に対してよりフレキシブルな調整が行われる。すなわち，協調的関係は，取引当事者の機会主義的行動が規範によって抑制されることで成立する（Brown et al., 2000）。

　協調的関係を形成するメリットとして，第 1 に，取引のルーティン化（Alderson, 1957）による取引費用（☞ 5-5）の低下（Williamson, 1985），第 2 に，関係特定的投資の促進（矢作，1994, 2021），第 3 に，「囚人のジレンマ」のナッシュ均衡を克服して両者にとって好ましい交渉成果を得られること（Baker et al., 2002）が挙げられる。とりわけ，関係特定的投資の促進は重要である。コンビニエンス・ストアが典型であるが，多頻度小口配送や独自商品のような差別化に寄与する独自サービスを調達するには，サプライヤーは関係特定的投資を行う必要がある。ホールドアップを抑制する協調的関係を作り出すことによって，企業は特殊なサービスを入手できるようになる。

5

マーケティング・チャネルの力

◆協調的関係論の背景

協調的関係論の背景には，それまでのチャネル研究で支配的であったパワー・コンフリクト論（⇨ 5-8）の行き詰まりという理論的背景だけでなく，現実の 2 つの変化がある。

第 1 に，製造業者から小売業者へのパワー・シフトによって，明確なパワー関係が消失した（Watson et al., 2015）。

第 2 に，1980 年代以降にアメリカの大企業が垂直統合型から水平分業型へと組織構造を変質させ，必要な経営資源を内部蓄積ではなく外部企業と連結して調達するようになった。それがゆえに，企業間で協調的な関係を結ぶ必然性が高まったものと考えられる（Lamoreaux et al., 2003; Sable and Zeitlin, 2004）。したがって，必ずしもパワー・シフトが生じていない産業においても，企業間の協調的関係が幅広く観察されている。

◆協調的関係の先行要因

協調的関係論と呼ばれる研究プログラムには，関係の生成を説明する理論的枠組みが複数存在する。

第 1 に，社会的交換理論（Thibaut and Kelley, 1959）は，取引相手との関係から得られる便益と，その他の相手から得られる便益を比較して，前者が後者を上回る場合に関係が維持されるとする（Anderson and Narus, 1984）。

第 2 に，関係的契約論（Macneil, 1978）は，社会的文脈から切り離された離散的取引ではなく，取引相手の過去の評価や未来への期待によって執行される関係的契約として協調的関係を特徴づけて，関係のライフサイクルが検討されている（Dwyer et al., 1987）。

第 3 に，パワー・コンフリクト論では，協調的関係をコンフリクトが生じていない状態とみなしている（Frazier, 1983）。

第 4 に，取引費用論は，ホールドアップのリスクをもたらす関係特定的投資を伴う取引関係が協調的に維持されている根拠として防御メカニズムに注目し，相殺投資，共同行為，規範などが分析されている（Heide and John, 1988; 1990; 1992）。

第 5 に，信頼−コミットメント論は，協調的関係を作り出す営みを関係性マーケティングとみなして（Morgan and Hunt, 1994），そのための要素として関係性コミットメントと信頼を挙げている。

第6に，ゲーム理論は，「囚人のジレンマ」を無限に繰り返すと，未来を重視する場合に協調的関係が生じることを利用して，長期志向を扱った研究も存在する（Heide and Miner, 1992; Ono and Kubo, 2009）。

◈協調的関係の結果変数

協調的関係はさまざまな成果をもたらす。コンフリクトを低下させ（Anderson and Narus, 1990），取引への満足度（Mohr and Spekman, 1994）や成果（Cannon et al., 2000），さらには財務成果（Kalwani and Narayandas, 1995; Lusch and Brown, 1996）を高めることが報告されている。

◈関係破壊的行為

協調的関係に関する研究は，関係のライフサイクルのうち，成立と維持に注目してきた。しかし，協調的関係が成立した後であっても，チャネル・リーダーはしばしばチャネル・メンバーに対して過度な要求を行い，チャネル・メンバーはその要求を協調的関係を破壊する行為であると知覚することがある。

そこで近年，関係破壊行為（destructive acts）に伴う関係の終了に関する研究が増えている。関係破壊行為が生じた際の関係終了は，その行為の原因帰属，関係品質，依存度に影響される（Hibbard et al., 2001）。また，関係破壊行為となる機会主義のタイプ（積極的／消極的）が協調的関係の終了に影響する（Seggie et al., 2013）。こうした研究プログラムは，機会主義が生じた後に協調的関係を維持ないし終了する意思決定を扱ったものである（Leonidou et al., 2018）。

久保知一

5|**8** パワー・コンフリクト論

power-conflict theory

◆パワー・コンフリクト論とは

　製造業者は，最終顧客に製品・サービスを届けるために，流通業者を用いた流通チャネルを形成することが多い。流通チャネルを構成するチャネル・メンバーは機能的に相互依存しているものの，彼らの目標や利害は一致しないために，目標と利害を巡るコンフリクトが生じる（Gaski, 1984）。パワー・コンフリクト論は，リーダーが適切なチャネル管理を行うべく，メンバーのコンフリクトをパワーによって抑制する問題を扱っている（Stern et al., 1989〔邦訳，1995, 101 頁，145 頁〕）。

　日本では，製造業者と流通業者のチャネル関係において，パワー関係を構築してコンフリクトを回避することがチャネル・マネジメントの中核と考えられたことから，パワー・コンフリクト論は盛んに研究されていた（石井，1983）。

◆パワー

　パワーは政治学で「ある個人や集団が別の個人や集団に対して働きかけることで，そうでなければ行わないようなことを行わせること」と定義されている（Dahl, 1963）。マーケティング研究ではこの定義に基づいて，パワーを「メンバーが他のメンバーの戦略変数をコントロールできる能力」と定義している（El-Ansary and Stern, 1972）。流通チャネルにおいて，強いパワーをもつ主体は，パワーが弱い別の主体に対してパワーを行使することによって，後者の行動をコントロールできるものと考えられたのである。

◆パワーの源泉——パワー基盤と依存度

　ある主体が別の主体に対してパワーをもつ場合，主に 2 つの源泉がある。

　第 1 の源泉は，パワーをもつ主体が保有するパワー基盤（power base）にあるとする考え方である（French and Raven, 1959）。パワー基盤は 5 つあり，それらは，①相手への報酬を調整できる報酬パワー基盤，②相手を処罰できる強制パワー基盤，③正当な権力をもつと知覚される正当性パワー基盤，④相手に一体感を感じさせる準拠パワー基盤，⑤専門的知識による専門性パワー基盤である。いずれのパワー基盤も，それらをもつ主体のパワーを高める。

　第 2 の源泉は，企業間の依存度（dependence）である。Emerson（1962）は，「行為者 A の行為者 B へのパワーは，行為者 A が潜在的に克服可能な行為者 B

の抵抗の総量」と定義した（p. 32)。行為者 A の行為者 B への依存度は，①行為者 B が仲介する行為者 A が目標達成のために行う動機的投資（motivational investment）と正の関係をもち，②行為者 A と行為者 B の関係の外側で行為者 A が目標を入手できることと負の関係をもつ。

Hunt and Nevin (1974) は，チャネル研究において最初にパワーの測定に成功した実証研究である。彼らは 5 タイプのパワー基盤を，懲罰を伴う強制的パワー源泉と，懲罰を伴わない非強制的パワー源泉に区分した。そして，パワー行使にあたっては，①強制的パワー源泉のほうが非強制的パワー源泉よりも用いられていること，②チャネル・メンバーの満足度を高めるには非強制的パワー源泉のほうが有効であること，を報告している。

◆コンフリクト

コンフリクト（conflict）の概念は，直観を裏切る点で複雑である。古典的な政治学的マーケティング研究である Palamountain (1955) は，実際に生じた企業間の紛争を垂直的コンフリクトとして定義した。この定義は直観的にわかりやすく，実際，非専門家はこのような実際の紛争をコンフリクトだと考えてしまうだろう。しかし，パワー・コンフリクト論のコンフリクトとは，チャネル・メンバーが相手に対して不満や失望を抱いている心的状態を指す（Stern and Gorman, 1969)。したがって，実際に企業間でトラブルが発生していなくても，一方の当事者が不満を抱いていればコンフリクトが生じているとみなされる。実際に，流通チャネルでは，企業間での利益，費用，リスクの配分を巡ってさまざまなコンフリクトが発生している（Eshghi and Ray, 2021)。

◆知　見

もともとパワーとコンフリクトは異なった文脈で研究されてきたが，Lusch (1976) 以降，同じ枠組みのなかで分析されるようになった。Lusch (1976) は，強制的パワー源泉がコンフリクトを強めて，非強制的パワー源泉がコンフリクトを低めると結論づけた。しかしこの研究に対して，Etgar (1978) は，因果関係が逆であると Lusch (1976) を批判し，コンフリクトがパワーを引き起こすと主張した。このように，パワーとコンフリクトの因果関係には長く疑義があったのである。Frazier and Summers (1984) はこの問題の解決策として，行使されたパワー（exercised power）と行使されないパワー（unexercised power）を区分し，リーダーがパワー源泉をもっていても，行使するか否かによって整合的な

知見が得られると述べている。石井（1983）は，環境の不確実性に応じて整合的なパワー関係が異なると考えて，チャネル管理のコンティンジェンシー理論を構築した。すなわち，不確実性が高い環境では，情報処理を司る専門性のパワー資源がチャネル統制にとって有効となる一方で，不確実性が低い環境では，専門性以外のパワー資源が有効となるという仮説の経験的妥当性を示している。なお，パワー・コンフリクト論の知見は Gaski（1984）に詳しい。

◆近年の展開

　パワー・コンフリクト論は，1970 年代から 80 年代にかけて盛んに研究されていたが，近年は研究が急速に減っている（Watson et al., 2015）。その理由は，協調的関係論（⇨ 5-7）のような代替的研究プログラムが進展しただけでなく，パワーとコンフリクトの因果関係に関する理論的な問題が解消されなかったことが大きい。Williamson（1985）は「パワーは定義が曖昧なため，実質的にすべてを説明するために使えてしまう」（pp. 237-238）と批判しているし，Anderson and Coughlan（2002）も「パワーは行使されないと観察できないし，何かしらの現象が観察されると（その背後に）パワーがあるものと推察されてしまう」「パワー自体を観察することが難しいため，因果連鎖を 1 つさかのぼってパワーの原因に注目した研究が中心になった」と述べている（p. 239）。

　その結果，現在のチャネル研究でもパワーやコンフリクトは取り上げられているものの，その構成概念はパワー・コンフリクト論のものとは異なっている。たとえば，パワーを扱った研究でもその定義は経済学の市場支配力（market power）を用いているし（Shervani et al., 2007），コンフリクトを扱った研究は訴訟をコンフリクトとして用いている（Antia et al., 2013）。また，依存度概念は，企業間ガバナンスや取引集中度を構成するための尺度として頻繁に用いられている（Heide, 1994; Chakravarty et al., 2014）。　　　　　　　　　　🔴 久保知一

5 | 9 サプライチェーン・マネジメント（SCM）

◆サプライチェーン・マネジメントとは

　サプライチェーン・マネジメント（SCM）とは，価値提供活動の初めから終わりまで，すなわち原材料の供給者から最終の消費者に至るまでの全過程を一連のプロセスとして捉え，組織の壁を越えて継続的に全体最適化を行うことによって，製品・サービスの顧客価値を高めようとする経営管理手法である。具体的には，情報技術（IT）を活用し，市場の変化に対してサプライチェーン全体を小刻みかつ柔軟に調整しようとする考え方である。

◆サプライチェーンとバリューチェーン

　サプライチェーンは，原材料の確保から消費者への販売に至るまでの財と情報の流れに関わるネットワークを指し，部品・原材料メーカー，完成品メーカー，卸売・小売業者といったさまざまな取引関係者の活動によって構成される。

　一方，バリューチェーン（value chain）は，企業が価値をつくる活動を指し，具体的には，5つの主活動（購買物流，製造，出荷物流，販売・マーケティング，サービス）と，4つの支援活動（全般管理，人事・労務管理，技術開発，調達活動）から構成される（Porter, 1985）。ここでの価値とは，企業が提供するものに対して顧客が進んで支払う対価である。自社の事業活動をバリューチェーンとして捉え，各活動に分解することで，どの要素から価値が生まれているのかを明確化することができる。

　バリューチェーンは，顧客から得られる価値に基づいて競争優位の源泉を分析する概念であるが，直接の取引相手だけを顧客とする分析では十分とはいえない。製品の価値は，サプライチェーンの最終地点にいる消費者によって評価される。競争は，企業間ではなくサプライチェーン間で行われている。サプライチェーンのどの地点にいる企業も，消費者の使用場面を理解し，その価値実現の観点から自社のバリューチェーンを分析する必要がある。各企業のバリューチェーンは，サプライチェーン全体のなかでつながっている（Christopher, 2016）。

◆ SCM の展開

　SCM の考え方はそれほど新しいものではなく，1980 年代初めには提唱されている（Christpher and Holweg, 2011）。その後，QR（quick response）や ECR（efficient consumer response）といった取り組みを契機として，同様の取り組みがさまざまな業界に広がり，1990年代末，それらを総称する形でSCMの概念が一般化した。QRは，1980年代半ば，衣料品流通に導入された手法であり，ECRはQRの考え方を加工食品流通に応用したものである。これらの取り組みは，消費者に高度に適合する店頭の品揃え（☞ 5-2）を実現することを目的として，POS（point of sales）システムなどから得られるリアルタイムの販売データを基点に，迅速かつ効率的な商品供給を行えるようなサプライチェーンの構築をめざしたものである。

　サプライチェーンのあり方は，効率性（lean）を重視するか，応答性（agile）を重視するかに大別される。この対照的な考え方はどちらが正しいというものではなく，製品の性格によってどのようなサプライチェーンが望ましいかを検討する際の指針となる（Christopher and Towill, 2002）。また，顧客や市場への対応を強調するためにディマンドチェーン（demand chain）と呼び，サプライチェーンとの違いを示す場合もあるが，SCMは需要志向の発想を包含していると考えられる（Fernie and Sparks, 2014）。

◆ SCM と情報共有

　SCMの実行においては，情報システムの活用，適切な在庫管理，良好な組織間関係の構築が求められる。POSやEDI（electronic data interchange）などの情報システムを活用して，各企業が製品供給に関わる情報を共有し，サプライチェーン全体で一貫した物財の流れをつくることがめざされる。

　SCMの狙いの1つに，ブルウィップ効果（bullwhip effect）を抑制することがある。ブルウィップ効果とは，発注量の変動がサプライチェーンの川上へ向かうにつれて増幅していくことを指す（Lee et al., 1997）。川下の不確かな情報が取引先へ伝わることは，多くの非効率な活動を誘発しやすい。協力的な組織間関係と情報共有の仕組みを構築することで，各企業の在庫は適正化され，サプライチェーン全体としての競争力を高めることが可能となる。

　POSデータのような個別企業の情報を他企業に提供し，組織の壁を越えて共有することは容易ではない。しかし実需情報を起点とすることによって，売れている商品の欠品を避け，売れない商品の過剰在庫を減らすことができる。たとえば完成品メーカーが，ある商品の在庫が減って品薄になっているという情報を提供した場合，部品メーカーはその商品の部品をあえて売り込まなくて

もいいと判断し，価格変更は不要となる。また，小売業者はその商品を仕入れられないときに備えて，品揃えや棚割りを再検討する可能性がある。これらの企業行動は，単なる在庫管理の範囲ではなく，価格やプロモーションに関わるマーケティングの意思決定として行われる。

SCM の特徴は，物流に関わる活動がマーケティングに影響を与えることを示唆した点にある。サプライチェーンを構成する各企業は，売り切れや売れ残りのリスクを削減することから得られる優位性を獲得するために，物財の流れと情報の流れを同期化させようと努力する。効率性は確かに重要であるが，サプライチェーンの効率を高めるだけでは競争に勝つことはできない（Lee, 2004）。

◆ SCM とロジスティクス

SCM と類似した，物流に関連する経営概念にロジスティクス（logistics）がある。SCM とロジスティクスの差異は必ずしも明確ではなく，代替的に用いられている場合もある。ロジスティクスの目的は，適切な製品を，適切なときに，適切な場所へ提供することである。どの地点にどれだけの在庫を保有し，どのように輸送するかという物流管理のレベルを越えて，全体最適の観点から在庫を管理し，競争力の向上を図ろうとする概念であり，その意味においてSCM と大きな違いはみられない。

一方，ロジスティクスは物財の流れを対象とし，SCM は企業間関係を含むビジネス・プロセス全体を対象とするという見方もある。SCM はロジスティクスに対してさらに幅広い事業領域を扱うものとされる。ロジスティクスによる優れた物流の仕組みを前提として，SCM は実需への適合による顧客満足（☞ 2-5）の獲得を目標とする上位の戦略的概念と位置づけられる。また，ロジスティクスは一企業内を対象とし，SCM はそれを複数企業間に拡張したもの，というようにその範囲によって区別する見方もある。いずれにせよ，効果的かつ効率的な商品供給を通じて競争優位の獲得をめざすという点において，SCM とロジスティクスの考え方は同じである。　　　　　　　　　　🌑 八ッ橋治郎

electronic commerce: EC

◆ e コマースとは

eコマース（EC）は電子商取引と訳される。ネットワーク上で商取引の全部，あるいは一部を行うことであり，企業間における B to B-EC と，消費者向けの B to C-EC という 2 つのタイプに大別される。さらに，ネット・オークションやフリマ・サービスといった個人間での C to C-EC もある。いわゆるネット通販は，消費者向けの B to C-EC を示すことが多く，ネット小売，オンライン・ショッピングなどの名称が用いられる場合もある。ネット通販は，カタログやテレビなどの媒体を用いた通信販売の一形態であり，無店舗販売に分類される。

◆ e コマースの市場規模

経済産業省は「電子商取引に関する市場調査」として，EC 市場の動向を毎年まとめている。同調査によれば，2022 年の日本における B to C-EC の市場規模は 20.7 兆円であり，EC 化率は 8.78 ％となっている。EC 化率とは，すべての商取引額（商取引市場規模）に対する電子商取引市場規模の割合を意味する。ここでの EC 化率は物販系分野の取引に限定しており，当該分野の B to C-EC 市場規模（13.3 兆円）から算出している（経済産業省，2022）。また世界における EC 販売額も毎年増加してきている（Verhoef and Bijmolt, 2019）。

経済産業省によれば，広義の EC は，「『コンピュータネットワークシステム』を介して商取引が行われ，かつ，その成約金額が捕捉されるもの」，狭義の EC は，「『インターネット技術を用いたコンピュータネットワークシステム』を介して商取引が行われ，かつ，その成約金額が捕捉されるもの」とされる。広義 EC には，インターネットだけでなく，専用回線を用いた EDI（electronic data interchange）等のオンライン・システムなどによる取引も含まれる。実際の調査においては，「インターネットを利用して，受発注がコンピュータ・ネットワーク・システム上で行われること」を EC の要件とし，決済がコンピュータ・ネットワーク上で行われることは要件とせず，決済手段は問われていない。

◆ ネットとリアル

EC と店舗型小売業を分類する際に，EC を「ネット」，現実の店舗を「実店舗」あるいは「リアル」と呼ぶ場合がある。双方を比較したり，双方の組み合

わせを論じたりする場合に，ネットとリアルという表現がよく用いられる。ネット通販の成長に伴って，これまでネットとリアルに関わる数多くの用語が現れてきた。それらのなかには定義の不明確なものや，意味の重複したものもある。ここではネット通販にまつわる代表的な用語について，その内容を確認していく。

ネット通販の黎明期である 2000 年代の初め，クリック＆モルタル（click & mortar）と呼ばれるモデルが提唱された。クリックはネット，モルタルは実店舗を意味しており，双方を展開することで相乗効果が生まれて強みを発揮するとされた。その背景として，当時はネット事業者の姿がわかりにくく，消費者が商品や決済に対して不安を感じていたことなどが挙げられる。ネットだけでなく実店舗ももつことによって，消費者の信頼を得ることができるという考え方であった。

また，ネット通販にみられる現象に対してロング・テール（⇨ 5-2）という表現が用いられた（Anderson, 2006）。ロング・テールとは，販売機会の少ないニッチな商品を数多く品揃えすることで，全体の売上が増えることを指す。実店舗では店舗規模の制約から，売れ筋商品に絞った品揃え（⇨ 5-2）が行われ，ニッチな商品は排除される。一方，ネットであれば，店舗規模にとらわれることがないため，多様な種類のニッチ商品も品揃えできるという特徴に注目した用語である。プラットフォーム（⇨ 1-21）型 EC モールにおいては，多くの出店者によって膨大な数の商品が販売されている（Jiang et al., 2011）。

リアルの店舗で実物を見たり，店員と相談するなどして欲しい商品を決めた後に，ネットで買うという行動をショールーミング（showrooming）という。消費者にとっては，商品を確認した上で，ネットで安く買うことができ，持ち帰る手間も省けるといったメリットがある。その逆に，ネット上で商品を知り，評価などを確かめた後，近くのリアル店舗で買うような行動をウェブルーミング（webroomig）と呼ぶこともある。どちらの購買行動も，商品を認知したり検討したりする店舗と，実際に購買する店舗が異なるという点で共通している。

ショールーミングにおけるリアルの店舗は，文字どおりネットのためのショールーム化してしまい，店舗運営に関わるコストを回収することができなくなる。このような行動が広がることの危機感から，実店舗において O to O（online to offline）という手法が活用されるようになる。O to O とは，オンライン

のネットにおいて広告やクーポンの提示などを行った上で，オフラインのリアル店舗へ顧客を誘導しようとする取り組みである。

オムニチャネル（⇨ 5-11）は，小売業者が自社で有する多様な形態の店舗を連携させて，チャネル横断的な運営管理を行う戦略である。オムニチャネル化によって，顧客は好きなときに好きな方法で商品を購入し，好きな場所で受け取ることができる。顧客の利便性を高めて，売上の増大を狙うものであり，ネットかリアルかという二者択一ではなく，それらの融合による効果を期待している。ネットとリアルを自由に行き来するシームレスな購買行動を実現し，多様なチャネルを通じた顧客経験（⇨ 1-14）の提供が図られる（Verhoef et al., 2015）。

◆越境 EC とラスト・マイル

消費者の居住している国以外の販売者から商品を購買することを越境取引といい，インターネット等を用いた越境取引は越境 EC と呼ばれる。経済産業省の調査では，世界の越境 EC 市場規模は，世界の B to C-EC 市場規模を上回るペースで拡大すると予想されている。成長の背景には，自国にはない商品が入手できることや，自国よりも安く入手できることなどがある。また売り手は，低コストで世界に市場を拡げることが可能となる。

EC に不可欠な活動がラスト・マイル（last mile）の物流である。実店舗であれば顧客が商品を持ち帰ってくれるが，ネットでは売り手が顧客まで商品を届けなければならない。ラスト・マイル（あるいはラスト・ワン・マイル）とは，顧客への配送に関わる最後の区間を指し，サプライチェーンにおいて最もコストのかかる，非効率な部分とされる（Olsson et al., 2019）。

EC 市場の成長とともに，ラスト・マイルの配送を担う宅配便の個数も増えている。国土交通省の調査によれば，日本における宅配便取扱個数は 2009～19 年度の 10 年間で 37.8％の伸びとなった。一方，荷物量や再配達の増加などに伴う労働環境の悪化，トラック・ドライバーをはじめとする労働力の不足といった要因によって，配送体制を十分に確保できなくなるというラスト・マイル問題が生じている。その解決に向けて，宅配ボックスや店舗受け取りといった代替的手段の活用が進められており，また物流分野における自動化技術の進展なども期待されている。

　🌐 八ッ橋治郎

omni-channel

◆**オムニチャネルの概要**

　オムニチャネルとは，消費者（および自社の顧客）に自社で快適な買い物を
してもらうために，多様なチャネルを顧客とのコミュニケーションを含めた接
点であると捉え，それらの接点をシームレスに統合することで，どの接点で買
い物しても，一貫性のある顧客体験や経験（⇨**1-14**）を生み出すマネジメン
ト手法である（髙橋，2018，168-170 頁）。

　インターネットとデジタル技術の発展により，オンラインやソーシャルメデ
ィア（⇨**4-8**）を通じて商品やサービスとの接点（タッチポイント）が大幅に
拡大し，多くの消費者がリアル店舗（オフライン）に加え，オンライン上での
購買も行う「オムニショッパー」へと変化しつつある（Herhausen et al., 2019;
高嶋・髙橋，2020）。小売企業はこの変化に対応するために，単に複数のチャネ
ルを用意する「マルチチャネル」ではなく，多様なチャネルを統合することで
（Beck and Rygl, 2015），チャネル間の移動がストレスなくシームレスにつながり，
どのチャネル（接点）においても顧客情報をはじめ，商品や価格，在庫などの
情報が一貫性をもつことで，快適な買い物体験を提供することが求められる
（Huré et al., 2017; Kotler et al., 2017; Picot-Coupey et al., 2016; 近藤，2018）。上記を
通じて，シナジー効果が発揮できることがオムニチャネルの目的として求めら
れている（Picot-Coupey et al., 2016; Verhoef et al., 2015; Rigby, 2011; 近藤，2018；
高嶋・髙橋，2020）。

◆**オムニチャネルの主な研究領域**

　オムニチャネルの主な研究領域は 7 つある（Cai and Lo, 2020）。第 1 に，オ
ムニチャネル戦略である。たとえば，チャネル統合による顧客体験の提供には，
組織やチャネルの再設計が重要であることや（Picot-Coupy et al., 2016），チャネ
ル間のシームレスな統合品質（チャネル・サービスの透明性やチャネル選択の幅，
プロセスやコンテンツの一貫性）が顧客体験に影響すること（Shen et al., 2018），
利便性や使いやすさ，入手しやすさが購買意図に影響すること（Kazancoglu
and Aydin, 2018）などの研究である。第 2 に，オムニチャネル小売研究である。
製品の情報と提供の仕方について，オンライン−オフラインの組み合わせで検
討することの重要性や（Bell et al., 2014），「オンラインで購入し，リアル店舗で

受け取る」(buy-online and pick-up-in-store) 行為に関する研究（Gao and Su, 2017;
Jin et al., 2018）など，小売業の売上高を最適化するための研究である。第3は，
オフラインからオンラインに送客するためのサービス品質（☞ **1-10**）の検討
（たとえば Yang et al., 2013）や，シームレスな顧客体験を提供するための顧客サ
ービスの研究である。第4は，チャネルの統合による在庫や配送，返品管理に
ついてのロジスティクス研究，第5は，デジタル・マーケティングや新技術の
影響（Kannan and Li, 2017; Verhoef et al., 2017）である。第6は，複数のチャネ
ルに対する評価や態度といった消費者行動に関する研究（たとえば Pantano and
Viassone, 2015），第7は，オンラインとオフラインの最適な品揃え（☞ **5-2**）
などに関する消費者の選好に関する研究である。オムニチャネルは顧客志向の
チャネル設計であることから（近藤・中見編著，2019），近年は消費者行動に関
する研究が増えており（Kazancoglu and Aydin, 2018），消費者視点のオムニチャ
ネル志向（orientation）が求められる。

◆消費者視点のオムニチャネル志向

　図1は消費者の購買プロセスをモデルにしたオムニチャネル・ジャーニーで
ある（Verhoef et al., 2022）。必要性の認識（need recognition），探索（search），
購買（shopping），購入（purchase），アフターセールス（after-sales）の5つのフ
ェーズで構成されている。従来のマルチチャネルとは異なり，異なるステージ
にスキップしたり，フェーズ間を戻ったりする移動もありうる点がこのモデル
の特徴である。

　「必要性の認識」フェーズでは，企業のマーケティング活動や企業が保有す
るリアル店舗（オフライン）や自社の EC サイト（☞ **5-10**），ソーシャルメデ
ィア（☞ **4-8**）などのタッチポイントを通じて，消費者に必要性（ニーズ）を
認識（顕在化）させ，次のフェーズの探索行動を促す。「探索」のフェーズでは，
多くの消費者はデジタル・デバイスやソーシャルメディア，リアル店舗などの
多様なタッチポイント間を移動しながら情報を検索する。「購買」のフェーズ
は，「特定のチャネル」に入り，商品情報を集める。必要に応じて，探索のフ
ェーズに戻り，プロモーション関連の情報（クーポンや動画など），他者のレビ
ュー，サービス，配送，最終価格などの情報を確認したりすることで考慮集合
内の代替品を検討し，購入の候補を絞り込んでいく。「購入」のフェーズでは，
1つのチャネルで購入する場合だけでなく，オンラインで注文し，店舗で受け

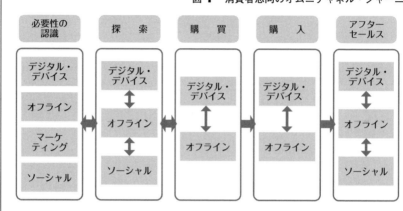

図1　消費者志向のオムニチャネル・ジャーニー

必要性の認識	探索	購買	購入	アフターセールス
デジタル・デバイス オフライン マーケティング ソーシャル	デジタル・デバイス ↕ オフライン ↕ ソーシャル	デジタル・デバイス オフライン	デジタル・デバイス オフライン	デジタル・デバイス ↕ オフライン ↕ ソーシャル

(出所)　Verhoef et al.（2022）p. 652 を一部修正して引用。

取る方法や，リアル店舗内でデジタル・デバイスを使いながら購入するなどの併用もありうる。「アフターセールス」のフェーズは，商品の使い方や，使用中に何らかの問題が起きたときのサービス対応である。ウェブサイトだけに留まらず，チャットや自動返信フォームなどのデジタル・ツールの併用も増えている。購入した消費者が，自らの使用経験をソーシャルメディアでシェア（共有）することで，その投稿を見た他の消費者（潜在顧客）の必要性を認識させるトリガーになっていく。

　研究面では，それぞれのフェーズでどのようなチャネルとタッチポイントが選択されるのかを明らかにする必要がある。実務では，最も影響力の強いフェーズやタッチポイントを見極め，チャネルを設計していくことが求められる。

◆**今後の課題**

　日本の特徴として，流通経路が複雑で多様な小売業態（⇨ **5-4**）が存在していることから，課題も多い。たとえば，チャネルを統合管理する場合，実店舗とEC，あるいは，業態によっても必要となる資源や求められる能力が異なるため，これらの点を考慮してチャネルを統合する必要がある。ほかにも，チャネル統合によって品揃えの最適規模が上回り，管理コストが増大したり消費者の混乱を招いたりする可能性や，統合のコストが禁止的なほどに高い可能性があること，品揃えのチャネル間での統合が部分最適化となってしまう可能性があること，などである（近藤・中見編著，2019）。　　　　●髙橋広行

6 | 1 マーケティング効果測定

◆マーケティング効果測定とは

マーケティング効果測定とは，相関関係と因果関係を区別し，マーケティング施策が成果へ与える影響について因果関係を想定した形で分析することを指す。相関関係とは，2つの変数 X と Y の間に，比例や反比例といった共変関係があることを指す。一方で，因果関係ではどちらが先行要因であるかという前後関係が重要視される。具体的には，要因 X を変化させることで要因 Y が変化するとき，X を原因で Y を結果とする因果関係がある（$X \rightarrow Y$ と示す）という（立森，2016）。本項目では主にマーケティング施策評価において相関と因果を区別することの重要性に着目し，いくつかの代表的な手法を紹介する。

◆相関と因果

相関と因果を区別することの重要性について，広告による売上への効果を検証するための2つの例に基づいて考える。第1に，ある企業が2019年8月に新しくモバイル広告を実施し，この企業のプロモーション担当者が19年9月期と18年9月期の当該製品の売上を比較したところ，19年の売上が30％高かったと仮定する。このとき，30％の売上増（前年比）という結果は「モバイル広告の効果」を示す十分なエビデンスだろうか。第2に，同業他社の売上データを集め，モバイル広告を行っている企業群と行っていない企業群の売上を比較するような分析アプローチを考える。そして統計的な比較検定の結果，モバイル広告を行っている企業群の売上が高かったと仮定する。この結果もモバイル広告の効果を議論するためのエビデンスとして機能するだろうか。

結論としては，どちらの方法も因果関係を特定するには不十分である。なぜなら，たとえ広告と売上の間に正の相関関係が観察できた場合でも，必ずしもそれが因果関係とは限らず，その因果関係については以下の3つのパターンを検討する必要があるためである（中室・津川，2017参照）。第1に，広告→売上という因果関係である。このような関係が本当に成り立っているのであれば，プロモーションの効果があるといえる。第2に，売上→広告という因果関係である。これは逆の因果が成立しており，成果が高く余力がある企業が広告に投資できる状態だと解釈できる。第3に，疑似相関である。これは広告と売上の両方に影響を与える別の要素が存在している場合である。たとえば，企業とし

ての革新性や柔軟性が高い企業は新しい広告を採用しやすくかつ業績も高いかもしれない。このように，第3の要素が因果関係を構成する要素の両方に影響を与える場合，その第3の要素を「交絡因子」という。本当は因果関係がないのに交絡因子によって観察される相関関係のことを疑似相関と呼ぶ。

　第2と第3のパターンでは，相関が確認されても広告→売上の因果関係はないことが窺える。この相関と因果の不一致については，施策を行うか否かが各主体（企業）の選択に依存することに影響を受けている。各主体の自己選択によって生じうるこれらの問題を「セレクション・バイアス」と呼び，因果に基づいた分析においてはこの問題に対応する必要がある。

　相関と因果の違いを見極められないと，本当は成果に影響のない施策に多額の投資をしてしまうかもしれない。そのため，観察・分析可能な範囲で施策→成果という因果関係を検証することで，誤った施策評価に至る危険性を回避することがマーケティング効果測定の目的である。また，もし因果関係がある場合，その影響の程度を「因果効果」と呼ぶ。このような因果効果を捉えた調査・分析アプローチを「因果推論」といい，近年ではマーケティング効果測定として応用されている。

◆ランダム化比較試験

　因果効果を測定する上で最適といわれているのが，原因にあたる施策や選択を処置として調査対象者にランダムで割り当て，その後，結果変数についての差を検討する，ランダム化比較試験（randomized controlled trial: RCT）という手法である。RCTでは，原因について対象者に選ばせることなく，観察者（研究者）が確率的に均等になるように介入（例：くじ引きや乱数を利用）し処置を割り当てる。これにより，いくつかの重要な仮定を満たせば，交絡因子や逆因果を統制し，セレクション・バイアスを排除することができる。RCTの典型例としては，消費者への実験室実験調査が挙げられる。

　しかしながら，研究者や実務家が，架空の状況を想定した実験室実験よりも実際のフィールド環境に根ざした調査や分析を好む場合もあるだろう。それを実現した研究例として，Nishikawa et al. (2017) が挙げられる。この論文は，「クラウド・ソーシング」（⇨ 1-22）と呼ばれる，非エキスパート人材を製品開発に登用することの効果，とくに「お客様の声を参考にした」という情報を提示することによる顧客の評価と売上の向上について，MUJI（無印良品）の実

店舗を対象に検証した。分析の結果，まったく同じ商品であっても「お客様の声」という情報を提示した店舗のほうがそうでない店舗よりも販売量が多いことが確認された。

◆観察データを用いた因果推論

RCT は一見強力な研究アプローチのようだが，RCT を実施することが容易ではないことも多い。その場合，研究者は別の目的で収集された観察データを用いて分析することになる。その際には，検証したい効果とその際に考慮しなければならない他の要因を考え，考慮すべき要因をどのようにすれば排除できるかという発想から調査，分析を計画する必要がある。以下では，観察データに基づく主要な方法とそれを利用した文献について簡単に紹介する。

第 1 に，回帰不連続デザイン（regression discontinuity design: RDD）である（たとえば Hartmann et al., 2011）。RDD は観察可能なある変数（running variable）に基づき，特定の閾値（カットオフ）によって介入の有無を決定する状況を利用した手法である。たとえば，Cohen et al.（2016）は，アメリカ Uber のデータを用いて，タクシーの価格変動と消費者余剰との関係を，RDD を用いて分析した。

第 2 に，差の差の分析法（difference-in-differences: DID）と呼ばれる擬似実験構造を利用した分析手法である。DID は，介入群と対照群両方から，介入の事前・事後両方のデータを収集し，群内の事前事後の差について群間で比較する手法である（たとえば Fisher et al., 2019; Jola-Sanchez and Serpa, 2021）。

これらの分析手法のほかにも，操作変数法（たとえば Hui et al., 2013）や，傾向スコア・マッチング法（たとえば Zhu and Liu, 2018）も因果推論の代表的なアプローチとして知られている。

本項目では，因果推論に基づくマーケティング効果測定について，主に相関と因果を区別して考えることの重要性に焦点を合わせて論じてきた。紙幅の関係上，セレクション・バイアス，因果効果を推定するための仮定や，各手法の詳細な説明は省略している。そのため，本項目の内容に興味をもった読者は専門的な図書（たとえば岩崎，2015；津川，2016；星野・田中，2016；伊藤，2017；高橋，2022）や本文で紹介した論文を参照し，理解を深めてほしい。

🔴 田頭拓己

6
データ分析の力

6 | 2 共分散構造分析

◆共分散構造分析とは

　共分散構造分析とは，構造方程式モデリング（structural equation modeling: SEM）とも呼ばれる解析手法で（正確には構造方程式モデリングのうち，観測変数が連続変数である場合が共分散構造分析である），変数間の因果関係や相関（共変）関係を分析することができる（豊田ほか，1992；小杉，2018；小塩，2020a；久保田，2022）。変数1が変数2に影響を与えるといった複数の因果関係をパス図で示すことにより，1つの因果モデルとして表すことができる。共分散構造分析はマーケティングや心理学，社会学などの研究領域において利用されることがきわめて多い。マーケティング分野における研究としては，たとえば小野（2010）や恩藏・石田（2011）などがわかりやすい。

◆パス図の描き方

　共分散構造分析ではパス図を自由に描くことができる。パス図とは変数間の因果関係や相関（共変）関係を矢印で示した図のことである。因果関係は原因と結果とが存在する場合であり，変数1が変数2に影響を与えている。言い換えれば，変数1は変数2の原因となっているといえる。そして，因果関係は片方向矢印（→）で表す。次に，相関（共変）関係は原因と結果とが存在しない場合であり，変数1の数量が増えれば変数2の数量も増える，あるいは変数1の数量が増えれば変数2の数量が減るときもある。そして，相関（共変）関係は双方向矢印（←→）で表す。これらの矢印をパスと呼ぶ。なお，パスの近くに併記される数値はパス係数と呼ばれ，片方向矢印のパス係数は重回帰分析における標準偏回帰係数の値であり，双方向矢印のパス係数は相関係数や偏相関係数の値である。

　図1のように，勉強時間がテストの点数に影響を与えているとする。勉強時間が増えることによりテストの点数が上がるため，勉強時間が原因となり，テストの点数が結果となる。一方，SNS（☞ 4-7）を閲覧したり，野球やサッカーなどの娯楽時間が増えることによりテストの点数が下がれば，娯楽時間が原因となり，テストの点数が結果となる。そのため，勉強時間とテストの点数，娯楽時間とテストの点数といったそれぞれの関係は因果関係であるといえる。また，1日24時間は決まっているため，勉強時間を増やせば，娯楽時間を減

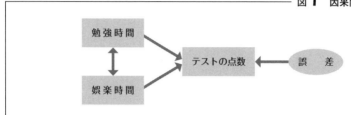

図 **1** 因果関係と相関関係

らすしかない。反対に娯楽時間を増やせば，勉強時間を減らすしかない。勉強時間と娯楽時間との関係は（負の）相関関係であるといえる。今回は，テストの点数に影響を与える要因として勉強時間と娯楽時間とを取り上げたが，それ以外の要因も存在するはずである。それが誤差である。

◆**観測変数と潜在変数**

　パス図では観測変数や潜在変数，さらには誤差変数を区別して示す。観測変数とは，直接的に測定できる（実際にデータを取ることのできる）変数のことで，パス図では四角で示す決まりがある。潜在変数とは，直接的に測定できない（実際にデータを取ることのできない）変数のことで，パス図では円や楕円で囲む。人間の心の中は観測することができない，理論的に仮定される概念であるため，構成概念という。誤差変数は，分析対象としなかった要因を表す（研究上想定しなかった要因を表す）変数のことで，誤差変数は円や楕円で囲むことが多いが，円や楕円で囲まないこともある。因子分析で捉えると，観測変数は項目に，潜在変数は因子に，誤差は独自因子に該当する。

　図2のように，学生のテストの点数と学力との関係をパス図で表すことができる。数学，理科，国語，社会はテストの点数として数値で測定することができるため，観測変数といえる。よって，これら4つの変数は四角で囲む。次に，理系力が数学と理科の点数に影響を与えると考えることができる。よって，理系力から数学の点数と理科の点数に向けて2つの片方向矢印を引く。この理系力は直接的に測定することができないため，潜在変数であり，楕円（円）で囲む。同様のことは，国語の点数と社会の点数，文系力との関係においてもいえ，文系力が国語と社会の点数に影響を与えると考えることができる。よって，文系力から国語の点数と社会の点数に向けて2つの片方向矢印を引く。この文系力は直接的に測定することができないため，潜在変数であり，楕円（円）で囲

図 **2**　パス図の例

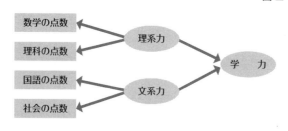

む。

　さらに，学生の理系力と文系力とが個々の総合的な学力に影響を与えている
と考えることができるため，理系力と文系力から学力に向けて片方向矢印を引
く。学力も直接的に測定することができないため，潜在変数であり，楕円（円）
で囲む。それでは理系力と文系力との間に双方向矢印を引くことはできるだろ
うか。言い換えれば理系力と文系力との間に相関関係が存在するだろうか。確
かに，理系力が高まれば文系力も高まる学生も数多くいるだろう。しかし，そ
れは見かけ上の相関であって，勉強のコツが理系力と文系力とに影響を与えて
いる可能性のほうが大きい。共分散構造分析では理系力と文系力との相関につ
いても自由にパス図を描き（仮説を立て），検証することができる。

　統計ソフトを使った共分散構造分析の手順は，小塩（2014；2018；2020b），
田部井（2011），豊田編著（2007；2014）などがわかりやすい。

◆モデルの適合度

　分析を行う際には，解析したモデルが正しいかどうか（モデルがデータと適
合しているかどうか）を判断しなければならず，そのための指標を適合度指標
という。CMIN（χ^2乗値）を自由度で割った値が0に近くなるほど，モデルと
データの当てはまりが良いと判断することができる。ほかにも GFI（回帰分析
の R^2 乗値にあたる指標），AGFI（修正済み GFI），RMSEA（近似の二乗平均平方根
誤差），AIC（赤池情報量基準）などいくつかの指標があるため，それぞれの指
標の性質を理解し，モデルの適合度を相互的に判断していくことが望ましい。

◉冨田健司

◆ 媒介分析とは

媒介分析とは，2つの変数の因果関係について，媒介する変数の影響を検討する分析手法のことである。なお，2つの変数の因果関係は直接効果といい，媒介する変数が存在する関係は間接効果という（MacKinnon, 2008; VanderWeele, 2016）。

◆ 媒介変数の手順

説明変数 X が目的変数 Y に影響を及ぼしている状況（$X \rightarrow Y$）（直接効果）において，説明変数 X と目的変数 Y との間に，他の変数である媒介変数 M が介在するモデルを想定する（$X \rightarrow M \rightarrow Y$）（間接効果）（図1）。このとき，媒介変数 M の影響を検討する手順は次のようになる（MacKinnon and Fairchild, 2009; MacKinnon et al., 2002）。

まず，説明変数 X と目的変数 Y との関係を回帰分析によって検討する（(1)式）。説明変数 X が目的変数 Y に与える影響を表す回帰係数 c' の値を推定するとともに，この回帰係数 c' が有意であることを確認する。

$$Y = 切片 + c'X + 誤差 \qquad (1)$$

次に，説明変数 X と媒介変数 M との関係を回帰分析によって検討する（(2)式）。説明変数 X が媒介変数 M に与える影響を表す回帰係数 a の値を推定するとともに，この回帰係数 a が有意かどうかを確認する。

$$M = 切片 + aX + 誤差 \qquad (2)$$

さらに，(3)式の重回帰分析を検討する。(3)式は，(1)式に媒介変数の影響（bM）を追加したものである。また，(1)式では説明変数 X の回帰係数は c' だったが，(3)式の回帰係数 c は媒介変数 M の影響を排除した際に説明変数 X が目的変数 Y に与える影響となる。この(3)式において，媒介変数 M の偏回帰係数 b が有意かどうかを確認する。

$$Y = 切片 + cX + bM + 誤差 \qquad (3)$$

偏回帰係数 b が有意であったならば，媒介モデルはほぼ成立したと考えることができる。説明変数 X が媒介変数 M を介して目的変数 Y に影響を与える効果（$a \times b$）が有意かどうかを確認し，有意であれば間接効果（媒介効果）が存在すると考えることができる。

なお，$a \times b$ は説明変
数 X から目的変数 Y へ
の効果が媒介変数 M に
よって説明される値であ
り，これは c' から c へ
の回帰係数の変化（$c'-$
c）に等しい。言い換え

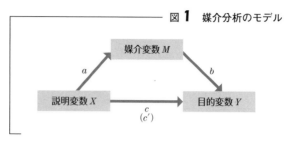

図 **1** 　媒介分析のモデル

ると，説明変数 X から目的変数 Y への効果であった c' は，媒介変数 M が介在
するとき減少するため，この減少量（$c'-c$）は間接効果（$a \times b$）と等しい値と
なる。つまり⑷式が成立する。これは媒介変数 M を投入する以前の効果 c' が，
媒介変数 M を投入したことによってその効果が減少したということを意味す
る。

$$a \times b = c'-c \tag{4}$$

　以上は Baron-Kenny method（product method）と呼ばれる媒介分析の手順で
あり（Baron and Kenny, 1986），ほかにも difference method（Jiang and Vander-
Weele, 2015）がある。また，Baron-Kenny method を発展させた研究も示され
ている（Hayes, 2009; Zhao et al., 2010）。なお，岡田（2020）はマーケティング研
究において媒介分析を行った。岡田（2020）は，ユーザー創造製品の情報表示
と消費者の購買行動における動機との関係が明らかにされていないという問題
意識の下，説明変数 X に「ユーザー創造製品の情報開示」，目的変数 Y に「製
品選択」，媒介変数 M に「予防焦点」と「促進焦点」とした仮説を設定した。
その上で，媒介分析を行ったところ，媒介効果の影響を検証することができた。
それゆえに，ユーザー創造製品の情報表示が，消費者の予防焦点と促進焦点を
媒介して，製品選択に正の影響を与えることを明らかにしたのである。

◆間接効果の検定

　媒介変数が説明変数 X から目的変数 Y への関係を説明しているかどうかを
判断するには，間接効果（媒介効果）を検定しなければならない。その手段は
いくつかあるが，間接効果（$a \times b$）の標準誤差を算出して検定する方法がある。
この方法は $a \times b$（確率変数の積）の分布が正規分布に従うことを仮定している
が，正規分布にならないことが多い。そのため，標準誤差を用いるのではなく，
$a \times b$ の分布の信頼区間を求めることで，間接効果が有意かどうかを確認した

6 | 3
媒
介
分
析

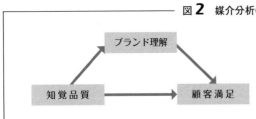

図2　媒介分析の例

ほうがいい（Rucker et al., 2011）。

◆**完全媒介モデルと部分媒介モデル**

説明変数 X が目的変数 Y に影響を及ぼしている状況（$X \rightarrow Y$）が有意であったものが，媒介モデルによって有意でなくなる場合を完全媒介モデルという。なぜなら，媒介変数を投入した後，c が有意でない場合，$X \rightarrow Y$ のパスがなくなるため，説明変数 X が目的変数 Y に及ぼす影響は媒介変数 M によって完全に説明されることとなるからである。

反対に，説明変数 X が目的変数 Y に影響を及ぼしている状況（$X \rightarrow Y$）が有意であったものが，媒介モデルによっても有意のままである場合を部分媒介モデルという。マーケティングや心理学，社会学などの研究領域において，説明変数 X が目的変数 Y に及ぼす影響は媒介変数 M によって完全に説明されること（完全媒介モデル）はあまりない。そのため，媒介変数を投入した後，c が有意であること（部分媒介モデル）のほうが一般的であるといえる。

たとえば，説明変数として知覚品質，目的変数として顧客満足（☞ 2-5）を想定する。顧客の（商品への）知覚品質が高まれば顧客満足が高まるという直接効果が存在している。ここで，媒介変数として（商品への）ブランド理解を投入したとき，知覚品質→ブランド理解→顧客満足という間接効果が存在したとする（図2）。ブランド理解という媒介変数の投入によって，知覚品質→顧客満足の関係がなくなることは考えにくいため，部分媒介モデルの関係にあるといえる。

◆**共分散構造分析との違い**

共分散構造分析（☞ 6-2）でも媒介モデルを検討することはできるが，c' を算出することはできない。しかし，共分散構造分析はデータに欠損値が含まれていたとしても推定してくれるため，共分散構造分析のほうが使い勝手がいいこともある。また，媒介分析では $X \rightarrow Y$ へのパスを削除した際の分析をすることで，その適合度から完全媒介モデルなのか部分媒介モデルなのかを検討することができる。

🌏冨田健司

6

データ分析の力

◆◇階層線形モデリングとは

　階層線形モデリングとは，階層的なデータに応用できる線形モデルを意味する。つまり，階層的なデータを使った回帰分析や分散分析というイメージである。階層的とは，集団と個人といったように複数の階層をもち，入れ子構造（ネストされたともいう）になったデータを指す。たとえば，複数の国の消費者を対象とした調査は，日本やアメリカといった国の階層と個人の階層の情報を含んでいる。また，入れ子構造とは，日本の消費者は日本という集団に所属し，アメリカの消費者はアメリカという集団に所属するような，個人が特定の集団のみに所属するという形式を指す。

　このような入れ子構造のデータへの対処として，日本を1，アメリカを0とするようなダミー変数を回帰モデルに導入するという方法が一般的であった。ところが，その場合は集団レベルの変数の水準が多くなるほど多くのダミー変数を導入しなければならない。加えて，2つの水準間における相違の有無しかわからず，集団レベルの変数の影響を適切に理解することが難しい。階層線形モデリングでは，個人レベルの変数と集団レベルの変数を同時に扱えるため，このような問題に対応できる。

◆◇階層線形モデリングの基本的な式

　被説明変数 Y に説明変数 X が影響を及ぼすという単回帰分析のモデルは，以下のようになる。

$$Y = \beta_0 + \beta_1 X + r$$

　分析の結果として，切片 β_0 と回帰係数 β_1 は単一の値が推定される。これらのように単一の値に定まるものを固定効果という。階層線形モデリングでは，切片 β_0 や回帰係数 β_1 を被説明変数とした以下のようなモデルを追加できる。

$$\beta_0 = \gamma_{00} + u_0$$
$$\beta_1 = \gamma_{10} + u_1$$

　γ_{00} と γ_{10} は，切片と回帰係数のサンプル全体の平均を表しており，固定効果である。u_0 と u_1 はそれぞれ集団による誤差を表しており，確率的に変動す

る。このように確率的に変動する効果のことを変量効果という。なお、階層線形モデリングでは、個人レベルのモデル式をレベル1といい、集団レベルのモデル式をレベル2という。β_0とβ_1の式を上の回帰モデルへ代入すると、下記のような式となる。

$$Y = \gamma_{00} + u_0 + (\gamma_{10} + u_1)X + r$$

　回帰モデルの式との違いは、切片や回帰係数を1つの値に定まるものと解釈するのではなく、集団間で誤差があると解釈する点である。このモデルでは、集団間の誤差のみを導入しているが、集団レベルの変数を導入することも可能である。

◆階層線形モデルを適応するべきかの判断基準

　入れ子構造のデータであれば、すべて階層線形モデリングを適応させるべきだろうか。たとえば、ストレスが飲酒量へ及ぼす影響について、日本全国の消費者からデータを収集したとしよう。都道府県によって何らかの違いがあるならば、階層線形モデリングを用いるべきだが、違いがないのであれば回帰分析でも問題はないだろう。

　そうした集団による影響を測る指標に級内相関係数（interclass correlation coefficients: ICC）がある。級内相関係数とは、データ全体の分散、すなわち集団レベルの分散（τ^2）と個人レベルの分散（σ^2）の合計のうち、集団レベルの分散が占める割合を指したものである。

$$\mathrm{ICC} = \tau^2 / (\tau^2 + \sigma^2)$$

　ICCについては「ICCは0であるという」という帰無仮説を検定できる。したがって、上の例でいうと、もしICCが有意ならば、飲酒量の平均値が都道府県によって異なることを意味する。このような場合は、回帰分析よりも階層線形モデリングを用いるべきである。

　階層線形モデリングを用いるかどうかの判断基準として、ICCが有意かどうかという以外に、ICCが0.1以上であることや、ICCをもとに算出されるデザイン・エフェクトが2以上であることなどの基準がある（清水、2014）。

◆階層線形モデリングを用いたマーケティング研究の例

　マーケティング研究では、1990年代後半頃から階層線形モデリングが用い

6
データ分析の力

られるようになった。ここでは，*Journal of Marketing* に掲載されている Wieseke et al. (2009) を紹介する。同論文を取り上げた理由として，概念モデルとして複数の階層性が示されており，分析を理解しやすいためである。

　Wieseke et al. (2009) は，従業員の組織アイデンティティ（EOI）は，上司の組織アイデンティティ（MOI）や上司との関係性の長さ（EMDT）によって高まるという仮説を導出した。ドイツの旅行会社に対して調査を実施し，営業担当者 1005 名（レベル 1 のデータ），営業部長 394 名（レベル 2 のデータ），上級部長 22 名（レベル 3 のデータ）という 3 つのレベルの従業員からなるデータベースを作成した。分析では，レベル 1 の独立変数を EMDT，従属変数を EOI とし，レベル 2 の独立変数を MOI，従属変数を切片とするモデルを推定し，仮説の検証を試みている。MOI が強まるほど，切片の値も高くなるので，結果として EOI も高くなるのである。

◆階層線形モデリングの推奨文献

　階層線形モデリングについて，深く学び，そしてソフトウェアを使って分析する場合には，清水（2014），Garson ed. (2013)，Raudenbush and Bryk (2002) などを参照するといいだろう。清水（2014）では，階層線形モデリングについての理論的な説明に加え，HLM や SPSS といったプログラムでの分析方法について紹介されている。Garson ed. (2013) では，さまざまなソフトウェアを使った分的例が豊富に取り上げられている。また，Raudenbush and Bryk (2002) は反復測定やレベル 3 モデルなど，さまざまなケースについての説明がなされている。

● 石田大典

6 | **4**

階層線形モデリング

6 **5** テキスト・マイニング

◆◇**テキスト・マイニングとは**

　近年，企業のデータベース上には大量の統計データが蓄積しており，IoT，ビッグデータ，AI（☞ 6-9）等の情報通信技術（ICT）をマーケティングに活用することが必要不可欠になっている。また，社会を変革する概念として，デジタル・トランスフォーメーション（DX）が注目を集めており，データを駆使して，客観的なマーケティング意思決定を下すことが求められている。

　マーケティングにおける統計解析の手法として，売上高のような量的データから顧客インサイトを発見するデータ・マイニングが以前から活用されてきた。これに対して，テキスト・マイニングでは事前に数値化されていないテキスト・データを分析する。コンピュータ支援型の分析アプローチを採用している点がテキスト・マイニングの大きな特徴の1つである。社会学の分野で行われる内容分析とテキスト・マイニングは相互に関連しているが，後者は前者よりも大量のデータを自動的に分析するという意味合いが強い。

◆◇**テキスト・マイニングで使用されるデータ**

　マーケティングで分析に用いられるデータは多岐にわたる。それらは整形や加工のしやすさに応じて，構造化データ（structured data）と非構造化データ（unstructured data）に二分される（Balducci and Marinova, 2018）。前者の例として，実験や調査で収集されるサンプル・データや購買履歴データが挙げられ，データ・マイニングの分析対象である。一方，後者の例として，テキスト・データ，画像や動画のデータが挙げられる。非構造化データは数値的な情報が事前に与えられていない。したがって，テキスト・マイニングを実行する際，テキスト・データを自然言語処理で量的データに変換する必要がある。

　テキスト・データにはさまざまな種類があるが，メッセージの発信者と受信者に着目することで，データの特徴を把握できる。主な発信者や受信者として，消費者，企業，投資家などが想定される。たとえば，EC サイト（☞ 5-10）上に掲載されるユーザー・レビューは発信者と受信者が消費者であるのに対し，SNS（☞ 4-7）における企業アカウントの投稿は発信者が企業，受信者が消費者である。このほかにも，発信者と受信者の双方が企業である業界紙，発信者が企業で受信者が投資家の有価証券報告書なども分析対象になる。

◆テキスト・マイニングの手順

テキスト・マイニングは「データの前処理」「分析方法の選択」「測定方法の検討」「妥当性の検討」のステップに大別される（Berger et al., 2020）。

まず，データの前処理では，収集したデータを統計解析で使用可能な形式に変換しなければならない。トークナイザと呼ばれる作業が必要になり，意味をもつ最小単位ごとに文章を分割する。日本語の場合，形態素解析器 MeCab (Kudo et al., 2004) で品詞分解を実行できる。たとえば，「私はデザインで車を選んだ。」の文章は形態素解析により，「私（名詞）は（助詞）デザイン（名詞）で（助詞）車（名詞）を（助詞）選ん（動詞）だ（助動詞）。（記号）」の形に分割される。名詞，形容詞，動詞を分析時に抽出することが多い。

その後，データのクリーニング作業が必要になる。分析者の目的によって異なるが，分析結果の解釈をしやすくするために，数字，指示代名詞，出現頻度の低い単語，意味をもたない情報（たとえば HTML タグ）は分析データから除外されることが多い。単語のスペリングを確認し，単語の語幹を減らすステミング（たとえば car と cars を car に統一），単語をまとめるレンマタイゼーション（たとえば car と automobile を car に統一）を実行する場合もある。

次に，前処理がなされたデータを分析していく。分析者の観察したい事柄が決定している場合，単語の出現頻度を集計することで，データの内容をある程度把握できる。また，単語の共起頻度が明らかになれば，どのような単語が一緒に登場しているのかがわかる。これに対して，分析者の観察したい事柄が明確でない場合には，トピック分析が有効になる。有名な統計モデルとして，潜在的ディリクレ配分法（latent dirichlet allocation: LDA）(Blei et al., 2003; 岩田, 2015) がある。LDA は複数のテキスト・データから潜在的なトピックの推定を可能にするため，データの分類によく利用される。たとえば，金ほか（2020）は価.com に掲載されたコーヒー・メーカーのレビューを分析して，「使用」「メーカー」「壊れる」などの出現確率が高いトピックを得た。この結果は製品の故障に関する内容がレビュー上で議論されていたことを示している。

測定方法の検討段階では，データの定量化を試みる。上述したとおり，単語の出現頻度は代表的な指標の１つである。単語が出現した回数を単純に計測する場合もあれば，単語や文書の総数で重み付けを行う場合もある。単語の出現頻度からは文書間の類似度を算出でき，１文章当たりの平均単語数や１単語当

たりの平均音節数に着目することで，文章の読みやすさを測定できる。

　最後に，妥当性の検討段階では，分析における内的妥当性と外的妥当性に留意しなければならない。内的妥当性は分析者の測定したい概念が単語と一致する程度である。複数の評価者が測定したい概念と単語の関係性を確認することで，内的妥当性を高められる。これに対して，外的妥当性はあるデータから得られた知見が他のデータに一般化できる程度を表す。データ収集のバイアスを小さくするためにも，複数のデータ・セットで分析を行うことが望ましい。

◆テキスト・マイニングの実践例

　マーケティングの研究領域において，テキスト・データの活用事例が多数報告されている（Balducci and Marinova, 2018）。以下では，テキスト・マイニングに関わる研究を個人レベル，企業レベル，社会レベルの視点に分けて紹介する。

　Lee and Bradlow（2011）は Epinions.com（現：Shopping.com）に掲載されたデジタル・カメラのレビューを用いて，消費者が製品のどのような点に注目しているのかを個人レベルの視点で分析した。製品の情報を抽出した後，非階層的クラスター分析を行うなかで，39 個の薬品属性（たとえば液晶ディスプレイ，レンズ）が消費者の関心事であったことを示している。

　Liu et al.（2017）は消費者が Twitter の企業アカウント（たとえばバーガーキング，JC ペニー）に向けて投稿した内容を企業レベルの視点で分析した。LDA によるトピック分析を企業ごとに実行したところ，メッセージの大半は製品，サービス，プロモーションに関する内容であることが示された。

　Berger et al.（2021）は映画やオンライン・ニュースを取り上げ，映画やニュース記事内の感情変化が消費者の態度や行動に及ぼす影響を社会レベルの視点で分析した。単語の出現頻度から感情の変動率を算出し，感情変化の大きい映画や記事が消費者に好まれやすいことを明らかにしている。

　自然言語処理の技術が進展するなかで，テキスト・データの活用事例は着実に増えており，テキスト・マイニング自体も体系化されてきた（Berger et al., 2020; Humphreys and Wang, 2018）。データや統計解析の手法を使い分けることで，テキスト・データからしか得られない顧客インサイトを見出せるだろう。

🌐 多田伶

6│**6 メタ分析**

◈ メタ分析とは

メタ分析とは，同一の課題に関して行われた実証研究を系統的に収集し，個々の研究結果を統計的な手法で統合し，総合的な結論を導き出す一連のプロセスである（Glass, 1976）。つまり，既存研究の成果を収集し，再分析するというものである。メタ分析が求められる状況というのはどのようなものだろうか。たとえば，先行研究のレビューを進めるなかで，ある研究では独立変数Ａと従属変数Ｂにおいて正の関係が支持されていたが，別の研究では有意な関係が見出されなかったり，さらには負の関係が支持されていたとしよう。このような場合，ＡとＢの関係が正なのか，負なのか，それとも有意ではないのかについて明らかにすることは理論的に意義があるはずである。また，実証研究が積み重ねられていくなかで，過去の知見を統計的に統合させるということも重要な意義をもつだろう。

分析の基本的な考え方は，先行研究の効果量の平均値を算出し，それが統計的に有意かどうかを判断するというものである。ただし，研究によって母集団，サンプル・サイズ，そして測定尺度などは同一ではないため，それらの影響を考慮して分析する必要がある。マーケティングでは，Hedges and Olkin（1985）や Schmidt and Hunter（2015）の方法がよく用いられるため，それらの文献を参照するといいだろう。また，岡田・小野寺編（2018）においても，Hedges and Olkin（1985）や Schmidt and Hunter（2015）の方法が解説されている。

◈ 分析手続き

メタ分析の手続きは，文献の収集，データベースの構築，データの分析，という3つのステップに分けられる。文献の収集においては，系統的に文献を収集することが求められる。したがって，web of science や google scholar といったデータベースを用いて論文を検索し，収集するといい。得られた論文のなかには定性的な研究や必要な統計量が報告されていない論文などもあり，すべてをデータベースに含められるわけではない。そうしたスクリーニングの過程を詳細に記録しておく必要がある。

データベースの構築では，分析に必要な統計量が整理され，1つのファイルにまとめられる。データベースの構築にあたっては，後の分析を意識しなけれ

ばならない。手計算でメタ分析を行う場合はどのような様式でもいいだろうが，ソフトウェアを用いる場合は特定の様式にする必要がある。データの分析では，個々の論文から得られた効果量を使った分析に加えて，公表バイアスやモデレータ効果の分析が行われる。

◆効果量

　AがBへ影響を及ぼすという仮説を検定する際，最初にみるのはp値だろう。pがどの値をとるのかによって仮説が支持されたり，あるいは棄却されたりするからである。ただし，pで判断できることはあくまでAとBの関係性の有無であり，その影響の大きさはわからない。そこで用いられるのが効果量である。効果量とは，相関係数やCohenのdのような独立変数と従属変数の関係の強さを表す指標である。メタ分析で用いられる効果量には，相関係数，d，オッズ比などがある。マーケティング研究では相関係数とdを用いるのが一般的である。なお，効果量については，Cohen（1988）や大久保・岡田（2012）に詳しい説明があるのでそちらを参照するといいだろう。

　メタ分析で必要となる効果量が論文において必ず報告されているというわけではない。たとえば，回帰係数は報告されているが相関係数は報告されていないことや，t値は報告されているがdは報告されていないといったことはしばしばある。そのような場合には，論文で報告されている統計量をもとに効果量を推定するとよい。Lipsey and Wilson（2001）には，さまざまな統計量を効果量へ変換するための計算式が紹介されている。

◆公表バイアス

　メタ分析では，主に学術雑誌に掲載されている論文をもとにデータベースが構築される。したがって，学術雑誌に不採択となってしまった研究や仮説を支持するような結果が得られず報告すらされなかった研究は分析対象とはならない。つまり，よい研究結果だけを集めたメタ分析では，独立変数と従属変数の関係が過度に強調されてしまう可能性がある。そのことを公表バイアスという。

　公表バイアスの程度を測る指標として，File Drawer N（Rosenthal, 1979）やFail Safe N（Orwin, 1983）がある。File Drawer Nとは，メタ分析の結果が非有意（$p>.10$）となるために必要とされる$p=1.0$の研究数を指している。Fail Safe Nとは，メタ分析の効果量が特定の水準まで低下するために必要となる効果量0の研究数を表している。結果が悪い研究（仮説が棄却される，効果量が

非常に低い）ほど，公表したくないと動機づけられやすいため，それらを未公表の研究としてみなすのである。File Drawer N や Fail Safe N が大きいほど，メタ分析の結果を否定するために多数の未公表研究が存在しなければならないことが示唆される。言い換えれば，これらの値が大きいほど公表バイアスが問題となる可能性は低いといえる。Rosenthal（1979）は File Drawaer N の1つの基準として，メタ分析で用いた研究数の5倍プラス10以上であることが望ましいと主張している。File Drawer N や Fail Safe N 以外の方法として，Trim and Fill 法（Duval and Tweedie, 2000）などもある。

◆モデレータ分析

個々の研究はすべて同じ条件で行われるとは限らない。たとえば，アメリカや日本など異なるサンプルで調査を実施する場合もあれば，実験やサーベイなど研究手法が異なる場合もある。このようなサンプルや調査手法の違いにより，研究結果にはバラツキが生まれる可能性がある。モデレータ分析を通じて，そうした可能性を検討できる。

モデレータ変数を探るための代表的な方法として，Q統計量がある（Hedge and Olkins 1985）。Q統計量は，研究数−1のカイ二乗分布を用いて，「各研究の効果量は均質（homogeneity）である」という帰無仮説を検定できる。また，Q統計量を用いて算出される I^2 統計量という指標もある。I^2 は全体の分散のうち，研究間の異質性によって生み出される割合を意味している。I^2 は75％以上であれば異質性が非常に高く，モデレータ変数の存在が示唆される（Higgins and Thompson, 2002）。モデレータ変数の形式によって分析方法は異なる。たとえば，学生／非学生のような離散的な変数の場合は t 検定や分散分析などが用いられ，国の文化的な特徴を得点化した Hofstede Index のような連続的な変数の場合は回帰分析や階層線形モデリング（⇨ 6-4）が用いられる。

◆メタ分析を用いたマーケティング研究の例

メタ分析研究がどのようなものなのか，どのように論文を書けばよいのかについて，*Journal of the Academy of Marketing Science* のメタ分析特集号（2020年，第48巻第3号）を読むと参考になるだろう。掲載されている論文を読むと，共通して概念の定義，媒介効果や調整効果に関する仮説の構築，文献収集やコーディングのプロセス，効果量による分析，媒介効果や調整効果に関する分析という流れで執筆されていることが窺える。

● 石田大典

6|7 参与観察

◆現場密着型の調査方法

　参与観察とは，調査者が現実の社会生活に参加しながら，その現場における人々の言動や生活について観察することである（佐藤，2015）。この現場での観察というアプローチは，観察者の役割や現場への関与の程度に応じていくつかのバリエーションが存在する（Gold, 1958）。現場に影響を与えずに観察する場合もあれば，現場から調査者として認識されながら積極的に現場の出来事に関わる場合もある。観察者はさまざまな状況や時期に応じて，これら両極の間を行き来することになる（佐藤，2006）。

　参与観察を用いた初期の研究として参照されるのが，人類学におけるマリノフスキーの研究である（Malinowski, 1922）。彼は，ニューギニアのトロブリアンド諸島で 2 年にわたって現地の人々と生活をともにし，社会秩序が形成され維持される交易システムを明らかにしている。見聞きした事柄が細部まで記述され，現地の文化が描かれる。このように研究者が異文化における日常生活を身近に観察，記録し，それに自ら参加し，そして細部を丹念に記述しながらその文化についての話を書き上げるような調査のプロセス，および，現場密着型のフィールドワークという調査方法やその成果をまとめあげた報告書のことをエスノグラフィー（民族誌）という（Marcus and Fischer, 1986; 佐藤，2006）。

　文化を理解しそれを記述する手法は，その後，人類学だけでなく他の研究領域にも用いられ，報告書としてのエスノグラフィーが数々と発表されることになる。たとえば，社会学では，ダンス・ホールで繰り広げられる客とダンサーとの相互作用を通じて生まれる意味世界に迫った Cressey（1932），解体的にみえる都市のスラムで生じた社会秩序を浮かび上がらせた Whyte（1943），暴走族と称される若者とメディアが生み出す物語との複雑な相互関係について定量的なアプローチと有機的に組み合わせて描いた佐藤（1984；1985）や Sato（1991）といった都市民族誌と呼ばれるエスノグラフィーがある。

　参与観察という手法が用いられる研究対象は企業組織まで広がり，組織が暗黙的に共有している内部者の見方，すなわち文化を理解しそれを描いた組織エスノグラフィーが発表されている（金井ほか，2010）。たとえば，労働者と管理者の間で形成されたインフォーマル組織の特徴を明らかにした Dalton（1959），

ゲームとしての労働プロセスという視点から熱心に働く労働者の姿を描いた Burawoy（1979），従業員たちが企業文化に取り込まれていく様相を描いた Kunda（1992），企業者間ネットワーク組織の構成原理を明らかにした金井（1994），芸術活動の自立性や現代演劇という組織フィールドの変化を描いた佐藤（1999）などがある。

◆◆参与観察を用いた消費研究

　マーケティング研究とも密接な関係にある消費研究（consumer research）では，とりわけ消費文化理論（consumer culture theory: CCT; ☞ 2-19）と称される研究群において積極的に用いられてきた。その契機となったのが，CCT の中心的な研究者であるベルクらが行ったプロジェクトのコンシューマー・ビヘイビア・オデッセイである（Belk, 1991）。これは研究者らが全米各地をバンで旅しながら，参与観察とデプス・インタビューを用いて消費を深く理解しようとする試みである。

　このプロジェクトを契機にして 1990 年代以降，CCT では参与観察を中心とした調査手法を用いた研究が進められていく。たとえば，大型二輪車ハーレーダビッドソンのオーナーたちの間で共有された文化やブランドの象徴的な意味，企業とのマーケティング活動との相互関係などを描き出した Schouten and McAlexander（1995）がある。およそ 3 年にわたる現場での参与観察を通じて，ある特定の製品やブランド，もしくは消費活動に対する共有されたコミットメントに基づいて選択された社会集団，すなわち「消費のサブカルチャー」(subculture of consumption）を描き出した。

　そのほかにも，参与観察の場として，フリー・マーケット（Sherry, 1990），野球チームのシカゴ・カブスの本拠地スタジアム（Holt, 1995），テレビシリーズ・映画の『スタートレック』のファン・コミュニティ（Kozinets, 2001），クルマのブランド MG のブランド・コミュニティ（Leigh et al., 2006; ☞ 3-8），若者たちが集うクラブ（Goulding et al., 2009）などがある。CCT において参与観察は，消費文化，すなわち商業的に生産されたイメージやテクスト，モノが相互に連結されたまとまりを理解するための主要な手法として用いられてきた（Kates, 2006; Kozinets, 2001; Sherry, 2008）。

　ベルクらが行ったプロジェクトのコンシューマー・ビヘイビア・オデッセイは，マーケティング研究，たとえばマーケティング組織（Workman, 1993）や

小売店（McGrath, 1989）という現場での観察から理論を構築しようとする研究にも影響を与え，企業と消費者による意味の生成，その解読，そして理論への貢献をめざして，参与観察はマーケティング研究や消費研究において用いられていくことになる。

◆理論への貢献をめざして

参与観察は理論への貢献をめざして，「見る」「聞く」「書く」という作業が行われる（Belk et al., 2013; 佐藤，2015）。参与観察の本質は，観察者が理解しようとしている現場の人々にとって，行為や出来事がどのような意味をもつのかという，その意味への関心にある（Spradley, 1980）。

まず現場において「見る」対象となるのは，人々の行動，人々が作成し使用しているモノ，そして人々の言葉である。これらは，文化的知識，すなわち当事者たちが共有する意味世界や人々が経験を解釈し行動を起こすために使う習得された知識を推論する上で，観察者が着目すべき文化的事柄である（Spradley, 1980）。

現場で「聞く」ことは，一般的なインタビュー調査とは特徴が異なる。現場の人々に話が聞ける機会が自然発生的に生まれた際に，聞き手が相手にインフォーマントの役割を意図的に促して，インタビューの状況を創り上げ，対話をする。こうした手法は，エスノグラフィック・インタビューと呼ばれている（Spradley, 1979）。

見聞きした内容は，現場でのメモをもとにフィールド・ノーツに書き込まれることになる。フィールド・ノーツには，現場で得られたものが忠実に記述されるだけでなく，リサーチ・クエスチョンや仮説に関わる考察が行われ，それが理論的覚え書きとして書き留められる（Emerson et al., 1995; 佐藤，2002）。こうした理論に関わる「書く」作業を通じて現場の姿を描き出したときに，現場に入り込んだ者は，真の意味で「観察した」といえるのである（佐藤，2015）。

◉ 大竹光寿

6|8 データ・サイエンス

◈ データ・サイエンスとは

　データ・サイエンスという言葉が何を意味するかは，人によって定義が異なるが，「データを研究対象として，観測されるデータだけではなく，その背景にある構造，メカニズムを科学的な手法，統計学や機械学習の手法を用い明らかにすること」と定義することができる。もちろん，データから情報を得るための分析手法，機械学習（☞ 6-9）や統計学の手法に関する研究も含まれる。

◈ マーケティングとデータ・サイエンス

　データ・サイエンスとマーケティングは親和性が高く，マーケティングの現場において，データ・サイエンスのさまざまな手法が活用されている。データ・サイエンスがマーケティングの領域で受け入れられた要因には，主に次の3点を挙げることができる。

　第1に，マーケティングにおいては，データ分析が不可欠という点である。マーケティングの意思決定には，常に不確実な点が伴うため，データ分析を通じて，その不確実性を下げることが求められている。

　第2に，マーケティングに活用できるデータが増加した点である。マーケティングでは，これまで，消費者調査のデータを用いてきたが，ソーシャルメディア（☞ 4-8），スマートフォン，インターネットに接続可能な各種デバイス（internet of things: IoT）の普及により，消費者の活動や機器の動作が，データとして自然に「集まり」，蓄積される。データの内容も，画像，音声，位置情報，動画などの多岐にわたるようになった。従来の消費者調査では得られない内容のデータが，日々，ロー・コストで蓄積され，情報量の多いデータが身近にある環境となった。

　第3に，分析技術の発達である。新しいデータの出現に伴い，そのデータを分析する手法が発展し，有用な情報が得られることを示した。たとえば，ディープ・ラーニング（☞ 6-9）は，従来のニューラル・ネットワーク・モデルでは難しかった領域における問題を解決できることを示し（Krizhevsky et al., 2012），以後，画像や音声の認識などにおいて応用され，現在では，スマートフォンの音声認識など，さまざまな場面で活用されている。

◆データ・サイエンスの特徴

　マーケティングでは，主に消費者調査のデータを用いてきたが，このデータは，観測対象の行の数と，データの項目である変数の列の数は，それぞれ，回答する人数と調査票の設問数に限定される。結果として，データとしてのサイズは小さいものであった。また，データ自身も，構造化データ（表側と表頭で指定されたセルに記録されたデータ）であった。加えて，消費者調査でデータを収集する際は，事前に調査内容等を設計するため，データの偏りのために分析結果が悪影響を受けることはなかった。

　現在のデータは，調査のデータと比べると，縦にも横にも長く，きわめてサイズの大きいデータである。また，表形式でまとめることができない非構造化データや画像ならびに音声といった内容そのものが大きく異なるデータが出現した。消費者調査のデータと比較すると，サイズ（量）が大きく，内容（質）も多様である。また，ウェブの検索データやソーシャルメディアに投稿されたデータは事前に設計できないため，収集したデータに偏りが生じる。これらのデータを分析するために，新たな分析手法が求められ，データ・サイエンスとして体系的にまとめられるようになった。たとえば，ウェブ上のABテストのデータでは偏りが生じるため，因果推論の手法がマーケティングでも利用されるようになった。

　マーケティングへの活用という点でも，従来のデータ分析とデータ・サイエンスは異なる。従来のデータ分析では，データを分析して何らかの情報を取り出すことを目的としていた。一方，データ・サイエンスでは，分析を含めたマーケティング活動の効率的もしくは効果的な運営も目的としている。たとえば，分析前に複数のデータを結合し，新たなデータを作成する技術や，画像・音声データから，そのデータの内容を自動的に認識する技術も含まれる。後者については，商品の画像を認識し，レジで一括精算するといった活用例が報告されている。これらは，データから何らかのマーケティングの意思決定に必要な情報を収集するという従来の目的とは異なる。

　分析するモデルについても，これまでの時代とデータ・サイエンスの時代では大きく異なる。「判別」「回帰」「クラスタリング」などの手法では，データを入れると，判別した結果などを返してくれるモデルが中心であった。このようなモデルを識別モデルというが，生成モデルというモデルもある。生成モデル

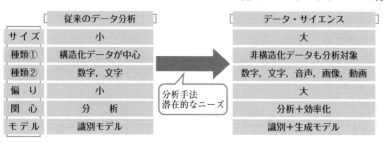

図**1** データ・サイエンスの特徴

	従来のデータ分析	データ・サイエンス
サイズ	小	大
種類①	構造化データが中心	非構造化データも分析対象
種類②	数字，文字	数字，文字，音声，画像，動画
偏り	小	大
関心	分析	分析＋効率化
モデル	識別モデル	識別＋生成モデル

（矢印：分析手法 潜在的なニーズ）

では，識別モデルのような使い方のほかに，得られたルールから新たにデータを生成することも可能である。たとえば，Generative Adversarial Networks（GAN）（Isola et al., 2018）という手法では，学習したモデルにノイズを加えることで新たなデータを生成する。従来のデータ分析では，与えられたデータから情報を得ることを目的にしていたが，別のデータを生成するという点は，これまでのデータ分析では，ほとんどみられなかった点である。以上の点から，データ・サイエンスの特徴をまとめると図1のようになる。

◆**マーケティング研究における活用の例**

　先に述べたように，ソーシャルメディアやスマートフォンの普及により，マーケティングの分野でも，これらのデータを研究する例が増えてきた。たとえば，Hartmann et al.（2021）らの研究では，ソーシャルメディアに投稿した，25万枚以上の画像データ（飲料と食品の185ブランド）を分類するのに畳み込みニューラル・ネットワークを用い，画像と一緒に投稿されたテキストおよび画像に付与されたコメントから購買の意志の判断に，自然言語処理が利用された。最終的には，それら処理した変数を用いた線形モデルから，購買意図などに，投稿された画像の内容がどのような影響を与えるか明らかにしている。

　ソーシャルメディア上のデータは消費者が自発的に上げたデータであるため，自然な行動を分析するのに適していると考えられる。ここで取り上げた研究のほかに，消費者が投稿した50万件のレビューを分析する際に，ディープ・ラーニングを用いた研究などがある（Liu et al., 2019）。　　　　　　　●上田雅夫

◆ AI, 機械学習とビッグデータ

　人工知能（AI）は,「人工的につくられた人間のような知能, ないしはそれ
をつくる技術」（松尾, 2015, 45 頁）と定義される。現在, マーケティング実践
において主流を占める AI には, 得られたデータから隠れたパターンや規則性
を見つけ出す機械学習がある。なかでも機械学習の一手法であるディープ・ラ
ーニング（深層学習）によって, 人の脳神経の構造を部分的に模したニューラ
ル・ネットワークのモデルを活用し, AI 自らがデータをもとにどこに目をつ
けて分析を行うか（特徴量という）を探し出すことのできる技術の進展によっ
て, 人間には扱うことが困難な膨大なデータから新しい認識を獲得していくこ
とも可能となってきた（西川・澁谷編著, 2019, 225 頁）。

　機械学習は, より早く開発された AI の一種であるエキスパート・システム
のように, 人がコンピュータに専門知識や処理方法を与える方法により機械
（コンピュータ）が知識を獲得していくアプローチと違い, 人から与えられたデ
ータに基づいて機械が自ら学習する方法である。いわゆる逆問題を解くように,
入力から出力をつなぐ処理について与えられたデータから学習するのである。
具体的には,「教師データと呼ばれる, 正解としての入力と出力のペアを多く
AI に与えることにより, 入出力の関係をモデル化し（これを学習という）, 学習
の過程によってモデルのパラメータの推定が進み, 未知の入力を入れると自動
的に出力を出せるようになる（これを推論という）」（西山ほか, 2020, 3 頁）。

　機械学習の際に与えるデータは, 一貫性ある規則を学習するために, 多様で
大量のデータを必要とすることが多く, ビッグデータは機械学習に有用なデー
タといえる。ビッグデータには 4 つの V に始まる特徴があり, volume（大容量
データ）, variety（多様な種類と発生源を有するデータ）, velocity（データの生成の
速度）, value（価値あるデータ）である（Hashem et al., 2015, p. 100）。多様で大容
量の情報が素早く集められ, 数値計算されることによって, ビッグデータはこ
れまでにない新しい価値を生み出す情報的経営資源となりうるのである。また
従来の標本としてのスモール・データと比較したビッグデータ分析の特徴は,
①限りなくすべてのデータを扱うことにより, 精度を高めつつ, 細部への気づ
きを促すこと, ②膨大なデータを取り扱うことにより厳密さよりマクロの理解

を志向し，③相関関係から新たな気づきを得て，因果関係探しの手がかりを得る，の3点である（Mayer-Schönberger and Cukier, 2013）。

◈ AIを活用したマーケティング実践

　AIは，分類，予測，最適化といったさまざまな情報処理を担うことができる。たとえば，企業の諸活動において，画像・音声・映像やテキストの分類や翻訳，市場動向や顧客ニーズの予測，サプライチェーン・生産システム・情報システムの最適化など，データを取り扱うビジネス実践における適用領域は幅広い。とくにマーケティング実践においては，顧客ニーズの効果的な予測が貴重な組織能力になることに対する異論も少ないだろう。代表的な実践としては，デジタル・マーケティング（⇨1-21）における，検索や顧客属性・閲覧履歴等のビッグデータに基づくレコメンデーションなどがある。

◈ AIの根拠

　機械学習における多数のパラメータに基づく計算結果の根拠を，人が理解することには困難を伴う。とくに，ディープ・ラーニングは，理論的な解明が十分でなく，学習の際にうまくいく場合の根拠が不明なことがあり，黒魔術とも呼ばれる場合がある。しかし「ときに工学的な手法が一気に進むときには，最初になぜうまくいくか分からないまま，さまざまな試行錯誤を経て良い手法が編み出され，そのあとで理論的な解明が進むこともある」と指摘され，ディープ・ラーニングも同じ状況であると指摘される（西山ほか，2020, 39頁）。

　マーケティングにおいても，根拠が不明確ではあるが，施策が有効であった（たとえば，顧客が購買した）という結果に基づく実践が散見される。たとえば，デジタル・マーケティングにおけるレコメンデーション機能や検索連動型の広告では，消費者が選好する商品が提示される根拠を把握することが困難な場合があるが，多くのうまくいった実践の結果からマーケターが理由を推察あるいは解釈し，新たな仮説を創出するような実践が行われる場合がある（栗木・横田編著，2018, 62-71頁）。

　ビッグデータを活用したAIによるマーケティング実践において，AIは目的や文脈に依存せずに，それまで人の気づきにくかったデータ間の新たな関係性，つまり仮説や新たな概念を考える手がかりを与えてくれる場合がある。しかしながら，AIが自ら問いを立てることはなく，いわゆるフレーム問題として指摘されるとおり，検討の範囲，つまり与えられるデータの範囲や種類は，人に

よって規定される限界を有するのである。

◆ AI とマーケティング研究

AI が，マーケティング戦略や消費者行動を大幅に変える可能性について指摘される（Davenport et al., 2020）。永山（2021）は，マーケティング研究を含む社会科学において，現実を説明することを目的とした測定・予測・因果推論の3領域における機械学習の活用方法の観点から既存研究を整理し，各活用方法に対する具体的なプローチと研究例を示している。

里村（2020）は，たとえば *Marketing Science* 誌における Chintagunta et al. (2016) の特集のようにビッグデータや機械学習の研究の高まりを指摘するとともに，マーケティング研究と機械学習の関連について研究例を含めながら概観している。具体的には，生成モデルを出発点として対象のメカニズム（Why）に関心を置く確率モデルと違い，データから直接出力を得る機械学習では活用（What, How）に関心がある場合に利用されることから，アルゴリズムによる学習結果の解釈が一般的に難しく，この解釈可能性が利用の上で問題とされてきているなか，その解釈可能性にかかる研究が注目され始めていると指摘する（里村，2020）。この点について，今後の経営学研究の1つの方法として，たとえば，機械学習によりビッグデータから変数を作成し，従来から経営学研究で用いられる回帰モデルにより現象を説明する，といった研究スタイルが提起されている（立本，2022）。

◆ AI と人

今後も AI の技術的な進展に伴い，AI と人の関係が問われ続けるだろう。AI が実現可能なことを考えることは，同時に人の役割を問い直す契機である。数値で表現可能なマーケティング実践の多くは AI により何らかの拡張が可能と考えられ，AI を梃子にして強化しうる組織能力を識別することがマーケターにとって重要となる。他方，人は，問いの設定，意味や文脈の解釈，少ない経験から先を見通す洞察，美的な感覚や感情への気づきなど，AI にはいまだ困難である人間ならではの能力にフォーカスすることで，人と AI が双方を補い合いながら，より効果的なマーケティング実践を可能とすることができるだろう。

◉ 依田祐一

　本書出版に関する最初の打ち合わせを行ったのは，2021 年 8 月 31 日のこと
でした。早稲田大学の恩藏直人先生，有斐閣の柴田守氏と私の 3 人によるオン
ライン・ミーティングの冒頭で，柴田氏は「2024 年の出版を目標に」と発言
していたのですが，話し合いの後には「2022 年度中に出版」という結論にな
っていました。納期の早さには内心不安もありましたが，すでに出版され好評
を博していた『社会学の力』の類書をマーケティング分野でもつくるという魅
力的な企画に，編者として関われることへの期待感のほうが大きかったことを
覚えています。本書は目標どおり，構想から 1 年半余りというきわめて早いス
ピードでの出版に至りましたが，それが可能となったのは，いうまでもなく総
勢 64 名の執筆者の先生方の多大なるご尽力の賜物です。加えて，ワード（項
目）の抽出や執筆者割り当ての作業段階でいくつかの工夫を試みたことも，多
少奏功したのではないかと考えています。

　工夫の 1 つは，取り上げるべきワードの抽出元を絞り込むことにより，作業
を効率化したことです。本書は大学生や大学院生，実務家の方々がマーケティ
ングを学ぶ上での参考書となるように，ワードの選定では古典的に重要な概念
と比較的新しい概念をバランスよく盛り込むことを基本方針としていました。
したがって，当初は大学や大学院で標準的に使用されているテキストの索引や，
学会・学術雑誌の特集号などを網羅的に検索するつもりでした。しかし最終的
には，検索対象を MBA で使用されるテキストに絞ることにしました。

　MBA 向けテキストは，マーケティングに関する重要な論点をカバーしてい
る点においては，大学や大学院向けテキストと同様です。しかし，実務家の興
味や関心の高い，より今日的なテーマについても紙幅を割き，時代に応じて頻
繁に改訂されている点において若干異なります。これは代表的な MBA 向けテ
キストであるコトラー教授の『マーケティング・マネジメント』が数多くの改
訂を重ねていることからもわかるでしょう。こうした世界標準のテキストに絞
ってワードを抽出することで，重要な伝統的概念や新しい概念をバランスよく
盛り込むことができると考えたのです。これらのテキストについては，欧米や

アジアのトップ・ビジネススクールの友人の研究者たちに推薦してもらいました。これに国内書籍を加え、より少数の主要な書籍に絞り込んだ上で、巻末索引をチェックし主要なワードをリストアップしました。それらをあらかじめ編者が準備していたワードに追加することで、スムーズなワード抽出が可能となりました。

　第2の工夫は、今日のマーケティング研究を進めていく上での重要度に応じて、ワードをレベル1からレベル3まで分類し、それらを各章に割り振り、最終的に入れ込むべきワードを絞り込んだことです。また各章でのワードの並び順についても、理論的に重要で伝統的なものを前半に、比較的新しいものを後半に置くことにしました。これにより、章題にもある「戦略枠組みの力」「顧客理解の力」「ブランドの力」「コミュニケーションの力」「マーケティング・チャネルの力」「データ分析の力」という、マーケティング研究の主要テーマにおける重要概念の発展を、読者にわかりやすく提示することを心がけました。当初、企画段階では、掲載ワード総数は54、1ワード4ページの解説を考えていました。一時はワード数が106にも及びましたが、類似したワードは集塊化させ、解説を各3ページに圧縮することを決め、できる限り多くのワードをカバーしました。こうして、執筆者が割り当てられる頃には89ワードに落ち着きました。

　一時ワード数が106にも及んだのは、執筆者の担当割り当ての段階で、ありがたい誤算があったためでした。マーケティング研究の各分野で活躍されている若手や中堅の研究者の先生方に連絡し、執筆の可否と担当可能なワードを調整するなかで、編者の想定していなかった興味深いワードが多数挙げられたのです。最先端の分野の研究に従事し、最新の研究動向を把握されている先生方に感服しつつ、読者層を踏まえてこれらのワードも本書に含めることにしました。他方、重要度は高いものの、執筆者の割り当てが難航したワードもありました。これらについては各分野の第一人者の先生方に特別に執筆者として加わっていただいたのですが、結果として本書の深みもさらに増すこととなりました。また依然として担当者未定のワードのうち、どうしても本書に収めたいものについては、関連ワードの執筆者に本文中でできるだけ言及いただくようお願いしました。本書巻末の索引で拾えるようにすることで、読者により幅広い知見を提供できると考えたためです。

各担当者への執筆依頼を経て原稿が順次上がってくるなかで，当初の方針を再考させる，さらにありがたい誤算もありました。学務や研究活動で多忙な先生方の大半が，締切よりもかなり前に原稿を提出してくださったのですが，集まった原稿の大部分が，古いものから最新のものまで，その分野の主要な学術研究の動向を詳細に盛り込んだ骨太な内容となっていたのです。これを受け，学生・大学院生から実務家までを想定読者とする本書の方針に立ち返り，編集会議で慎重に再検討したのが，書籍全体としてどの程度の専門性をめざすかということでした。その結果，それぞれの解説のなかに一定水準以上の主要な学術論文・著書を反映させることになりました。重要ワードに関する解説で理解を深めた読者に，次に読むべき専門的文献を具体的に示すことによって，読者の興味や関心を喚起することができると考えたのです。

　研究論文執筆をめざす学部生と大学院生にとっては，マーケティングに関わる現象を捉えるための理論的視座を手に入れただけでは，なかなか実際に研究を進めることが難しいかもしれません。これに対し，そうした視座による研究が具体的にどのような概念や方法を用いているかを理解すれば，より深く研究を進めていくためのヒントが得られると考えたのです。また，マーケティングにまつわる現代の事象や時事的な現象をより深く理解するための理論を学ぼうとする実務家にとっても，関連する研究がどのように展開しているかを知ることは，非常に有益だといえるでしょう。

　こうした方針の下，編者としてはすべてのワードで研究動向を十分に反映させたいと考えたのですが，参考文献がそもそも少ないワードもありました。そうした場合も含め，すべてのワードの解説のなかで可能な限り国内外の主要な学術雑誌掲載論文や専門書に言及することで，読者が当該分野の研究動向をフォローできるようにしました。この「軌道修正」によって，多くの執筆者にさらなるご負担をお願いしなければならなくなりましたが，すべての先生が多大なるエフォートを投入してくださり，きわめてスピーディーに修正原稿を戻してくださいました。これにより，全体として統一感のあるすばらしい原稿が揃いました。先生方の研究者としての姿勢やプロとしての信念に，大いに感銘を受けた次第です。

　お忙しいなか，編者からの無理難題にも快くご対応くださり，すばらしい原稿を執筆くださった64名の先生方には感謝の言葉しかありません。また，本

おわりに

書出版の機会をくださった有斐閣書籍編集第2部の柴田守氏，得地道代氏にも，心よりお礼申し上げます。両氏からは，執筆者の先生方とのきめ細やかで粘り強いやりとりや緻密な編集作業などを通じて，多大なるご支援をいただきました。そして何より，共同編者である早稲田大学の恩藏直人先生には，このような貴重な機会にお声がけくださったことを，心よりお礼申し上げます。過密スケジュールでも本当に楽しい時間を過ごせたのは，終始和やかな雰囲気で進めてくださった恩藏先生のおかげです。

　本書がジェット機に変貌を遂げたマーケティング研究の姿を正確に描写できているかは，読者のご判断にお任せしたいと思います。マーケティングに関わるさまざまな理論的視座は実に多くの示唆を提供してくれます。本書を手にとってくださった方々が，少しでもこうした理論の世界に興味をもってくださることを願ってやみません。

　　　2023年3月

　　　　　　　　　　　　　　　　　　　　　　　　　　坂下　玄哲

Berthon, P., Hulbert, J. M., and Pitt, L. F.（1999）"To serve or create? Strategic orientations toward customers and innovation," *California Management Review*, 42(1), 37-58.

Christensen, C. M., and Bower, J. L.（1996）"Customer power, strategic investment, and the failure of leading firms," *Strategic Management Journal*, 17(3), 197-218.

Connor, T.（1999）"Customer-led and market-oriented: A matter of balance," *Strategic Management Journal*, 20(12), 1157-1163.

Connor, T.（2007）"Market orientation and performance," *Strategic Management Journal*, 28(9), 957-959.

Deshpandé, R., Farley, J. U., and Webster, F. E., Jr.（1993）"Corporate culture, customer orientation, and innovativeness in Japanese firms: A quadrad analysis," *Journal of Marketing*, 57(1), 23-37.

Frosch, R. A.（1996）"The customer for R&D is always wrong! " *Research Technology Management*, 39(6), 22-27.

Gebhardt, G. F., Carpenter, G. S., and Sherry, J. F., Jr.（2006）"Creating a market orientation: A longitudinal, multifirm, grounded analysis of cultural transformation," *Journal of Marketing*, 70(4), 37-55.

Genc, E., Dayan, M., and Genc, O. F.（2019）"The impact of SME internationalization on innovation: The mediating role of market and entrepreneurial orientation," *Industrial Marketing Management*, 82, 253-264.

Gligor, D. M., Gölgeci, I., Newman, C., and Bozkurt, S.（2021）"Performance implications of the buyer-supplier market orientation fit," *Industrial Marketing Management*, 93, 161-173.

猪口純路（2011）「市場志向における連動型事業システム——アパレル加工企業（株）ニッセンの事例を通じて」『流通研究』13(3)，21-37 頁。

石田大典（2015）「先行型市場志向と反応型市場志向がパフォーマンスへ及ぼす影響——メタアナリシスによる研究成果の統合」『流通研究』17(3)，13-37 頁。

Iyer, P., Davari, A., Zolfagharian, M., and Paswan, A.（2019）"Market orientation, positioning strategy and brand performance," *Industrial Marketing Management*, 81, 16-29.

Kirca, A. H., Jayachandran, S., and Bearden, W. O.（2005）"Market orientation: A meta-analytic review and assessment of its antecedents and impact on performance," *Journal of Marketing*, 69(2), 24-41.

Kohli, A. K., and Jaworski, B. J.（1990）"Market orientation: The construct, research propositions, and managerial implications," *Journal of Marketing*, 54(2), 1-18.

Kohli, A. K., Jaworski, B. J., and Kumar, A.（1993）"MARKOR: A measure of market orientation," *Journal of Marketing Research*, 30(4), 467-477.

Lai, C.-S., Pai, D.-C., Yang, C.-F., and Lin, H.-J.（2009）"The effects of market orientation on relationship learning and relationship performance in industrial marketing: The dyadic perspectives," *Industrial Marketing Management*, 38(2), 166-172.

Lam, S. K., Kraus, F., and Ahearne, M.（2010）"The diffusion of market orientation throughout the organization: A social learning theory perspective," *Journal of Marketing*, 74(5), 61-79.

Morgan, N. A., Vorhies, D. W., and Mason, C. H.（2009）"Market orientation, marketing capabilities, and firm performance," *Strategic Management Journal*, 30(8), 909-920.

Narver, J. C., and Slater, S. F.（1990）"The effect of a market orientation on business profitability," *Journal of Marketing*, 54(4), 20-35.

Narver, J. C., Slater, S. F., and MacLachlan, D. L.（2004）"Responsive and proactive market orientation and new-product success," *Journal of Product Innovation Management*, 21(5), 334-347.

Slater, S. F., and Narver, J. C.（1998）"Customer-led and market-oriented: Let's not confuse the two," *Strategic Management Journal*, 19(10), 1001-1006.

Wang, D., Su, Z., and Guo, H. (2019) "Top management team conflict and exploratory innovation: The mediating impact of market orientation," *Industrial Marketing Management*, 82, 87-95.

==================== 1-2　競争と戦略

Aaker, D. A. (1984) *Strategic Market Management*, Wiley.（野中郁次郎・北洞忠宏・嶋口充輝・石井淳蔵訳『戦略市場経営——戦略をどう開発し評価し実行するか』ダイヤモンド社，1986 年）

Carpenter, G. S., Glazer, R., and Nakamoto, K. (1997) *Readings on Market-driving Strategies: Towards a New Theory of Competitive Advantage*, Addison-Wesley.

Carpenter, G. S., and Nakamoto, K. (1989) "Consumer preference formation and pioneering advantage," *Journal of Marketing Research*, 26(3), 285-298.

Czepiel, J. A., and Kerin, R. A. (2012) "Competitor analysis," in V. Shankar and G. S. Carpenter eds., *Handbook of Marketing Strategy*, Edward Elgar Publishing, 41-57.

Day, G. S. (1984) *Strategic Market Planning: The Pursuit of Competitive Advantage*, West Publishing Co.（徳永豊・井上崇通・佐々木茂・首藤禎史訳『戦略市場計画——競争優位の追求』同友館，1992 年）

Day, G., Weitz, B., and Wensley, R., eds. (1990) *The Interface of Marketing and Strategy*, JAI Press.

石井淳蔵（2003）「競争の場を作り出す競争」『国民経済雑誌』188(4)，1-16 頁。

Porter, M. E. (1980) *Competitive Strategy: Techniques for Analyzing Industries and Competitors*, Free Press.（土岐坤・中辻萬治・服部照夫訳『競争の戦略（新訂）』ダイヤモンド社，1995 年）

Porter, M. E. (2008) *On Competition (updated and expanded ed.)*, Harvard Business Review Press.（竹内弘高監訳／DIAMOND ハーバード・ビジネス・レビュー編集部訳『競争戦略論（新版）』全 2 巻，ダイヤモンド社，2018 年）

嶋口充輝・石井淳蔵（1995）『現代マーケティング（新版）』有斐閣。

Srivastava, R. K., Shervani, T. A., and Fahey, L. (1998) "Market-based assets and shareholder value: A framework for analysis," *Journal of Marketing*, 62(1), 2-18.

Varadarajan, R. (2010) "Strategic marketing and marketing strategy: Domain, definition, fundamental issues and foundational premises," *Journal of the Academy of Marketing Science*, 38(2), 119-140.

Webster, F. E., Jr. (1992) "The changing role of marketing in the corporation," *Journal of Marketing*, 56(4), 1-17.

Wind, Y., and Robertson, T. S. (1983) "Marketing strategy: New directions for theory and research," *Journal of Marketing*, 47(2), 12-25.

==================== 1-3　ポジショニング

Chernev, A. (2014) *Strategic Marketing Management (8th ed.)*, Cerebellum Press.

久保田進彦・澁谷覚・須永努（2022）『はじめてのマーケティング（新版）』有斐閣。

Levitt, T. (1960) "Marketing myopia," *Harvard Business Review*, 38(4), 45-56.

Moon, Y. (2010) *Different: Escaping the Competitive Herd*, Crown Business.（北川知子訳『ビジネスで一番，大切なこと——消費者のこころを学ぶ授業』ダイヤモンド社，2010 年）

Ries, A., and Trout, J. (1981) *Positioning: The Battle for Your Mind*, McGraw-Hill.（川上純子訳『ポジショニング戦略（新版）』海と月社，2008 年）

Ries, A., and Trout, J. (1993) *The 22 Immutable Laws of Marketing: Violate Them at Your Own Risk*, HarperBusiness.（新井喜美夫訳『マーケティング 22 の法則——売れるもマーケ当たるもマーケ』東急エージェンシー，1994 年）

結城祥（2021a）「『ポジショニング』を問う——顧客の脳内をどう制するか（第 1 回）今，なぜポジショニングを問うのか」『一橋ビジネスレビュー』69(1)，114-119 頁。

結城祥（2021b）「『ポジショニング』を問う——顧客の脳内をどう制するか（第 2 回）顧客の脳内に侵入する 4 つの方法」『一橋ビジネスレビュー』69(2)，118-123 頁。

結城祥（2021c）「『ポジショニング』を問う——顧客の脳内をどう制するか（第 3 回・最終回）ポジショニングのポジショニング」『一橋ビジネスレビュー』69(3)，130-139 頁。

==================== 1-4　製品ライフサイクル

Avlontis, G. J. (1985) "Product elimination decision making: Does formality matter?" *Journal of Mar-*

keting, 49(1), 41-52.

Bowman, D., and Gatignon, H.（1996）"Order of entry as a moderator of the effect of the marketing mix on market share," *Marketing Science*, 15(3), 222-242.

Carpenter, G. S., and Nakamoto, K.（1989）"Consumer preference formation and pioneering advantage," *Journal of Marketing Research*, 26(3), 285-298.

Chandy, R. K., Tellis, G. J., Macinnis, D. J., and Thaivanich, P.（2001）"What to say when: Advertising appeals in evolving markets," *Journal of Marketing Research*, 38(4), 399-414.

Day, G. S.（1981）"The product life cycle: Analysis and applications issues," *Journal of Marketing*, 45(4), 60-67.

Dean, J.（1950）"Pricing policies for new products," *Harvard Business Review*, 28(6), 45-53.

石井淳蔵・栗木契・嶋口充輝・余田拓郎（2013）『ゼミナールマーケティング入門（第2版）』日本経済新聞出版社。

Kardes, F. R., Kalyanaram, G., Chandrashekaran, M., and Dornoff, R. J.（1993）"Brand retrieval, consideration set composition, consumer choice, and the pioneering advantage," *Journal of Consumer Research*, 20(1), 62-75.

栗木契・水越康介・吉田満梨編（2012）『マーケティング・リフレーミング――視点が変わると価値が生まれる』有斐閣。

黒岩健一郎・水越康介（2018）『マーケティングをつかむ（新版）』有斐閣。

Levitt, T.（1965）"Exploit the product life cycle," *Harvard Business Review*, 43(6), 81-94.（「製品ライフ・サイクルの活用」有賀裕子＝DIAMONDハーバード・ビジネス・レビュー編集部訳『T. レビット マーケティング論』ダイヤモンド社，2007年，83-116頁）

Schnaars, S. P.（1994）*Managing Imitation Strategies: How Later Entrants Seize Markets from Pioneers*, Free Press.（恩藏直人・坂野友昭・嶋村和恵訳『創造的模倣戦略――先発ブランドを超えた後発者たち』有斐閣，1996年）

Shanker, V., Carpenter, G. S., and Krishnamurthi, L.（1998）"Late mover advantage: How innovative late entrants outsell pioneers," *Journal of Marketing Research*, 35(1), 54-70.

══ **1-5　先発優位性**

Aaker, D. A.（2001）*Developing Business Strategies (6th ed.)*, John Wiley & Sons.（今枝昌宏訳『戦略立案ハンドブック』東洋経済新報社，2002年）

Achrol, R., and Kotler, P.（2012）"Frontiers of the marketing paradigm in the third millennium," *Journal of the Academy of Marketing Science*, 40(1), 35-52.

Carpenter, G. S., and Nakamoto, K.（1989）"Consumer preference formation and pioneering advantage," *Journal of Marketing Research*, 26(3), 285-298.

Colombetti, G.（2010）"Enaction, sense-making, and emotion," in J. Stewart, O. Gapenne and E. A. Di Paolo eds., *Enaction: Toward a New Paradigm for Cognitive Science*, MIT Press, 145-164.

Day, G. S., Shocker, A. D., and Srivastava, R. K.（1979）"Customer-oriented approaches to identifying product-markets," *Journal of Marketing*, 43(4), 8-19.

韓文熙（2015）「身体化認知と消費者行動」『北星学園大学経済学部北星論集』55(1)，1-17頁。

Heras-Escribano, M.（2021）"Pragmatism, enactivism, and ecological psychology: Towards a unified approach to post-cognitivism," *Synthese*, 198(S1), 337-363.

伊丹敬之（1984）『新・経営戦略の論理――見えざる資産のダイナミズム』日本経済新聞社。

Kerin, R. A., Varadarajan, P. R., and Peterson, R. A.（1992）"First-mover advantage: A synthesis, conceptual framework, and research propositions," *Journal of Marketing*, 56(4), 33-52.

Kim, W. C., and Mauborgne, R.（2005）*Blue Ocean Strategy: How to Create Uncontested Market Space and Make the Competition Irrelevant*, Harvard Business School Press.（入山章栄監訳／有賀裕子訳『ブルー・オーシャン戦略――競争のない世界を創造する（新版）』ダイヤモンド社，2015年）

Krishna, A., and Schwarz, N.（2014）"Sensory marketing, embodiment, and grounded cognition: A review and introduction," *Journal of Consumer Psychology*, 24(2), 159-168.

Li, H., and Zhao, N. (2019) "Better earlier than longer: First-mover advantage in social commerce product information competition," *Sustainability*, 11(17), 4630.

Lieberman, M. B., and Montgomery, D. B. (1988) "First-mover advantages," *Strategic Management Journal*, 9(SI), 41–58.

中村博・杉田善弘 (1994)「日本の消費財における先発優位の経験的一般化」『マーケティング・サイエンス』3(1・2), 42–52 頁。

Narver, J. C., Slater, S. F., and MacLachlan, D. L. (2004) "Responsive and proactive market orientation and new-product success," *Journal of Product Innovation Management*, 21(5), 334–347.

Nicolas, G., de la Fuente, M., and Fiske, S. T. (2017) "Mind the overlap in multiple categorization: A review of crossed categorization, intersectionality, and multiracial perception," *Group Processes and Intergroup Relations*, 20(5), 621–631.

恩蔵直人 (2007)『コモディティ化市場のマーケティング論理』有斐閣。

Rosa, J. A., Porac, J. F., Runser-Spanjol, J., and Saxon, M. S. (1999) "Sociocognitive dynamics in a prouct market," *Journal of Marketing*, 63(4-S1), 64–77.

Schnaars, S. P. (1994) *Managing Imitation Strategies: How Later Entrants Seize Markets from Pioneers*, Free Press. (恩蔵直人・坂野友昭・嶋村和恵訳『創造的模倣戦略——先発ブランドを超えた後発者たち』有斐閣，1996 年)

新宅純二郎 (1994)『日本企業の競争戦略——成熟産業の技術転換と企業行動』有斐閣。

Suarez, F., and Lanzolla, G. (2005) "The half-truth of first-mover advantage," *Harvard Business Review*, 83(4), 121–127.

Xie, F. T., Donthu, N., and Johnston, W. J. (2021) "Beyond first or late mover advantages: Timed mover advantage," *Journal of Business & Industrial Marketing*, 36(7), 1163–1175.

1-6　マス・カスタマイゼーション

Blumer, H. (1969) "Fashion: From class differentiation to collective selection," *The Sociological Quarterly*, 10(3), 275–291.

Da Silveira, G., Borenstein, D., and Fogliatto, F. S. (2001) "Mass customization: Literature review and research directions," *International Journal of Production Economics*, 72(1), 1–13.

Davis, S. M. (1987) *Future Perfect*, Addison-Wesley (reprinted in "From 'future perfect' : Mass customizing," *Planning Review*, 17(2), 16–21, 1989) .

Fogliatto, F. S., da Silveira, G. J. C., Borenstein, D. (2012) "The mass customization decade: An updated review of the literature," *International Journal of Production Economics*, 138(1), 14–25.

片野浩一 (2007)『マス・カスタマイゼーション戦略のメカニズム——個客対応マーケティングの実践と成果』白桃書房。

川本勝 (1981)『流行の社会心理』勁草書房。

Kotler, P. (1989) "From mass marketing to mass customization," *Planning Review*, 17(5), 10–13, 47.

Pine II, B. J. (1993) *Mass Customization: The New Frontier in Business Competition*, Harvard Business School Press.

Pine II, B. J., Victor, B., and Boynton, A. C. (1993) "Making mass customization work," *Harvard Business Review*, 71(5), 108–119.

Simmel, G. (1904) "Fashion," *International Quarterly*, 10(1), 130–155. (reprinted in *American Journal of Sociology*, 62(6), 541–558, 1957)

1-7　価値共創

Acar, O. A., Tarakci, M., and van Knippenberg, D. (2019) "Creativity and innovation under constraints: A cross-disciplinary integrative review," *Journal of Management*, 45(1), 96–121.

Hülsheger, U. R., Anderson, N., and Salgado, J. F. (2009) "Team-level predictors of innovation at work: A comprehensive meta-analysis spanning three decades of research," *Journal of Applied Psychology*, 94(5), 1128–1145.

Loureiro, S. M. C., Romero, J., and Bilro, R. G. (2020) "Stakeholder engagement in co-creation processes for innovation: A systematic literature review and case study," *Journal of Business Research*, 119,

388–409.

Malshe, A., and Friend, S. B.（2018）"Initiating value co-creation: Dealing with non-receptive customers," *Journal of the Academy of Marketing Science*, 46(5), 895–920.

Merz, M. A., Zarantonello, L., and Grappi, S.（2018）"How valuable are your customers in the brand value co-creation process? The development of a Customer Co-Creation Value (CCCV) scale," *Journal of Business Research*, 82, 79–89.

西原彰宏・圓丸哲麻・鈴木和宏（2020）「デジタル時代におけるブランド構築——ブランド価値協創」『マーケティングジャーナル』39(3)，21–31 頁。

Prahalad, C. K., and Ramaswamy, V.（2000）"Co-opting customer competence," *Harvard Business Review*, 78(1), 79–90.

Ramaswamy, V., and Ozcan, K.（2016）"Brand value co-creation in a digitalized world: An integrative framework and research implications," *International Journal of Research in Marketing*, 33(1), 93–106.

Ranjan, K. R., and Read, S.（2016）"Value co-creation: Concept and measurement," *Journal of the Academy of Marketing Science*, 44(3), 290–315.

Ranjan, K. R., and Read, S.（2021）"An ecosystem perspective synthesis of co-creation research," *Industrial Marketing Management*, 99, 79–96.

Sarasvuo, S., Rindell, A., and Kovalchuk, M.（2022）"Toward a conceptual understanding of co-creation in branding," *Journal of Business Research*, 139, 543–563.

Vargo, S. L., and Lusch, R. F.（2004）"Evolving to a new dominant logic for marketing," *Journal of Marketing*, 68(1), 1–17.

Vargo, S. L., and Lusch, R. F.（2008）"Service-dominant logic: Continuing the evolution," *Journal of the Academy of Marketing Science*, 36(1), 1–10.

和田充夫（1998）『関係性マーケティングの構図——マーケティング・アズ・コミュニケーション』有斐閣。

Zeithaml, V. A., Verleye, K., Hatak, I., Koller, M., and Zauner, A.（2020）"Three decades of customer value research: Paradigmatic roots and future research avenues," *Journal of Service Research*, 23(4), 409–432.

═══════════════ **1-8　サービス・ドミナント・ロジック**

Alderson, W.（1957）*Marketing Behavior and Executive Action: A Functionalist Approach to Marketing Theory*, Richard D. Irwin.（石原武政・風呂勉・光澤滋朗・田村正紀訳『マーケティング行動と経営者行為——マーケティング理論への機能主義的接近』千倉書房，1984 年）

Brodie, R. J., Hollebeek, L. D., Jurić, B., and Ilić, A.（2011）"Customer engagement: Conceptual domain, fundamental propositions, and implications for research," *Journal of Service Research*, 14(3), 252–271.

Hollebeek, L. D., Glynn, M. S., and Brodie, R. J.（2014）"Consumer brand engagement in social media: Conceptualization, scale development and validation," *Journal of Interactive Marketing*, 28(2), 149–165.

Hollebeek, L. D., Srivastava, R. K., and Chen, T.（2019）"S-D logic-informed customer engagement: Integrative framework, revised fundamental propositions, and application to CRM," *Journal of the Academy of Marketing Science*, 47(1), 161–185.

Merz, M. A., He, Y., and Vargo, S. L.（2009）"The evolving brand logic: A service-dominant logic perspective," *Journal of the Academy of Marketing Science*, 37(3), 328–344.

Merz, M. A., Zarantonello, L., and Grappi, S.（2018）"How valuable are your customers in the brand value co-creation process? The development of a Customer Co-Creation Value (CCCV) scale," *Journal of Business Research*, 82, 79–89.

Payne, A., Storbacka, K., Frow, P., and Knox, S.（2009）"Co-creating brands: Diagnosing and designing the relationship experience," *Journal of Business Research*, 62(3), 379–389.

Vargo, S. L., and Lusch, R. F.（2004）"Evolving to a new dominant logic for marketing," *Journal of*

Marketing, 68(1), 1-17.

Vargo, S. L., and Lusch, R. F. (2016) "Institutions and axioms: An extension and update of service-dominant logic," *Journal of the Academy of Marketing Science*, 44(1), 5-23.

Vargo, S. L., and Lusch, R. F. (2017) "Service-dominant logic 2025," *International Journal of Research in Marketing*, 34(1), 46-67.

Vargo, S. L., and Lusch, R. F., eds. (2019) *The SAGE Handbook of Service-dominant Logic*, Sage.

1-9 サービス・プロフィット・チェーンとサービス・リカバリー

Bitner, M. J., Booms, B. H., and Mohr, L. A. (1994) "Critical service encounters: The employee's viewpoint,"*Journal of Marketing*, 58(4), 95-106.

Bitner, M. J., Booms, B. H., and Tetreault, M. S. (1990) "The service encounter: Diagnosing favorable and unfavorable incidents," *Journal of Marketing*, 54(1), 71-84.

Fornell, C., and Wernerfelt, B. (1987) "Defensive marketing strategy by customer complaint management: A theoretical analysis," *Journal of Marketing Research*, 24(4), 337-346.

Grönroos, C. (1988) "Service quality: The six criteria of good perceived service quality," *Review of Business*, 9(3), 10-13.

Hart, C. W., Heskett, J. L., and Sasser, W. E., Jr. (1990) "The profitable art of service recovery," *Harvard Business Review*, 68(4), 148-156.

Heskett, J. L., Jones, T. O., Loveman, G. W., Sasser, W. E., and Schlesinger, L. A. (1994) "Putting the service-profit chain to work," *Harvard Business Review*, 72(2), 164-174.

Hoffman, K. D., and Bateson, J. E. G. (1997) *Essentials of Services Marketing*, Dryden Press.

Johnston, R., and Fern, A. (1999) "Service recovery strategies for single and double deviation scenarios," *The Service Industries Journal*, 19(2), 69-82.

McCollough, M. A., and Bharadwaj, S. G. (1992) "The recovery paradox: An examination of customer satisfaction in relation to disconfirmation, service quality, and attribution based theories," *AMA Winter Educators' Conference: Marketing Theory and Applications*, 3, 119.

Patterson, P. G., Cowley, E., and Prasongsukarn, K. (2006) "Service failure recovery: The moderating impact of individual-level cultural value orientation on perceptions of justice," *International Journal of Research in Marketing*, 23(3), 263-277.

Singh, J. (1990) "A typology of consumer dissatisfaction response style," *Journal of Retailing*, 66(1), 57-99.

Tax, S. S., and Brown, S. W. (1998) "Recovering and learning from service failure," *Sloan Management Review*, 40(1), 75-88.

Zeithaml, V. A., Bitner, M. J., and Gremler, D. D. (2009) *Services Marketing: Integrating Customer Focus across the Firm (5th ed.)*, McGraw-Hill.

1-10 サービス品質

Babakus, E., and Boller, G. W. (1992) "An empirical assessment of the SERVQUAL scale," *Journal of Business Research*, 24(3), 253-268.

Brown, T. J., Churchill, G. A., Jr., and Peter, J. P. (1993) "Improving the measurement of service quality," *Journal of Retailing*, 69(1), 127-139.

Carman, J. M. (1990) "Consumer perceptions of service quality: An assessment of the SERVQUAL dimensions," *Journal of Retailing*, 66(1), 33-55.

Cronin, J. J., Jr., and Taylor, S. A. (1992) "Measuring service quality: A reexamination and extension," *Journal of Marketing*, 56(3), 55-68.

Cronin, J. J., Jr., and Taylor, S. A. (1994) "SERVPERF versus SERVQUAL: Reconciling performance-based and perceptions-minus-expectations measurement of service quality," *Journal of Marketing*, 58(1), 125-131.

小野譲司 (2010)「JCSIによる顧客満足モデルの構築」『マーケティングジャーナル』30(1), 20-34頁。

Parasuraman, A., Zeithaml, V. A., and Berry, L. L. (1988) "SERVQUAL: A multiple-item scale for measuring customer perceptions of service quality," *Journal of Retailing*, 64(1), 12-40.

Parasuraman, A., Zeithaml, V. A., and Malhotra, A.（2005）"E-S-QUAL: A multiple-item scale for assessing electronic service quality," *Journal of Service Research*, 7(3), 213-233.

Stevens, P., Knutson, B., and Patton, M.（1995）"DINESERV: A tool for measuring service quality in restaurants," *The Cornell Hotel and Restaurant Administration Quarterly*, 36(2), 56-60.

Tribe, J., and Snaith, T.（1998）"From SERVQUAL to HOLSAT: Holiday satisfaction in Varadero, Cuba," *Tourism Management*, 19(1), 25-34.

Yoo, B., and Donthu, N.（2001）"Developing a scale to measure the perceived quality of an internet shopping sites (SITEQUAL)," *Quarterly Journal of Electronic Commerce*, 2(1), 31-47.

Zeithaml, V. A.（1981）"How consumer evaluation processes differ between goods and services," in J. H. Donnelly and W. R. George eds., *Marketing of Services*, American Marketing Association, 186-190.

==================================== **1-11　生産財（産業財）マーケティング**

Anderson, J. C., and Narus, J. A.（1990）"A model of distributor firm and manufacturer firm working partnerships," *Journal of Marketing*, 54(1), 42-58.

Bonoma, T. V., Zaltman, G., and Johnson, W. J.（1977）*Industrial Buying Behavior*, Marketing Science Institue.

Brand, G. T.（1972）*The Industrial Buying Decision: Implications for the Sales Approach in Industrial Marketing*, Wiley.

Doney, P. M., and Cannon, J. P.（1997）"An examination of the nature of trust in buyer-seller relationships," *Journal of Marketing*, 61(2), 35-51.

Emerson, R. M.（1962）"Power-dependence relations," *American Sociological Review*, 27(1), 31-41.

Ganesan, S., and Hess, R.（1997）"Dimensions and levels of trust: Implications for commitment to a relationship," *Marketing Letters*, 8(4), 439-448.

Macneil, I. R.（1978）"Contracts: Adjustment of long-term economic relations under classical, neoclassical, and relational contract law," *Northwestern University Law Review*, 72(6), 854-905.

Pfeffer, J., and Salancik, G. R.（1978）*The External Control of Organizations: A Resource Dependence Perspective*, Harper & Row.

Robinson, P. J., Faris, C. W., and Wind, Y.（1967）*Industrial Buying and Creative Marketing*, Allyn & Bacon.

Rusbult, C. E., and Van Lange, P. A. M.（2003）"Interdependence, interaction, and relationships," *Annual Review of Psychology*, 54, 351-375.

高嶋克義（1998）『生産財の取引戦略──顧客適応と標準化』千倉書房。

高嶋克義・桑原秀史（2008）『現代マーケティング論』有斐閣。

高嶋克義・南知惠子（2006）『生産財マーケティング』有斐閣。

==================================== **1-12　カスタマー・リレーションシップ**

Bagozzi, R. P.（1975）"Marketing as exchange," *Journal of Marketing*, 39(4), 32-39.

Boulding, W., Staelin, R., Ehret, M., and Johnston, W. J.（2005）"A customer relationship management roadmap: What is known, potential pitfalls, and where to go," *Journal of Marketing*, 69(4), 155-166.

Gummesson, E.（2002）*Total Relationship Marketing (2nd ed.)*, Butterworth-Heinemann.（若林靖永・太田真治・崔容薫・藤岡章子訳『リレーションシップ・マーケティング──ビジネスの発想を変える30の関係性』中央経済社，2007年）

Gustafsson, A., Johnson, M. D., and Roos, I.（2005）"The effects of customer satisfaction, relationship commitment dimensions, and triggers on customer retention," *Journal of Marketing*, 69(4), 210-218.

羽藤雅彦（2016）「ブランド・コミュニティへの参加がブランド・コミットメントに及ぼす影響」『消費者行動研究』23(1)，1-22頁。

Iyengar, R., Park, Y.-H., and Yu, Q.（2022）"The impact of subscription programs on customer purchases," *Journal of Marketing Research*, 59(6), 1101-1119.

Jayachandran, S., Sharma, S., Kaufman, P., and Raman, P.（2005）"The role of relational information processes and technology use in customer relationship management," *Journal of Marketing*, 69(4),

177-192.

近藤公彦・中見真也編著（2019）『オムニチャネルと顧客戦略の現在』千倉書房。

久保田進彦（2012）『リレーションシップ・マーケティング——コミットメント・アプローチによる把握』有斐閣。

Leenheer, J., and Bijmolt, T. H. A.（2008）"Which retailers adopt a loyalty program? An empirical study," *Journal of Retailing and Consumer Services*, 15(6), 429–442.

Lemon, K. N., and Verhoef, P. C.（2016）"Understanding customer experience throughout the customer journey," *Journal of Marketing*, 80(6), 69–96.

Levitt, T.（1983）"After the sales is over...," *Harvard Business Review*, 61(5), 87–93.（「顧客との絆をマネジメントする」有賀裕子 = DIAMOND ハーバード・ビジネス・レビュー編集部訳『T. レビット マーケティング論』ダイヤモンド社，2007年，363–380頁）

Liu, Y.（2007）"The long-term impact of loyalty programs on consumer purchase behavior and loyalty," *Journal of Marketing*, 71(4), 19–35.

Liu, Y., and Yang, R.（2009）"Competing loyalty programs: Impact of market saturation, market share, and category expandability," *Journal of Marketing*, 73(1), 93–108.

南知惠子（2006）『顧客リレーションシップ戦略』有斐閣。

Mithas, S., Krishnan, M. S., and Fornell, C.（2005）"Why do customer relationship management applications affect customer satisfaction? " *Journal of Marketing*, 69(4), 201–209.

Möller, K., and Halinen, A.（2000）"Relationship marketing theory: Its roots and direction," *Journal of Marketing Management*, 16(1–3), 29–54.

Moorman, C., Zaltman, G., and Deshpande, R.（1992）"Relationships between providers and users of market research: The dynamics of trust within and between organizations," *Journal of Marketing Research*, 29(3), 314–328.

奥谷孝司・岩井琢磨（2018）『世界最先端のマーケティング——顧客とつながる企業のチャネルシフト戦略』日経BP社。

Parvatiyar, A., and Sheth, J. N.（2000）"The domain and conceptual foundations of relationship marketing," in J. N. Sheth and A. Parvatiyar eds., *Handbook of Relationship Marketing*, Sage, 3–38.

Payne, A., and Frow, P.（2005）"A strategic framework for customer relationship management," *Journal of Marketing*, 69(4), 167–176.

Verhoef, P. C.（2003）"Understanding the effect of customer relationship management efforts on customer retention and customer share development," *Journal of Marketing*, 67(4), 30–45.

Verhoef, P. C., Kannan, P. K., and Inman, J. J.（2015）"From multi-channel retailing to omni-channel retailing: Introduction to the special issue on multi-channel retailing," *Journal of Retailing*, 91(2), 174–181.

1-13　ユーザー・イノベーション

Antorini, Y. M., Muñiz, A. M., Jr., and Askildsen, T.（2012）"Collaborating with customer communities: Lessons from the LEGO Group," *MIT Sloan Management Review*, 53(3), 73–95.

Franke, N., and Shah, S.（2003）"How communities support innovative activities: An exploration of assistance and sharing among end-users," *Research Policy*, 32(1), 157–178.

Lüthje, C., Herstatt, C., and von Hippel, E.（2002）"The dominant role of 'local' information in user innovation: The case of mountain biking," MIT Sloan School of Management Working Paper 4377–02.

水野学・小塚崇彦（2019）「リード・ユーザーとメーカーによる共創型製品開発——フィギュアスケーターによるフィギュアスケーターのための製品イノベーション」『マーケティングジャーナル』39(2), 6–21.

Ogawa, S.（1998）"Does sticky information affect the locus of innovation? Evidence from the Japanese convenience-store industry," *Research Policy*, 26(7–8), 777–790.

小川進（2013）『ユーザーイノベーション——消費者から始まるものづくりの未来』東洋経済新報社。

Oliveira, P., Zejnilovic, L., Canhão, H., and von Hippel, E.（2015）"Innovation by patients with rare diseases and chronic needs," *Orphanet Journal of Rare Diseases*, 10(1), 41.

Shaw, B.（1985）"The role of the interaction between the user and the manufacturer in medical equipment innovation," *R&D Management*, 15(4), 283-292.

von Hippel, E.（1976）"The dominant role of users in the scientific instrument innovation process," *Research Policy*, 5(3), 212-239.

von Hippel, E.（1977）"Transferring process equipment innovations from user-innovators to equipment manufacturing firms," *R&D Management*, 8(1), 13-22.

von Hippel, E.（1986）"Lead users: A source of novel product concepts," *Management Science*, 32(7), 791-805.

von Hippel, E.（1988）*The Sources of Innovation*, Oxford University Press.（榊原清則訳『イノベーションの源泉──真のイノベーターはだれか』ダイヤモンド社，1991 年)

von Hippel, E.（1994）" 'Sticky information' and the locus of problem solving: Implications for innovation," *Management Science*, 40(4), 429-439.

von Hippel, E.（2005）*Democratizing Innovation*, MIT Press.（サイコム・インターナショナル監訳『民主化するイノベーションの時代──メーカー主導からの脱皮』ファーストプレス，2006 年)

von Hippel, E.（2007）"The sources of innovation," in C. Boersch and R. Elschen eds., *Das Summa Summarum des Management*, Gabler, 111-120.

von Hippel, E., Franke, N., and Prügl, R.（2009）"Pyramiding: Efficient search for rare subjects," *Research Policy*, 38(9), 1397-1406.

von Hippel, E., Thomke, S., and Sonnack, M.（1999）"Creating breakthroughs at 3M," *Harvard Business Review*, 77(5), 47-57.

1-14　顧客経験

Abbott, L.（1955）*Quality and Competition: An Essay in Economic Theory*, Columbia University Press.

Baxendale, S., Macdonald, E. K., and Wilson, H. N.（2015）"The impact of different touchpoints on brand consideration," *Journal of Retailing*, 91(2), 235-253.

Berry, L. L., Carbone, L. P., and Haeckel, S. H.（2002）"Managing the total customer experience," *MIT Sloan Management Review*, 43(3), 85-89.

Chandler, J. D., and Lusch, R. F.（2015）"Service systems: A broadened framework and research agenda on value propositions, engagement, and service experience," *Journal of Service Research*, 18(1), 6-22.

De Keyser, A., Lemon, K. N., Klaus, P., and Keiningham, T. L.（2015）"A framework for understanding and managing the customer experience," Marketing Science Institute Working Paper Series, Report No. 15-121.

Gentile, C., Spiller, N., and Noci, G.（2007）"How to sustain the customer experience:: An overview of experience components that co-create value with the customer," *European Management Journal*, 25(5), 395-410.

Homburg, C., Jozić, D., and Kuehnl, C.（2017）"Customer experience management: Toward implementing an evolving marketing concept," *Journal of the Academy of Marketing Science*, 45(3), 377-401.

Lemon, K. N., and Verhoef, P. C.（2016）"Understanding customer experience throughout the customer journey," *Journal of Marketing*, 80(6), 69-96.

Lervik-Olsen, L., van Oest, R., and Verhoef, P. C.（2015）"When is customer satisfaction 'locked'？ A longitudinal analysis of satisfaction stickiness," Working Paper, BI Norwegian Business School.

Meyer, C., and Schwager, A.（2007）"Understanding customer experience," *Harvard Business Review*, 85(2), 116-126.

Pine II, B. J., and Gilmore, J. H.（1999）*The Experience Economy: Work Is Theatre & Every Business a Stage*, Harvard Business School Press.

Puccinelli, N. M., Goodstein, R. C., Grewal, D., Price, R., Raghubir, P., and Stewart, D.（2009）"Customer experience management in retailing: Understanding the buying process," *Journal of Retailing*, 85(1), 15-30.

Schmitt, B. H.（1999）*Experiential Marketing: How to Get Customers to Sense, Feel, Think, Act, Relate to Your Company and Brands*, Free Press.（嶋村和恵・広瀬盛一訳『経験価値（エクスペリエンシャル）マーケティング——消費者が「何か」を感じるプラス α の魅力』ダイヤモンド社，2000 年）

Schmitt, B. H.（2003）*Customer Experience Management: A Revolutionary Approach to Connecting with Your Customers*, John Wiley & Sons.

Schmitt, B., Brakus, J. J., and Zarantonello, L.（2015）"From experiential psychology to consumer experience," *Journal of Consumer Psychology*, 25(1), 166-171.

Siebert, A., Gopaldas, A., Lindridge, A., and Simões, C.（2020）"Customer experience journeys: Loyalty loops versus involvement spirals," *Journal of Marketing*, 84(4), 45-66.

Verhoef, P. C., Lemon, K. N., Parasuraman, A., Roggeveen, A., Tsiros, M., and Schlesinger, L. A.（2009）"Customer experience creation: Determinants, dynamics, and management strategies," *Journal of Retailing*, 85(1), 31-41.

Verhoef, P. C., Neslin, S. A., and Vroomen, B.（2007）"Multichannel customer management: Understanding the research-shopper phenomenon," *International Journal of Research in Marketing*, 24(2), 129-148.

════════════════ **1-15　デザイン**

Auernhammer, J., and Roth, B.（2021）"The origin and evolution of Stanford University's design thinking: From product design to design thinking in innovation management," *Journal of Product Innovation Management*, 38(6), 623-644.

Brown, T.（2008）"Design thinking," *Harvard Business Review*, 86(6), 84-92, 141.

Bruce, M., and Daly, L.（2007）"Design and marketing connections: Creating added value," *Journal of Marketing Management*, 23(9-10), 929-953.

Carlgren, L., Elmquist, M., and Rauth, I.（2016）"The challenges of using design thinking in industry - Experiences from five large firms," *Creativity and Innovation Management*, 25(3), 344-362.

Hauffe, T.（1995）*Design*, DuMont.（薮亨訳『近代から現代までのデザイン史入門——1750-2000 年』晃洋書房，2007 年）

経済産業省（2018）「デザイン政策ハンドブック 2018」。

経済産業省・特許庁（2018）「『デザイン経営』宣言」。

Lemon, K. N., and Verhoef, P. C.（2016）"Understanding customer experience throughout the customer journey," *Journal of Marketing*, 80(6), 69-96.

Mintzberg, H., Ahlstrand, B., and Lampel, J.（1998）*Strategy Safari: A Guided Tour through the Wilds of Strategic Management*, Prentice Hall.

Pevsner, N.（1936）*Pioneers of the Modern Movement from William Morris to Walter Gropius*, Faber & Faber.

Urban, G. L., Hauser, J. R., and Dholakia, N.（1987）*Essentials of New Product Management*, Prentice-Hall.

Verganti, R.（2009）*Design-driven Innovation: Changing the Rules of Competition by Radically Innovating What Things Mean*, Harvard Business Press.

鷲田祐一（2021）『デザイン経営』有斐閣。

薮亨（2016）『デザイン史——その歴史，理論，批評』作品社。

════════════════ **1-16　デ・マーケティング**

Andrews, J. C., Netemeyer, R. G., Burton, S., Moberg, P. D., and Christiansen, A.（2004）"Understanding adolescent intentions to smoke: An examination of relationships among social influence, prior trial behavior, and antitobacco campaign advertising," *Journal of Marketing*, 68(3), 110-123.

Grinstein, A., and Nisan, U.（2009）"Demarketing, minorities, and national attachment," *Journal of Marketing*, 73(2), 105-122.

Hall, C. M., and Wood, K. J.（2021）"Demarketing tourism for sustainability: Degrowing tourism or moving the deckchairs on the Titanic?" *Sustainability*, 13(3), 1585.

石井淳蔵・石原武政編著（1999）『マーケティング・ダイアログ――意味の場としての市場』白桃書房。
Kotler, P.（2017）"Welcome to the age of demarketing," *The Marketing Journal*, August 25（https://www.marketingjournal.org/welcome-to-the-age-of-demarketing-an-excerpt-from-philip-kotlers-autobiography-philip-kotler/）.
Kotler, P., and Levy, S. J.（1971）"Demarketing, yes, demarketing," *Harvard Business Review*, 49(6), 74–80.
水越康介・明神実枝（2013）「デ・マーケティングの逆説と非営利性の営利性」水越康介・藤田健編著『新しい公共・非営利のマーケティング――関係性にもとづくマネジメント』碩学舎，100–114 頁。
Pechmann, C., Zhao, G., Goldberg, M. E., and Reibling, E. T.（2003）"What to convey in antismoking advertisements for adolescents: The use of protection motivation theory to identify effective message themes," *Journal of Marketing*, 67(2), 1–18.
嶋口充輝（1984）『戦略的マーケティングの論理――需要調整・社会対応・競争対応の科学』誠文堂新光社。
Soule, C. A. A., and Reich, B. J.（2015）"Less is more: Is a green demarketing strategy sustainable? " *Journal of Marketing Management*, 31(13–14), 1403–1427.
Wall, A. P.（2005）"Government demarketing: Different approaches and mixed messages," *European Journal of Marketing*, 39(5/6), 421–427.

1-17　企業の社会的責任（CSR）

Baumgarth, C., and Binckebanck, L.（2014）"Best Practices der CSR-Markenführung und -kommunikation," in H. Meffert, P. Kenning und M. Kirchgeorg Hg., *Sustainable Marketing Management: Grundlagen und Cases*, Springer Gabler, 175–203.
Friedman, M.（1962）*Capitalism and Freedom*, University of Cicago Press.（村井章子訳『資本主義と自由』日経 BP 社，2008 年）
石井淳蔵（1992）「企業メセナの新しい視点――異質の言語体系をどう取り込むか」『マーケティングジャーナル』11(3)，15–23 頁。
Kotler, P., and Lee, N.（2005）*Corporate Social Responsibility: Doing the Most Good for Your Company and Your Cause*, John Wiley & Sons.（恩藏直人監訳／早稲田大学大学院恩藏研究室訳『社会的責任のマーケティング――「事業の成功」と「CSR」を両立する』東洋経済新報社，2007 年）
Nickerson, D., Lowe, M., Pattabhiramaiah, A., and Sorescu, A.（2022）"The impact of corporate social responsibility on brand sales: An accountability perspective," *Journal of Marketing*, 86(2), 5–28.
Porter, M. E., and Kramer, M. R.（2006）"Strategy and society: The link between competitive advantage and corporate social responsibility," *Harvard Business Review*, 84(12), 78–92, 163.（「『受動的』では価値を創出できない 競争優位の CSR 戦略」『DIAMOND ハーバード・ビジネス・レビュー』33(1)，36–52 頁，2008 年）
Porter, M. E., and Kramer, M. R.（2011）"Creating shared value," *Harvard Business Review*, 89(1), 2–17.（「経済的価値と社会的価値を同時実現する 共通価値の戦略」『DIAMOND ハーバード・ビジネス・レビュー』36(6)，8–31 頁，2011 年）
佐藤善信（1993）『現代流通の文化基盤』千倉書房。
嶋口充輝（1992）「企業の社会的責任とそのかかわり方――マーケティング・コンテクストからの考察」『組織科学』26(1)，44–55 頁。
Smith, N. C.（1994）"The new corporate philanthropy," *Harvard Business Review*, 72(3), 105–114.
高嶋克義・兎内祥子（2021）「CSR ブランディングの組織的課題に関する考察」『JSMD レビュー』5(1)，33–39 頁。

1-18　ソーシャル・マーケティング

Benartzi, S., Beshears, J., Milkman, K. L., Sunstein, C. R., Thaler, R. H., Shankar, M., Tucker-Ray, W., Congdon, W. J., and Galing, S.（2017）"Should governments invest more in nudging? " *Psychological Science*, 28(8), 1041–1055.
Ebeling, F., and Lotz, S.（2015）"Domestic uptake of green energy promoted by opt-out tariffs," *Nature*

Climate Change, 5(9), 868-871.

French, J.（2011）"Why nudging is not enough," *Journal of Social Marketing*, 1(2), 154-162.

Kaiser, M., Bernauer, M., Sunstein, C. R., and Reisch, L. A.（2020）"The power of green defaults: The impact of regional variation on opt-out tariffs on green energy demand in Germany," *Ecological Economics*, 174, 106685.

Kotler, P., and Lee, N.（2005）*Corporate Social Responsibility: Doing the Most Good for Your Company and Your Cause*, John Wiley & Sons.（恩藏直人監訳／早稲田大学大学院恩藏研究室訳『社会的責任のマーケティング――「事業の成功」と「CSR」を両立する』東洋経済新報社，2007 年）

Kotler, P., and Levy, S. J.（1969）"Broadening the concept of marketing," *Journal of Marketing*, 33(1), 10-15.

Kotler, P., and Zaltman, G.（1971）"Social marketing: An approach to planned social change," *Journal of Marketing*, 35(3), 3-12.

Lee, N. R., and Kotler, P.（2020）*Social Marketing: Behavior Change for Social Good (6th ed.)*, Sage.（木原雅子・小林英雄・加治正行・木原正博訳『ソーシャルマーケティング――行動変容の科学とアート 健康，安全，環境保護，省資源分野等への応用の最前線』メディカル・サイエンス・インターナショナル，2021 年）

Sidibe, M.（2020）*Brands on a Mission: How to Achieve Social Impact and Business Growth through Purpose*, Routledge.

Sunstein, C. R.（2017）"Nudges that fail," *Behavioural Public Policy*, 1(1), 4-25.

Sunstein, C. R.（2020）*Behavioral Science and Public Policy*, Cambridge University Press.（吉良貴之訳『入門・行動科学と公共政策――ナッジからはじまる自由論と幸福論』勁草書房，2021 年）

Sunstein, C. R., and Reisch, L. A.（2019）*Trusting Nudges: Toward a Bill of Rights for Nudging*, Routledge.（遠藤真美訳『データで見る行動経済学――全世界大規模調査で見えてきた「ナッジの真実」』日経 BP，2020 年）

Thaler, R. H., and Sunstein, C. R.（2008）*Nudge: Improving Decisions about Health, Wealth and Happiness*, Yale University Press.（遠藤真美訳『実践行動経済学――健康、富、幸福への聡明な選択』日経 BP 社，2009 年）

━━━━━━━━━━━━━━ **1-19 エコロジカル・マーケティング**

Belz, F.-M.（1999）"Stand und Perspektiven des Öko-Marketing," Die Betriebswirtschaft, 59(6), 809-829.

Brandt, A., Hansen, U., Schoenheit, I., und Werner, K., Hg.（1988）*Ökologisches Marketing*, Campus Verlag.

Fisk, G.（1974）*Marketing and the Ecological Crisis*, Harper & Row.（西村林・三浦収・辻本興慰・小原博訳『マーケティング環境論』中央経済社，1984 年）

Gielens, K., Geyskens, I., Deleersnyder, B., and Nohe, M.（2018）"The new regulator in town: The effect of Walmart's sustainability mandate on supplier shareholder value," *Journal of Marketing*, 82(2), 124-141.

Henion, K. E., II（1976）*Ecological Marketing*, Grid.

Kassarjian, H. H.（1971）"Incorporating ecology into marketing strategy: The case of air pollution," *Journal of Marketing*, 35(3), 61-65.

Kilbourne, W. E.（1998）"Green marketing: A theoretical perspective," *Journal of Marketing Management*, 14(6), 641-655.

Kinnear, T. C., Taylor, J. R., and Ahmed, S. A.（1974）"Ecologically concerned consumers: Who are they?" *Journal of Marketing*, 38(2), 20-24.

Meffert, H., und Bruhn, M.（1978）"Die Beurteilung von Konsum- und Umweltproblemen durch Konsumenten," *Die Betriebswirtschaft*, 38(3), 371-382.

宮内美穂（2011）「グリーンマーケティングの挑戦」『総合政策フォーラム』6(1)，97-110 頁。

明神実枝（2003）「エコ・マーケティング理解のための一考察――アプローチ誕生にみる歴史性について」『流通研究』6(1)，59-79 頁。

Peattie, K.（1992）*Green Marketing*, Pitman Publishing.（三上富三郎監訳『体系グリーンマーケティング』同友館，1993 年）

Peattie, K.（2001）"Towards sustainability: The third age of green marketing," *The Marketing Review*, 2(2), 129-146.

Peattie, K., and Belz, F.-M.（2010）"Sustainability marketing - An innovative conception of marketing," *Marketing Review St. Gallen*, 27(5), 8-15.

佐藤善信（1991）「グリーン・マーケティング and/or グリーン・コンシューマー？」『流通科学』1，2-18 頁。

Schreiber, R. L.（1976）"Öko-Marketing: Produktentwicklung mit ökologischem Akzent," *Marketing Journal*, 4, 329-330.

Sun, J. J., Bellezza, S., and Paharia, N.（2021）"Buy less, buy luxury: Understanding and overcoming product durability neglect for sustainable consumption," *Journal of Marketing*, 85(3), 28-43.

van Heerde, H. J., Moorman, C., Moreau, C. P., and Palmatier, R. W.（2021）"Reality check: Infusing ecological value into academic marketing research," *Journal of Marketing*, 85(2), 1-13.

━━━━━━━━━━━━━━━━━━━━━━━━━━━━ **1-20　カスタマー・アドボカシー**

Bendapudi, N., and Berry, L. L.（1997）"Customers' motivations for maintaining relationships with service providers," *Journal of Retailing*, 73(1), 15-37.

Christopher, M., Payne, A., and Ballantyne, D.（1991）*Relationship Marketing: Bringing Quality, Customer Service and Marketing Together*, Butterworth-Heinemann.

Edelman, D. C.（2010）"Branding in the digital age: You're spending your money in all the wrong places," *Harvard Business Review*, 88(12), 63-69.

Grönroos, C.（1996）"Relationship marketing: Strategic and tactical implications," *Management Decision*, 34(3), 5-14.

Hsieh, T.（2010）"Zappos's CEO on going to extremes for customers," *Harvard Business Review*, 88(7/8), 41-45.

Kohli, A. K., Jaworski, B. J., and Kumar, A.（1993）"MARKOR: A measure of market orientation," *Journal of Marketing Research*, 30(4), 467-477.

Kotler, P., Kartajaya, H., and Setiawan, I.（2017）*Marketing 4.0: Moving from Traditional to Digital*, John Wiley & Sons.（恩藏直人監訳／藤井清美訳『コトラーのマーケティング 4.0──スマートフォン時代の究極法則』朝日新聞出版，2017 年）

Lawer, C., and Knox, S.（2006）"Customer advocacy and brand development," *Journal of Product & Brand Management*, 15(2), 121-129.

Narver, J. C., and Slater, S. F.（1990）"The effect of a market orientation on business profitability," *Journal of Marketing*, 54(4), 20-35.

Roy, S. K.（2013）"Consequences of customer advocacy," *Journal of Strategic Marketing*, 21(3), 260-276.

Shukla, P., Banerjee, M., and Singh, J.（2016）"Customer commitment to luxury brands: Antecedents and consequences," *Journal of Business Research*, 69(1), 323-331.

Sweeney, J., Payne, A., Frow, P., and Liu, D.（2020）"Customer advocacy: A distinctive form of word of mouth," *Journal of Service Research*, 23(2), 139-155.

Urban, G.（2005）*Don't Just Relate - Advocate!: A Blueprint for Profit in the Era of Customer Power*, Pearson Prentice Hall.（山岡隆志訳『アドボカシー・マーケティング──顧客主導の時代に信頼される企業』英治出版，2006 年）

Xia, L., and Kukar-Kinney, M.（2013）"Examining the penalty resolution process: Building loyalty through gratitude and fairness," *Journal of Service Research*, 16(4), 518-532.

山岡隆志（2009）『顧客の信頼を勝ちとる 18 の法則──アドボカシー・マーケティング』日本経済新聞出版社。

山岡隆志（2020）「カスタマー・アドボカシー志向尺度の開発」『流通研究』23(1)，1-20 頁。

Yeh, Y.-P.（2016）"Market orientation and service innovation on customer perceived value: The case of supermarket retailers," *Management Research Review*, 39(4), 449–467.

═══ 1-21　プラットフォーム

Chu, J., and Manchanda, P.（2016）"Quantifying cross and direct network effects in online consumer-to-consumer platforms," *Marketing Science*, 35(6), 870–893.

Clements, M. T., and Ohashi, H.（2005）"Indirect network effects and the product cycle: Video games in the U.S., 1994–2002," *Journal of Industrial Economics*, 53(4), 515–542.

Eckhardt, G. M., Houston, M. B., Jiang, B., Lamberton, C., Rindfleisch, A., and Zervas, G.（2019）"Marketing in the sharing economy," *Journal of Marketing*, 83(5), 5–27.

Eisenmann, T., Parker, G., and Van Alstyne, M. W.（2006）"Strategies for two-sided markets," *Harvard Business Review*, 84(10), 92–101.

Hagiu, A.（2014）"Strategic decisions for multisided platforms," *MIT Sloan Management Review*, 55(2), 71–80.

Johnson, M. W., Christensen, C. M., and Kagermann, H.（2008）"Reinventing your business model," *Harvard Business Review*, 87(12), 52–60.

Kannan, P. K., and Li, H. "A."（2017）"Digital marketing: A framework, review and research agenda," *International Journal of Research in Marketing*, 34(1), 22–45.

Katz, M. L., and Shapiro, C.（1985）"Network externalities, competition, and compatibility," *The American Economic Review*, 75(3), 424–440.

Katz, M. L., and Shapiro, C.（1994）"Systems competition and network effects," *Journal of Economic Perspectives*, 8(2), 93–115.

Nair, H., Chintagunta, P., and Dubé, J.-P.（2004）"Empirical analysis of indirect network effects in the market for personal digital assistants," *Quantitative Marketing and Economics*, 2(1), 23–58.

Parker, G. G., and Van Alstyne, M. W.（2005）"Two-sided network effects: A theory of information product design," *Management Science*, 51(10), 1494–1504.

Rochet, J.-C., and Tirole, J.（2003）"Platform competition in two-sided markets," *Journal of European Economic Association*, 1(4), 990–1029.

Sriram, S., Manchanda, P., Bravo, M. E., Chu, J., Ma, L., Song, M., Shriver, S., and Subramanian, U.（2015）"Platforms: A multiplicity of research opportunities," *Marketing Letters*, 26(2), 141–152.

Tucker, C., and Zhang, J.（2010）"Growing two-sided networks by advertising the user base: A field experiment," *Marketing Science*, 29(5), 805–814.

Zervas, G., Proserpio, D., and Byers, J. W.（2017）"The rise of the sharing economy: Estimating the impact of Airbnb on the hotel industry," *Journal of Marketing Research*, 54(5), 687–705.

═══ 1-22　クラウド・ソーシング

Acar, O. A.（2018）"Harnessing the creative potential of consumers: Money, participation, and creativity in idea crowdsourcing," *Marketing Letters*, 29(2), 177–188.

Blohm, I., Zogaj, S., Bretschneider, U., and Leimeister, J. M.（2018）"How to manage crowdsourcing platforms effectively？" *California Management Review*, 60(2), 122–149.

Frey, K., Lüthje, C., and Haag, S.（2011）"Whom should firms attract to open innovation platforms? The role of knowledge diversity and motivation," *Long Range Planning*, 44(5-6), 397–420.

Hossain, M., and Kauranen, I.（2015）"Crowdsourcing: A comprehensive literature review," *Strategic Outsourcing: An International Journal*, 8(1), 2–22.

Howe, J.（2006a）"The rise of crowdsroucing," *Wired Magazine*, 14(6), 1–45.

Howe, J.（2006b）"Crowdsourcing: A definition"（https://crowdsourcing.typepad.com/cs/2006/06/crowdsourcing_a.html）.

Howe, J.（2008）*Crowdsourcing: Why the Power of the Crowd is Driving the Future of Business*, Crown Business.（中島由華訳『クラウドソーシング──みんなのパワーが世界を動かす』早川書房, 2009 年）

Ikediego, H. O., Ilkan, M., Abubakar, A. M., and Bekun, F. V.（2018）"Crowd-sourcing (who, why and what)," *International Journal of Crowd Science*, 2(1), 27–41.

Nakatsu, R. T., Grossman, E. B., and Iacovou, C. L.（2014）"A taxonomy of crowdsourcing based on task complexity," *Journal of Information Science*, 40(6), 823-834.

Prpić, J., Shukla, P. P., Kietzmann, J. H., and McCarthy, I. P.（2015）"How to work a crowd: Developing crowd capital through crowdsourcing," *Business Horizons*, 58(1), 77-85.

Surowiecki, J.（2004）*The Wisdom of Crowds: Why the Many Are Smarter than the Few and How Collective Wisdom Shapes Business, Economies, Societies, and Nations*, Doubleday.

Toffler, A.（1980）*The Third Wave*, Morrow.

トヨタ自動車株式会社（n.d.）「車両系統図――【豆知識】登録商標の変遷」（トヨタ自動車75年史 ――もっといいクルマをつくろうよ，https://www.toyota.co.jp/jpn/company/history/75years/data/automotive_business/products_technology/vehicle_lineage_chart/trademarks_and_emblems/index.html）。

1-23　マーケティング・アジリティ

Asseraf, Y., Lages, L. F., and Shoham, A.（2019）"Assessing the drivers and impact of international marketing agility," *International Marketing Review*, 36(2), 289-315.

Day, G. S.（2011）"Closing the marketing capabilities gap," *Journal of Marketing*, 75(4), 183-195.

Eisenhardt, K. M., and Martin, J. A.（2000）"Dynamic capabilities: What are they? " *Strategic Management Journal*, 21(10-11), 1105-1121.

Gomes, E., Sousa, C. M. P., and Vendrell-Herrero, F.（2020）"International marketing agility: Conceptualization and research agenda," *International Marketing Review*, 37(2), 261-272.

Hagen, B., Zucchella, A., and Ghauri, P. N.（2019）"From fragile to agile: Marketing as a key driver of entrepreneurial internationalization," *International Marketing Review*, 36(2), 260-288.

Hughes, N., and Chandy, R.（2021）"Commentary - Trajectories and twists: Perspectives on marketing agility from emerging markets," *Journal of Marketing*, 85(1), 59-63.

Kalaignanam, K., Tuli, K. R., Kushwaha, T., Lee, L., and Gal, D.（2021）"Marketing agility: The concept, antecedents, and a research agenda," *Journal of Marketing*, 85(1), 35-58.

Kotler, P., Kartajaya, H., and Setiawan, I.（2021）*Marketing 5.0: Technology for Humanity*, Wiley.（恩藏直人監訳／藤井清美訳『コトラーのマーケティング5.0――デジタル・テクノロジー時代の革新戦略』朝日新聞出版，2022年）

Maitlis, S., and Christianson, M.（2014）"Sensemaking in organizations: Taking stock and moving forward," *Academy of Management Annals*, 8(1), 57-125.

Moi, L., and Cabiddu, F.（2021）"An agile marketing capability maturity framework," *Tourism Management*, 86, 104347.

Teece, D. J., Pisano, G., and Shuen, A.（1997）"Dynamic capabilities and strategic management." *Strategic Management Journal*, 18(7), 509-533.

Weick, K. E.（1993）"The collapse of sensemaking in organizations: The Mann Gulch disaster," *Administrative Science Quarterly*, 38(4), 628-652.

Zhou, J., Mavondo, F. T., and Saunders, S. G.（2019）"The relationship between marketing agility and financial performance under different levels of market turbulence," *Industrial Marketing Management*, 83, 31-41.

2-1　購買意思決定モデル

Achar, C., So, J., Agrawal, N., and Duhachek, A.（2016）"What we feel and why we buy: The influence of emotions on consumer decision-making," *Current Opinion in Psychology*, 10, 166-170.

安藤和代（2017）『消費者購買意思決定とクチコミ行動――説得メカニズムからの解明』千倉書房。

青木幸弘・新倉貴士・佐々木壮太郎・松下光司（2012）『消費者行動論――マーケティングとブランド構築への応用』有斐閣。

Bawa, A., and Kansal, P.（2008）"Cognitive dissonance and the marketing of services: Some issues," *Journal of Services Research*, 8(2), 31-51.

Drolet, A., Jiang, L., Pour Mohammad, A., and Davis, C.（2019）"The influence of aging on consumer decision-making," *Consumer Psychology Review*, 2(1), 3–16.

Fishbein, M., and Ajzen, I.（1975）*Belief, Attitude, Intention, and Behavior: An Introduction to Theory and Research*, Addison-Wesley.

Han, S., Lerner, J. S., and Keltner, D.（2007）"Feelings and consumer decision making: The appraisal-tendency framework," *Journal of Consumer Psychology*, 17(3), 158–168.

Hoyer, W. D., MacInnis, D. J., and Pieters, R.（2018）*Consumer Behavior (7th ed.)*, Cengage Learning.

菊盛真衣（2020）『e クチコミと消費者行動——情報取得・製品評価プロセスにおける e クチコミの多様な影響』千倉書房。

コトラー，P. = アームストロング，G. = 恩藏直人（2014）『コトラー，アームストロング，恩藏のマーケティング原理』丸善出版。

Oliver, R. L.（2006）"Customer satisfaction research," in R. Grover and M. Vriens eds., *The Handbook of Marketing Research: Uses, Misuses, and Future Advances*, Sage, 569–587.

小野譲司（2010）『顧客満足［CS］の知識』日本経済新聞出版社。

Samson, A., and Voyer, B. G.（2012）"Two minds, three ways: Dual system and dual process models in consumer psychology," AMS Review, 2, 48–71.

Solomon, M. R.（2013）*Consumer Behavior: Buying, Having, and Being (10th ed.)*, Pearson.（松井剛監訳／大竹光寿・北村真琴・鈴木智子・西川英彦・朴宰佑・水越康介訳『ソロモン 消費者行動論』丸善出版，2015 年）

田中洋（2008）『消費者行動論体系』中央経済社。

Yoon, C., Cole, C. A., and Lee, M. P.（2009）"Consumer decision making and aging: Current knowledge and future directions," *Journal of Consumer Psychology*, 19(1), 2–16.

=================================== **2-2　関　与**

青木幸弘（1989）「消費者関与の概念的整理——階層性と多様性の問題を中心として」『商学論究』37(1-4)，119–138 頁。

青木幸弘（1993）「『知識』概念と消費者情報処理——研究の現状と課題」『消費者行動研究』1(1)，1–18 頁。

青木幸弘（2004）「製品関与とブランド・コミットメント——構成概念の再検討と課題整理」『マーケティングジャーナル』23(4)，25–51 頁。

Bearden, W. O., Netemeyer, R. G., and Haws, K. L., eds.（2011）*Handbook of Marketing Scales: Multi-item Measures for Marketing and Consumer Behavior Research (3rd ed.)*, Sage.

Celsi, R. L., and Olson, J. C.（1988）"The role of involvement in attention and comprehension processes," *Journal of Consumer Research*, 15(2), 210–224.

Inman, J. J., McAlister, L., and Hoyer, W. D.（1990）"Promotion signal: Proxy for a price cut?" *Journal of Consumer Research*, 17(1), 74–81.

Kalish, S., and Nelson, P.（1991）"A comparison of ranking, rating and reservation price measurement in conjoint analysis," *Marketing Letters*, 2(4), 327–335.

Karmarkar, U. R., and Tormala, Z. L.（2010）"Believe me, I have no idea what I'm talking about: The effects of source certainty on consumer involvement and persuasion," *Journal of Consumer Research*, 36(6), 1033–1049.

Laaksonen, P.（1994）*Consumer Involvement: Concepts and Research*, Routledge.（池尾恭一・青木幸弘監訳『消費者関与——概念と調査』千倉書房，1998 年）

松下光司（2012）「購買意思決定の特性とマーケティング」青木幸弘・新倉貴士・佐々木壮太郎・松下光司『消費者行動論——マーケティングとブランド構築への応用』有斐閣，316–342 頁。

新倉貴士（2012a）「情報処理の動機づけ」青木幸弘・新倉貴士・佐々木壮太郎・松下光司『消費者行動論——マーケティングとブランド構築への応用』有斐閣，163–184 頁。

新倉貴士（2012b）「情報処理の能力」青木幸弘・新倉貴士・佐々木壮太郎・松下光司『消費者行動論——マーケティングとブランド構築への応用』有斐閣，185–208 頁。

Polyorat, K., Alden, D. L., and Kim, E. S.（2007）"Impact of narrative versus factual print ad copy on product evaluation: The mediating role of ad message involvement," *Psychology & Marketing*, 24(6),

539–554.

Zaichkowsky, J. L.（1985）"Measuring the involvement construct," *Journal of Consumer Research*, 12(3), 341-352.

Zaichkowsky, J. L.（1994）"The personal involvement inventory: Reduction, revision, and application to advertising," *Journal of Advertising*, 23(4), 59-70.

== **2-3　（消費者の）感情と認知**

Aaker, D. A., and Stayman, D. M.（1990）"Measuring audience perceptions of commercials and relating them to ad impact," *Journal of Advertising Research*, 30(4), 7-17.

Barrett, L. F.（2006）"Solving the emotion paradox: Categorization and the experience of emotion," *Personality and Social Psychology Review*, 10(1), 20-46.

Batra, R., and Ray, M. L.（1986）"Affective responses mediating acceptance of advertising," *Journal of Consumer Research*, 13(2), 234-249.

Damasio, A. R.（1994）*Descartes' Error: Emotion, Reason, and the Human Brain*, G. P. Putnam's Sons.（田中三彦訳『生存する脳——心と脳と身体の神秘』講談社，2000 年）

Donovan, R. J., and Rossiter, J. R.（1982）"Store atmosphere: An environmental psychology approach," *Journal of Retailing*, 58(1), 34-57.

遠藤利彦（2013）『「情の理」論—情動の合理性をめぐる心理学的考究』東京大学出版会。

Forgas, J. P.（1991）"Affective influences on partner choice: Role of mood in social decisions," *Journal of Personality and Social Psychology*, 61(5), 708-720.

Frijda, N. H.（1994）"Emotions are functional, most of the time," in P. Ekman and R. J. Davidson eds., *The Nature of Emotion: Fundamental Questions*, Oxford University Press, 112-122.

濱治世・鈴木直人（2001）「感情・情緒（情動）とは何か」濱治世・鈴木直人・濱保久共著『感情心理学への招待——感情・情緒へのアプローチ』サイエンス社，2-62 頁。

Heilman, C. M., Nakamoto, K., and Rao, A. G.（2002）"Pleasant surprises: Consumer response to unexpected in-store coupons," *Journal of Marketing Research*, 39(2), 242-252.

Hutter, K., and Hoffmann, S.（2014）"Surprise, surprise. Ambient media as promotion tool for retailers," *Journal of Retailing*, 90(1), 93-110.

今井四郎（1999）「認知」中島義明・安藤清志・子安増生・坂野雄二・繁桝算男・立花政夫・箱田裕司編集『心理学辞典』有斐閣，661-662 頁。

Isen, A. M., and Daubman, K. A.（1984）"The influence of affect on categorization," *Journal of Personality and Social Psychology*, 47(6), 1206-1217.

Isen, A. M., Daubman, K. A., and Nowicki, G. P.（1987）"Positive affect facilitates creative problem solving," *Journal of Personality and Social Psychology*, 52(6), 1122-1131.

Isen, A. M., and Means, B.（1983）"The influence of positive affect on decision-making strategy," *Social Cognition*, 2(1), 18-31.

Isen, A. M., Shalker, T. E., Clark, M., and Karp, L.（1978）"Affect, accessibility of material in memory, and behavior: A cognitive loop?" *Journal of Personality and Social Psychology*, 36(1), 1-12.

石淵順也（2016）「店舗内の快感情は衝動購買をさせるだけか」『マーケティングジャーナル』35(4), 27-51 頁。

石淵順也（2019）『買物行動と感情——「人」らしさの復権』有斐閣。

Kahn, B. E., and Isen, A. M.（1993）"The influence of positive affect on variety seeking among safe, enjoyable products," *Journal of Consumer Research*, 20(2), 257-270.

小島治幸（2015）「感じる——感覚」服部雅史・小島治幸・北神慎司『基礎から学ぶ認知心理学——人間の認識の不思議』有斐閣，21-44 頁。

LeDoux, J.（1996）*The Emotional Brain: The Mysterious Underpinnings of Emotional Life*, Simon & Schuster.（松本元・川村光毅・小幡邦彦・石塚典生・湯浅茂樹訳『エモーショナル・ブレイン——情動の脳科学』東京大学出版会，2003 年）

LeDoux, J., and Phelps, E. A.（2000）"Emotional networks in the brain," in M. Lewis and J. M. Haviland-Jones eds., *Handbook of Emotions (2nd ed.)*, Guilford Press, 157-172.

Levenson, R. W.（1994）"Human emotion: A functional view," in P. Ekman and R. J. Davidson eds., *The Nature of Emotion: Fundamental Questions*, Oxford University Press, 123-126.

Miniard, P. W., Bhatla, S., and Rose, R. L.（1990）"On the formation and relationship of ad and brand attitudes: An experimental and causal analysis," *Journal of Marketing Research*, 27(3), 290-303.

Parrott, W. G., and Spackman, M. P.（2000）"Emotion and memory," in M. Lewis and J. M. Haviland-Jones eds., *Handbook of Emotions (2nd ed.)*, Guilford Press, 476-490.

Rook, D. W.（1987）"The buying impulse," *Journal of Consumer Research*, 14(2), 189-199.

Schwarz, N.（1990）"Feelings as information: Informational and motivational functions of affective states," in E. T. Higgins and R. M. Sorrentino eds., *Handbook of Motivation and Cognition: Foundations of Social Behavior, Vol. 2*, Guilford Press, 527-561.

Turley, L. W., and Milliman, R. E.（2000）"Atmospheric effects on shopping behavior: A review of the experimental evidence," *Journal of Business Research*, 49(2), 193-211.

2-4　情報過負荷

Benoit, I. D., and Miller, E. G.（2017）"The mitigating role of holistic thinking on choice overload," *Journal of Consumer Marketing*, 34(3), 181-190.

Chernev, A., Böckenholt, U., and Goodman, J.（2015）"Choice overload: A conceptual review and meta-analysis," *Journal of Consumer Psychology*, 25(2), 333-358.

Cho, C.-H., and Cheon, H. J.（2004）"Why do people avoid advertising on the internet? " *Journal of Advertising*, 33(4), 89-97.

Eppler, M. J., and Mengis, J.（2004）"The concept of information overload: A review of literature from organization science, accounting, marketing, MIS, and related disciplines," *The Information Society*, 20(5), 325-344.

Ha, L., and McCann, K.（2008）"An integrated model of advertising clutter in offline and online media," *International Journal of Advertising*, 27(4), 569-592.

Hu, H., and Krishen, A. S.（2019）"When is enough, enough? Investigating product reviews and information overload from a consumer empowerment perspective," *Journal of Business Research*, 100, 27-37.

Iyengar, S. S., and Lepper, M. R.（2000）"When choice is demotivating: Can one desire too much of a good thing? " *Journal of Personality and Social Psychology*, 79(6), 995-1006.

Matzler, K., Stieger, D., and Füller, J.（2011）"Consumer confusion in internet-based mass customization: Testing a network of antecedents and consequences," *Journal of Consumer Policy*, 34(2), 231-247.

永井竜之介（2015）「消費者の混乱に対するアプローチ」『マーケティングジャーナル』34(4)，185-195 頁。

総務省（2020）「令和 2 年版 情報通信白書」。

2-5　顧客満足

Cadotte, E. R., Woodruff, R. B., and Jenkins, R. L.（1987）"Expectations and norms in models of consumer satisfaction," *Journal of Marketing Research*, 24(3), 305-314.

Churchill, G. A., Jr., and Surprenant, C.（1982）"An investigation into the determinants of customer satisfaction," *Journal of Marketing Research*, 19(4), 491-504.

Fornell, C., Johnson, M. D., Anderson, E. W., Cha, J., and Bryant, B. E.（1996）"The American customer satisfaction index: Nature, purpose, and findings," *Journal of Marketing*, 60(4), 7-18.

Mano, H., and Oliver, R. L.（1993）"Assessing the dimensionality and structure of the consumption experience: Evaluation, feeling, and satisfaction," *Journal of Consumer Research*, 20(3), 451-466.

Oliver, R. L.（1997）*Satisfaction: A Behavioral Perspective on the Consumer*, McGraw-Hill.

Oliver, R. L., Rust, R. T., and Varki, S.（1997）"Customer delight: Foundations, findings, and managerial insight," *Journal of Retailing*, 73(3), 311-336.

小野譲司・小川孔輔編著（2021）『サービスエクセレンス——CSI 診断による顧客経験［CX］の可視化』生産性出版。

Page, T. J., Jr., and Spreng, R. A. （2002）"Difference scores versus direct effects in service quality measurement," *Journal of Service Research*, 4(3), 184–192.

Szymanski, D. M., and Henard, D. H. （2001）"Customer satisfaction: A meta-analysis of the empirical evidence," *Journal of the Academy of Marketing Science*, 29(1), 16–35.

Zeithaml, V. A., Berry, L. L., and Parasuraman, A. （1993）"The nature and determinants of customer expectations of service," *Journal of the Academy of Marketing Science*, 21(1), 1–12.

== **2-6　認知的不協和理論**

Arndt, J. （1967）"Word of mouth advertising and informal communication," in D. F. Cox ed., *Risk Taking and Information Handling in Consumer Behavior*, Division of Research, Graduate School of Business Administration, Harvard University, 188–239.

Cummings, W. H., and Venkatesan, M. （1976）"Cognitive dissonance and consumer behavior: A review of the evidence," *Journal of Marketing Research*, 13(3), 303–308.

Ehrlich, D., Guttman, I., Schönbach, P., and Mills, J. （1957）"Postdecision exposure to relevant information," *The Journal of Abnormal and Social Psychology*, 54(1), 98–102.

Engel, J. F. （1963）"Are automobile purchasers dissonant consumers? " *Journal of Marketing*, 27(2), 55–58.

Festinger, L. （1957）*A Theory of Cognitive Dissonance*, Row, Peterson and Company.（末永俊郎監訳『認知的不協和の理論──社会心理学序説』誠信書房，1965 年）

Holloway, R. J. （1967）"An experiment on consumer dissonance," *Journal of Marketing*, 31(1), 39–43.

Kaish, S. （1967）"Cognitive dissonance and the classification of consumer goods," *Journal of Marketing*, 31(4), 28–31.

Korgaonkar, P. K., and Moschis, G. P. （1982）"An experimental study of cognitive dissonance, product involvement, expectations, performance and consumer judgment of product performance," *Journal of Advertising*, 11(3), 32–44.

Rook, D. W., and Fisher, R. J. （1995）"Normative influences on impulsive buying behavior," *Journal of Consumer Research*, 22(3), 305–313.

Straits, B. C. （1964）"The pursuit of the dissonant consumer," *Journal of Marketing*, 28(3), 62–66.

Wangenheim, F. V. （2005）"Postswitching negative word of mouth," *Journal of Service Research*, 8(1), 67–78.

==================== **2-7　プロスペクト理論**

Brasel, S. A., and Gips, J. （2014）"Tablets, touchscreens, and touchpads: How varying touch interfaces trigger psychological ownership and endowment," *Journal of Consumer Psychology*, 24(2), 226–233.

Kahneman, D., Knetsch, J. L., and Thaler, R. H. （1990）"Experimental tests of the endowment effect and the Coase theorem," *Journal of Political Economy*, 98(6), 1325–1348.

Kahneman, D., and Tversky, A. （1979）"Prospect theory: An analysis of decision under risk," *Econometrica*, 47(2), 263–291.

Kalwani, M. U., Yim, C. K., Rinne, H. J., and, Sugita, Y. （1990）"A price expectations model of customer brand choice," *Journal of Marketing Research*, 27(3), 251–262.

コトラー，P.（2013）「私の履歴書（30）感謝　経済的繁栄，多くの人に：新たな理論・発見 これからも」『日本経済新聞』2013 年 12 月 31 日。

Novemsky, N., and Kahneman, D. （2005）"The boundaries of loss aversion," *Journal of Marketing Research*, 42(2), 119–128.

Peck, J., and Shu, S. B. （2009）"The effect of mere touch on perceived ownership," *Journal of Consumer Research*, 36(3), 434–447.

Pope, D. G., and Schweitzer, M. E. （2011）"Is Tiger Woods loss averse? Persistent bias in the face of experience, competition, and high stakes," *American Economic Review*, 101(1), 129–157.

Putler, D. S. （1992）"Incorporating reference price effects into a theory of consumer choice," *Marketing Science*, 11(3), 287–309.

白井美由里（2003）「内的参照価格に関する先行研究の展望」『横浜経営研究』23(4)，137–171 頁。

Shu, S. B., and Peck, J. (2011) "Psychological ownership and affective reaction: Emotional attachment process variables and the endowment effect," *Journal of Consumer Psychology*, 21(4), 439–452.

竹村和久・村上始 (2019)「心理学と行動経済学：古典的心理学と確率荷重関数の関係を中心に」『行動経済学』12，37–50頁。

Thaler, R. (1980) "Toward a positive theory of consumer choice," *Journal of Economic Behavior & Organization*, 1(1), 39–60.

Tversky, A., and Kahneman, D. (1981) "The framing of decisions and the psychology of choice," *Science*, 211(4481), 453–458.

八島明朗 (2008)「マーケティングにおけるプロスペクト理論研究のレビュー」『マーケティングジャーナル』28(1)，101–113頁。

===== **2-8　準拠集団**

青木幸弘 (2010)『消費者行動の知識』日本経済新聞出版社。

Bourne, S. F. (1957) "Group influence in marketing and public relations," in R. Likert and S. P. Hayes Jr. eds., *Some Applications of Behavioural Research*, UNESCO, 207–257.

Cocanougher, A. B., and Bruce, G. D. (1971) "Socially distant reference groups and consumer aspirations," *Journal of Marketing Research*, 8(3), 379–381.

Escalas, J. E., and Bettman, J. R. (2017) "Connecting with celebrities: How consumers appropriate celebrity meanings for a sense of belonging," *Journal of Advertising*, 46(2), 297–308.

芳賀英朗 (2015)「準拠集団が消費者行動に及ぼす影響：自己とブランドの結びつきへの影響を中心に」『マーケティングジャーナル』35(2)，106–118頁。

Hyman, H. H. (1942/2015) "The psychology of status," *Archives of Psychology*, 269, 5–94.

Kanno, S., and Suzuki, S. (2018) "Romantic self-gifts to the 'hidden true self': Self-gifting and multiple selves," in Y. Minowa and R. W. Belk eds., *Gifts, Romance, and Consumer Culture*, Routledge, 204–217.

加藤祥子 (2003)「消費者態度と準拠集団：購買意思決定における社会的要因の探究」『早稲田商学』398，337–373頁。

McCracken, G. (1989) "Who is the celebrity endorser? Cultural foundations of the endorsement process," *Journal of Consumer Research*, 16(3), 310–321.

Newcomb, T. M. (1963) "Persistence and regression of changed attitudes: Long-range studies," *Journal of Social Issues*, 19(4), 3–14.

Park, C. W., and Lessig, V. P. (1977) "Students and housewives: Differences in susceptibility to reference group influence," *Journal of Consumer Research*, 4(2), 102–110.

Sherif, M. (1936/1965) *The Psychology of Social Norms*, Octagon Books.

清水聰 (1999)『新しい消費者行動』千倉書房。

White, K., and Dahl, D. W. (2006) "To be or *not* be? The influence of dissociative reference groups on consumer preferences," *Journal of Consumer Psychology*, 16(4), 404–414.

===== **2-9　支払意思額（WTP）**

Cameron, T. A., and James, M. D. (1987) "Estimating willingness to pay from survey data: An alternative pre-test-market evaluation procedure," *Journal of Marketing Research*, 24(4), 389–395.

Elrod, T., Louviere, J. J., and Davey, K. S. (1992) "An empirical comparison of ratings-based and choice-based conjoint models," *Journal of Marketing Research*, 29(3), 368–377.

Herriges, J. A., and Shogren, J. F. (1996) "Starting point bias in dichotomous choice valuation with follow-up questioning," *Journal of Environmental Economics and Management*, 30(1), 112–131.

Jedidi, K., and Jagpal, S. (2009) "Willingness to pay: Measurement and managerial implications," in V. R. Rao ed., *Handbook of Pricing Research in Marketing*, E. Elgar, 37–60.

Jedidi, K., Kohli, R., and DeSarbo, W. S. (1996) "Consideration sets in conjoint analysis," *Journal of Marketing Research*, 33(3), 364–372.

Jedidi, K., and Zhang, Z. J. (2002) "Augmenting conjoint analysis to estimate consumer reservation price," *Management Science*, 48(10), 1350–1368.

Kalish, S., and Nelson, P. (1991) "A comparison of ranking, rating and reservation price measurement in conjoint analysis," *Marketing Letters*, 2(4), 327-335.

Lusk. J. L., Daniel, M. S., Mark, D. R., and Lusk, C. L. (2001) "Alternative calibration and auction institutions for predicting consumer willingness to pay for nongenetically modified corn chips," *Journal of Agricultural and Resource Economics*, 26(1), 40-57.

Schmidt, J., and Bijmolt, T. H. A. (2020) "Accurately measuring willingness to pay for consumer goods: A meta-analysis of the hypothetical bias," *Journal of the Academy of Marketing Science*, 48(3), 499-518.

Steenkamp, J.-B. E. M., and Wittink, D. R. (1994) "The metric quality of full-profile judgments and the number-of-attribute-levels effect in conjoint analysis," *International Journal of Research in Marketing*, 11(3), 275-286.

Voelckner, F. (2006) "An empirical comparison of methods for measuring consumers' willingness to pay," *Marketing Letters*, 17(2), 137-149.

Wertenbroch, K., and Skiera, B. (2002) "Measuring consumers' willingness to pay at the point of purchase," *Journal of Marketing Research*, 39(2), 228-241.

== 2-10　バラエティ・シーキング

Assael, H. (1981) *Consumer Behavior and Marketing Action*, Kent Publishing Co.

Bardhi, F., and Eckhardt, G. M. (2017) "Liquid consumption," *Journal of Consumer Research*, 44(3), 582-597.

Bose, P. (2017) "A conceptual model of consumer variety seeking behaviour," *Amity Journal of Marketing*, 2(2), 40-57.

Dick, A. S., and Basu, K. (1994) "Customer loyalty: Toward an integrated conceptual framework," *Journal of the Academy of Marketing Science*, 22(2), 99-113.

Drolet, A., and He, D. (2011) "Variety-seeking," in R. P. Bagozzi and A. A. Ruvio eds., *Wiley International Encyclopedia of Marketing, 3: Consumer Behavior*, John Wiley & Sons, 263-269.

Hoyer, W. D., and Ridgway, N. M. (1984) "Variety seeking as an explanation for exploratory purchase behavior: A theoretical model," *Advances in Consumer Research*, 11, 114-119.

Jeuland, A. P. (1978) "Brand preference over time: A partially deterministic operationalization of the notion of variety seeking," *Research Frontiers in Marketing: Dialogues and Directions, 1978 Educators' Proceedings*, 43, 33-37.

Kahn, B. E. (1998) "Dynamic relationships with customers: High-variety strategies," *Journal of the Academy of Marketing Science*, 26(1), 45-53.

Kahn, B. E., and Wansink, B. (2004) "The influence of assortment structure on perceived variety and consumption quantities," *Journal of Consumer Research*, 30(4), 519-533.

河股久司 (2019)「14. 豊富な選択肢がもたらす知覚多様性に関する研究の整理」『繊維製品消費科学』 60(6), 463-468 頁。

李炅泰・古川裕康 (2020)「消費者の物質主義と探索傾向がアパレル・サブスクリプションの利用意図に及ぼす影響」『流通』47, 59-72 頁。

McAlister, L., and Pessemier, E. (1982) "Variety seeking behavior: An interdisciplinary review," *Journal of Consumer Research*, 9(3), 311-322.

西原彰宏 (2012)「バラエティ・シーキング」『マーケティングジャーナル』31(4), 125-136 頁。

Raju, P. S. (1980) "Optimum stimulation level: Its relationship to personality, demographics, and exploratory behavior," *Journal of Consumer Research*, 7(3), 272-282.

Sevilla, J., Lu, J., and Kahn, B. E. (2019) "Variety seeking, satiation, and maximizing enjoyment over time," *Journal of Consumer Psychology*, 29(1), 89-103.

van Trijp, H. C. M., Hoyer, W. D., and Inman, J. J. (1996) "Why switch? Product category-level explanations for true variety-seeking behavior," *Journal of Marketing Research*, 33(3), 281-292.

van Trijp, H. C. M., and Steenkamp, J.-B. E. M. (1992) "Consumers' variety seeking tendency with respect to foods: Measurement and managerial implications," *European Review of Agricultural*

Economics, 19(2), 181-195.

━━━ **2-11　期待－不一致モデル**

Anderson, E. W., and Mittal, V.（2000）"Strengthening the satisfaction-profit chain," *Journal of Service Research*, 3(2), 107-120.

Anderson, R. E.（1973）"Consumer dissatisfaction: The effect of disconfirmed expectancy on perceived product performance," *Journal of Marketing Research*, 10(1), 38-44.

Bandura, A.（1977）"Self-efficacy: Toward a unifying theory of behavioral change," *Psychological Review*, 84(2), 191-215.

Bolton, R. N.（1998）"A dynamic model of the duration of the customer's relationship with a continuous service provider: The role of satisfaction," *Marketing Science*, 17(1), 45-65.

Boulding, W., Kalra, A., Staelin, R., and Zeithaml, V. A.（1993）"A dynamic process model of service quality: From expectations to behavioral intentions," *Journal of Marketing Research*, 30(1), 7-27.

藤村和宏（2020）『「便益遅延性」が顧客満足・顧客参加に及ぼす影響——医療サービスにおける消費とマーケティングのあり方を考える』千倉書房。

Miller, J. A.（1977）"Studying satisfaction, modifying models, eliciting expectations, posing problems, and making meaningful measurements," in H. K. Hunt ed., *Conceptualization and Measurement of Consumer Satisfaction and Dissatisfaction*, Marketing Science Institute, 72-91.

南知惠子（2012）「サービス品質と顧客満足」『流通研究』14(2-3), 1-15 頁。

森藤ちひろ（2009）「マーケティングにおける期待の重要性」『経営戦略研究』3, 21-34 頁。

森藤ちひろ（2021）『ヘルスケア・サービスのマーケティング——消費者の自己効力感マネジメント』千倉書房。

Oliver, R. L.（1980）"A cognitive model of the antecedents and consequences of satisfaction decisions," *Journal of Marketing Research*, 17(4), 460-469.

Oliver, R. L.（1997）*Satisfaction: A Behavioral Perspective on the Consumer*, McGraw-Hill.

Olshavsky, R. W., and Miller, J. A.（1972）"Consumer expectations, product performance, and perceived product quality," *Journal of Marketing Research*, 9(1), 19-21.

小野譲司（2016）「サービス・エクセレンスと顧客戦略——累積的顧客満足モデルによる分析」『流通研究』18(2), 3-31 頁。

小野譲司・小川孔輔編著（2021）『サービスエクセレンス——CSI 診断による顧客経験［CX］の可視化』生産性出版。

Parasuraman, A., Berry, L. L., and Zeithaml, V. A.（1991）"Understanding customer expectations of service," *Sloan Management Review*, 32(3), 39-48.

櫻井秀彦・恩田光子・野呂瀬崇彦・柳本ひとみ・古田精一（2016）「医薬分業下における外来慢性疾患患者の服薬アドヒアランスと医療サービス評価の関連性——残薬削減とかかりつけ薬局を志向した実証研究」『社会薬学』35(1), 23-33 頁。

Woodruff, R. B., Cadotte, E. R., and Jenkins, R. L.（1983）"Modeling consumer satisfaction processes using experience-based norms," *Journal of Marketing Research*, 20(3), 296-304.

山本昭二（1999）「顧客満足モデルの発展——継時的視点による検討」『商学論究』46(5), 39-53 頁。

Zeithaml, V. A.（1988）"Consumer perceptions of price, quality, and value: A means-end model and synthesis of evidence," *Journal of Marketing*, 52(3), 2-22.

━━━ **2-12　決定回避**

Chernev, A., Böckenholt, U., and Goodman, J.（2015）"Choice overload: A conceptual review and meta-analysis," *Journal of Consumer Psychology*, 25(2), 333-358.

Chernev, A., and Hamilton, R.（2009）"Assortment size and option attractiveness in consumer choice among retailers," *Journal of Marketing Research*, 46(3), 410-420.

Goodman, J. K., and Malkoc, S. A.（2012）"Choosing here and now versus there and later: The moderating role of psychological distance on assortment size preferences," *Journal of Consumer Research*, 39(4), 751-768.

Iyengar, S.（2010）*The Art of Choosing*, Twelve.（櫻井祐子訳『選択の科学——コロンビア大学ビジ

ネススクール特別講義』文藝春秋，2014 年）

Iyengar, S. S., and Lepper, M. R.（2000）"When choice is demotivating: Can one desire too much of a good thing? " *Journal of Personality and Social Psychology*, 79(6), 995-1006.

Iyengar, S. S., Wells, R. E., and Schwartz, B.（2006）"Doing better but feeling worse: Looking for the "best" job undermines satisfaction," *Psychological Science*, 17(2), 143-150.

Mogilner, C., Rudnick, T., and Iyengar, S. S.（2008）"The mere categorization effect: How the presence of categories increases choosers' perceptions of assortment variety and outcome satisfaction," *Journal of Consumer Research*, 35(2), 202-215.

Scheibehenne, B., Greifeneder, R., and Todd, P. M.（2010）"Can there ever be too many options? A meta-analytic review of choice overload," *Journal of Consumer Research*, 37(3), 409-425.

Sela, A., Berger, J., and Liu, W.（2009）"Variety, vice, and virtue: How assortment size influences option choice," *Journal of Consumer Research*, 35(6), 941-951.

Sloot, L. M., Fok, D., and Verhoef, P. C.（2006）"The short- and long-term impact of an assortment reduction on category sales," *Journal of Marketing Research*, 43(4), 536-548.

2-13　制御焦点理論

Aaker, J. L., and Lee, A. Y.（2001）" 'I' seek pleasures and 'we' avoid pains: The role of self-regulatory goals in information processing and persuasion," *Journal of Consumer Research*, 28(1), 33-49.

Ariely, D., and Norton, M. I.（2009）"Conceptual consumption," *Annual Review of Psychology*, 60, 475-499.

Chitturi, R., Raghunathan, R., and Mahajan, V.（2008）"Delight by design: The role of hedonic versus utilitarian benefits," *Journal of Marketing*, 72(3), 48-63.

Hagtvedt, H.（2011）"The impact of incomplete typeface logos on perceptions of the firm," *Journal of Marketing*, 75(4), 86-93.

Higgins, E. T.（1997）"Beyond pleasure and pain," *American Psychologist*, 52(12), 1280-1300.

Higgins, E. T., Nakkawita, E., and Cornwell, J. F. M.（2020）"Beyond outcomes: How regulatory focus motivates consumer goal pursuit processes," *Consumer Psychology Review*, 3(1), 76-90.

Lee, A. Y., and Aaker, J. L.（2004）"Bringing the frame into focus: The influence of regulatory fit on processing fluency and persuasion," *Journal of Personality and Social Psychology*, 86(2), 205-218.

Lee, A. Y., and Higgins, E. T.（2009）"The persuasive power of regulatory fit," in M. Wänke ed., *Social Psychology of Consumer Behavior*, Psychology Press, 319-333.

Mogilner, C., Aaker, J. L., and Pennington, G. L.（2008）"Time will tell: The distant appeal of promotion and imminent appeal of prevention," *Journal of Consumer Research*, 34(5), 670-681.

マネーフォワード（2021）「『コロナ禍の個人の家計実態調査 2021』を実施」（https://corp.moneyforward.com/news/release/20210210-mf-press/）。

Motyka, S., Grewal, D., Puccinelli, N. M., Roggeveen, A. L., Avnet, T., Daryanto, A., de Ruyter, K., and Wetzels, M.（2014）"Regulatory fit: A meta-analytic synthesis," *Journal of Consumer Psychology*, 24(3), 394-410.

Mourali, M., Böckenholt, U., and Laroche, M.（2007）"Compromise and attraction effects under prevention and promotion motivations," *Journal of Consumer Research*, 34(2), 234-247.

Pham, M. T., and Avnet, T.（2004）"Ideals and oughts and the reliance on affect versus substance in persuasion," *Journal of Consumer Research*, 30(4), 503-518.

Pham, M. T., and Higgins, E. T.（2005）"Promotion and prevention in consumer decision-making: The state of the art and theoretical propositions," in S. Ratneshwar and D. G. Mick eds., *Inside Consumption: Consumer Motives, Goals, and Desires*, Routledge, 8-43.

Roy, R., and Phau, I.（2014）"Examining regulatory focus in the information processing of imagery and analytical advertisements," *Journal of Advertising*, 43(4), 371-381.

東京証券取引所・名古屋証券取引所・福岡証券取引所・札幌証券取引所（2021）「2020 年度株式分布状況調査の調査結果について」（https://www.jpx.co.jp/markets/statistics-equities/examination/nlsgeu000005nt0v-att/j-bunpu2020.pdf）。

Zhu, R., and Meyers-Levy, J. (2007) "Exploring the cognitive mechanism that underlies regulatory focus effects," *Journal of Consumer Research*, 34(1), 89–96.

━━━━━━━━━━━━━━━━━━━━━━━━━━━━━━━ **2-14　解釈レベル理論**

Bornemann, T., and Homburg, C. (2011) "Psychological distance and the dual role of price," *Journal of Consumer Research*, 38(3), 490–504.

Hamilton, R. W., and Thompson, D. V. (2007) "Is there a substitute for direct experience? Comparing consumers' preferences after direct and indirect product experiences," *Journal of Consumer Research*, 34(4), 546–555.

Martin, B. A. S., Gnoth, J., and Strong, C. (2009) "Temporal construal in advertising: The moderating role of temporal orientation and attribute importance in consumer evaluations," *Journal of Advertising*, 38(3), 5–20.

守口剛・八島明朗・阿部誠 (2012)「取引特定的顧客満足と全体的顧客満足に対する影響要因の比較――解釈レベル理論を基礎とした仮説の検証」『第44回消費者行動研究コンファレンス報告要旨集』63–64頁。

外川拓 (2019)『消費者意思決定の構造――解釈レベル理論による変容性の解明』千倉書房。

Trope, Y., and Liberman, N. (2000) "Temporal construal and time-dependent changes in preference," *Journal of Personality and Social Psychology*, 79(6), 876–889.

Trope, Y., and Liberman, N. (2003) "Temporal construal," *Psychological Review*, 110(3), 403–421.

Trope, Y., Liberman, N., and Wakslak, C. (2007) "Construal levels and psychological distance: Effects on representation, prediction, evaluation, and behavior," *Journal of Consumer Psychology*, 17(2), 83–95.

Zhang, M., and Wang, J. (2009) "Psychological distance asymmetry: The spatial dimension vs. other dimensions," *Journal of Consumer Psychology*, 19(3), 497–507.

Zhao, M., and Xie, J. (2011) "Effects of social and temporal distance on consumers' responses to peer recommendations," *Journal of Marketing Research*, 48(3), 486–496.

━━━━━━━━━━━━━━━━━━━━━━━━━━━━━━━ **2-15　顧客エンゲージメント**

Barari, M., Ross, M., Thaichon, S., and Surachartkumtonkun, J. (2021) "A meta-analysis of customer engagement behaviour," *International Journal of Consumer Studies*, 45(4), 457–477.

Brodie, R. J., Hollebeek, L. D., Jurić, B., and Ilić, A. (2011) "Customer engagement: Conceptual domain, fundamental propositions, and implications for research," *Journal of Service Research*, 14(3), 252–271.

Harmeling, C. M., Moffett, J. W., Arnold, M. J., and Carlson, B. D. (2017) "Toward a theory of customer engagement marketing," *Journal of the Academy of Marketing Science*, 45(3), 312–335.

Hollebeek, L. D., Sharma, T. G., Pandey, R., Sanyal, P., and Clark, M. K. (2021) "Fifteen years of customer engagement research: A bibliometric and network analysis," *Journal of Product & Brand Management*, 31(2), 293–309.

Jaakkola, E., and Alexander, M. (2014) "The role of customer engagement behavior in value co-creation: A service system perspective," *Journal of Service Research*, 17(3), 247–261.

Kahn, W. A. (1990) "Psychological conditions of personal engagement and disengagement at work," *Academy of Management Journal*, 33(4), 692–724.

Kumar, V., Aksoy, L., Donkers, B., Venkatesan, R., Wiesel, T., and Tillmanns, S. (2010) "Undervalued or overvalued customers: Capturing total customer engagement value," *Journal of Service Research*, 13(3), 297–310.

Lim, W. M., Rasul, T., Kumar, S., and Ala, M. (2022) "Past, present, and future of customer engagement," *Journal of Business Research*, 140, 439–458.

Rosado-Pinto, F., and Loureiro, S. M. C. (2020) "The growing complexity of customer engagement: A systematic review," *EuroMed Journal of Business*, 15(2), 167–203.

Schaufeli, W. B., Salanova, M., González-Romá, V., and Bakker, A. B. (2002) "The measurement of engagement and burnout: A two sample confirmatory factor analytic approach," *Journal of Happi-*

ness Studies, 3(1), 71-92.

So, K. K. F., Kim, H., and King, C.（2021）"The thematic evolution of customer engagement research: A comparative systematic review and bibliometric analysis," *International Journal of Contemporary Hospitality Management*, 33(10), 3585-3609.

Srivastava, M., and Sivaramakrishnan, S.（2021）"Mapping the themes and intellectual structure of customer engagement: A bibliometric analysis," *Marketing Intelligence & Planning*, 39(5), 702-727.

van Doorn, J., Lemon, K. N., Mittal, V., Nass, S., Pick, D., Pirner, P., and Verhoef, P. C.（2010）"Customer engagement behavior: Theoretical foundations and research directions," *Journal of Service Research*, 13(3), 253-266.

Vivek, S. D., Beatty, S. E., and Morgan, R. M.（2012）"Customer engagement: Exploring customer relationships beyond purchase," *Journal of Marketing Theory and Practice*, 20(2), 127-145.

2-16　センサリー・マーケティング

Ackerman, J. M., Nocera, C. C., and Bargh, J. A.（2010）"Incidental haptic sensations influence social judgments and decisions," *Science*, 328(5986), 1712-1715.

Argo, J. J., Dahl, D. W., and Morales, A. C.（2006）"Consumer contamination: How consumers react to products touched by others," *Journal of Marketing*, 70(2), 81-94.

Elder, R. S., and Krishna, A.（2010）"The effects of advertising copy on sensory thoughts and perceived taste," *Journal of Consumer Research*, 36(5), 748-756.

Krishna, A.（2012）"An integrative review of sensory marketing: Engaging the senses to affect perception, judgment and behavior," *Journal of Consumer Psychology*, 22(3), 332-351.

Krishna, A.（2013）*Customer Sense: How the 5 Senses Influence Buying Behavior*, Palgrave Macmillan.（平木いくみ・石井裕明・外川拓訳『感覚マーケティング——顧客の五感が買い物にどのような影響を与えるのか』有斐閣，2016 年）

Lakoff, G., and Johnson, M.（1980）*Metaphors We Live by*, University of Chicago Press.（渡部昇一・楠瀬淳三・下谷和幸訳『レトリックと人生』大修館書店，1986 年）

Lindstrom, M.（2005）*Brand Sense: Build Powerful Brands through Touch, Taste, Smell, Sight, and Sound*, Free Press.（ルディー和子訳『五感刺激のブランド戦略——消費者の理性的判断を超えた感情的な絆の力』ダイヤモンド社，2005 年）

North, A. C., and Hargreaves, D. J.（1998）"The effect of music on atmosphere and purchase intentions in a cafeteria," *Journal of Applied Social Psychology*, 28(24), 2254-2273.

Schwarz, N.（2004）"Metacognitive experiences in consumer judgment and decision making," *Journal of Consumer Psychology*, 14(4), 332-348.

Williams, L. E., and Bargh, J. A.（2008）"Experiencing physical warmth promotes interpersonal warmth, *Science*, 322(5901), 606-607.

2-17　処理流暢性

Cho, H., and Schwarz, N.（2006）"If I don't understand it, it must be new: Processing fluency and perceived product innovativeness," *Advances in Consumer Research*, 33, 319-320.

Fang, X., Singh, S., and Ahluwalia, R.（2007）"An examination of different explanations for the mere exposure effect," *Journal of Consumer Research*, 34(1), 97-103.

Graf, L. K. M., Mayer, S., and Landwehr, J. R.（2018）"Measuring processing fluency: One versus five items," *Journal of Consumer Psychology*, 28(3), 393-411.

Jacoby, L. L., Kelley, C., Brown, J., and Jasechko, J.（1989）"Becoming famous overnight: Limits on the ability to avoid unconscious influences of the past," *Journal of Personality and Social Psychology*, 56(3), 326-338.

Kwan, L. Y.-Y., Yap, S., and Chiu, C.-Y.（2015）"Mere exposure affects perceived descriptive norms: Implications for personal preferences and trust," *Organizational Behavior and Human Decision Processes*, 129, 48-58.

Landwehr, J. R., Labroo, A. A., and Herrmann, A.（2011）"Gut liking for the ordinary: Incorporating design fluency improves automobile sales forecasts," *Marketing Science*, 30(3), 416-429.

Lee, A. Y., and Labroo, A. A.（2004）"The effect of conceptual and perceptual fluency on brand evaluation," *Journal of Marketing Research*, 41(2), 151-165.

Lev-Ari, S., and Keysar, B.（2010）"Why don't we believe non-native speakers? The influence of accent on credibility," *Journal of Experimental Social Psychology*, 46(6), 1093-1096.

Lowrey, T. M.（1998）"The effects of syntactic complexity on advertising persuasiveness," *Journal of Consumer Psychology*," 7(2), 187-206.

三浦佳世（2018）「美感研究――主体からのアプローチ」三浦佳世・川畑秀明・横澤一彦『美感――感と知の統合』勁草書房，45-72 頁。

朴宰佑・外川拓（2019）「審美性知覚と消費者行動の接点」『マーケティングジャーナル』38(4)，20-34 頁。

Pocheptsova, A., Labroo, A. A., and Dhar, R.（2010）"Making products feel special: When metacognitive difficulty enhances evaluation," *Journal of Marketing Research*, 47(6), 1059-1069.

Reber, R., Schwarz, N., and Winkielman, P.（2004）"Processing fluency and aesthetic pleasure: Is beauty in the perceiver's processing experience?" *Personality and Social Psychology Review*, 8(4), 364-382.

Schwarz, N.（2001）"Feelings as information: Implications for affective influences on information processing," in L. L. Martin and G. L. Clore eds., *Theories of Mood and Cognition: A Users Handbook*, Lawrence Erlbaum Associates, 159-176.

Schwarz, N., Jalbert, M., Noah, T., and Zhang, L.（2021）"Metacognitive experiences as information: Processing fluency in consumer judgment and decision making," *Consumer Psychology Review*, 4(1), 4-25.

Silva, R. R., Chrobot, N., Newman, E., Schwarz, N., and Topolinski, S.（2017）"Make it short and easy: Username complexity determines trustworthiness above and beyond objective reputation," *Frontiers in Psychology*, 8, 2200.

Storme, M., Myszkowski, N., Davila, A., and Bournois, F.（2015）"How subjective processing fluency predicts attitudes toward visual advertisements and purchase intention," *Journal of Consumer Marketing*, 32(6), 432-440.

Topolinski, S.（2012）"Nonpropositional consistency," in B. Gawronski and F. Strack eds., *Cognitive Consistency: A Fundamental Principle in Social Cognition*, Guilford Press, 112-131.

Tulving, E., and Schacter, D. L.（1990）"Priming and human memory systems," *Science*, 247(4940), 301-306.

Weaver, K., Garcia, S. M., Schwarz, N., and Miller, D. T.（2007）"Inferring the popularity of an opinion from its familiarity: A repetitive voice can sound like a chorus," *Journal of Personality and Social Psychology*, 92(5), 821-833.

Whittlesea, B. W. A., Jacoby, L. L., and Girard, K.（1990）"Illusions of immediate memory: Evidence of an attributional basis for feelings of familiarity and perceptual quality," *Journal of Memory and Language*, 29(6), 716-732.

Zürn, M., and Topolinski, S.（2017）"When trust comes easy: Articulatory fluency increases transfers in the trust game," *Journal of Economic Psychology*, 61, 74-86.

2-18　クロスモーダル対応

Crisinel, A.-S., and Spence, C.（2010）"As bitter as a trombone: Synesthetic correspondences in non-synesthetes between tastes/flavors and musical notes," *Attention, Perception, & Psychophysics*, 72(7), 1994-2002.

Evans, K. K., and Treisman, A.（2010）"Natural cross-modal mappings between visual and auditory features," *Journal of Vision*, 10(1), 1-12.

Hagtvedt, H., and Brasel, S. A.（2016）"Cross-modal communication: Sound frequency influences consumer responses to color lightness," *Journal of Marketing Research*, 53(4), 551-562.

Harrison, J.（2001）*Synaesthesia: The Strangest Thing*, Oxford University Press.（松尾香弥子訳『共感覚――もっとも奇妙な知覚世界』新曜社，2006 年）

Köhler, W. (1929) *Gestalt Psychology*, Liveright.

Ramachandran, V. S., and Hubbard, E. M. (2001) "Synaesthesia: A window into perception, thought and language," *Journal of Consciousness Studies*, 8(12), 3–34.

Rusconi, E., Kwan, B., Giordano, B. L., Umiltà, C., and Butterworth, B. (2006) "Spatial representation of pitch height: The SMARC effect," *Cognition*, 99(2), 113–129.

Spence, C. (2012) "Mapping sensory expectations concerning products and brands: Capitalizing on the potential of sound and shape symbolism," *Journal of Consumer Psychology*, 22(1), 37–54.

Sunaga, T., Park, J., and Spence, C. (2016) "Effects of lightness-location congruency on consumers' purchase decision-making," *Psychology & Marketing*, 33(11), 934–950.

Wagner, S., Winner, E., Cicchetti, D., and Gardner, H. (1981) " 'Metaphorical' mapping in human infants," *Child Development*, 52(2), 728–731.

══════════════════════════════ **2-19　消費文化理論**

Arnould, E. J., and Thompson, C. J. (2005) "Consumer culture theory (CCT): Twenty years of research," *Journal of Consumer Research*, 31(4), 868–882.

Arnould, E. J., and Thompson, C. J., eds. (2018) *Consumer Culture Theory*, Sage.

朝岡孝平 (2021)「消費文化理論（CCT）の射程と意義」『JSMD レビュー』5(1)，1–8 頁。

Belk, R. W. (1988) "Possessions and the extended self," *Journal of Consumer Research*, 15(2), 139–168.

Belk, R., Fischer, E., and Kozinets, R. V. (2013) *Qualitative Consumer and Marketing Research*, Sage.（松井剛訳『消費者理解のための定性的マーケティング・リサーチ』碩学舎，2016 年）

Firat, A. F., and Dholakia, N. (2017) "The consumer culture theory movement: Critique and renewal," in J. F. Sherry Jr. and E. Fischer eds., *Contemporary Consumer Culture Theory*, Routledge, 195–214.

Holt, D. B. (1998) "Does cultural capital structure American consumption?" *Journal of Consumer Research*, 25(1), 1–25.

Holt, D. B. (2004) *How Brands Become Icons: The Principles of Cultural Branding*, Harvard Business School Press.（斉藤裕一訳『ブランドが神話になる日』ランダムハウス講談社，2005 年）

Humphreys, A. (2010) "Megamarketing: The creation of markets as a social process," *Journal of Marketing*, 74(2), 1–19.

Humphreys, A., and Latour, K. A. (2013) "Framing the game: Assessing the impact of cultural representations on consumer perceptions of legitimacy," *Journal of Consumer Research*, 40(4), 773–795.

Kozinets, R. V. (2002) "Can consumers escape the market? Emancipatory illuminations from burning man," *Journal of Consumer Research*, 29(1), 20–38.

Levy, S. J. (1959) "Symbols for sale," *Harvard Business Review*, 37(4), 117–124.

松井剛 (2013)『ことばとマーケティング――「癒し」ブームの消費社会史』碩学舎。

Muniz, A. M., Jr., and O'Guinn, T. C. (2001) "Brand community," *Journal of Consumer Research*, 27(4), 412–432.

Sherry, J. F., Jr., and Fischer, E., eds. (2017) *Contemporary Consumer Culture Theory*, Routledge.

薄井和夫 (2019)「マーケティングと消費文化研究に関する覚え書」『埼玉学園大学紀要（経済経営学部篇）』19，87–100 頁。

吉村純一 (2010)「消費文化理論がマーケティング研究にもたらすもの」『熊本学園商学論集』16(1)，13–30 頁。

══════════════════════════════ **2-20　顕示的消費**

Belk, R. W. (1988) "Possessions and the extended self," *Journal of Consumer Research*, 15(2), 139–168.

Belk, R. W. (2013) "Extended self in a digital world," *Journal of Consumer Research*, 40(3), 477–500.

Berger, J., and Ward, M. (2010) "Subtle signals of inconspicuous consumption," *Journal of Consumer Research*, 37(4), 555–569.

Bourdieu, P. (1984) *Distinction: A Social Critique of the Judgement of Taste*, Harvard University

Press.（石井洋二郎訳『ディスタンクシオン——社会的判断力批判（普及版）』全 2 巻，藤原書店，2020 年）

Chung, E., and Fischer, E.（2001）"When conspicuous consumption becomes inconspicuous: The case of the migrant Hong Kong consumers," *Journal of Consumer Marketing*, 18(6), 474–487.

Douglas, M., and Isherwood, B.（1979）*The World of Goods: Towards an Anthropology of Consumption*, Allen Lane.（浅田彰・佐和隆光訳『儀礼としての消費——財と消費の経済人類学』新曜社，1984 年）

Eckhardt, G. M., Belk, R. W., and Wilson, J. A. J.（2015）"The rise of inconspicuous consumption," *Journal of Marketing Management*, 31(7–8), 807–826.

Finkelstein, J.（1996）*After a Fashion*, Melbourne University Press.（成実弘至訳『ファッションの文化社会学』せりか書房，1998 年）

Han, Y. J., Nunes, J. C., and Drèze, X.（2010）"Signaling status with luxury goods: The role of brand prominence," *Journal of Marketing*, 74(4), 15–30.

Holt, D. B.（1998）"Does cultural capital structure American consumption？" *Journal of Consumer Research*, 25(1), 1–25.

Leibenstein, H.（1950）"Bandwagon, snob, and Veblen effects in the theory of consumers' demand," *The Quarterly Journal of Economics*, 64(2), 183–207.

McCracken, G.（1988）*Culture and Consumption: New Approaches to the Symbolic Character of Consumer Goods and Activities*, Indiana University Press.

Packard, V.（1959）*The Status Seekers: An Exploration of Class Behavior in America and the Hidden Barriers That Affect You, Your Community, Your Future*, David Mckay.

Simmel, G.（1957）"Fashion," *American Journal of Sociology*, 62(6), 541–558.

Veblen, T.（1899）*The Theory of the Leisure Class: An Economic Study of Institutions*, Macmillan.（高哲男訳『有閑階級の理論（増補新訂版）』講談社，2015 年）

2-21 快楽消費

Arnould, E. J., and Price, L. L.（1993）"River magic: Extraordinary experience and the extended service encounter," *Journal of Consumer Research*, 20(1), 24–45.

Babin, B. J., Darden, W. R., and Griffin, M.（1994）"Work and/or fun: Measuring hedonic and utilitarian shopping value," *Journal of Consumer Research*, 20(4), 644–656.

Batra, R., and Ahtora, O. T.（1991）"Measuring the hedonic and utilitarian sources of consumer attitudes," *Marketing Letters*, 2(2), 159–170.

Celsi, R. L., Rose, R. L., and Leigh, T. W.（1993）"An exploration of high-risk leisure consumption through skydiving," *Journal of Consumer Research*, 20(1), 1–23.

Crolic, C., and Janiszewski, C.（2016）"Hedonic escalation: When food just tastes better and better," *Journal of Consumer Research*, 43(3), 388–406.

Crowley, A. E., Spangenberg, E. R., and Hughes, K. R.（1992）"Measuring the hedonic and utilitarian dimensions of attitudes toward product categories," *Marketing Letters*, 3(3), 239–249.

Derbaix, C., and Pham, M. T.（1991）"Affective reactions to consumption situations: A pilot investigation," *Journal of Economic Psychology*, 12(2), 325–355.

Dhar, R., and Wertenbroch, K.（2000）"Consumer choice between hedonic and utilitarian goods," *Journal of Marketing Research*, 37(1), 60–71.

Gill, T.（2008）"Convergent products: What functionalities add more value to the base？" *Journal of Marketing*, 72(2), 46–62.

Hirschman, E. C., and Holbrook, M. B.（1982）"Hedonic consumption: Emerging concepts, methods and propositions," *Journal of Marketing*, 46(3), 92–101.

Holbrook, M. B.（1980）"Some preliminary notes on research in consumer esthetics," *Advances in Consumer Research*, 7, 104–108.

Holbrook, M. B., Chestnut, R. W., Oliva, T. A., and Greenleaf, E. A.（1984）"Play as a consumption experience: The roles of emotions, performance, and personality in the enjoyment of games," *Journal of Consumer Research*, 11(2), 728–739.

Holbrook, M. B., and Hirschman, E. C.（1982）"The experiential aspects of consumption: Consumer fantasies, feelings, and fun," *Journal of Consumer Research*, 9(2), 132–140.

堀内圭子（2001）『「快楽消費」の追究』白桃書房。

石井淳蔵（1993）『マーケティングの神話』日本経済新聞社。

Keinan, A., Kivetz, R., and Netzer, O.（2016）"The functional alibi," *Journal of the Association for the Consumer Research*, 1(4), 479–496.

Lasaleta, J. D., and Redden, J. P.（2018）"When promoting similarity slows satiation: The relationship of variety, categorization, similarity, and satiation," *Journal of Marketing Research*, 55(3), 446–457.

Lee, A. Y., and Vohs, K. D.（2016）"Introduction to special issue on the science of hedonistic consumption," *Journal of the Association for Consumer Research*, 1(4), 477–478.

牧野圭子（2015）『消費の美学——消費者の感性とは何か』勁草書房。

牧野圭子（2019）『日常生活の中の趣——情趣に関する消費の美学』晃洋書房。

牧野圭子（2022）『情景と詩的哀感——情趣としてのもの悲しさとは』晃洋書房。

西原達也（1994）『消費者の価値意識とマーケティング・コミュニケーション——コーポレート・アイデンティティとコンシューマー・アイデンティティの接点を求めて』日本評論社。

Okada, E. M.（2005）"Justification effects on consumer choice of hedonic and utilitarian goods," *Journal of Marketing Research*, 42(1), 43–53.

Westbrook, R. A., and Oliver, R. L.（1991）"The dimensionality of consumption emotion patterns and consumer satisfaction," *Journal of Consumer Research*, 18(1), 84–91.

2-22　エシカル消費（倫理的消費）

BCG（2022）「サステナブルな社会の実現に関する消費者意識調査結果」（https://www.bcg.com/ja-jp/publications/2021/understanding-a-sustainable-society-the-2021-consumer-awareness-survery-series）。

Bray, J., Johns, N., and Kilburn, D.（2011）"An exploratory study into the factors impeding ethical consumption," *Journal of Business Ethics*, 98(4), 597–608.

De Pelsmacker, P., Driesen, L., and Rayp, G.（2005）"Do consumers care about ethics? Willingness to pay for fair-trade coffee," *Journal of Consumer Affairs*, 39(2), 363–385.

Doane, D.（2001）"Taking flight: The rapid growth of ethical consumerism," New Economics Foundation report for The Co-operative Bank（https://neweconomics.org/uploads/files/dcca99d756562385f9_xtm6i6233.pdf）.

Dunning, D.（2007）"Self-image motives and consumer behavior: How sacrosanct self-beliefs sway preferences in the marketplace," *Journal of Consumer Psychology*, 17(4), 237–249.

Eckhardt, G. M., Belk, R., and Devinney, T. M.（2010）"Why don't consumers consume ethically?" *Journal of Consumer Behaviour*, 9(6), 426–436.

Green, T., and Peloza, J.（2014）"Finding the right shade of green: The effect of advertising appeal type on environmentally friendly consumption," *Journal of Advertising*, 43(2), 128–141.

Hwang, K., and Kim, H.（2018）"Are ethical consumers happy? Effects of ethical consumers' motivations based on empathy versus self-orientation on their happiness," *Journal of Business Ethics*, 151(2), 579–598.

Lin, Y.-C., and Chang, C.-C. A.（2012）"Double standard: The role of environmental consciousness in green product usage," *Journal of Marketing*, 76(5), 125–134.

Luchs, M. G., Naylor, R. W., Irwin, J. R., and Raghunathan, R.（2010）"The sustainability liability: Potential negative effects of ethicality on product preference," *Journal of Marketing*, 74(5), 18–31.

Peloza, J., White, K., and Shang, J.（2013）"Good and guilt-free: The role of self-accountability in influencing preferences for products with ethical attributes," *Journal of Marketing*, 77(1), 104–119.

「倫理的消費」調査委員会（2017）「『倫理的消費』調査研究会 取りまとめ——あなたの消費が世界の未来を変える」（https://www.caa.go.jp/policies/policy/consumer_education/consumer_education/ethical_study_group/pdf/region_index13_170419_0002.pdf）。

Shaw, D., and Shiu, E.（2003）"Ethics in consumer choice: A multivariate modelling approach," *Euro-*

pean Journal of Marketing, 37(10), 1485-1498.

消費者庁（2015）「消費者基本計画」（https://www.caa.go.jp/policies/policy/consumer_policy/basic_plan/pdf/150324adjustments_1.pdf）。

消費者庁（2020）「『倫理的消費（エシカル消費）』に関する消費者意識調査報告書」（https://www.caa.go.jp/policies/policy/consumer_education/public_awareness/ethical/investigation/assets/consumer_education_cms202_210323_01.pdf）。

Strahilevitz, M. and Myers, J. G.（1998）"Donations to charity as purchase incentives: How well they work may depend on what you are trying to sell," *Journal of Consumer Research*, 24(4), 434-446.

Vermeir, I., and Verbeke, W.（2006）"Sustainable food consumption: Exploring the consumer 'attitude - behavioral intention' gap," *Journal of Agricultural & Environmental Ethics*, 19(2), 169-194.

White, K., and Peloza, J.（2009）"Self-benefit versus other-benefit marketing appeals: Their effectiveness in generating charitable support," *Journal of Marketing*, 73(4), 109-124.

山本良一（2017）「エシカル消費の序論」『廃棄物学会誌』28(4)，251-260 頁。

=================================== **2-23　リキッド消費**

Bardhi, F., and Eckhardt, G. M.（2012）"Access-based consumption: The case of car sharing," *Journal of Consumer Research*, 39(4), 881-898.

Bardhi, F., and Eckhardt, G. M.（2017）"Liquid consumption," *Journal of Consumer Research*, 44(3), 582-597.

Bauman, Z.（2000）*Liquid Modernity*, Polity Press.

Belk, R.（2010）"Sharing," *Journal of Consumer Research*, 36(5), 715-734.

Benoit, S., Baker, T. L., Bolton, R. N., Gruber, T., and Kandampully, J.（2017）"A triadic framework for collaborative consumption (CC): Motives, activities and resources & capabilities of actors," *Journal of Business Research*, 79, 219-227.

Botsman, R., and Rogers, R.（2010）*What's Mine Is Yours: The Rise of Collaborative Consumption*, Harper Business.

Chen, Q., He, Y., Hu, M., and Kim, J. (J.)（2020）"Navigating relationship norms: An exploration of how content strategies improve brand valuation over time," *Journal of Advertising*, 49(4), 459-476.

Chu, H., and Liao, S.（2007）"Exploring consumer resale behavior in C2C online auctions: Taxonomy and influences on consumer decisions," *Academy of Marketing Science Review*, 11(3), 1-25.

Chu, H., and Liao, S.（2010）"Buying while expecting to sell: The economic psychology of online resale," *Journal of Business Research*, 63(9-10), 1073-1078.

Eckhardt, G. M., Houston, M. B., Jiang, B., Lamberton, C., Rindfleisch, A., and Zervas, G.（2019）"Marketing in the sharing economy," *Journal of Marketing*, 83(5), 5-27.

Gonzalez-Arcos, C., Joubert, A. M., Scaraboto, D., Guesalaga, R., and Sandberg, J.（2021）" 'How do I carry all this now? ' Understanding consumer resistance to sustainability interventions," *Journal of Marketing*, 85(3), 44-61.

久保田進彦（2020a）「消費環境の変化とリキッド消費の広がり——デジタル社会におけるブランド戦略にむけた基盤的検討」『マーケティングジャーナル』39(3)，52-66 頁。

久保田進彦（2020b）「デジタル社会におけるブランド戦略——リキッド消費に基づく提案」『マーケティングジャーナル』39(3)，67-79 頁。

Lawson, S. J.（2011）"Forsaking ownership: Three essays on non-ownership consumption and alternative forms of exchange," Doctoral dissertation, retrieved from https://diginole.lib.fsu.edu/islandora/object/fsu%3A254154.

Lawson, S. J., Gleim, M. R., Perren, R., and Hwang, J.（2016）"Freedom from ownership: An exploration of access-based consumption," *Journal of Business Research*, 69(8), 2615-2623.

Nissanoff, D.（2006）*Future Shop: How the New Auction Culture Will Revolutionize the Way We Buy, Sell, and Get the Things We Really Want*, Penguin Press.

山本晶（2021）「一時的所有行動に関する概念的検討」『マーケティングジャーナル』41(2)，7-18 頁。

Aaker, D. A.（1991）*Managing Brand Equity: Capitalizing on the Value of a Brand Name*, Free Press.

Aaker, D.（2014）*Aaker on Branding: 20 Principles That Drive Success*, Morgan James Publishing.

Aaker, D. A., and Joachimsthaler, E.（2000）"The brand relationship spectrum: The key to the brand architecture challenge," *California Management Review*, 42(4), 8-23.

Ailawadi, K. L., Lehmann, D. R., and Neslin, S. A.（2003）"Revenue premium as an outcome measure of brand equity," *Journal of Marketing*, 67(4), 1-17.

Christodoulides, G., and de Chernatony, L.（2010）"Consumer-based brand equity conceptualisation and measurement: A literature review," *International Journal of Market Research*, 52(1), 43-66.

Datta, H., Ailawadi, K. L., and van Heerde, H. J.（2017）"How well does consumer-based brand equity align with sales-based brand equity and marketing-mix response? " *Journal of Marketing*, 81(3), 1-20.

Goldfarb, A., Lu, Q., and Moorthy, S.（2009）"Measuring brand value in an equilibrium framework," *Marketing Science*, 28(1), 69-86.

Hsu, L., and Lawrence, B.（2016）"The role of social media and brand equity during a product recall crisis: A shareholder value perspective," *International Journal of Research in Marketing*, 33(1), 59-77.

Ipsos-ASI, 2003/1/30.

Keller, K. L.（2001）"Building customer-based brand equity: A blueprint for creating strong brands," Report Summary #01-107, Marketing Science Institute.

Keller, K. L., and Swaminathan, V.（2020）*Strategic Brand Management: Building, Measuring, and Managing Brand Equity (5th ed., global ed.)*, Pearson.

Madden, T. J., Fehle, F., and Fournier, S.（2006）"Brands matter: An empirical demonstration of the creation of shareholder value through branding," *Journal of the Academy of Marketing Science*, 34(2), 224-235.

Park, C. S., and Srinivasan, V.（1994）"A survey-based method for measuring and understanding brand equity and its extendability," *Journal of Marketing Research*, 31(2), 271-288.

Sriram, S., Balachander, S., and Kalwani, M. U.（2007）"Monitoring the dynamics of brand equity using store-level data," *Journal of Marketing*, 71(2), 61-78.

Stahl, F., Heitmann, M., Lehmann, D. R., and Neslin, S. A.（2012）"The impact of brand equity on customer acquisition, retention, and profit margin," *Journal of Marketing*, 76(4), 44-63.

Vomberg, A., Homburg, C., and Bornemann, T.（2015）"Talented people and strong brands: The contribution of human capital and brand equity to firm value," *Strategic Management Journal*, 36(13), 2122-2131.

Young & Rubicam Group（2003）"BrandAsset Valuator"（http://yrbav.com/about_bav/bav%20blue%20book.pdf）.

3-2 ブランド・ロイヤルティ

Amine, A.（1998）"Consumers' true brand loyalty: The central role of commitment," *Journal of Strategic Marketing*, 6(4), 305-319.

Batra, R., Ahuvia, A., and Bagozzi, R. P.（2012）"Brand love," *Journal of Marketing*, 76(2), 1-16.

Brown, G. H.（1952-1953）"Brand loyalty - Fact or fiction," *Advertising Age*, 23(Jun. 9), 53-55; 23(Jun. 30), 45-47; 23(Jul. 14), 54-56; 23(Jul. 28), 46-48; 23(Aug. 11), 56-58; 23(Sep. 1), 44-48; 23(Sep. 22), 80-82; 23(Oct. 6), 82-86; 23(Dec. 1), 76-79; 24(Jan. 26), 75-76.

Cunningham, R. M.（1956）"Brand loyalty: What, where, how much? " *Harvard Business Review*, 34(1), 116-128.

Dick, A. S., and Basu, K.（1994）"Customer loyalty: Toward an integrated conceptual framework," *Journal of the Academy of Marketing Science*, 22(2), 99-113.

Harary, F., and Lipstein, B.（1962）"The dynamics of brand loyalty: A Markovian approach," *Operations*

Research, 10(11), 19–40.

Iglesias, O., Singh, J. J., and Batista-Foguet, J. M. (2011) "The role of brand experience and affective commitment in determining brand loyalty," *Journal of Brand Management*, 18(8), 570–582.

Jacoby, J. (1971) "A model of multi-brand loyalty," *Journal of Advertising Research*, 11(3), 25–31.

Jacoby, J., and Chestnut, R. W. (1978) *Brand Loyalty: Measurement and Management*, John Wiley & Sons.

Jacoby, J., and Kyner, D. B. (1973) "Brand loyalty vs. repeat purchasing behavior," *Journal of Marketing Research*, 10(1), 1–9.

Krishnamurthi, L., and Raj, S. P. (1991) "An empirical analysis of the relationship between brand loyalty and consumer price elasticity," *Marketing Science*, 10(2), 172–183.

Massy, W. F., Montgomery, D. B., and Morrison, D. G. (1970) *Stochastic Models of Buyer Behavior*, MIT Press.

McConnell, J. D. (1968) "The development of brand loyalty: An empirical study," *Journal of Marketing Research*, 5(1), 13–19.

Sheth, J. N., and Park, C. W. (1974) "A theory of multidimensional brand loyalty," *Advances in Consumer Research*, 1, 449–459.

Tucker, W. T. (1964) "The development of brand loyalty," *Journal of Marketing Research*, 1(3), 32–35.

═══ **3-3 ブランド・アタッチメント**

Ainsworth, M. D. S., Blehar, M. C., Walters, E., and Wall, S. (1978) *Patterns of Attachment: A Psychological Study of the Strange Situation*, Lawrence Erlbaum.

Ball, A. D., and Tasaki, L. H. (1992) "The role and measurement of attachment in consumer behavior," *Journal of Consumer Psychology*, 1(2), 155–172.

Belk, R. W. (1988) "Possessions and the extended self," *Journal of Consumer Research*, 15(2), 139–168.

Bowlby, J. (1980) *Attachment and Loss, Vol. III Loss: Sadness and Depression*, Basic Books.

Bowlby, J. (1988) *A Secure Base: Clinical Applications of Attachment Theory*, Routledge.

Carroll, B. A., and Ahuvia, A. C. (2006) "Some antecedents and outcomes of brand love," *Marketing Letters*, 17(2), 79–89.

Cheng, S. Y. Y., White, T. B., and Chaplin, L. N. (2012) "The effects of self-brand connections on responses to brand failure: A new look at the consumer-brand relationship," *Journal of Consumer Psychology*, 22(2), 280–288.

Dommer, S. L., Swaminathan, V., and Ahluwalia, R. (2013) "Using differentiated brands to deflect exclusion and protect inclusion: The moderating role of self-esteem on attachment to differentiated brands," *Journal of Consumer Research*, 40(4), 657–675.

Dunn, L., and Hoegg, J. (2014) "The impact of fear on emotional brand attachment," *Journal of Consumer Research*, 41(1), 152–168.

Fournier, S. (1998) "Consumers and their brands: Developing relationship theory in consumer research," *Journal of Consumer Research*, 24(4), 343–373.

Kleine, S. S., Kleine, R. E., III, and Allen, C. T. (1995) "How is a possession 'me' or 'not me'? Characterizing types and an antecedent of material possession attachment," *Journal of Consumer Research*, 22(3), 327–343.

Malär, L., Krohmer, H., Hoyer, W. D., and Nyffenegger, B. (2011) "Emotional brand attachment and brand personality: The relative importance of the actual and the ideal self," *Journal of Marketing*, 75(4), 35–52.

Park, C. W., Eisingerich, A. B., and Park, J. W. (2013) "Attachment-aversion (AA) model of customer-brand relationships," *Journal of Consumer Psychology*, 23(2), 229–248.

Park, C. W., Macinnis, D. J., Priester, J., Eisingerich, A. B., and Iacobucci, D. (2010) "Brand attachment and brand attitude strength: Conceptual and empirical differentiation of two critical brand equity drivers," *Journal of Marketing*, 74(6), 1–17.

Schmalz, S., and Orth, U. R. (2012) "Brand attachment and consumer emotional response to unethical firm behavior," *Psychology & Marketing*, 29(11), 869–884.

Thomson, M., MacInnis, D. J., and Park, C. W. (2005) "The ties that bind: Measuring the strength of consumers' emotional attachments to brands," *Journal of Consumer Psychology*, 15(1), 77–91.

Thomson, M., Whelan, J., and Johnson, A. R. (2012) "Why brands should fear fearful consumers: How attachment style predicts retaliation," *Journal of Consumer Psychology*, 22(2), 289–298.

Wilson, A. E., Giebelhausen, M. D., and Brady, M. K. (2017) "Negative word of mouth can be a positive for consumers connected to the brand," *Journal of the Academy of Marketing Science*, 45(4), 534–547.

══════════════════════════════════════ **3-4　ブランド・パーソナリティ**

Aaker, J. L. (1997) "Dimensions of brand personality," *Journal of Marketing Research*, 34(3), 347–356.

Aaker, J. L. (1999) "The malleable self: The role of self-expression in persuasion," *Journal of Marketing Research*, 36(1), 45–57.

Aaker, J. L., Benet-Martínez, V., and Garolera, J. (2001) "Consumption symbols as carriers of culture: A study of Japanese and Spanish brand personality constructs," *Journal of Personality and Social Psychology*, 81(3), 492–508.

Aaker, J., Fournier, S., and Brasel, S. A. (2004) "When good brands do bad," *Journal of Consumer Research*, 31(1), 1–16.

Aaker, J., Vohs, K. D., and Mogilner, C. (2010) "Nonprofits are seen as warm and for-profits as competent: Firm stereotypes matter," *Journal of Consumer Research*, 37(2), 224–237.

青木幸弘 (2000)「ブランド構築における基本問題——その視点，枠組み，課題」青木幸弘・岸志津江・田中洋編著『ブランド構築と広告戦略』日経広告研究所，53–107 頁。

Brakus, J. J., Schmitt, B. H., and Zarantonello, L. (2009) "Brand experience: What is it? How is it measured? Does it affect loyalty? " *Journal of Marketing*, 73(3), 52–68.

Geuens, M., Weijters, B., and De Wulf, K. (2009) "A new measure of brand personality," *International Journal of Research in Marketing*, 26(2), 97–107.

Keller, K. L. (2013) *Strategic Brand Management, Building, Measuring, and Managing Brand Equity (4th ed.)*, Pearson.（恩藏直人監訳『エッセンシャル 戦略的ブランド・マネジメント（第4版）』東急エージェンシー，2015 年）

Kervyn, N., Fiske, S. T., and Malone, C. (2012) "Brands as intentional agents framework: How perceived intentions and ability can map brand perception," *Journal of Consumer Psychology*, 22(2), 166–176.

Kervyn, N., Fiske, S. T., and Malone, C. (2022) "Social perception of brands: Warmth and competence define images of both brands and social groups," *Consumer Psychology Review*, 5(1), 51–68.

Luffarelli, J., Stamatogiannakis, A., and Yang, H. (2019) "The visual asymmetry effect: An interplay of logo design and brand personality on brand equity," *Journal of Marketing Research*, 56(1), 89–103.

Nysveen, H., Pedersen, P. E., and Skard, S. (2013) "Brand experiences in service organizations: Exploring the individual effects of brand experience dimensions," *Journal of Brand Management*, 20(5), 404–423.

Sirgy, M. J. (1982) "Self-concept in consumer behavior: A critical review," *Journal of Consumer Research*, 9(3), 287–300.

══════════════════════════════════════ **3-5　ブランド・リレーションシップ**

Albert, N., and Merunka, D. (2013) "The role of brand love in consumer-brand relationships," *Journal of Consumer Marketing*, 30(3), 258–266.

Blackston, M. (1993) "Beyond brand personality: Building brand relationships," in D. A. Aaker and A. L. Biel eds., *Brand Equity & Advertising: Advertising's Role in Building Strong Brands*, Psychology Press, 113–124.

Campbell, M. C., and Price, L. L. (2021) "Three themes for the future of brands in a changing consumer marketplace," *Journal of Consumer Research*, 48(4), 517-526.

Carroll, B. A., and Ahuvia, A. C. (2006) "Some antecedents and outcomes of brand love," *Marketing Letters*, 17(2), 79-89.

Donovan, L. A. N., MacInnis, D. J., Priester, J. R., and Park, C. W. (2012) "Brand forgiveness: How close brand relationships influence forgiveness," in S. Fournier, M. Breazeale and M. Fetscherin eds., *Consumer-Brand Relationships: Theory and Practice*, Routledge, 184-203.

Fetscherin, M., and Heilmann, T. (2015) "Brand relationships rule," in M. Fetscherin and T. Heilmann eds., *Consumer Brand Relationships: Meaning, Measuring, Managing*, Palgrave Macmillan, 1-12.

Fetscherin, M., and Heilmann, T., eds. (2015) *Consumer Brand Relationships: Meaning, Measuring, Managing*, Palgrave Macmillan.

Fetscherin, M., and Heinrich, D. (2015) "Consumer brand relationships research: A bibliometric citation meta-analysis," *Journal of Business Research*, 68(2), 380-390.

Fournier, S. (1998) "Consumers and their brands: Developing relationship theory in consumer research," *Journal of Consumer Research*, 24(4), 343-373.

Fournier, S., Breazeale, M., and Fetscherin, M., eds. (2012) *Consumer-Brand Relationships: Theory and Practice*, Routledge.

Heinrich, D., Albrecht, C.-M., and Bauer, H. (2012) "Love actually? Measuring and exploring consumers' brand love," in S. Fournier, M. Breazeale and M. Fetscherin eds., *Consumer-Brand Relationships: Theory and Practice*, Routledge, 137-150.

菅野佐織 (2011)「ブランド・リレーションシップ概念の整理と課題」『駒大経営研究』42(3・4), 87-113 頁。

菅野佐織 (2013)「自己とブランドの結びつきがブランド・アタッチメントに与える影響」『商学論究』60(4), 233-259 頁。

菅野佐織 (2016)「トランジションとブランド・リレーションシップ――トランジションを乗り越えるブランドは何が異なるのか？」『マーケティングジャーナル』36(1), 27-41 頁。

菅野佐織 (2020)「ブランド・リレーションシップの再考――ブランド・リレーションシップの類型に着目して」『駒大経営研究』51 (3・4), 145-162 頁。

Khamitov, M., Wang, X. (S.), and Thomson, M. (2019) "How well do consumer-brand relationships drive customer brand loyalty? Generalizations from a meta-analysis of brand relationship elasticities," *Journal of Consumer Research*, 46(3), 435-459.

久保田進彦 (2010)「同一化アプローチによるブランド・リレーションシップの測定」『消費者行動研究』16(2), 1-26 頁。

久保田進彦 (2012)「ブランド・リレーションシップの形成と持続」『消費者行動研究』18 (1・2), 1-30 頁。

久保田進彦 (2017)「ブランド・リレーションシップのプロパティー・パートナー・モデル」『流通研究』20(2), 17-35 頁。

久保田進彦 (2019)「自己とブランドの結びつきの諸側面」『青山経営論集』53(4), 1-52 頁。

MacInnis, D., Park, C. W., and Priester, J. R., eds. (2009) *Handbook of Brand Relationships*, M. E. Sharpe.

杉谷陽子 (2016)「悪い口コミに負けないブランドをどう作るか？――消費者の感情および商品の使用経験の役割について」『消費者行動研究』22(1・2), 1-26 頁。

杉谷陽子 (2018)「ブランドへの愛着と購買意図――準拠集団におけるブランド採用の効果」『マーケティングジャーナル』37(3), 38-53 頁。

━━━━━━━━━━ **3-6 ブランド・カテゴライゼーション**

Belonax, J. J., Jr., and Javalgi, R. G. (1989) "The influence of involvement and product class quality on consumer choice sets," *Journal of the Academy of Marketing Science*, 17(3), 209-216.

Brisoux, J. E., and Laroche, M. (1980) "A proposed consumer strategy of simplification for categorizing brands," in J. H. Summey and R. D. Taylor eds., *Evolving Marketing Thought for 1980: Proceedings of the Annual Meeting of the Southern Marketing Association, New Orleans, Louisiana, November 19-22, 1980*, Southern Marketing Association and Southern Illinois University at Carbondale, 112-114.

Chen, H., Pang, J., Koo, M., and Patrick, V. M.（2020）"Shape matters: Package shape informs brand status categorization and brand choice," *Journal of Retailing*, 96(2), 266-281.

香川亥一郎・白川貴久子・小林哲（2013）「ブランド・カテゴライゼーション――双対純粋想起法による製品カテゴリーとブランドとの関係分析」『マーケティングジャーナル』32(3), 47-65頁。

Kreuzbauer, R., and Malter, A. J.（2005）"Embodied cognition and new product design: Changing product form to influence brand categorization," *Journal of Product Innovation Management*, 22(2), 165-176.

Laroche, M., Rosenblatt, J. A., and Brisoux, J. E.（1986）"Consumer brand categorization: Basic framework and managerial implications," *Marketing Intelligence & Planning*, 4(4), 60-74.

Le Roux, A., Thébault, M., Roy, Y., and Bobrie, F.（2016）"Brand typicality impact on brand imitations evaluation and categorization," *Journal of Product & Brand Management*, 25(6), 600-612.

Miller, G. A.（1956）"The magical number seven, plus or minus two: Some limits on our capacity for processing information," *Psychological Review*, 63(2), 81-97.

ネオマーケティング（2020）「エボークトセット調査」(https://neo-m.jp/research-service/evoked_survey/)。

恩蔵直人（1994）「想起集合のサイズと関与水準」『早稲田商学』360・361, 99-121頁。

恩蔵直人（1995）「ブランド・カテゴライゼーションの枠組み」『早稲田商学』364, 183-199頁。

杉本徹雄（1992）「ブランド・カテゴライゼーションと製品関与」『経営と情報』4(2), 9-16頁。

浦野寛子（2012）「考慮集合形成メカニズムと意思決定ルール」『マーケティングジャーナル』31(3), 58-72頁。

■ 3-7　ブランド拡張

Aaker, D. A., and Keller, K. L.（1990）"Consumer evaluations of brand extensions," *Journal of Marketing*, 54(1), 27-41.

Broniarczyk, S. M., and Alba, J. W.（1994）"The importance of the brand in brand extension," *Journal of Marketing Research*, 31(2), 214-228.

Fedorikhin, A., Park, C. W., and Thomson, M.（2008）"Beyond fit and attitude: The effect of emotional attachment on consumer responses to brand extensions," *Journal of Consumer Psychology*, 18(4), 281-291.

Fombrun, C., and van Riel, C.（1997）"The reputational landscape," *Corporate Reputation Review*, 1(2), 5-13.

Keller, K. L., and Aaker, D.（1992）"The effects of sequential introduction of brand extensions," *Journal of Marketing Research*, 29(1), 35-50.

Park, C. W., Milberg, S., and Lawson, R.（1991）"Evaluation of brand extensions: The role of product feature similarity and brand concept consistency," *Journal of Consumer Research*, 18(2), 185-193.

Reast, J. D.（2005）"Brand trust and brand extension acceptance: The relationship," *Journal of Product & Brand Management*, 14(1), 4-13.

Simonin, B. L., and Ruth, J. A.（1998）"Is a company known by the company it keeps? Assessing the spillover effects of brand alliances on consumer brand attitudes," *Journal of Marketing Research*, 35(1), 30-42.

Völckner, F., and Sattler, H.（2006）"Drivers of brand extension success," *Journal of Marketing*, 70(2), 18-34.

Yeung, C. W. M., and Wyer, R. S., Jr.（2005）"Does loving a brand mean loving its products? The role of brand-elicited affect in brand extension evaluations," *Journal of Marketing Research*, 42(4), 495-506.

■ 3-8　ブランド・コミュニティ

Algesheimer, R., Dholakia, U. M., and Herrmann, A.（2005）"The social influence of brand community:

Evidence from European car clubs," *Journal of Marketing*, 69(3), 19–34.

Arvidsson, A., and Caliandro, A.（2016）"Brand public," *Journal of Consumer Research*, 42(5), 727–748.

Fournier, S., and Lee, L.（2009）"Getting brand communities right," *Harvard Business Review*, 87(4), 105–111.（「ほとんどのビジネス・リーダーが誤解している ブランド・コミュニティ――7つの神話と現実」『DIAMOND ハーバード・ビジネス・レビュー』35(10)，116-131 頁，2010 年）

Gabrielli, V., and Baghi, I.（2016）"Online brand community within the integrated marketing communication system: When chocolate becomes seductive like a person," *Journal of Marketing Communications*, 22(4), 385–402.

Kozinets, R. V.（1997）" 'I want to believe': A netnography of the X-philes' subculture of consumption," *Advances in Consumer Research*, 24, 470–475.

Kozinets, R. V.（2001）"Utopian enterprise: Articulating the meanings of Star Trek's culture of consumption," *Journal of Consumer Research*, 28(1), 67–88.

麻里久（2020）「ソーシャルメディアはブランドコミュニティか，ブランドパブリックか？――企業公式 Facebook ページの分析」『マーケティングジャーナル』39(3)，104-115 頁。

McAlexander, J. H., Kim, S. K., and Roberts, S. D.（2003）"Loyalty: The influences of satisfaction and brand community integration," *Journal of Marketing Theory and Practice*, 11(4), 1–11.

McAlexander, J. H., Schouten, J. W., and Koenig, H. F.（2002）"Building brand community," *Journal of Marketing*, 66(1), 38–54.

宮澤薫（2011）「ブランド・コミュニティの活用」青木幸弘編著『価値共創時代のブランド戦略――脱コモディティ化への挑戦』ミネルヴァ書房，213-231 頁。

Muñiz, A. M., Jr., and O'Guinn, T. C.（2001）"Brand community," *Journal of Consumer Research*, 27(4), 412–432.

Muñiz, A. M., Jr., and Schau, H. J.（2005）"Religiosity in the abandoned Apple Newton brand community," *Journal of Consumer Research*, 31(4), 737–747.

小川進（2006）「ユーザー起動法とブランド・コミュニティ――良品計画の事例」『組織科学』39(3)，27-39 頁。

Schau, H. J., Muñiz, A. M., Jr., and Arnould, E. J.（2009）"How brand community practices create value," *Journal of Marketing*, 73(5), 30–51.

Schouten, J. W., and McAlexander, J. H.（1995）"Subcultures of consumption: An ethnography of the new bikers," *Journal of Consumer Research*, 22(1), 43–61.

Thompson, S. A., and Sinha, R. K.（2008）"Brand communities and new product adoption: The influence and limits of oppositional loyalty," *Journal of Marketing*, 72(6), 65–80.

山本奈央（2020）「演劇消費とブランドコミュニティ」山本昭二・国枝よしみ・森藤ちひろ編著『サービスと消費者行動』千倉書房，111-144 頁。

===== **3-9 ブランド・オーセンティシティ**

Beverland, M. B., Lindgreen, A., and Vink, M. W.（2008）"Projecting authenticity through advertising: Consumer judgments of advertisers' claims," *Journal of Advertising*, 37(1), 5–15.

Brown, S., Kozinets, R. V., and Sherry, J. F., Jr.（2003）"Teaching old brands new tricks: Retro branding and the revival of brand meaning," *Journal of Marketing*, 67(3), 19–33.

Bruhn, M., Schoenmüller, V., Schäfer, D., and Heinrich, D.（2012）"Brand authenticity: Towards a deeper understanding of its conceptualization and measurement," *Advances in Consumer Research*, 40, 567–576.

Cinelli, M. D., and LeBoeuf, R. A.（2020）"Keeping it real: How perceived brand authenticity affects product perceptions," *Journal of Consumer Psychology*, 30(1), 40–59.

Euromonitor International（2019）"2019 megatrends: State of play"（https://go.euromonitor.com/white-paper-consumers-2019-megatrends-state-of-play.html）.

Fritz, K., Schoenmuller, V., and Bruhn, M.（2017）"Authenticity in branding - Exploring antecedents and consequences of brand authenticity," *European Journal of Marketing*, 51(2), 324–348.

Gilmore, J. H., and Pine II, B. J.（2007）*Authenticity: What Consumers Really Want*, Harvard Business School Press.（林正訳『ほんもの――何が企業の「一流」と「二流」を決定的に分けるのか？』東洋経済新報社，2009 年）

Grayson, K., and Martinec, R.（2004）"Consumer perceptions of iconicity and indexicality and their influence on assessments of authentic market offerings," *Journal of Consumer Research*, 31(2), 296-312.

Leigh, T. W., Peters, C., and Shelton, J.（2006）"The consumer quest for authenticity: The multiplicity of meanings within the MG subculture of consumption," *Journal of the Academy of Marketing Science*, 34(4), 481-493.

Morhart, F., Malär, L., Guèvremont, A., Girardin, F., and Grohmann, B.（2015）"Brand authenticity: An integrative framework and measurement scale," *Journal of Consumer Psychology*, 25(2), 200-218.

Moulard, J. G., Raggio, R. D., and Folse, J. A. G.（2021）"Disentangling the meanings of brand authenticity: The entity-referent correspondence framework of authenticity," *Journal of the Academy of Marketing Science*, 49(1), 96-118.

Napoli, J., Dickinson, S. J., Beverland, M. B., and Farrelly, F.（2014）"Measuring consumer-based brand authenticity," *Journal of Business Research*, 67(6), 1090-1098.

Napoli, J., Dickinson-Delaporte, S., and Beverland, M. B.（2016）"The brand authenticity continuum: Strategic approaches for building value," *Journal of Marketing Management*, 32(13/14), 1201-1229.

Nunes, J. C., Ordanini, A., and Giambastiani, G.（2021）"The concept of authenticity: What it means to consumers," *Journal of Marketing*, 85(4), 1-20.

Oh, H., Prado, P. H. M., Korelo, J. C., and Frizzo, F.（2019）"The effect of brand authenticity on consumer-brand relationships," *Journal of Product & Brand Management*, 28(2), 231-241.

大竹光寿（2013）「流通業者によるブランドの意味創造：アイデンティティ形成とブランドの正統性」『消費者行動研究』19(2)，169-192 頁。

Portal, S., Abratt, R., and Bendixen, M.（2019）"The role of brand authenticity in developing brand trust," *Journal of Strategic Marketing*, 27(8), 714-729.

Södergren, J.（2021）"Brand authenticity: 25 years of research," *International Journal of Consumer Studies*, 45(4), 645-663.

Stern, B.（1994）"Authenticity and the textual persona: Postmodern paradoxes in advertising narrative," *International Journal of Research in Marketing*, 11(4), 387-400.

田中祥司・髙橋広行（2017）「ブランドの本物感を構成する要素の精緻化と類型化」『日経広告研究所報』292，26-33 頁。

Wang, N.（1999）"Rethinking authenticity in tourism experience," *Annals of Tourism Research*, 26(2), 349-370.

=================== **3-10　地域ブランディング**

Aaker, D. A.（1991）*Managing Brand Equity: Capitalizing on the Value of a Brand Name*, Free Press.（陶山計介・中田善啓・尾崎久仁博・小林哲訳『ブランド・エクイティ戦略――競争優位をつくりだす名前，シンボル，スローガン』ダイヤモンド社，1994 年）

Anholt, S.（1998）"Nation-brands of the twenty-first century," *Journal of Brand Management*, 5(6), 395-406.

Blain, C., Levy, S. E., and Ritchie, J. R. B.（2005）"Destination branding: Insights and practices from destination management organizations," *Journal of Travel Research*, 43(4), 328-338.

Braun, E., and Zenker, S.（2010）"Towards an integrated approach for place brand management," 50th Congress of the European Regional Science Association: Sustainable Regional Growth and Development in the Creative Knowledge Economy, 19-23 August 2010, Jönköping, Sweden.

Campelo, A., Aitken, R., Thyne, M., and Gnoth, J.（2014）"Sense of place: The importance for destination branding," *Journal of Travel Research*, 53(2), 154-166.

Gertner, D.（2011）"Unfolding and configuring two decades of research and publications on place marketing and place branding," *Place Branding and Public Diplomacy*, 7(2), 91-106.

Hanna, S., and Rowley, J. (2011) "Towards a strategic place brand-management model," *Journal of Marketing Management*, 27(5-6), 458-476.

Kalandides, A. (2011) "The problem with spatial identity: Revisiting the 'sense of place'," *Journal of Place Management and Development*, 4(1), 28-39.

Kavaratzis, M. (2004) "From city marketing to city branding: Towards a theoretical framework for developing city brands," *Place branding*, 1(1), 58-73.

Kavaratzis, M. (2005) "Place branding: A review of trends and conceptual models," *Marketing Review*, 5(4), 329-342.

Kavaratzis, M., and Hatch, M. J. (2013) "The dynamics of place brands: An identity-based approach to place branding theory," *Marketing Theory*, 13(1), 69-86.

Keller, K. L. (1993) "Conceptualizing, measuring, and managing customer-based brand equity," *Journal of Marketing*, 57(1), 1-22.

Kerr, G. (2006) "From destination brand to location brand," *Journal of Brand Management*, 13(4-5), 276-283.

小林哲 (2016)『地域ブランディングの論理——食文化資源を活用した地域多様性の創出』有斐閣。

Kotler, P., Haider, D. H., and Rein, I. (1993) *Marketing Places: Attracting Investment, Industry, and Tourism to Cities, States, and Nations*, Free Press. (井関利明監訳／前田正子・千野博・井関俊幸訳『地域のマーケティング』東洋経済新報社，1996 年)

宮崎裕二・岩田賢編著 (2020)『DMO のプレイス・ブランディング——観光デスティネーションのつくり方』学芸出版社。

Morgan, N. J., Pritchard, A., and Piggott, R. (2003) "Destination branding and the role of the stakeholders: The case of New Zealand," *Journal of Vacation Marketing*, 9(3), 285-299.

大森寛文・片野浩一・田原洋樹 (2020)『経験と場所のブランディング——地域ブランド・域学連携・ローカルアイドル・アニメツーリズム』千倉書房。

Porter, M. E. (1990) *The Competitive Advantage of Nations*, Free Press. (土岐坤・中辻萬治・小野寺武夫・戸成富美子訳『国の競争優位』上下巻，ダイヤモンド社，1992 年)

和田充夫・菅野佐織・徳山美津恵・長尾雅信・若林宏保／電通 abic project 編 (2009)『地域ブランド・マネジメント』有斐閣。

若林宏保・徳山美津恵・長尾雅信／電通 abic project 編 (2018)『プレイス・ブランディング——"地域"から"場所"のブランディングへ』有斐閣。

Zenker, S., and Rütter, N. (2014) "Is satisfaction the key? The role of citizen satisfaction, place attachment and place brand attitude on positive citizenship behavior," *Cities*, 38, 11-17.

═══ **3-11　カントリー・オブ・オリジン**

Bautista, R., Jr., Osaki, T., and Jeong, L. S. (2020) "Japanese and Filipino college students as consumers: Does country of origin affect their purchase intent? " *DLSU Business & Economics Review*, 29(2), 104-116.

Diamantopoulos, A., Schlegelmilch, B., and Palihawadana, D. (2011) "The relationship between country-of-origin image and brand image as drivers of purchase intentions: A test of alternative perspectives," *International Marketing Review*, 28(5), 508-524.

古川裕康・寺﨑新一郎 (2018)「原産国イメージと便益ベースイメージ研究の関係性」『JSMD レビュー』2(1)，23-28 頁。

Grinstein, A., and Riefler, P. (2015) "Citizens of the (green) world? Cosmopolitan orientation and sustainability," *Journal of International Business Studies*, 46(6), 694-714.

Hayes, A. F. (2013) *Introduction to Mediation, Moderation, and Conditional Process Analysis: A Regression-based Approach*, Guilford Press.

Higgins, E. T. (1997) "Beyond pleasure and pain," *American Psychologist*, 52(12), 1280-1300.

Jaffe, E. D., and Nebenzahl, I. D. (2006) *National Image & Competitive Advantage: The Theory and Practice of Place Branding (2nd ed.)*, Copenhagen Business School Press.

Klein, J. G., Ettenson, R., and Morris, M. D. (1998) "The animosity model of foreign product purchase:

An empirical test in the People's Republic of China," *Journal of Marketing*, 62(1), 89–100.

Obermiller, C., and Spangenberg, E.（1989）"Exploring the effects of country of origin labels: An information processing framework," *Advances in Consumer Research*, 16, 454–459.

恩蔵直人（1997）「カントリー・オブ・オリジン研究の系譜」『早稲田商学』372, 415–446 頁。

Papadopoulos, N., Banna, A. E., and Murphy, S. A.（2017）"Old country passions: An international examination of country image, animosity, and affinity among ethnic consumers," *Journal of International Marketing*, 25(3), 61–82.

朴正洙（2012）『消費者行動の多国間分析――原産国イメージとブランド戦略』千倉書房。

Perterson, R. A., and Jolibert, A. J. P.（1995）"A meta-analysis of country-of-origin effects," *Journal of International Business Studies*, 26(4), 883–900.

Shimp, T. A.（1984）"Consumer ethnocentrism: The concept and a preliminary empirical test," *Advances in Consumer Research*, 11, 285–290.

Solomon, M. R.（2013）*Consumer Behavior: Buying, Having, and Being (10th ed.)*, Pearson Education.（松井剛監訳／大竹光寿・北村真琴・鈴木智子・西川英彦・朴宰佑・水越康介訳『ソロモン消費者行動論（ハードカバー版）』丸善出版, 2015 年）

寺﨑新一郎（2019）「カントリー・オブ・オリジン研究の生成とカントリー・バイアス研究への展開」『立命館経営学』58(4), 61–82 頁。

寺﨑新一郎（2022）「異文化への興味がカントリー・バイアス研究の原動力に」『日経広告研究所報』321, 48–49 頁。

Terasaki, S., Ishii, H., and Isoda, Y.（2022）"Influence of consumer affinity toward foreign countries on consumers' regulatory focuses," *Journal of International Consumer Marketing*, 34(3), 346–356.

Trope, Y., and Liberman, N.（2003）"Temporal construal," *Psychological Review*, 110(3), 403–421.

Verlegh, P. W. J., and Steenkamp, J. B. E. M.（1999）"A review and meta-analysis of country-of-origin research," *Journal of Economic Psychology*, 20(5), 521–546.

=========== **4-1　統合型マーケティング・コミュニケーション（IMC）**

Duncan, T.（2002）*IMC: Using Advertising and Promotion to Build Brands*, McGraw-Hill.

Fortini-Campbell, L.（2003）"Integrated marketing and the consumer experience," in D. Iacobucci and B. J. Calder eds., *Kellogg on Integrated Marketing*, John Wiley and Sons, 54–89.（「統合マーケティングと消費者体験」小林保彦・広瀬哲治監訳『ノースウェスタン大学大学院ケロッグ・スクール 統合マーケティング戦略論』ダイヤモンド社, 2003 年, 80–119 頁）

博報堂マーケティングスクール（2020）『超図解・新しいマーケティング入門――"生活者"の価値を創り出す「博報堂の流儀」』日経 BP。

石崎徹（2019）「マーケティング・コミュニケーションの考え方」石崎徹編著『わかりやすいマーケティング・コミュニケーションと広告（第 2 版）』八千代出版, 13–26 頁。

岸志津江（2017）「IMC 概念を再考する――進化と課題」『マーケティングジャーナル』36(3), 6–22 頁。

Kliatchko, J.（2005）"Towards a new definition of integrated marketing communications (IMC)", *International Journal of Advertising*, 24(1), 7–34.

Kliatchko, J.（2008）"Revising the IMC construct: A revised definition and four pillars," *International Journal of Advertising*, 27(1), 133–160.

Kliatchko, J. G., and Schltz, D. E.（2014）"Twenty years of IMC: A study of CEO and CMO perspectives in the Asia-Pacific region," *International Journal of Advertising*, 33(2), 373–390.

松本大吾（2018）「広告研究における前提条件と広告概念の整理（下）マーケティング・コミュニケーションとの関係に注目して」『日経広告研究所報』302, 16–22 頁。

中野香織（2012）「IMC」石崎徹編著『わかりやすい広告論（第 2 版）』八千代出版, 54–68 頁。

Schultz, D., and Schultz, H.（2004）*IMC, The Next Generation: Five Steps for Delivering Value and Measuring Returns Using Marketing Communication*, McGraw-Hill.（博報堂タッチポイント・プロジェクト訳『ドン・シュルツの統合マーケティング――顧客への投資を企業価値の創造につなげる』ダイヤモンド社, 2005 年）

Schultz, D. E., Tannenbaum, S. I., and Lauterborn, R. F.（1993）*Integrated Marketing Communications*, NTC Business Books.（電通 IMC プロジェクトチーム監訳／有賀勝訳『広告革命 米国に吹き荒れる IMC 旋風——統合型マーケティングコミュニケーションの理論』電通, 1994 年）

Tafesse, W., and Kitchen, P. J.（2017）"IMC - An integrative review," *International Journal of Advertising*, 36(2), 210-226.

Vollero, A., Schultz, D. E., and Siano, A.（2019）"IMC in digitally-empowering contexts: The emerging role of negotiated brands," *International Journal of Advertising*, 38(3), 428-449.

4-2　精緻化見込みモデル

石崎徹（2019）「広告効果と広告効果測定」石崎徹編著『わかりやすいマーケティング・コミュニケーションと広告（第2版）』八千代出版, 116-130 頁。

金子充（2014）「二重過程理論」『マーケティングジャーナル』33(3), 163-175 頁。

岸志津江（2021）「広告効果の理論——心理学の発展を中心に」田中洋・岸志津江・嶋村和恵編『現代広告全書——デジタル時代への理論と実践』有斐閣, 2-23 頁。

Lutz, R. J.（1985）"Affective and cognitive antecedents of attitude toward the ad: A conceptual framework," in L. F. Alwitt and A. A. Mitchell eds., *Psychological Processes and Advertising Effects: Theory, Research, and Applications*, Lawrence Erlbaum Associates, 45-64.

仁科貞文（2007）「広告効果と心理的プロセス」仁科貞文・田中洋・丸岡吉人『広告心理』電通, 51-113 頁。

Petty, R. E., and Cacioppo, J. T.（1981）"Issue involvement as a moderator of the effects on attitude of advertising content and context," *Advances in Consumer Research*, 8, 20-24.

Petty, R. E., and Cacioppo, J. T.（1986）*Communication and Persuasion: Central and Peripheral Routes to Attitude Change*, Springer-Verlag.

Schumann, D. W., Kotowski, M. R., Ahn, H.-Y. (A.), and Haugtvedt, C. P.（2012）"The elaboration likelihood model: A 30-year review," in S. Rodgers and E. Thorson eds., *Advertising Theory*, Routledge, 51-68.

4-3　単純接触効果

Bornstein, R. F.（1989）"Exposure and affect: Overview and meta-analysis of research, 1968-1987," *Psychological Bulletin*, 106(2), 265-289.

Fang, X., Singh, S., and Ahluwalia, R.（2007）"An examination of different explanations for the mere exposure effect," *Journal of Consumer Research*, 34(1), 97-103.

工藤恵理子（2019）「感じたことの影響過程——気分や感情や主観的感覚の影響とその利用」池田謙一・唐沢穣・工藤恵理子・村本由紀子『社会心理学（補訂版）』有斐閣, 43-66 頁。

Kunst-Wilson, W. R., and Zajonc, R. B.（1980）"Affective discrimination of stimuli that cannot be recognized," *Science*, 207(4430), 557-558.

松田憲（2020）「広告効果を上げる認知心理学」日本心理学会監修／米田英嗣・和田裕一編『消費者の心理をさぐる——人間の認知から考えるマーケティング』誠信書房, 19-51 頁。

松田憲・平岡斉士・杉森絵里子・楠見孝（2007）「バナー広告への単純接触が商品評価と購買意図に及ぼす効果」『認知科学』14(1), 133-154 頁。

松田憲・楠見孝・山田十永・西武雄（2006）「サウンドロゴの反復呈示とメロディ親近性が商品評価に及ぼす効果」『認知心理学研究』4(1), 1-13 頁。

宮本聡介・太田信夫編著（2008）『単純接触効果研究の最前線』北大路書房。

中野香織・井上一郎（2019）「コミュニケーション・メディア」石崎徹編著『わかりやすいマーケティング・コミュニケーションと広告（第2版）』八千代出版, 98-115 頁。

仁科貞文・田中洋・丸岡吉人（2007）『広告心理』電通。

Rethans, A. J., Swasy, J. L., and Marks, L. J.（1986）"Effects of television commercial repetition, receiver knowledge, and commercial length: A test of the two-factor model," *Journal of Marketing Research*, 23(1), 50-61.

Schmidt, S., and Eisend, M.（2015）"Advertising repetition: A meta-analysis on effective frequency in advertising," *Journal of Advertising*, 44(4), 415-428.

山田歩 (2018)「理由なき購買？——消費者の潜在的情報処理」山田一成・池内裕美編著『消費者心理学』勁草書房，129-144 頁。

Zajonc, R. B. (1968) "Attitudinal effects of mere exposure," *Journal of Personality and Social Psychology*, 9(2, Part2), 1-27.

═══ **4-4　フレーミング効果**

Ariely, D. (2009) *Predictably Irrational: The Hidden Forces That Shape Our Decisions (rev. and expanded ed.)*, HarperCollins Publishers.（熊谷淳子訳『予想どおりに不合理——行動経済学が明かす「あなたがそれを選ぶわけ」』早川書房，2013 年）

Chen, S.-F. S., Monroe, K. B., and Lou, Y.-C. (1998) "The effects of framing price promotion messages on consumers' perceptions and purchase intentions," *Journal of Retailing*, 74(3), 353-372.

Cui, Y. (G.), Kim, S. (S.), and Kim, J. (2021) "Impact of preciseness of price presentation on the magnitude of compromise and decoy effects," *Journal of Business Research*, 132, 641-652.

Dhar, R., Nowlis, S. M., and Sherman, S. J. (2000) "Trying hard or hardly trying: An analysis of context effects in choice," *Journal of Consumer Psychology*, 9(4), 189-200.

Kivetz, R., Netzer, O., and Srinivasan, V. (2004) "Alternative models for capturing the compromise effect," *Journal of Marketing Research*, 41(3), 237-257.

Sharpe, K. M., Staelin, R., and Huber, J. (2008) "Using extremeness aversion to fight obesity: Policy implications of context dependent demand," *Journal of Consumer Research*, 35(3), 406-422.

Simonson, I., and Tversky, A. (1992) "Choice in context: Tradeoff contrast and extremeness aversion," *Journal of Marketing Research*, 29(3), 281-295.

鈴木修司 (2011)「妥協効果に及ぼす時間的距離の影響」『北海学園大学経営論集』8(3/4)，11-18 頁。

筒井義郎 = 佐々木俊一郎 = 山根承子 = グレッグ・マルデワ (2017)『行動経済学入門』東洋経済新報社。

Tversky, A., and Kahneman, D. (1981) "The framing of decisions and the psychology of choice," *Science*, 211(4481), 453-458.

上田隆穂 (2003)『ケースで学ぶ価格戦略・入門』有斐閣。

═══ **4-5　オウンド・メディア**

Burcher, N. (2012) *Paid, Owned, Earned: Maximizing Marketing Returns in a Socially Connected World*, Kogan Page.

Dietrich, G. (2014) *Spin Sucks: Communication and Reputation Management in the Digital Age*, Que Publishing.

Harrison, F. (2013) "Digging deeper down into the empirical generalization of brand recall." *Journal of Advertising Research*, 53(2), 181-185.

Jayson, R., Block, M. P., and Chen, Y. (2018) "How synergy effects of paid and digital owned media influence brand sales: Considerations for marketers when balancing media spend," *Journal of Advertising Research*, 58(1), 77-89.

Leberecht, T. (2009) "Multimedia 2.0: From paid media to earned media to owned media and back," CNET（https://www.cnet.com/news/multimedia-2-0-from-paid-media-to-earned-media-to-owned-media-and-back/）.

Macnamara, J., Lwin, M., Adi, A., and Zerfass, A. (2016) " 'PESO' media strategy shifts to 'SOEP': Opportunities and ethical dilemmas," *Public Relations Review*, 42(3), 377-385.

恩蔵直人・ADK R3 プロジェクト (2011)『R3 コミュニケーション——消費者との「協働」による新しいコミュニケーションの可能性』宣伝会議。

田嶋規雄 (2016)「オウンド・メディアの発展とマーケティング外部資源の活用」『日経広告研究所報』287，2-8 頁。

田嶋規雄 (2018)「オウンド・メディアに関わる意思決定とマーケティング・マネジメントとの接合」『日経広告研究所報』298，25-32 頁。

横山隆治 (2010)『トリプルメディアマーケティング——ソーシャルメディア，自社メディア，広告の連携戦略』インプレスジャパン。

Anderson, E. W.（1998）"Customer satisfaction and word of mouth," *Journal of Service Research*, 1(1), 5-17.

安藤和代（2017）『消費者購買意思決定とクチコミ行動——説得メカニズムからの解明』千倉書房。

Arndt, J.（1967）*Word of Mouth Advertising: A Review of the Literature*, Advertising Research Foundation.

Bristor, J. M.（1990）"Enhanced explanations of word of mouth communications: The power of relationships," *Research in Consumer Behavior*, 4, 51-83.

Buttle, F. A.（1998）"Word of mouth: Understanding and managing referral marketing," *Journal of Strategic Marketing*, 6(3), 241-254.

Dunbar, R.（1996）*Grooming, Gossip, and the Evolution of Language*, Harvard University Press.

East, R., Kathy, H., and Wright, M.（2007）"The relative incidence of positive and negative word of mouth: A multi-category study," *International Journal of Research in Marketing*, 24(2), 175-184.

Feick, L. F., and Price, L. L.（1987）"The market maven: A diffuser of marketplace information," *Journal of Marketing*, 51(1), 83-97.

Grégoire, Y., and Fisher, R. J.（2008）"Customer betrayal and retaliation: When your best customers become your worst enemies," *Journal of the Academy of Marketing Science*, 36(2), 247-261.

Hovland, C. I., Janis, I. L., and Kelley, H. H.（1953）*Communication and Persuasion: Psychological Studies of Opinion Change*, Yale University Press.

Kähr, A., Nyffenegger, B., Krohmer, H., and Hoyer, W. D.（2016）"When hostile consumers wreak havoc on your brand: The phenomenon of consumer brand sabotage," *Journal of Marketing*, 80(3), 25-41.

Katz, E., and Lazarsfeld, P. F.（1955）*Personal Influence: The Part Played by People in the Flow of Mass Communications*, Free Press.

Keller, E., and Fay, B.（2012）*The Face-to-face Book: Why Real Relationships Rule in a Digital Marketplace*, Free Press.（澁谷覚・久保田進彦・須永努訳『フェイス・トゥ・フェイス・ブック——クチコミ・マーケティングの効果を最大限に高める秘訣』有斐閣，2016年）

Lazarsfeld, P. F., Berelson, B., and Gaudet, H.（1944）*The People's Choice: How the Voter Makes up His Mind in a Presidential Campaign*, Duell, Sloan and Pearce.

Martilla, J. A.（1971）"Word-of-mouth communication in the industrial adoption process," *Journal of Marketing Research*, 8(2), 173-178.

Meuter, M. L., McCabe, D. B., and Curran, J. M.（2013）"Electronic word-of-mouth versus interpersonal word-of-mouth: Are all forms of word-of-mouth equally influential? " *Services Marketing Quarterly*, 34(3), 240-256.

Milgram, S.（1967）"The small-world problem," *Psychology Today*, 1(1), 61-67.

ニールセン（2015）「広告信頼度グローバル調査——進化するメディアにおける必勝戦略」。

Olshavsky, R. W., and Granbois, D. H.（1979）"Consumer decision making - Fact or fiction? " *Journal of Consumer Research*, 6(2), 93-100.

Reingen, P. H., and Kernan, J. B.（1986）"Analysis of referral networks in marketing: Methods and illustration," *Journal of Marketing Research*, 23(4), 370-378.

Rogers, E. M.（1962）*Diffusion of Innovations*, Free Press.

澁谷覚（2013）『類似性の構造と判断——他者との比較が消費者行動を変える』有斐閣。

Westbrook, R. A.（1987）"Product/consumption-based affective responses and postpurchase processes," *Journal of Marketing Research*, 24(3), 258-270.

Andreassen, C. S., Torsheim, T., Brunborg, G. S., and Pallesen, S.（2012）"Development of a Facebook addiction scale," *Psychological Reports*, 110(2), 501-517.

Bearden, W. O., and Etzel, M. J.（1982）"Reference group influence on product and brand purchase decisions," *Journal of Consumer Research*, 9(2), 183-194.

Deutsch, M., and Gerard, H. B.（1955）"A study of normative and informational social influences upon individual judgment," *The Journal of Abnormal and Social Psychology*, 51(3), 629–636.

Festinger, L.（1954）"A theory of social comparison processes," *Human Relations*, 7(2), 117–140.

Goffman, E.（1959）*The Presentation of Self in Everyday Life*, Anchor Books.

林浩之（2022）「岐路に立つ SNS──利用増も若者支持に差」『日経 MJ（流通新聞）』2022 年 2 月 13 日。

Kemp, S.（2022）"Digital trends 2022: Every stat digital marketers need to know about the internet: Big gains for YouTube, Instagram, and TikTok, social commerce on the rise, and challenges for advertising," TNW（https://thenextweb.com/news/digital-trends-2022-every-stat-digital-marketers-need-to-know-about-the-internet）.

Kross, E., and Chandhok, S.（2020）"How do online social networks influence people's emotional lives?" in J. P. Forgas, W. D. Crano and K. Fiedler eds., *Applications of social psychology: How Social Psychology Can Contribute to the Solution of Real-world Problems*, Routledge, 250–263.

Shakya, H. B., and Christakis, N. A.（2017）"Association of Facebook use with compromised well-being: A longitudinal study," *American Journal of Epidemiology*, 185(3), 203–211.

嶋田毅（2022）「フェイスブックは脱落するのか──巨大プラットフォーム，利用者減」『日経産業新聞』2022 年 3 月 7 日。

総務省情報通信政策研究所（2021）「令和 2 年度情報通信メディアの利用時間と情報行動に関する調査報告書」（https://www.soumu.go.jp/main_content/000765258.pdf）。

Statista（2022）"Most popular social networks worldwide as of January 2022, ranked by number of monthly active users"（https://www.statista.com/statistics/272014/global-social-networks-ranked-by-number-of-users/）.

Verduyn, P., Lee, D. S., Park, J., Shablack, H., Orvell, A., Bayer, J., Ybarra, O., Jonides, J., and Kross, E.（2015）"Passive Facebook usage undermines affective well-being: Experimental and longitudinal evidence," *Journal of Experimental Psychology: General*, 144(2), 480–488.

■━━━━━━━━━━━━━━━━━━━━━━━━━━━━━━━━━━ **4-8　ソーシャルメディア・マーケティング**

Appel, G., Grewal, L., Hadi, R., and Stephen, A. T.（2020）"The future of social media in marketing," *Journal of the Academy of Marketing Science*, 48(1), 79–95.

Boyd, D.（2014）*It's Complicated: The Social Lives of Networked Teens*, Yale University Press.（野中モモ訳『つながりっぱなしの日常を生きる──ソーシャルメディアが若者にもたらしたもの』草思社，2014 年）

Godes, D., Mayzlin, D., Chen, Y., Das, S., Dellarocas, C., Pfeiffer, B., Libai, B., Sen, S., Shi, M., and Verlegh, P.（2005）"The firm's management of social interactions," *Marketing Letters*, 16(3-4), 415–428.

Kotler, P., Kartajaya, H., and Setiawan, I.（2017）*Marketing 4.0: Moving from Traditional to Digital*, John Wiley & Sons.（恩藏直人監訳／藤井清美訳『コトラーのマーケティング 4.0──スマートフォン時代の究極法則』朝日新聞出版，2017 年）

Labrecque, L. I.（2014）"Fostering consumer-brand relationships in social media environments: The role of parasocial interaction," *Journal of Interactive Marketing*, 28(2), 134–148.

Lamberton, C., and Stephen, A. T.（2016）"A thematic exploration of digital, social media, and mobile marketing: Research evolution from 2000 to 2015 and an agenda for future inquiry," *Journal of Marketing*, 80(6), 146–172.

Liu, X., Shin, H., and Burns, A. C.（2021）"Examining the impact of luxury brand's social media marketing on customer engagement: Using big data analytics and natural language processing," *Journal of Business Research*, 125, 815–826.

水越康介（2018）『ソーシャルメディア・マーケティング』日本経済新聞出版社。

Schau, H. J., Muñiz, A. M., Jr., and Arnould, E. J.（2009）"How brand community practices create value," *Journal of Marketing*, 73(5), 30–51.

Tapscott, D.（2009）*Grown up Digital: How the Net Generation is Changing Your World*, McGraw-Hill.（栗原潔訳『デジタルネイティブが世界を変える』翔泳社，2009 年）

Tuten, T. L.（2021）*Social Media Marketing (4th ed.)*, Sage.

Verhoef, P. C., Reinartz, W. J., and Krafft, M.（2010）"Customer engagement as a new perspective in customer management," *Journal of Service Research*, 13(3), 247–252.

Vivek, S. D., Beatty, S. E., and Morgan, R. M.（2012）"Customer engagement: Exploring customer relationships beyond purchase," *Journal of Marketing Theory and Practice*, 20(2), 122–146.

4-9　インフルエンサー・マーケティング

De Veirman, M., and Hudders, L.（2020）"Disclosing sponsored Instagram posts: The role of material connection with the brand and message-sidedness when disclosing covert advertising," *International Journal of Advertising*, 39(1), 94–130.

Feick, L. F., and Price, L. L.（1987）"The market maven: A diffuser of marketplace information," *Journal of Marketing*, 51(1), 83–97.

Fink, M., Koller, M., Gartner, J., Floh, A., and Harms, R.（2020）"Effective entrepreneurial marketing on Facebook - A longitudinal study," *Journal of Business Research*, 113, 149–157.

Glenister, G.（2021）*Influencer Marketing Strategy: How to Create Successful Influencer Marketing*, Kogan Page.

Hu, L., Min, Q., Han, S., and Liu, Z.（2020）"Understanding followers' stickiness to digital influencers: The effect of psychological responses," *International Journal of Information Management*, 54, 102169.

Katz, E., and Lazarsfeld, F. P.（1955）*Personal Influence: The Part Played by People in the Flow of Mass Communications*, Free Press.（竹内郁郎訳『パーソナル・インフルエンス──オピニオン・リーダーと人びとの意思決定』培風館，1965 年）

菊盛真衣（2020）『e クチコミと消費者行動──情報取得・製品評価プロセスにおける e クチコミの多様な影響』千倉書房。

Martínez-López, F. J., Anaya-Sánchez, R., Fernández Giordano, M., and Lopez-Lopez, D.（2020）"Behind influencer marketing: Key marketing decisions and their effects on followers' responses," *Journal of Marketing Management*, 36(7–8), 579–607.

Ohanian, R.（1990）"Construction and validation of a scale to measure celebrity endorsers' perceived expertise, trustworthiness, and attractiveness," *Journal of Advertising*, 19(3), 39–52.

Raven, B. H.（1965）"Social influence and power," in I. D. Steiner and M. Fishbein eds., *Current Studies in Social Psychology*, Holt, Rinehart, and Winston, 371–382.

Schramm, H., and Hartmann, T.（2008）"The PSI-process scales: A new measure to assess the intensity and breadth of parasocial processes," *Communications*, 33(4), 385–401.

Sokolova, K., and Kefi, H.（2020）"Instagram and YouTube bloggers promote it, why should I buy? How credibility and parasocial interaction influence purchase intentions," *Journal of Retailing and Consumer Services*, 53, 1–9.

Torres, P., Augusto, M., and Matos, M.（2019）"Antecedents and outcomes of digital influencer endorsement: An exploratory study," *Psychology & Marketing*, 36(12), 1267–1276.

4-10　ダイナミック・プライシング

Dasu, S., and Tong, C.（2010）"Dynamic pricing when consumers are strategic: Analysis of posted and contingent pricing schemes," *European Journal of Operational Research*, 204(3), 662–671.

Garbarino, E., and Lee, O. F.（2003）"Dynamic pricing in internet retail: Effects on consumer trust," *Psychology & Marketing*, 20(6), 495–513.

伊藤元重（2021）『ビジネス・エコノミクス（第 2 版）』日経 BP 日本経済新聞出版本部。

Kannan, P. K., and Kopalle, P. K.（2001）"Dynamic pricing on the internet: Importance and implications for consumer behavior," *International Journal of Electric Commerce*, 5(3), 63–83.

Kemper, C., and Breuer, C.（2016）"Dynamic ticket pricing and the impact of time - An analysis of price paths of the English soccer club Derby County," *European Sport Management Quarterly*, 16(2), 233–253.

Li, W., Hardesty, D. M., and Craig, A. W.（2018）"The impact of dynamic bundling on price fairness perceptions," *Journal of Retailing and Consumer Services*, 40, 204–212.

Monroe, K. B.（2003）*Pricing: Making Profitable Decisions (3rd ed.)*, McGraw-Hill/Irwin.

棚橋菊夫（1997）「消費者の知覚」杉本徹雄編著『消費者理解のための心理学』福村出版，90-103 頁。

上田隆穂（1999）『マーケティング価格戦略——価格決定と消費者心理』有斐閣。

上田隆穂（2021）『利益を最大化する価格決定戦略——長期的に利益を上げ続けるための価格マネジメント戦略』明日香出版社。

Weisstein, F. L., Monroe, K. B., and Kukar-Kinney, M.（2013）"Effects of price framing on consumers' perceptions of online dynamic pricing practices," *Journal of the Academy of Marketing Science*, 41(5), 501-514.

==================== **4-11　ユーザー生成コンテンツ（UGC）** ====================

Grosser, K. M., Hase, V., and Wintterlin, F.（2019）"Trustworthy or shady? Exploring the influence of verifying and visualizing user-generated content (UGC) on online journalism's trustworthiness," *Journalism Studies*, 20(4), 500-522.

片野浩一・石田実（2017）『コミュニティ・ジェネレーション——「初音ミク」とユーザー生成コンテンツがつなぐネットワーク』千倉書房。

Lessig, L.（2004）"The creative commons," *Montana Law Review*, 65(1), 1-13.

Liu, X., Burns, A. C., and Hou, Y.（2017）"An investigation of brand-related user-generated content on Twitter," *Journal of Advertising*, 46(2), 236-247.

OECD（2007）*Participative Web and User-created Content: Web 2.0, Wikis and Social Networking*, OECD.

小川進（2013）『ユーザーイノベーション——消費者から始まるものづくりの未来』東洋経済新報社。

Smith, A. N., Fischer, E., and Yongjian, C.（2012）"How does brand-related user-generated content differ across YouTube, Facebook, and Twitter?" *Journal of Interactive Marketing*, 26(2), 102-113.

Toffler, A.（1980）*The Third Wave*, William Morrow and Company.

von Hippel, E.（1986）"Lead users: A source of novel product concepts," *Management Science*, 32(7), 791-805.

von Hippel, E.（2017）*Free Innovation*, MIT Press.（鷲田祐一ほか訳『フリーイノベーション』白桃書房，2019 年）

Yu, J., and Ko, E.（2021）"UGC attributes and effects: Implication for luxury brand advertising," *International Journal of Advertising*, 40(6), 945-967.

==================== **4-12　ゲーミフィケーション** ====================

Eisingerich, A. B., Marchand, A., Fritze, M. P., and Dong, L.（2019）"Hook vs. hope: How to enhance customer engagement through gamification," *International Journal of Research in Marketing*, 36(2), 200-215.

藤田美幸（2018）「ゲーミフィケーションにおけるユーザの動機づけとエンゲージメントの関連」『日本情報経営学会誌』38(3)，83-92 頁。

濱田俊也（2019）「ゲーミフィケーション活用サービスのユーザー心理」守口剛・上田雅夫・奥瀬喜之・鶴見裕之編著『消費者行動の実証研究』中央経済社，139-161 頁。

Hamari, J., and Koivisto, J.（2014）"Measuring flow in gamification: Dispositional Flow Scale-2," *Computers in Human Behavior*, 40, 133-143.

Hofacker, C. F., de Ruyter, K., Lurie, N. H., Manchanda, P., and Donaldson, J.（2016）"Gamification and mobile marketing effectiveness," *Journal of Interactive Marketing*, 34, 25-36.

Hsu, C.-L., and Chen, M.-C.（2018）"How gamification marketing activities motivate desirable consumer behaviors: Focusing on the role of brand love," *Computers in Human Behavior*, 88, 121-133.

Hwang, J., and Choi, L.（2020）"Having fun while receiving rewards? Exploration of gamification in loyalty programs for consumer loyalty," *Journal of Business Research*, 106, 365-376.

Leclercq, T., Hammedi, W., and Poncin, I.（2018）"The boundaries of gamification for engaging customers: Effects of losing a contest in online co-creation communities," *Journal of Interactive Marketing*, 44, 82-101.

新清士（2011）「ゲームで社会をよくする『ゲーミフィケーション』」『日本経済新聞』2011 年 3 月 31 日。

参考文献一覧（第 4 章）

Spais, G., Behl, A., Jain, K., Jain, V., and Singh, G. (2022) "Promotion and branding from the lens of gamification in challenging times," *Journal of Promotion Management*, 28(4), 413-419.

鈴木雄高 (2013)「ゲームの要素は顧客ロイヤルティの向上に寄与するか？」『流通情報』505，22-29頁。

Werbach, K., and Hunter, D. (2012) *For the Win: How Game Thinking Can Revolutionize Your Business*, Wharton Digital Press. (三ツ松新監訳／渡部典子訳『ウォートン・スクール ゲーミフィケーション集中講義』阪急コミュニケーションズ，2013 年)

=== **5-1　マーケティング・チャネル・マネジメント**

Choi, Y., and Hara, Y. (2018) "The performance effect of inter-firm adaptation in channel relationships: The roles of relationship-specific resources and tailored activities," *Industrial Marketing Management*, 70, 46-57.

Czinkota, M. R., and Kotabe, M., eds. (1993) *The Japanese Distribution System: Opportunities & Obstacles, Structures & Practices*, Probus Publishing.

Dwyer, F. R., Schurr, P. H., and Oh, S. (1987) "Developing buyer-seller relationships," *Journal of Marketing*, 51(2), 11-27.

Dyer, J. H. (1996) "How Chrysler created an American keiretsu," *Harvard Business Review*, 74(4), 42-52.

風呂勉 (1968)『マーケティング・チャネル行動論』千倉書房。

He, X., Brouthers, K. D., and Filatotchev, I. (2013) "Resource-based and institutional perspectives on export channel selection and export performance," *Journal of Management*, 39(1), 27-47.

石井淳蔵 (1983)『流通におけるパワーと対立』千倉書房。

石井隆太 (2022)「高収益を生み出す流通チャネル戦略の探究——質的比較分析（QCA）によるアプローチ」『マーケティングジャーナル』42(1)，52-64 頁。

Kim, H., Hoskisson, R. E., and Wan, W. P. (2004) "Power dependence, diversification strategy, and performance in keiretsu member firms," *Strategic Management Journal*, 25(7), 613-636.

Palmatier, R. W., Sivadas, E., Stern, L. W., and El-Ansary, I. (2020) *Marketing Channel Strategy: An Omni-channel Approach (9th ed.)*, Routledge.

Samaha, S. A., Palmatier, R. W., and Dant, R. P. (2011) "Poisoning relationships: Perceived unfairness in channels of distribution," *Journal of Marketing*, 75(3), 99-117.

高嶋克義 (1994)『マーケティング・チャネル組織論』千倉書房。

高嶋克義 (2015)『小売企業の基盤強化——流通パワーシフトにおける関係と組織の再編』有斐閣。

Takata, H. (2019) "Transaction costs and capability factors in dual or indirect distribution channel selection: An empirical analysis of Japanese manufacturers," *Industrial Marketing Management*, 83, 94-103.

Trada, S., and Goyal, V. (2020) "Tripartite role of communications in channel relationships: Mitigating exchange hazards, reducing opportunism, and curtailing its ill effects on relationship performance," *Industrial Marketing Management*, 85, 281-294.

結城祥 (2014)『マーケティング・チャネル管理と組織成果』千倉書房。

=== **5-2　品揃え**

Anderson, C. (2006) *The Long Tail: How Endless Choice is Creating Unlimited Demand*, Random House Business Books.

Betancourt, R., and Gautschi, D. (1990) "Demand complementarities, household production, and retail assortments," *Marketing Science*, 9(2), 146-161.

Enders. A., Hungenberg, H., Denker, H.-P., and Mauch, S. (2008) "The long tail of social networking: Revenue models of social networking sites," *European Management Journal*, 26(3), 199-211.

Gallino, S., Moreno, A., and Stamatopoulos, I. (2017) "Channel integration, sales dispersion, and inventory management," *Management Science*, 63(9), 2813-2831.

Hall, M. (1948) *Distributive Trading: An Economic Analysis*, Huchinson University Library.

Kusaka, K., and Takashima, K.（2018）"The effect of attribute importance and prior knowledge on the perceptions of customization and assortment," *International Journal of Marketing & Distribution*, 2(1), 1–14.

Mantrala, M. K., Levy, M., Kahn, B. E., Fox, E. J., Gaidarev, P., Dankworth, B., and Shah, D.（2009）"Why is assortment planning so difficult for retailers? A framework and research agenda," *Journal of Retailing*, 85(1), 71–83.

Oppewal, H., and Koelemeijer, K.（2005）"More choice is better: Effects of assortment size and composition on assortment evaluation," *International Journal of Research in Marketing*, 22(1), 45–60.

Steiner, R. L.（1991）"Intrabrand competition - stepchild of antitrust," *Antitrust Bulletin*, 36(1), 155–200.

高嶋克義（1999）「品揃え形成概念の再検討」『流通研究』2(1)，1–13 頁。

高嶋克義（2012）『現代商業学（新版）』有斐閣。

Zentner, A., Smith, M., and Kaya, C.（2013）"How video rental patterns change as consumers move online," *Management Science*, 59(11), 2622–2634.

══════════════════════════════════════ **5-3 商　圏**

Arnold, M. J., and Reynolds, K. E.（2003）"Hedonic shopping motivations," *Journal of Retailing*, 79(2), 77–95.

Converse, P. D.（1949）"New laws of retail gravitation," *Journal of Marketing*, 14(3), 379–384.

Huff, D. L.（1962）*Determination of Intra-urban Retail Trade Areas*, Real Estate Research Program, Graduate School of Business Administration, Division of Research, University of California, Los Angeles.

Huff, D. L.（1963）"A probabilistic analysis of consumer spatial behavior," in W. S. Decker ed., *Emerging Concepts in Marketing*, American Marketing Association, 443–461.

Huff, D. L., and Batsell, R. R.（1975）"Conceptual and operational problems with market share models of consumer spatial behavior," *Advances in Consumer Research*, 2, 165–172.

石淵順也（2014）「通り過ぎられない商業集積の魅力――フロー阻止効果を組み込んだ小売吸引力モデルの構築と実証」『流通研究』16(2)，19–47 頁。

石淵順也（2019）『買物行動と感情――「人」らしさの復権』有斐閣。

Nakanishi, M.（1976）"Attitudinal influence on retail patronage behavior," *Advances in Consumer Research*, 3, 24–29.

中西正雄（1983）『小売吸引力の理論と測定』千倉書房。

Nakanishi, M., and Yamanaka, H.（1980）"Measurement of drawing power of retail centers: Regression analysis," *Kwansei Gakuin University Annual Studies*, 29, 161–174.

Reilly, W. J.（1929）"Methods for study of retail relationships," Bureau of Business Research, Research Monograph, 4, *University of Texas Bulletin*, 2944.

Stanley, T. J., and Sewall, M. A.（1976）"Image inputs to a probabilistic model: Predicting retail potential," *Journal of Marketing*, 40(3), 48–53.

Tauber, E. M.（1972）"Why do people shop? " *Journal of Marketing*, 36(4), 46–49.

山中均之（1968）『マーケティング・ロイヤルティ――消費者行動論』千倉書房。

山中均之（1975）『流通経営論――小売計量分析』白桃書房。

山中均之（1986）『小売商業集積論』千倉書房。

══════════════════════════════════════ **5-4 小売業態**

Azuma, N., Yokoyama, N., and Kim, W.（2022）"Revisiting the *Big Middle*: An fsQCA approach to unpack a large value market from a product specialist retailer's perspective," *International Journal of Retail & Distribution Management*, 50(8/9), 900–921.

Davidson, W. R., Bates, A. D., and Bass, S. J.（1976）"The retail life cycle," *Harvard Business Review*, 54(6), 89–96.

Dawson, J., and Mukoyama, M., eds.（2013）*Global Strategies in Retailing: Asian and European Experiences*, Routledge.

Haas, Y.（2019）"Developing a generic retail business model - A qualitative comparative study," *International Journal of Retail & Distribution Management*, 47(10), 1029-1056.

Hollander, S. C.（1966）"Notes on retail accordion," *Journal of Retailing*, 42(2), 29-40.

久保知一（2017）「小売の輪はどのように回転したのか？──小売業態イノベーションのマルチレベル分析」『流通研究』20(2), 65-79頁。

Levy, M., Grewal, D., Peterson, R. A., and Connolly, B.（2005）"The concept of the 'Big Middle'," *Journal of Retailing*, 81(2), 83-88.

McArthur, E., Weaven, S., and Dant, R.（2016）"The evolution of retailing: A meta review of the literature," *Journal of Macromarketing*, 36(3), 272-286.

McNair, M. P., and May, E. G.（1976）*The Evolution of Retail Institutions in the United States*, Marketing Science Institute.（清水猛訳『"小売の輪" は回る──米国の小売形態の発展』有斐閣，1982年）

Nielsen, O.（1966）"Developments in retailing," in M. Kjær-Hansen ed., *Readings in Danish Theory of Marketing*, North-Holland, 101-115.

Reutterer, T., and Teller, C.（2009）"Store format choice and shopping trip types," *International Journal of Retail & Distribution Management*, 37(8), 695-710.

清水猛（2007）「マーケティング研究の分析枠組──M. P. マクネアの小売形態展開論を中心に」『横浜商大論集』41(4), 49-69頁。

高嶋克義・髙橋郁夫（2020）『小売経営論』有斐閣。

田村正紀（2008）『業態の盛衰──現代流通の激流』千倉書房。

矢作敏行（2014）「小売事業モデルの革新論──分析枠組の再検討」『マーケティングジャーナル』33(4), 16-28頁。

5-5　取引費用

Coase, R. H.（1937）"The nature of the firm," *Economica*, 4(16), 386-405.

Geyskens, I., Steenkamp, J.-B. E. M., and Kumar, N.（2006）"Make, buy, or ally: A transaction cost theory meta-analysis," *Academy of Management Journal*, 49(3), 519-543.

Hagiu, A.（2007）"Merchant or two-sided platform? " *Review of Network Economics*, 6(2), 115-133.

Heide, J. B., and John, G.（1988）"The role of dependence balancing in safeguarding transaction-specific assets in conventional channels," *Journal of Marketing*, 52(1), 20-35.

Heide, J. B., and John, G.（1990）"Alliance in industrial purchasing: The determinants of joint action in buyer-supplier relationships," *Journal of Marketing Research*, 27(1), 24-36.

Heide, J. B., and John, G.（1992）"Do norms matter in marketing relationships? " *Journal of Marketing*, 56(2), 32-44.

Klein, S., Frazier, G. L., and Roth, V. J.（1990）"A transaction cost analysis model of channel integration in international markets," *Journal of Marketing Research*, 27(2), 196-208.

Langlois, R. N.（2003）"The vanishing hand: The changing dynamics of industrial capitalism," *Industrial and Corporate Change*, 12(2), 351-385.

McMillan, J.（2002）*Reinventing the Bazaar: A Natural History of Markets*, W. W. Norton & Company.（瀧澤弘和・木村友二訳『市場を創る──バザールからネット取引まで』NTT出版，2007年）

Rindfleisch, A., and Heide, J. B.（1997）"Transaction cost analysis: Past, present, and future applications," *Journal of Marketing*, 61(4), 30-54.

Williamson, O. E.（1975）*Markets and Hierarchies, Analysis and Antitrust Implications: A Study in the Economics of Internal Organization*, Free Press.（浅沼萬里・岩崎晃訳『市場と企業組織』日本評論社，1980年）

Williamson, O. E.（1985）*The Economic Institutions of Capitalism: Firms, Markets, Relational Contracting*, Free Press.

5-6　延期-投機モデル

Alderson, W.（1957）*Marketing Behavior and Executive Action: A Functionalist Approach to Marketing Theory*, Richard D. Irwin.（石原武政・風呂勉・光澤滋朗・田村正紀訳『マーケティング行

動と経営者行為——マーケティング理論への機能主義的接近』千倉書房，1984 年）

Bucklin, L. P.（1966）*A Theory of Distribution Channel Structure*, Institute of Business and Economic Research, University of California.（田村正紀訳『流通経路構造論』千倉書房，1977 年）

崔容熏（2006）「QR システムによる柔軟なサプライチェーンの構築——日本のアパレル産業を対象に」『マーケティングジャーナル』26(1)，56-75 頁。

崔容熏・松尾隆（2002）「アパレル産業にみる市場リスクの戦略的回避」『赤門マネジメント・レビュー』1(3)，243-274 頁。

藤田健・石井淳蔵（2000）「ワールドにおける生産と販売の革新」『国民経済雑誌』182(1)，49-67 頁。

金雲鎬（2010）「卸売企業の情報システム導入に関する実証研究——延期—投機理論視点による分析」『流通研究』12(4)，45-56 頁。

小林哲（2000）「分析装置としての『延期＝投機の原理』」『経営研究』（大阪市立大学）51(3)，67-83 頁。

小川進（2005）「複線型開発」『流通研究』8(1)，1-16 頁。

坂川裕司（2009）「チェーンストアにおけるサプライチェーンの動態——投機型から延期型への移行と障壁」『經濟學研究』（北海道大学）59(3)，189-197 頁。

高嶋克義（2008）「延期的生産システムの再検討」『国民経済雑誌』197(4)，1-16 頁。

高嶋克義（2018）「品揃え形成における投機的局面と延期的局面」『JSMD レビュー』2(1)，13-21 頁。

Yang, B., Burns, N. D., and Backhouse, C. J.（2004）"Management of uncertainty through postponement," *International Journal of Production Research*, 42(6), 1049-1064.

結城祥（2020）「生産・企画の延期と在庫パフォーマンス——アパレル業界を対象とした実証分析」『マーケティングジャーナル』39(4)，66-76 頁。

5-7　協調的関係論

Alderson, W.（1957）*Marketing Behavior and Executive Action: A Functionalist Approach to Marketing Theory*, R. D. Irwin.

Anderson, J. C., and Narus, J. A.（1984）"A model of the distributor's perspective of distributor-manufacturer working relationships," *Journal of Marketing*, 48(4), 62-74.

Anderson, J. C., and Narus, J. A.（1990）"A model of distributor firm and manufacturer firm working partnerships," *Journal of Marketing*, 54(1), 42-58.

Baker, G., Gibbons, R., and Murphy, K. J.（2002）"Relational contracts and the theory of the firm," *Quarterly Journal of Economics*, 117(1), 39-84.

Brown, J. R., Dev, C. S., and Lee, D.-J.（2000）"Managing marketing channel opportunism: The efficacy of alternative governance mechanisms," *Journal of Marketing*, 64(2), 51-65.

Cannon, J. P., Achrol, R. S., and Gundlach, G. T.（2000）"Contracts, norms, and plural form governance," *Journal of the Academy of Marketing Science*, 28(2), 180-194.

Dwyer, F. R., Schurr, P. H., and Oh, S.（1987）"Developing buyer-seller relationships," *Journal of Marketing*, 51(2), 11-27.

Frazier, G. L.（1983）"On the measurement of interfirm power in channels of distribution," *Journal of Marketing Research*, 20(2), 158-166.

Heide, J. B.（1994）"Interorganizational governance in marketing channels," *Journal of Marketing*, 58(1), 71-85.

Heide, J. B., and John, G.（1988）"The role of dependence balancing in safeguarding transaction-specific assets in conventional channels," *Journal of Marketing*, 52(1), 20-35.

Heide, J. B., and John, G.（1990）"Alliance in industrial purchasing: The determinants of joint action in buyer-supplier relationships," *Journal of Marketing Research*, 27(1), 24-36.

Heide, J. B., and John, G.（1992）"Do norms matter in marketing relationships?" *Journal of Marketing*, 56(2), 32-44.

Heide, J. B., and Miner, A. S.（1992）"The shadow of the future: Effects of anticipated interaction and frequency of contact on buyer-seller cooperation," *Academy of Management Journal*, 35(2), 265-291.

Hibbard, J. D., Kumar, N., and Stern, L. W.（2001）"Examining the impact of destructive acts in marketing channel relationships," *Journal of Marketing Research*, 38(1), 45–61.

Kalwani, M. U., and Narayandas, N. (1995) "Long-term manufacturer-supplier relationships: Do they pay off for supplier firms? " *Journal of Marketing*, 59(1), 1–16.

Lamoreaux, N. R., Raff, D. M. G., and Temin, P. (2003) "Beyond markets and hierarchies: Toward a new synthesis of American business history," *American Historical Review*, 108(2), 404–433.

Leonidou, L. C., Aykol, B., Hadjimarcou, J., and Palihawadana, D. (2018) "Betrayal in buyer-seller relationships: Exploring its causes, symptoms, forms, effects, and therapies," *Psychology & Marketing*, 35(5), 341–356.

Lusch, R. F., and Brown, J. R. (1996) "Interdependency, contracting, and relational behavior in marketing channels," *Journal of Marketing*, 60(4), 19–38.

Macneil, I. R. (1978) "Contracts: Adjustments of long-term economic relations under classical, neoclassical, and relational contract law," *Northwestern University Law Review*, 72(6), 854–905.

Mohr, J., and Spekman, R. (1994) "Characteristics of partnership success: Partnership attributes, communication behavior, and conflict resolution techniques," *Strategic Management Journal*, 15(2), 135–152.

Morgan, R. M., and Hunt, S. D. (1994) "The commitment-trust theory of relationship marketing," *Journal of Marketing*, 58(3), 20–38.

Ono, A., and Kubo, T. (2009) "Manufacturers' intention to extend the relationships with distributors," *Journal of Business & Industrial Marketing*, 24(5/6), 439–448.

Sable, C. F., and Zeitlin, J. (2004) "Neither modularity nor relational contracting: Inter-firm collaboration in the new economy," *Enterprise & Society*, 5(3), 388–403.

Seggie, S. H., Griffith, D. A., and Jap, S. D. (2013) "Passive and active opportunism in interorganizational exchange," *Journal of Marketing*, 77(6), 73–90.

Thibaut, J. W., and Kelley, H. H. (1959) *The Social Psychology of Groups*, John Wiley.

Watson, G. F., IV, Worm, S., Palmatier, R. W., and Ganesan, S. (2015) "The evolution of marketing channels: Trends and research directions," *Journal of Retailing*, 91(4), 546–568.

Webster, F. E., Jr. (1992) "The changing role of marketing in the corporation," *Journal of Marketing*, 56(4), 1–17.

Williamson, O. E. (1975) *Markets and Hierarchies, Analysis and Antitrust Implications: A Study in the Economics of Internal Organization*, Free Press. (浅沼萬里・岩崎晃訳『市場と企業組織』日本評論社, 1980 年）

Williamson, O. E. (1985) *The Economic Institutions of Capitalism: Firms, Markets, Relational Contracting*, Free Press.

矢作敏行（1994）『コンビニエンス・ストア・システムの革新性』日本経済新聞社。

矢作敏行（2021）『コマースの興亡史──商業倫理・流通革命・デジタル破壊』日経 BP 日本経済新聞出版本部。

━━━━━━━━━━━━━━━━━━━━━━━━━━━━ **5-8　パワー・コンフリクト論**

Anderson, E., and Coughlan, A. T. (2002) "Channel management: Structure, governance and relationship management," in B. Weitz and R. Wensley eds., *Handbook of Marketing*, Sage, 223–247.

Antia, K. D., Zheng, X. (V.), and Frazier, G. L. (2013) "Conflict management and outcomes in franchise relationships: The role of regulation," *Journal of Marketing Research*, 50(5), 577–589.

Chakravarty, A., Kumar, A., and Grewal, R. (2014) "Customer orientation structure for internet-based business-to-business platform firms," *Journal of Marketing*, 78(5), 1–23.

Dahl, R. A. (1963) *Modern Political Analysis*, Prentice-Hall.

El-Ansary, A. I., and Stern, L. W. (1972) "Power measurement in the distribution channel," *Journal of Marketing Research*, 9(1), 47–52.

Emerson, R. M. (1962) "Power-dependence relations," *American Sociological Review*, 27(1), 31–41.

Eshghi, K., and Ray, S. (2021) "Conflict and performance in channels: A meta-analysis," *Journal of the Academy of Marketing Science*, 49(2), 327–349.

Etgar, M. (1978) "Intrachannel conflict and use of power," *Journal of Marketing Research*, 15(2), 273-274.

Frazier, G. L., and Summers, J. O. (1984) "Interfirm influence strategies and their application within distribution channels," *Journal of Marketing*, 48(3), 43-55.

French, J. R. P., Jr., and Raven, B. (1959) "The bases of social power," in D. Cartwright ed., *Studies in Social Power*, Research Center for Group Dynamics, Institute for Social Research, University of Michigan, 150-167.

Gaski, J. F. (1984) "The theory of power and conflict in channels of distribution," *Journal of Marketing*, 48(3), 9-29.

Heide, J. B. (1994) "Interorganizational governance in marketing channels," *Journal of Marketing*, 58(1), 71-85.

Hunt, S. D., and Nevin, J. R. (1974) "Power in a channel of distribution: Sources and consequences," *Journal of Marketing Research*, 11(2), 186-193.

石井淳蔵（1983）『流通におけるパワーと対立』千倉書房。

Lusch, R. F. (1976) "Sources of power: Their impact on intrachannel conflict," *Journal of Marketing Research*, 13(4), 382-390.

Palamountain, J. C., Jr. (1955) *The Politics of Distribution*, Harvard University Press.（マーケティング史研究会訳『流通のポリティクス』白桃書房，1993 年）

Shervani, T. A., Frazier, G., and Challagala, G. (2007) "The moderating influence of firm market power on the transaction cost economics model: An empirical test in a forward channel integration context," *Strategic Management Journal*, 28(6), 635-652.

Stern, L. W., El-Ansary, A. I., and Brown, J. R. (1989) *Management in Marketing Channels*, Prentice Hall.（光澤滋朗監訳『チャネル管理の基本原理』晃洋書房，1995 年）

Stern, L. W., and Gorman, R. H. (1969) "Conflict in distribution channels: An exploration," in L. W. Stern ed., *Distribution Channels: Behavioral Dimensions*, Houghton Mifflin, 156-175.

Watson, G. F., IV, Worm, S., Palmatier, R. W., and Ganesan, S. (2015) "The evolution of marketing channels: Trends and research directions," *Journal of Retailing*, 91(4), 546-568.

Williamson, O. E. (1985) *The Economic Institutions of Capitalism: Firms, Markets, Relational Contracting*, Free Press.

5-9 サプライチェーン・マネジメント（SCM）

Christopher, M. (2016) *Logistics and Supply Chain Management (5th ed.)*, Pearson Education.

Christopher, M., and Holweg, M. (2011) " 'Supply Chain 2.0': Managing supply chains in the era of turbulence," *International Journal of Physical Distribution & Logistics Management*, 41(1), 63-82.

Christopher, M., and Towill, D. R. (2002) "Developing market specific supply chain strategies," *International Journal of Logistics Management*, 13(1), 1-14.

Fernie, J., and Sparks, L. (2014) "Retail logistics: Changes and challenges," in J. Fernie and L. Sparks eds., *Logistics and Retail Management: Emerging Issues and New Challenges in the Retail Supply Chain (4th ed.)*, Kogan Page, 1-33.

Lee, H. L. (2004) "The Triple-A supply chain," *Harvard Business Review*, 82(10), 102-112.

Lee, H. L., Padmanabhan, V., and Whang, S. (1997) "The bullwhip effect in supply chains," *MIT Sloan Management Review*, 38(3), 93-102.

中田信哉・湯浅和夫・橋本雅隆・長峰太郎（2003）『現代物流システム論』有斐閣。

Porter, M. E. (1985) *Competitive Advantage: Creating and Sustaining Superior Performance*, Free Press.（土岐坤・中辻萬治・小野寺武夫訳『競争優位の戦略——いかに高業績を持続させるか』ダイヤモンド社，1985 年）

田村正紀（2001）『流通原理』千倉書房。

矢作敏行（1994）『コンビニエンス・ストア・システムの革新性』日本経済新聞社。

5-10 e コマース（EC）

Anderson, C. (2006) *The Long Tail: Why the Future of Business Is Selling Less of More*, Hyperion

Books.（篠森ゆりこ訳『ロングテール──「売れない商品」を宝の山に変える新戦略』早川書房，2006 年）

Jiang, B., Jerath, K., and Srinivasan, K.（2011）"Firm strategies in the 'mid tail' of platform-based retailing," *Marketing Science*, 30(5), 757-775.

経済産業省（2022）「令和 3 年度 電子商取引に関する市場調査 報告書」。

国土交通省（2021）「令和 2 年度 宅配便取扱実績について」。

Olsson, J., Hellström, D., and Pålsson, H.（2019）"Framework of last mile logistics research: A systematic review of the literature," *Sustainability*, 11(24), 7131.

齊藤実（2016）『物流ビジネス最前線──ネット通販，宅配便，ラストマイルの攻防』光文社。

Stephens, D.（2017）*Reengineering Retail: The Future of Selling in a Post-digital World*, Figure 1 Publishing.（斎藤栄一郎訳『小売再生──リアル店舗はメディアになる』プレジデント社，2018 年）

高嶋克義・髙橋郁夫（2020）『小売経営論』有斐閣。

Verhoef, P. C., and Bijmolt, T. H. A.（2019）"Marketing perspectives on digital business models: A framework and overview of the special issue," *International Journal of Research in Marketing*, 36(3), 341-349.

Verhoef, P. C., Kannan, P. K., and Inman, J. J.（2015）"From multi-channel retailing to omni-channel retailing: Introduction to the special issue on multi-channel retailing," *Journal of Retailing*, 91(2), 174-181.

矢作敏行（2021）『コマースの興亡史──商業倫理・流通革命・デジタル破壊』日経 BP 日本経済新聞出版本部。

━━━━━━━━━━━━━━━━━━━━━━━━━━━━━━━**5-11 オムニチャネル**

Beck, N., and Rygl, D.（2015）"Categorization of multiple channel retailing in multi-, cross-, and omni-channel retailing for retailers and retailing," *Journal of Retailing and Consumer Services*, 27, 170-178.

Bell, D. R., Gallino, S., and Moreno, A.（2014）"How to win in an omnichannel world," *MIT Sloan Management Review*, 56(1), 45-53.

Cai, Y.-J., and Lo, C. K. Y.（2020）"Omni-channel management in the new retailing era: A systematic review and future research agenda," *International Journal of Production Economics*, 229, 107729.

Gao, F., and Su, X.（2017）"Online and offline information for omnichannel retailing," *Manufacturing & Service Operations Management*, 19(1), 84-98.

Herhausen, D., Kleinlercher, K., Verhoef, P. C., Emrich, O., and Rudolph, T.（2019）"Loyalty formation for different customer journey segments," *Journal of Retailing*, 95(3), 9-29.

Huré, E., Picot-Coupey, K., and Ackermann, C.-L.（2017）"Understanding omni-channel shopping value: A mixed-method study," *Journal of Retailing and Consumer Services*, 39, 314-330.

Jin, M., Li, G., and Cheng, T. C. E.（2018）"Buy online and pick up in-store: Design of the service area," *European Journal of Operational Research*, 268(2), 613-623.

Kannan, P. K., and Li, H. "A."（2017）"Digital marketing: A framework, review and research agenda," *International Journal of Research in Marketing*, 34(1), 22-45.

Kazancoglu, I., and Aydin, H.（2018）"An investigation of consumers' purchase intentions towards omni-channel shopping: A qualitative exploratory study," *International Journal of Retail & Distribution Management*, 46(10), 959-976.

近藤公彦（2018）「日本型オムニチャネルの特質と理論的課題」『流通研究』21(1)，77-89 頁。

近藤公彦・中見真也編著（2019）『オムニチャネルと顧客戦略の現在』千倉書房。

Kotler, P., Kartajaya, H., and Setiawan, I.（2017）*Marketing 4.0: Moving from Traditional to Digital*, Wiley.（恩藏直人監訳／藤井清美訳『コトラーのマーケティング 4.0──スマートフォン時代の究極法則』朝日新聞出版，2017 年）

Pantano, E., and Viassone, M.（2015）"Engaging consumers on new integrated multichannel retail settings: Challenges for retailers," *Journal of Retailing and Consumer Services*, 25, 106-114.

Picot-Coupey, K., Huré, E., and Piveteau, L.（2016）"Channel design to enrich customers' shopping experiences: Synchronizing clicks with bricks in an omni-channel perspective - The direct optic case," *International Journal of Retail & Distribution Management*, 44(3), 336-368.

Rigby, D.（2011）"The future of shopping," *Harvard Business Review*, 89(12), 64-75.（「デジタルを取り込むリアル店舗の未来」『DIAMOND ハーバード・ビジネス・レビュー』37(7), 54-71 頁, 2012 年）

Shen, X.-L., Li, Y.-J., Sun, Y., and Wang, N.（2018）"Channel integration quality, perceived fluency and omnichannel service usage: The moderating roles of internal and external usage experience," *Decision Support System*, 109, 61-73.

髙橋広行（2018）『消費者視点の小売イノベーション――オムニチャネル時代の食品スーパー』有斐閣。

高嶋克義・髙橋郁夫（2020）『小売経営論』有斐閣。

Verhoef, P. C., Kannan, P. K., and Inman, J. J.（2015）"From multi-channel retailing to omni-channel retailing: Introduction to the special issue on multi-channel retailing," *Journal of Retailing*, 91(2), 174-181.

Verhoef, P. C., Stephen, A. T., Kannan, P. K., Luo, X., Abhishek, V., Andrews, M., Bart, Y., Datta, H., Fong, N., Hoffman, D. L., Hu, M. M., Novak, T., Rand, W., and Zhang, Y.（2017）"Consumer connectivity in a complex, technology-enabled, and mobile-oriented world with smart products," *Journal of Interactive Marketing*, 40, 1-8.

Verhoef, P. C., van Ittersum, K., Kannan, P. K., and Inman, J.（2022）"Omnichannel retailing: A consumer perspective," in L. R. Kahle, T. M. Lowrey and J. Huber eds., *APA Handbook of Consumer Psychology*, American Psychological Association, 649-672.

Yang, S., Lu, Y., and Chau, P. Y. K.（2013）"Why do consumers adopt online channel? An empirical investigation of two channel extension mechanisms," *Decision Support Systems*, 54(2), 858-869.

════════════════════════════ **6-1　マーケティング効果測定**

Cohen, P., Hahn, R., Hall, J., Levitt, S., and Metcalfe, R .（2016）"Using big data to estimate consumer surplus: The case of Uber," NBER Working Paper Series, 22627.

Fisher, M. L., Gallino, S., and Xu, J. J.（2019）"The value of rapid delivery in omnichannel retailing," *Journal of Marketing Research*, 56(5), 732-748.

Hartmann, W., Nair, H. S., and Narayanan, S.（2011）"Identifying causal marketing mix effects using a regression discontinuity design," *Marketing Science*, 30(6), 1079-1097.

星野匡郎・田中久稔（2016）『R による実証分析――回帰分析から因果分析へ』オーム社。

Hui, S. K., Inman, J. J., Huang, Y., and Suher, J.（2013）"The effect of in-store travel distance on unplanned spending: Applications to mobile promotion strategies," *Journal of Marketing*, 77(2), 1-16.

伊藤公一朗（2017）『データ分析の力――因果関係に迫る思考法』光文社。

岩崎学（2015）『統計的因果推論』朝倉書店。

Jola-Sanchez, A. F., and Serpa, J. C.（2021）"Inventory in times of war," *Management Science*, 67(10), 6457-6479.

中室牧子・津川友介（2017）『「原因と結果」の経済学――データから真実を見抜く思考法』ダイヤモンド社。

Nishikawa, H., Schreier, M., Fuchs, C., and Ogawa, S.（2017）"The value of marketing crowdsourced new products as such: Evidence from two randomized field experiments," *Journal of Marketing Research*, 54(4), 525-539.

立森久照（2016）「因果推論ことはじめ」『岩波データサイエンス vol. 3』7-25 頁。

高橋将宜（2022）『統計的因果推論の理論と実装――潜在的結果変数と欠測データ』共立出版。

津川友介（2016）「準実験のデザイン――観察データからいかに因果関係を導き出すか」『岩波データサイエンス vol. 3』49-61 頁。

Zhu, F., and Liu, Q.（2018）"Competing with complementors: An empirical look at Amazon.com," *Stra-*

tegic Management Journal, 39(10), 2618-2642.

小杉考司（2018）『言葉と数式で理解する多変量解析入門』北大路書房。

久保田進彦（2022）「共分散構造分析」恩藏直人・冨田健司編著『1 からのマーケティング分析（第 2 版）』碩学舎，211-230 頁。

小野譲司（2010）「JCSI による顧客満足モデルの構築」『マーケティングジャーナル』30(1)，20-34 頁。

恩藏直人・石田大典（2011）「顧客志向が製品開発チームとパフォーマンスへ及ぼす影響」『流通研究』13(1/2)，19-32 頁。

小塩真司（2014）『はじめての共分散構造分析――Amos によるパス解析（第 2 版）』東京図書。

小塩真司（2018）『SPSS と Amos による心理・調査データ解析――因子分析・共分散構造分析まで（第 3 版）』東京図書。

小塩真司（2020a）『共分散構造分析はじめの一歩――図の意味から学ぶパス解析入門（新装版）』アルテ。

小塩真司（2020b）『研究事例で学ぶ SPSS と Amos による心理・調査データ解析（第 3 版）』東京図書。

田部井明美（2011）『SPSS 完全活用法――共分散構造分析（Amos）によるアンケート処理（第 2 版）』東京図書。

豊田秀樹編著（2007）『共分散構造分析――構造方程式モデリング Amos 編』東京図書。

豊田秀樹編著（2014）『共分散構造分析――構造方程式モデリング R 編』東京図書。

豊田秀樹・前田忠彦・柳井晴夫（1992）『原因をさぐる統計学――共分散構造分析入門』講談社。

Baron, R. M., and Kenny, D. A.（1986）"The moderator-mediator variable distinction in social psychological research: Conceptual, strategic, and statistical considerations," *Journal of Personality and Social Psychology*, 51(6), 1173-1182.

Hayes, A. F.（2009）"Beyond Baron and Kenny: Statistical mediation analysis in the new millennium," *Communication Monographs*, 76(4), 408-420.

Jiang, Z., and VanderWeele, T. J.（2015）"When is the difference method conservative for assessing mediation?" *American Journal of Epidemiology*, 182(2), 105-108.

MacKinnon, D. P.（2008）*Introduction to Statistical Mediation Analysis*, Lawrence Erlbaum Associates.

MacKinnon, D. P., and Fairchild, A. J.（2009）"Current directions in mediation analysis," *Current Directions in Psychological Science*, 18(1), 16-20.

MacKinnon, D. P., Lockwood, C. M., Hoffman, J. M., West, S. G., and Sheets, V.（2002）"A comparison of methods to test mediation and other intervening variable effects," *Psychological Methods*, 7(1), 83-104.

岡田庄生（2020）「ユーザー創造製品の情報表示と制御焦点理論――オンライン実験による媒介分析」『マーケティングレビュー』1(1)，40-47 頁。

Rucker, D. D., Preacher, K. J., Tormala, Z. L., and Petty, R. E.（2011）"Mediation analysis in social psychology: Current practices and new recommendations," *Social and Personality Psychology Compass*, 5(6), 359-371.

VanderWeele, T. J.（2016）"Mediation analysis: A practitioner's guide," *Annual Review of Public Health*, 37, 17-32.

Zhao, X., Lynch, J. G., Jr., and Chen, Q.（2010）"Reconsidering Baron and Kenny: Myths and truths about mediation analysis," *Journal of Consumer Research*, 37(2), 197-206.

Garson, G. D., ed.（2013）*Hierarchical Linear Modeling: Guide and Applications*, Sage.

Raudenbush, S. W., and Bryk, A. S.（2002）*Hierarchical Linear Models: Applications and Data Analysis Methods (2nd ed.)*, Sage.

清水裕士（2014）『個人と集団のマルチレベル分析』ナカニシヤ出版。

筒井淳也・不破麻紀子（2008）「マルチレベル・モデルの考え方と実践」『理論と方法』23(2)，139-

149 頁。

Wieseke, J., Ahearne, M., Lam, S. K., and van Dick, R.（2009）"The role of leaders in internal market-ing," *Journal of Marketing*, 73(2), 123-145.

━━━━━━━━━━━━━━━━━━━━━━━━━━━━━━━━━━━━━ 6-5　テキスト・マイニング

Balducci, B., and Marinova, D.（2018）"Unstructured data in marketing," *Journal of the Academy of Marketing Science*, 46(4), 557-590.

Berger, J., Humphreys, A., Ludwig, S., Moe, W. W., Netzer, O., and Schweidel, D. A.（2020）"Uniting the tribes: Using text for marketing insight," *Journal of Marketing*, 84(1), 1-25.

Berger, J., Kim, Y. D., and Meyer, R.（2021）"What makes content engaging? How emotional dynamics shape success," *Journal of Consumer Research*, 48(2), 235-250.

Blei, D. M., Ng, A. Y., and Jordan, M. I.（2003）"Latent Dirichlet allocation," *Journal of Machine Learning Research*, 3(4-5), 993-1022.

Humphreys, A., and Wang R. J.-H.（2018）"Automated text analysis for consumer research," *Journal of Consumer Research*, 44(6), 1274-1306.

岩田具治（2015）『トピックモデル』講談社。

金勝鎮・多田伶・勝又壮太郎（2020）「評価付き自然言語データの定量分析——どのような消費者レビューが『参考になった』を集めるのか？」『行動計量学』47(2)，99-109 頁。

Kudo, T., Yamamoto, K., and Matsumoto, Y.（2004）"Applying conditional random fields to Japanese morphological analysis," *Proceedings of the 2004 Conference on Empirical Methods in Natural Language Processing*, 230-237.

Lee, T. Y., and Bradlow E. T.（2011）"Automated marketing research using online customer reviews," *Journal of Marketing Research*, 48(5), 881-894.

Liu, X., Burns A. C., and Hou Y.（2017）"An investigation of brand-related user-generated content on Twitter," *Journal of Advertising*, 46(2), 236-247.

━━ 6-6　メタ分析

Cohen, J.（1988）*Statistical Power Analysis for the Behavioral Sciences (2nd ed.)*, Lawrence Erlbaum Associates.

Duval, S., and Tweedie, R.（2000）"Trim and fill: A simple funnel-plot-based method of testing and adjusting for publication bias in meta-analysis," *Biometrics*, 56(2), 455-463.

Glass, G. V.（1976）"Primary, secondary, and meta-analysis of research," *Educational Researcher*, 5(10), 3-8.

Hedges, L. V., and Olkin, I.（1985）*Statistical Methods for Meta-analysis*, Academic Press.

Higgins, J. P. T., and Thompson, S. G.（2002）"Quantifying heterogeneity in a meta-analysis," *Statistics in Medicine*, 21(11), 1539-1558.

Lipsey, M. W., and Wilson, D. B.（2001）*Practical Meta-analysis*, Sage.

岡田涼・小野寺孝義編（2018）『実践的メタ分析入門——戦略的・包括的理解のために』ナカニシヤ出版。

大久保街亜・岡田謙介（2012）『伝えるための心理統計——効果量・信頼区間・検定力』勁草書房。

Orwin, R. G.（1983）"A fail-safe N for effect size in meta-analysis," *Journal of Educational Statistics*, 8(2), 157-159.

Rosenthal, R.（1979）"The 'file drawer problem' and tolerance for null results," *Psychological Bulletin*, 86(3), 638-641.

Schmidt, F. L., and Hunter, J. E.（2015）*Methods of Meta-analysis: Correcting Error and Bias in Research Findings (3rd ed.)*, Sage.

━━ 6-7　参与観察

Belk, R. W.（1991）*Highways and Buyways: Naturalistic Research from the Consumer Behavior Odyssey*, Association for Consumer Research.

Belk, R., Fischer, E., and Kozinets, R. V.（2013）*Qualitative Consumer & Marketing Research*, Sage.（松井剛訳『消費者理解のための定性的マーケティング・リサーチ』碩学舎，2016 年）

Burawoy, M.（1979）*Manufacturing Consent: Changes in the Labor Process Under Monopoly Capitalism*, University of Chicago Press.

Cressey, P. G.（1932）*The Taxi-dance Hall: A Sociological Study in Commercialized Recreation and City Life*, University of Chicago Press.（奥田道大・吉原直樹監修／桑原司ほか訳『タクシーダンス・ホール——商業的娯楽と都市生活に関する社会学的研究』ハーベスト社，2017 年）

Dalton, M.（1959）*Men Who Manage: Fusions of Feeling and Theory in Administration*, Wiley.（高橋達男・栗山盛彦共訳『伝統的管理論の終焉』産業能率短期大学出版部，1969 年）

Emerson, R. M., Fretz, R. I., and Shaw, L. L.（1995）*Writing Ethnographic Fieldnotes*, University of Chicago Press.（佐藤郁哉・好井裕明・山田富秋訳『方法としてのフィールドノート——現地取材から物語（ストーリー）作成まで』新曜社，1998 年）

Gold, R. L.（1958）"Roles in sociological field observations," *Social Forces*, 36(3), 217-223.

Goulding, C., Shankar, A., Elliott, R., and Canniford, R.（2009）"The marketplace management of illicit pleasure," *Journal of Consumer Research*, 35(5), 759-771.

Holt, D. B.（1995）"How consumers consume: A typology of consumption practices," *Journal of Consumer Research*, 22(1), 1-16.

金井壽宏（1994）『企業者ネットワーキングの世界——MIT とボストン近辺の企業者コミュニティの探求』白桃書房。

金井壽宏 = 佐藤郁哉 = クンダ，G. = ヴァン - マーネン，J.（2010）『組織エスノグラフィー』有斐閣。

Kates, S. M.（2006）"Researching brands ethnographically: An interpretive community approach," in R. W. Belk ed., *Handbook of Qualitative Research Methods in Marketing*, Edward Elgar Publishing, 94-105.

Kozinets, R. V.（2001）"Utopian enterprise: Articulating the meanings of Star Trek's culture of consumption," *Journal of Consumer Research*, 28(1), 67-88.

Kunda, G.（1992）*Engineering Culture: Control and Commitment in a High-tech Corporation*, Temple University Press.（樫村志保訳『洗脳するマネジメント——企業文化を操作せよ』日経 BP 社，2005 年）

Leigh, T. W., Peters, C., and Shelton, J.（2006）"The consumer quest for authenticity: The multiplicity of meanings within the MG subculture of consumption," *Journal of the Academy of Marketing Science*, 34(4), 481-493.

Malinowski, B.（1922）*Argonauts of the Western Pacific: An Account of Native Enterprise and Adventure in the Archipelagoes of Melanesian New Guinea*, Routledge.（増田義郎訳『西太平洋の遠洋航海者——メラネシアのニュー・ギニア諸島における，住民たちの事業と冒険の報告』講談社，2010 年）

Marcus, G. E., and Fischer, M. M. J.（1986）*Anthropology as Cultural Critique: An Experimental Moment in the Human Sciences*, University of Chicago Press.

McGrath, M. A.（1989）"An ethnography of a gift store: Trappings, wrappings, and rapture," *Journal of Retailing*, 65(4), 421-449.

佐藤郁哉（1984）『暴走族のエスノグラフィー——モードの叛乱と文化の呪縛』新曜社。

佐藤郁哉（1985）『ヤンキー・暴走族・社会人——逸脱的ライフスタイルの自然史』新曜社。

Sato, I.（1991）*Kamikaze Biker: Parody and Anomy in Affluent Japan*, University of Chicago Press.

佐藤郁哉（1999）『現代演劇のフィールドワーク——芸術生産の文化社会学』東京大学出版会。

佐藤郁哉（2002）『フィールドワークの技法——問いを育てる，仮説をきたえる』新曜社。

佐藤郁哉（2006）『フィールドワーク——書を持って街へ出よう（増訂版）』新曜社。

佐藤郁哉（2015）『社会調査の考え方』上下，東京大学出版会。

Schouten, J. W., and McAlexander, J.（1995）"Subculture of consumption: An ethnography of the new bikers," *Journal of Consumer Research*, 22(1), 43-61.

Sherry, J. F., Jr.（1990）"A Sociocultural analysis of a midwestern American flea market," *Journal of Consumer Research*, 17(1), 13-30.

Sherry, J. F., Jr.（2008）"The ethnographer's apprentice: Trying consumer culture from the outside in,"

Journal of Business Ethics, 80(1), 85-95.

Spradley, J. P.（1979）*The Ethnographic Interview*, Holt, Rinehart and Winston.

Spradley, J. P.（1980）*Participant Observation*, Wadsworth Thomson Learning.（田中美恵子・麻原きよみ監訳『参加観察法入門』医学書院，2010 年）

Whyte, W. F.（1943）*Street Corner Society: The Social Structure of an Italian Slum*, University of Chicago Press.（奥田道大・有里典三訳『ストリート・コーナー・ソサエティ』有斐閣，2000 年）

Workman, J. P., Jr.（1993）"Marketing's limited role in new product development in one computer systems firm," *Journal of Marketing Research*, 30(4), 405-421.

━━━━━━━━━━━━━━━━━━━━━ **6-8 データ・サイエンス**

Hartmann, J., Heitmann, M., Schamp, C., and Netzer, O.（2021）"The power of brand selfies," *Journal of Marketing Research*, 58(6), 1159-1177.

Isola, P., Zhu, J.-Y., Zhou, T., and Efros, A. A.（2018）"Image-to-image translation with conditional adversarial networks (v3)," arXiv:1611.07004（https://arxiv.org/pdf/1611.07004.pdf）.

Krizhevsky, A., Sutskever, I., and Hinton, G. E.（2012）"ImageNet classification with deep convolutional neural networks," *Proceedings of the 25th International Conference on Neural Information Processing Systems*, 1, 1097-1105.

Liu, X., Lee, D., and Srinivasan, K.（2019）"Large-scale cross-category analysis of consumer review content on sales conversion leveraging deep learning," *Journal of Marketing Research*, 56(6), 918-943.

━━━━━━━━━━━━━━━━━━━━━ **6-9 人工知能（AI）**

Chintagunta, P., Hanssens, D. M., and Hauser, J. R.（2016）"Marketing science and big data," *Marketing Science*, 35(3), 341-342.

Davenport, T., Guha, A., Grewal, D., and Bressgott, T.（2020）"How artificial intelligence will change the future of marketing,." *Journal of the Academy of Marketing Science*, 48(1), 24-42.

Hashem, I. A. T., Yaqoob, I., Anuar, N. B., Mokhtar, S., Gani, A., and Khan, S. U.（2015）"The rise of 'big data' on cloud computing: Review and open research issues," *Information Systems*, 47, 98-115.

栗木契・横田浩一編著（2018）『デジタル・ワークシフト――マーケティングを変えるキーワード 30』産学社。

松尾豊（2015）『人工知能は人間を超えるか――ディープラーニングの先にあるもの』KADOKAWA。

Mayer-Schönberger, V., and Cukier, K.（2013）*Big Data: A Revolution That Will Transform How We Live, Work, and Think*, Houghton Mifflin Harcourt.

永山晋（2021）「現実の説明と制御――社会科学における機械学習の活用」『組織科学』54(4), 44-58 頁。

西川英彦・澁谷覚編著（2019）『1 からのデジタル・マーケティング』碩学舎。

西山圭太・松尾豊・小林慶一郎（2020）『相対化する知性――人工知能が世界の見方をどう変えるのか』日本評論社。

里村卓也（2020）「機械学習とマーケティング」『三田商学研究』63(4)，111-121 頁。

立本博文（2022）「データサイエンスと経営学研究」『組織科学』55(3)，62-77 頁。

寺本義也・大森信編（2022）『新経営戦略論（第 3 版）』学文社。

索　引

索
引

342

索
引

索
引

索引

マーケティングの力——最重要概念・理論枠組み集

The Power of Marketing

2023 年 5 月 10 日　初版第 1 刷発行

編　者	恩藏直人，坂下玄哲
発行者	江草貞治
発行所	株式会社有斐閣
	〒101-0051 東京都千代田区神田神保町 2-17
	https://www.yuhikaku.co.jp/
装　丁	宮川和夫事務所
組　版	有限会社ティオ
印　刷	株式会社理想社
製　本	牧製本印刷株式会社
装丁印刷	株式会社亨有堂印刷所

落丁・乱丁本はお取替えいたします。定価はカバーに表示してあります。
©2023, Naoto Onzo, Mototaka Sakashita
Printed in Japan. ISBN 978-4-641-16613-4